普通高等教育“十三五”金融学专业规划教材

西安交通大学“十一五”规划教材

总主编 李 成

商业银行经营学

【第三版】

主 编 任 远 窦育民

西安交通大学出版社
XI'AN JIAOTONG UNIVERSITY PRESS

内容提要

本书以商业银行为研究对象，以银行业务为主线，通过借鉴国际商业银行的通行做法，联系我国银行的具体实际，吸收了当前国内外最新研究成果，运用现代经济学研究方法，理论与实践相结合，定性分析与定量分析相结合，对银行经营方针、经营思想和管理模型进行了深入探讨，系统阐述了我国市场经济条件下商业银行业务经营的基本理论、基本知识和基本技能。

本书适合普通高校经济类专业学生以及金融机构和企业管理人员学习、参考。

普通高等教育“十三五”金融学专业系列规划教材

编委会

总　序

现代市场经济中，金融已经成为整个经济的核心。第一，金融在市场资源配置方面发挥着核心作用，是连接商品市场和其他要素市场的枢纽，在价值规律作用下，金融机构将资金投向效益好、前景好的产业和企业，使社会资源得到优化配置。第二，金融在宏观经济调控中发挥着核心作用，是宏观经济调控的重要杠杆。国家运用利率、汇率等多种金融手段，调节货币供应量，争取经济的总量平衡，实现物价稳定、经济增长、充分就业和国际收支平衡，促进经济又好又快发展。第三，金融在维护国家经济安全方面发挥着核心作用。经济发展中最大的不安全因素之一是金融危机；要保证国家经济安全发展，首先必须掌握金融发展状况，保证金融业的健康运行。第四，金融在决定国家经济综合竞争力中发挥着核心作用。发达的金融业能给科技创新、实业发展、政府公共支出等提供源源不断的低成本资金，带动投资、消费的增长，推动社会经济的繁荣和居民生活的改善。没有现代化的金融，不可能有现代化的经济。掌握和控制国际银行系统、拥有硬通货以及主宰国际资本市场，被视为西方强国控制世界的三大战略手段。美国之所以能够称霸世界，美元的霸主地位和金融业的高度发展是重要因素。根据洛桑国际管理发展学院发布的2007年世界竞争力年度报告，名列前6位的美国、新加坡、香港、卢森堡、丹麦和瑞士，都具有十分发达的金融业，其中有的是世界的金融中心。

在经济全球化趋势加快的背景下，金融在经济中的核心地位将越来越突出。谁能率先实现产业结构的调整和升级，优先发展金融为主的服务业，尽快建立发达的金融体系，谁就能站在全球竞争的最前面。

近些年来，发达国家开始放松对金融业的管制。美国在1999年颁布《金融服务现代化法》以后，取消了银行、证券、保险业之间传统的跨业经营限制。俄罗斯、印度等一些新兴市场经济国家也纷纷加快了金融自由化步伐，放松或取消金融管制，为金融发展创造更加宽松的制度和条件。与此同时，世界金融业的并购、整合加快，创新能力和风险管理能力提升，金融格局正在发生重大变化。这种变化主要表现在三个方面：第一，全球金融资产迅速膨胀。美国和日本等长期的低利率政策，造成了全球货币的超额供给和流动性过剩，大量资金涌入金融市场，扩大了金融市场的规模。反过来，金融市场的快速扩张，又刺激了全球流动性的进一步膨胀。据国际权威机构统计，目前全球金融业核心资产总额已达140万亿美元，占全球GDP总额之比，由1980年的109%提高到316%；全球金融衍生产品的名义价值已达370多万亿美元，超过全球GDP的7倍。第二，资本市场进一步成为金融市场的主体。全球银行资产占金融资产的比重，由1980年的42%下降为2005年的27%。第三，新型金融投机资本迅速兴起。全球对冲基金、私人股权投资基金数量增加很快，拥有的资产数额急剧膨胀，世界金融业的风险增加。

我国改革开放以来，充分发挥金融在现代经济中的核心作用，果断推出了一系列重大金融改革措施，不失时机地实施国有商业银行股份制改革，推进建立现代金融制度，大力推进以深化农村信用社改革为重点的农村金融改革，发挥金融在支持社会主义新农村建设中的重要作用。积极推行互利共赢的开放战略，不断提高金融对外开放水平。强调金融创新的重要位置，全面提升银行业的竞争力和服务水平。坚持把金融监管作为金融工作的重中之重，维护金融体系稳健、安全运行。由于采取了一系列强有力措施，我国金融业取得长足进步，发生了历史性的剧变。金融体系不断完善，金融资产迅速增加；金融企业的公司治理加强，盈利能力提高，财务状况和资产质量明显改善；金融改革迈出重大步伐，商业银行改革、农村信用社改革取得了阶段性进展；人民币汇率形成机制和利率市场化改革进展顺利；资本市场基础性制度建设全面加强；保险业改革成效显著，保险公司整体实力和承保能力提高较大；金融监管明显加强，防范和处置金融风险力度加大；金融对外开放水平不断提高。截至2006年底，中国金融资产总量已突破60万亿元，其中，银行业金融机构资产为44万亿元。中国的经济货币化程度(M2/GDP)，已由改革初期1978年的30%跃升至当前的180%强。至2007年7月底，沪深两市股票市值20万亿元，占GDP的比重达98%。金融业在推动我国经济转型、支持经济发展方面发挥了重要作用。当然，同国际先进水平相比，中国金融业的发展水平还不算高，结构仍然不够合理，区域发展不平衡，创新能力、服务水平与实际需求还有差距等。必须进一步深化金融改革，加快金融发展，扩大金融开放，加强金融监管，提升我国金融业的水平。

金融大业，人才为本。面对新形势新任务，迫切需要一大批经济、金融理论基础扎实、对现代金融业务熟悉、能适应国际竞争需要的高级专业人才。只有培养和造就一大批这样的人才，才能应对国际竞争和挑战，更好地服务经济、服务社会。

金融业的发展依靠人才，人才培养依靠教育，发展教育离不开高质量的教材。作为知识载体和教学工具，教材质量关系教育质量和人才质量。西安交通大学李成教授组织编写的这套金融学专业系列教材，适应新形势对培养金融人才的需要，以面向世界、面向未来，体现学术性、系统性和前瞻性为宗旨，注重培养学生的创新能力和实践能力，为塑造高素质、创造性、复合型人才提供了条件。教材编写者，大都是具有扎实经济金融理论基础和较丰富的教学经验的年轻学者。他们思维活跃，思路开阔，善于学习和借鉴国内外研究成果，具有宽广的国际视野。在吸收国内外重要专业文献、教材内容的同时，有不少创新。我相信，这套系列教材的推出，必将有助于我国金融教学和金融研究水平的提高。

赵海宽

2007 年 7 月 28 日

于北京

注：赵海宽先生是我国老一辈著名金融专家，中国金融理论和金融改革的开拓者，中国人民银行研究生院创始人之一。曾任中国金融学会副会长，中国人民银行研究所所长，《金融研究》主编等职。现任国家政治协商委员会委员，中国人民银行研究生院博士生导师、教授，国内多家著名大学特聘教授。

第三版前言

进入21世纪后，伴随着全球经济一体化、金融改革全球化浪潮，商业银行的经营环境发生了深刻的变化，这些变化既给银行发展带来了契机，也使银行面临更大挑战，极大地丰富了银行业务经营的理论和实践。商业银行只有调整其经营思想和理念，开拓业务领域，不断推出新的产品和服务项目，采用科学的管理方法和技术，才能在激烈的竞争中取胜。如何借鉴国际商业银行的经验，推进我国银行改革与发展，迎接国际银行业的挑战，已成为理论和实践中亟待研究和解决的重大课题。

《商业银行经营学》就是在此背景下申报立项的西安交通大学"十一五"规划教材。它全面系统地阐述了当代商业银行的基本理论、基本业务、基本技能，既紧密联系我国金融体制改革实际，又借鉴和采纳了西方商业银行(主要是美国商业银行)的经营思想、管理方法，也继承和总结了我国银行业务经营的成功经验，反映了现代商业银行的最新动态和发展趋势。

本书可作为普通高校金融专业本科教材，也可作为经济类、管理类专业本科生及金融机构从业人员学习商业银行理论与实务的参考书。全书共14章，分工如下：西安交通大学任远编写第一章、第五章、第九章，西安交通大学窦育民编写第二章、第七章，沈阳工业大学宋连成编写第三章以及第四章的第一节、第二节和第三节，西安交通大学李素珍编写第四章的第四节和第五节，西安财经学院谢爱辉编写第六章，西安外国语大学樊静编写第八章，西安交通大学程婵娟编写第十章、第十三章、第十四章，中信银行会计部李纪建编写第十一章，陕西省行政学院李娟编写第十二章。本书由西安交通大学任远、窦育民任主编，并负责全书修改及总纂。

本教材前两版出版后，得到了读者的一致好评，随着时间的推移和相关理论的发展，我们又对本教材进行了大幅度修订，推出第三版。

第三版重点增加了最新的商业银行资本管理办法、商业银行风险监管核心指标以及商业银行内部控制指引、连续复利计算方法等内容，补充了计算与分析内容，阐明了债券(资产、负债)的持续期、价格及市场利率三者关系的数学原理，特别是对商业银行资产、负债及所有者权益的持续期缺口管理模型做了全面细致的分析，同时介绍了计算金融期权定价的EXCEL方法，并增加了课后习题。

本教材在编写过程中参阅了大量国内外文献和资料，得到西安交通大学出版社和魏照民编辑的关心和支持，在此一并表示衷心感谢。由于编写时间较紧，加之作者水平所限，书中疏漏在所难免，希望广大读者不吝指正。

编　者

2016年3月

目　录

1 第一章　商业银行概述
1 第一节　商业银行的性质与职能
5 第二节　商业银行的货币创造
8 第三节　商业银行的组织结构
13 第四节　商业银行的经营原则
20 第五节　现代商业银行的发展趋向

27 第二章　商业银行资本金
27 第一节　银行资本金的计量口径与作用
30 第二节　商业银行资本充足率的测定
37 第三节　商业银行资本金的筹集
44 第四节　银行股权资本成本的评估与分析
48 第五节　银行股权资本收益的估计与分析

53 第三章　商业银行负债业务
53 第一节　商业银行负债的种类
59 第二节　商业银行存款负债管理
64 第三节　商业银行借入负债管理
67 第四节　商业银行负债资金的成本分析

71 第四章　商业银行贷款业务
71 第一节　商业银行贷款的种类
75 第二节　商业银行贷款的操作流程
78 第三节　商业银行贷款的信用分析
86 第四节　商业银行的贷款定价
92 第五节　商业银行贷款的风险管理

99 第五章　商业银行投资业务
99 第一节　商业银行投资的功能和种类
104 第二节　商业银行投资收益与风险
110 第三节　商业银行投资策略

118 第六章 商业银行中间业务
118 第一节 商业银行中间业务概述
122 第二节 结算业务
125 第三节 代理与信息咨询业务
129 第四节 信托与租赁业务
135 第五节 银行卡业务

140 第七章 商业银行金融衍生业务
140 第一节 金融远期业务
143 第二节 金融期货业务
147 第三节 金融期权业务
158 第四节 金融互换业务

163 第八章 商业银行国际业务
163 第一节 商业银行外汇买卖业务
167 第二节 商业银行国际贸易融资业务
169 第三节 商业银行离岸金融市场业务
172 第四节 商业银行国际信贷业务

177 第九章 商业银行资产负债管理
177 第一节 商业银行资产负债管理理论与方法
185 第二节 商业银行资产负债管理技术
193 第三节 我国商业银行的资产负债管理

205 第十章 商业银行内部控制
205 第一节 商业银行内部控制概述
208 第二节 商业银行内部控制的要素
212 第三节 商业银行内部控制活动
221 第四节 商业银行内部控制评价

232 第十一章 商业银行风险管理
232 第一节 商业银行风险管理概述
239 第二节 商业银行信用风险管理
244 第三节 商业银行市场风险管理
249 第四节 商业银行操作风险管理

255 **第十二章　商业银行市场营销**
255 第一节　商业银行市场营销概述
260 第二节　商业银行客户行为与营销预测
266 第三节　商业银行市场细分与目标市场选择
270 第四节　商业银行市场营销组合

279 **第十三章　商业银行人力资源管理**
279 第一节　商业银行人力资源管理概述
284 第二节　商业银行人力资源规划
286 第三节　商业银行人力资源的选择及开发
290 第四节　商业银行人力资源的激励约束及绩效评估

298 **第十四章　商业银行经营绩效评价**
298 第一节　商业银行绩效评价概述
300 第二节　商业银行绩效评价的基础
306 第三节　商业银行绩效评价的指标体系
312 第四节　EVA 绩效评价方法

318 **参考文献**

第一章　商业银行概述

本章要点

1. 商业银行的性质与职能
2. 商业银行的货币创造
3. 商业银行的组织结构
4. 商业银行的经营原则

第一节　商业银行的性质与职能

一、商业银行的产生与发展

传统的商业银行是指以吸收可以开出支票的活期存款为主要资金来源，以向工商企业发放短期贷款为主要资金运用，并为商品交换的货币结算提供支付机制的银行。现代商业银行是指以营利为目的，以经营存款、放款和汇兑为主要业务，以多种形式的金融创新为手段，全方位经营各类银行与非银行金融业务的综合性、多功能的金融企业。

在金融体系中，商业银行是一个抽象的称谓，具体到一个国家或一家银行往往并不直呼"商业银行"。例如美国的"国民银行"、英国的"存款银行"、法国的"信贷银行"、日本的"城市银行"等都属于商业银行。也就是说，商业银行是一个总体概念，它不是指某一家或某几家银行，而是指具有某种共同职能和特征的一类银行。

商业银行是随着商品经济和信用制度的发展而产生和发展起来的。从历史上看，银行业的起源可以追溯到公元前的巴比伦王国，当时的巴比伦寺庙已经开始从事借贷业务，但以工商业贷款为主要业务的商业银行则是随着资本主义生产关系的建立而产生的。由于前资本主义高利贷性质的银行业难以满足资本主义发展对信用的需求，迫切需要建立能汇集闲散货币资本，并按照适度的利息水平提供贷款的银行。因此，1694 年在国家的帮助下建立了英格兰银行，这是以股份制形式建立的商业银行，它的出现标志着新兴的资本主义现代银行制度开始形成，标志着商业银行的产生。

现代商业银行主要是通过两条途径建立起来的：一是由旧的高利贷性质的银行逐渐演变而成；二是一开始就根据资本主义原则，以股份形式组建或创立。在其发展过程中，商业银行大致遵循了两种模式：①英国模式，即融通短期商业资金的模式，属于原始意义的商业银行模式。其经营活动受传统的商业贷款理论的支配，资金融通具有明显的商业性质，业务主要集中于自偿性贷款。所谓自偿性贷款，就是银行通过贴现票据和对储备资产发放短期周转性贷款，一旦票据到期和产销完成，贷款就可以自动收回。这种贷款由于同商业行为、企业的产销活动相结合,期限短,流动性较高,商业银行既可以实现其安全性,又能获取稳定的利润。在英国和受英美传统影响的一些国家,商业银行基本上是遵循这种模式建立和经营的。②德国模式,即综合型商业银行模式。与英国相比,德国是工业化发展较晚的国家,19 世纪中叶,德国工业革命高速发展,商业银行从一开始就成为比较综合的银行,不仅发放短期商业贷款、提供周转资金,而且也融通长期性的固定资金。此外,德国的商业银行还直接投资于新兴企业,替公司包销证券,参与新企业的经营决策和扩展过程,并在技术革新、地区选择、合并增资等方面提供财务方便和咨询服务。德国的数千家商业银行,虽然规模大小各异,组织形式各不相同,但都具有综合银行的色彩。

第二次世界大战以后,由于银行业竞争激烈、政府金融管制放宽等原因,历史上的两种商业银行模式逐渐消失,即便是在英国,商业银行也抛弃了长期以来传统的商业贷款理论的影响,开始经营各类银行业务,既办理短期贷款,也办理长期贷款;既办理生产性贷款,也办理消费性贷款;既办理贷款批发业务,也办理贷款零售业务。此外,信托、租赁、代理、咨询等中间业务迅速发展,其业务收入在总收入中所占比重不断增加。这些都足以说明现代商业银行已经成为金融百货公司。

二、商业银行的性质

商业银行的性质可从以下三个层次去理解。

(一)商业银行是企业

了解银行是企业,必须明确货币是商品。首先,商品经济是以交换为目的的经济,需要有价值尺度和交换媒介,作为价值尺度和交换媒介的货币是从商品交换的实践中筛选出来的,它本身就是商品。其次,也只有用商品来做货币,才能起到价值尺度和交换媒介的作用。因为作为货币的商品与其他商品一样具有价值和使用价值。有价值,才能成为价值尺度,可以相互比较;有使用价值,才能为大家接受,成为交换媒介。再次,在纸币流通条件下,纸币是价值的符号,但它又是从金属货币的基础上发展起来的,代表一定量的黄金,因而是有价值的。同时,政府把纸币设定为法定货币,可以和其他商品相交换,为大家所接受,因而是有使用价值的。所以,纸币也是商品。银行以纸币的价值单位为依据而提供的各种信用工具,如存折、存单、汇票、债券等,都是商品,称为金融商品。

明确货币是商品有着重要意义。马克思说过,货币现象错综复杂,令人眼花缭乱,但只要抓住货币是商品这个本性,许多问题就不难理解。例如:利率是货币借贷的价格,银根反映货币资金的供求,而信用膨胀和通货膨胀实际上是货币贬值,是货币这个商品的质量问题。

既然货币是商品,那么,经营货币的银行自然就是企业。英语里,商业银行中的“商业”一词“commercial”就有两种含义:一是“商业的”,一是“盈利的”,也表明了商业银行的企业性质。明确商业银行是企业,才能使其在经营活动中按照价值规律的要求开展业务,才能对市场的调节,对政府的宏观调控做出灵敏的反应,进而促进商品经济的发展。

(二)商业银行是特殊企业

一是指它所经营的商品是特殊商品,是一般等价物的货币。它可以衡量任何商品的价值,可以和一切商品相交换,与任何社会组织和个人都有密切关系,真正是涉及国计民生的一种特殊商品。

二是指商业银行经营的货币这种商品，与一般工商企业经营的其他商品不同。一般工商企业采取生产和买卖的方式经营，而银行采取借贷方式，即信用方式经营。采用信用方式经营货币，不改变货币的所有权，只把货币的使用权作有条件的让渡。这种经营方式既适应货币这种特殊商品的性质，又能兼顾各方面的经济利益关系，从而调动借者、贷者和银行的积极性，有利于商品经济的发展。但信用活动是有风险的，因为在一次借贷中，虽然贷者的所有权没有改变，但这种所有权只是法律意义上的所有权即债权，货币的实际使用权已转移给借者，贷者的所有权是不完整的，而且有可能丧失。这种风险内在于借贷活动之中，有信用就有风险，银行活动与风险同在是银行区别于其他企业，成为特殊企业的缘故。

（三）商业银行是综合性多功能的金融企业

由于商品经济的发展，信用关系渗透到经济生活的各个方面，商业银行的业务范围不断扩大；也由于人们的金融意识的提高，参与金融活动的人越来越多，需要银行提供的金融服务越来越多。所以，商业银行已不仅仅是经营货币信用的特殊企业，而且成为在金融和非金融领域提供各种优质服务的综合性多功能的金融企业。了解这些情况，不但可以加深对商业银行性质的理解，还有助于把握商业银行的发展前景。

三、商业银行的职能

商业银行的职能是由商业银行的性质决定的，是商业银行性质的具体体现。商业银行作为金融企业，具有下列四方面的职能。

（一）支付中介职能

所谓支付中介，主要是指商业银行为商品交易的货币结算提供一种付款机制。由于所有的商业银行都办理支票活期存款，而工商企业都在银行有结算账户，客户之间可以凭借支票通过银行相互转账，这就成为一种付款的组织形式。对于客户来说，他只要签发一张支票，一笔付款就会由银行“自动”去完成。这个通过银行的转账体系就是付款机制。在这个机制中，银行受客户委托，或代收一笔款项，或代付一笔款项，成为支付的中介。

需要指出的是，商业银行作为支付中介，只是代理收付，既不包收也不垫付，凡因商品交易发生纠纷而收不到货款时，应由交易双方自行处置，商业银行并不介入。这就是银行的结算业务，过去叫货币汇划，是商业银行最古老的业务。对银行来说，结算是存款和贷款的桥梁；对社会经济来说，结算业务加速了资金周转，节约了现金的使用。

（二）信用中介职能

信用中介是商业银行最基本、最能反映其经营活动特征的职能。商业银行作为信用中介，是由两个既相互联系又各自独立的借贷行为构成的。第一个借贷行为是吸收存款，等于是存款人把钱借给银行；第二个借贷行为是把所吸收的存款贷给向银行借款的人。马克思称第一个借贷行为为“借者的集中”，意思是银行代表所有需要借款的人集中地向暂时有多余款项的人（即存款人）借款；称第二个借贷行为是“贷者的集中”，意思是银行代表所有存款人（即暂时有多余款项可以贷出的人）集中地把存款贷给需要借款的人。在这借者的集中和贷者的集中之间，银行成为信用中介。

显然，这就是商业银行的存款和贷款业务。在这里，银行把社会上暂时闲置的货币资金集聚起来进行再分配，既是国民收入分配和再分配中的一个重要环节，也是社会总产品的一种分配形式，具有重要意义。

首先，通过信用中介职能，可以将暂时从再生产过程中游离出来的闲置资本转化成职能资本，在不改变社会资本总量的条件下，通过改变资本的使用量，扩大生产规模，扩大资本增值。

其次，通过信用中介职能，可以把不作为资本使用的小额货币储蓄集中起来，变为可投入再生产过程的巨额资本，把用于消费的收入，转化为能带来货币收入的资本，扩大社会资本总量，从而使社会再生产以更快的速度增长。

再次，通过信用中介职能，可以把短期货币资本转化为长期货币资本。在利润原则支配下，还可以把货币资本从效益低的部门引向效益高的部门，形成对经济结构的调节。

（三）信用创造职能

商业银行的信用创造职能，是在支付中介和信用中介职能的基础上产生的。

所谓信用创造，是指在支票流通和转账结算的情况下，商业银行利用其所吸收的存款发放贷款时，不以现金形式或不完全以现金形式支付给客户，而只是把贷款转到客户的存款账户上，这样就增加了商业银行的资金来源，最后在整个银行体系形成数倍于原始存款的派生存款。此外，商业银行承兑商业汇票也被认为是信用创造的一种形式。因为经商业银行承兑的商业汇票成为一种优质的信用流通工具，可以在货币市场上很容易地流通转让，实际上成为流通手段或支付手段。

商业银行的信用创造职能对社会经济的运行与发展有着重要意义。当社会上闲置资源较多、经济发展对货币资金的需求量较大时，商业银行通过信用创造，可以向经济过程注入必要的货币资金，从而促进闲置资源的利用和开发，推动经济增长。同时，中央银行也可以采取各种手段，通过对商业银行派生存款规模的控制和调节，来达到控制和调节货币供应量从而影响社会经济活动的目的。

但是，商业银行不可能无限度地创造信用，更不能凭空创造信用，它要受到三个因素的制约：一是商业银行的信用创造要以存款为基础。就一个商业银行而言，要根据存款发放贷款和投资；就整个商业银行体系而言，也是在原始存款的基础上进行创造，信用创造的限度取决于原始存款的规模。二是商业银行的信用创造要受中央银行的存款准备率、自身的现金准备率及贷款付现率的制约，创造能力与其成反比。三是信用创造还要有贷款需求，如果没有足够的贷款需求，存款贷不出去，就谈不上创造，因为通过贷款才派生存款。

（四）金融服务职能

这是从商业银行的支付中介和信用中介职能中派生出来的一个职能。商业银行作为支付中介和信用中介，同国民经济的各个部门、各个单位以及个人发生多方面的联系，同时接受宏观的调节和市场的调节，从而掌握了大量的宏观信息和市场信息，成为国民经济和金融的信息中心，能够为社会各方面提供各种金融服务。同时，工商企业生产和流通专业化的发展，又要求把许多原来属于企业自身的货币业务转交给银行代为办理，如发放工资、代理支付其他费用等，个人消费也由原来的单纯钱物交换，发展为转账结算，现代化的社会生活，从多方面给商业银行提出了金融服务的要求。在激烈的业务竞争压力下，各商业银行也不断地开拓服务领域，借以建立与客户的广泛联系，通过金融服务业务的发展，进一步促进资产负债业务的扩大，并把资产负债业务与金融服务结合起来，开拓新的领域。提供金融服务已成为商业银行的重要职能。

第二节　商业银行的货币创造

一、原始存款与派生存款

银行活期存款由原始存款和派生存款构成。所谓原始存款，就是以现金存入的存款，中央银行付款的支票视同现金。银行有了存款，就可以发放贷款。通常是，银行把贷款转入借款人的活期存款账户，扩大了存款，这就是派生存款。所以，派生存款是由贷款转化而来的，只要贷款不是直接贷出现金，而是采取转账办法贷记借款人的活期存款账户，就可以形成派生存款。有了派生存款，银行又可以发放新的贷款。当然，借款人向银行借款是要使用的，一般是他开出支票支付货款，收款方把这张支票存入他的开户银行。这时候，原来发放贷款的这家银行的存款减少了，但收款人的开户银行的存款增加了。从整个银行体系来说，这笔派生存款仍然存在。于是，收款人的开户银行就可以根据这笔派生存款来发放贷款。这样，从贷款派生存款，有了存款又发放贷款，如此循环下去，银行就可以不断地扩大贷款和派生存款。下面举例说明：

设A银行收到客户甲交来一张10 000元的支票，A银行通过代收这张支票使自己在中央银行的储备增加10 000元，同时在客户甲的存款账户上增记10 000元。再设法定储备率为10%，那么，客户如果要向在其他银行开户的客户付款而请求贷款时，可贷数额不得超过9 000元。如果贷出9 000元给客户乙，乙用以支付在B银行开户的丙，并使A银行在中央银行的储备等额减少。这时A银行的T账户如下：

A银行

资产	负债
储备　+1 000元	支票存款+10 000元
贷款　+9 000元	

B银行代收支票使自己在中央银行的储备增加9 000元；同时增记客户丙存款9 000元。同样的道理，B银行贷款给向其他银行客户付款的金额不得超过8 100元。如果贷出了这样的金额，并使其在中央银行的储备等额减少，则B银行的T账户如下：

B银行

资产	负债
储备　+900元	支票存款+9 000元
贷款　+8 100元	

如此类推，从A银行开始至B银行，C银行，……，N银行，持续地存款贷款，贷款存款，则会产生表1-1的结果。

表 1-1 银行存贷款变化情况 单位:元

银行	存款增加	储备增加	贷款增加
A	10 000	1 000	9 000
B	9 000	900	8 100
C	8 100	810	7 290
D	7 290	729	6 561
…	…	…	…
合计	100 000	10 000	90 000

从表 1-1 可知,在支票存款转账系统的条件下,当银行按 10%的法定储备率保持储备时,10 000 元支票存款可使有关银行共发出 90 000 元贷款和吸收包括最初 10 000 元支票存款在内的 100 000 元存款。从先后顺序来说,10 000 元是最初的存款,即原始存款;在原始存款基础上通过发放贷款扩大出来的 90 000 元存款则是派生存款,或与储备相对应的 10 000 元存款为原始存款,超过储备的 90 000 元存款为派生存款。如以 ΔD 表示经过派生的存款总额的增额,以 ΔR 表示原始存款的增额,r_d 表示法定储备率,则三者关系式如下:

$$\Delta D = \Delta R \cdot \frac{1}{r_d}$$

银行存款货币创造机制所决定的存款总额,其最大扩张倍数称为派生倍数,也即乘数。一般来说,它是法定储备率的倒数。若以 K 表示存款总额变动对原始存款的倍数,则可得:

$$K = \frac{\Delta D}{\Delta R} = \frac{1}{r_d}$$

例子中存款的扩张倍数是 10 倍(1/10%)。若 r_d 降为 5%,则存款可扩张 20 倍;若 r_d 升为 20%,则存款只可扩张 5 倍。法定储备率越高,存款扩张倍数越小;法定储备率越低,存款扩张倍数越大。

二、派生存款的收缩过程

银行体系派生存款倍数创造过程也可反向作用,即派生存款的收缩也呈倍数收缩过程。

设整个银行体系中某一银行因偿还中央银行贷款而减少储备 10 000 元,则该银行为了维护其法定储备水平,必须收回一笔同等数量的贷款,以弥补法定储备出现的不足。而贷款的收回是通过自己的客户收入其他银行的客户(如 A 银行的客户)所签发的支票实现的,从而 A 银行将减少 10 000 元支票存款和10 000元储备。其 T 账户为:

A 银 行

资 产	负 债
储备 -10 000 元	支票存款 -10 000 元

如果法定储备率为 10%,那么支票存款减少 10 000 元,法定储备至少减少 1 000 元。但 A 银行由于储备已被转出 10 000 元,因而法定储备不足,短缺额为 9 000 元。为弥补这一储备减少额,A 银行必须收回拥有的 9 000 元贷款,并相应地使自己的储备增加 9 000 元。这时,其

T账户为：

A银行

资产	负债
储备　－1 000元（－10 000＋9 000） 贷款　－9 000元	支票存款　－10 000元

如果A银行收回的贷款，其资金来自客户从B银行账户中签发的支票，那么B银行的储备和支票存款将同时分别减少9 000元，其T账户为：

B银行

资产	负债
储备　－9 000元	支票存款　－9 000元

同样，根据10%的法定储备率，B银行法定储备短缺8 100元（9 000－9 000×10%），因而它也要收缩自己的贷款以补足储备，其T账户变为：

B银行

资产	负债
储备　－900元（－9 000＋8 100） 贷款　－8 100元	支票存款　－9 000元

显然，B银行收回8 100元贷款的结果，也是以减少其他银行同等数额的支票存款，从而减少其储备为条件的。这一过程一直持续下去，直到银行体系的支票存款水平为

－10 000元－9 000元－8 100元－7 290元－…＝－100 000元

可见，派生存款的倍数收缩过程与其倍数创造、扩张过程是相对应的，其原理一样。

三、派生存款的限制因素

为说明存款派生原理，我们在上面的例子中，假设了客户将一切收入都存入银行体系而不提取现金，以及银行只需按规定保留法定储备而将超额储备全部贷出这样两个前提条件。但现实生活中情况并不完全是这样，而是存在着一些制约派生存款的因素。

（一）存款的限制

没有原始存款，银行不能贷款，则无从派生存款。

（二）存款准备金的限制

商业银行有了存款，要按照中央银行规定的存款准备金比率交存存款准备金。这时候，商业银行可以用来发放贷款的存款资金自然就减少了。而且，为安全或应付意外之需，银行实际持有的存款准备金总是高于法定准备金，这也相应地减少了银行创造派生存款的能力。

（三）借款人提现的限制

借款人在使用银行贷款时，免不了要提取一部分现金，如发放工资等。这意味着由贷款派

生的存款有一部分转化为现金而进入流通，银行的可贷资金自然又减少了。

（四）贷款需求及贷款条件的限制

银行是通过贷款派生存款的，如果没有人向银行借款，银行就不能发放贷款，也谈不上创造存款。反之，借款需求很大，但银行认为条件、时机等不成熟，不愿贷款，也无法创造存款。

以上情况表明，银行创造派生存款的公式只能看做是扩大存款的理论极限，在实际存款扩张过程中，往往有多种限制因素发生作用，从而使得可能的派生规模并不一定能够实现。

第三节　商业银行的组织结构

一、注册制

注册制是美国特有的一种商业银行组织结构。在美国，商业银行可分别选择在联邦注册或在州注册。美国银行最早均在州注册，只是到了 1863 年《国民银行法》通过后，才开始在联邦注册。在联邦注册的银行又称为国民银行。这种双重银行体系是与美国的政治制度相适应的。

《国民银行法》施行的最初目的是建立一个单一的银行体系，将州注册银行转换成联邦注册银行，但最终结果却导致了目前这种双重银行体系。1863 年以前，银行在所有州注册，但由于各州注册的标准不一，有些州甚至滥用这一权力，整个银行业出现了混乱的状况。鉴于这种情况，美国颁布了《国民银行法》，试图通过建立一个新型的银行注册制和成立货币监理署来整顿银行秩序。为了将所有州注册银行转换成联邦注册银行，管制当局对州银行发行的纸币征收了 10%的税收。当时，流通中的纸币是货币供给的主要组成部分，是银行资金的主要来源，而活期存款尚未大规模出现。然而，这一努力没有成功，因为银行用活期存款代替纸币作为主要资金来源，也就不受税收的影响，因此统一的注册制没有实现。

在美国，所有在联邦注册的银行必须成为联邦储备体系的成员，州注册银行则自愿参加联邦储备体系。此外，联邦储备体系的成员银行必须购买联邦存款保险，非成员银行则自愿购买联邦存款保险。在美国，只有为数不多的一些银行既不属于联邦储备体系的成员，也不购买联邦存款保险，它们在银行业中所起的作用很小。

美国的商业银行选择联邦或州注册取决于两个决定因素。

（一）历史因素

在那些联邦和州管制程度相近的州，历史因素决定了银行的选择。既然这些银行已在州注册，它们没有必要转成联邦注册，因为州银行可以执行联邦银行的所有职能，可以随时成为联邦储备体系的成员，即使州银行不加入联邦储备体系，它也可能通过往来行获取相同的利益。

（二）联邦和州银行管制的差异

如果联邦和州银行管制存在差异，银行将选择管制程度较低的一方注册。联邦和州实行管制的内容多种多样，但对注册的选择影响最大的是对法定储备的规定。尽管联邦和州都只要求法定储备为存款的一定比例，但联邦和州的成员银行必须以没有利息收入的资产形式持有法定储备，而非成员银行可以有利息收入的资产或其他形式持有部分法定储备，此外，一些州的实际储备率低于联邦的储备率。在这种情况下，银行显然愿意选择州注册。

1980年《非管制和货币控制法》颁布后，美国实行统一的法定储备制，历史因素在注册的选择上起了主要作用。

二、单一银行与分支银行

（一）单一银行

单一银行是指银行业务完全由一个独立的银行机构经营，不设或不允许设立分支机构。单一银行制度源于美国，目前也仅存于美国，可以说是美国商业银行的一大特色。

单一银行的产生有着其深刻的历史背景：

1. 单一银行的产生适应了美国历史上经济发展的需要

由于美国是一个崇尚自由经济的国家，提倡企业的独立经营精神，加之其国土辽阔，资源丰富，为各种形式的中小企业的创立和发展提供了条件，因而分散经营成为美国经济的重要特征。与此相适应，美国各地便相继出现了许多独立经营的中小商业银行，它们积极为当地中小企业的创立和发展提供资金及汇兑方面的金融服务，适应了美国历史上经济发展的需要。

2. 单一银行的产生与美国银行的注册制度有着重要关系

1863年美国《国民银行法》颁布之前，美国的商业银行基本上都在州一级政府注册，联邦政府对它们的影响力相对较小，因而造成银行在各州独立经营的局面。

3. 单一银行的产生基于人们对金融垄断的恐惧

由于经济发展的不平衡，各地区的中小商业银行实力不一，它们对金融权力的集中和银行间的相互吞并感到极度恐慌，因而极力反对商业银行开设分支机构。

4. 单一银行的产生与美国的政体也有一定的关系

美国是一个实行联邦制的国家，各州的独立性较大，加之各地经济发展的不平衡，出于保护当地资源和市场的需要，各州都极力反对相互间的过分渗入。因此，美国各州都通过立法，禁止或限制其他州的商业银行在本州开设分支机构。

（二）分支银行

分支银行制度是指法律允许商业银行在自己总部之外，根据业务发展需要设置若干分支机构。实行分支银行制度最典型的国家是英国。此外，日本、法国、德国、俄罗斯以及我国等多数国家也都实行这一制度。分支银行制的产生也与各国银行发展的历史背景相联系。以英国为例，19世纪上半叶，英国的私人银行十分活跃，1844年《比尔条例》颁布后，英格兰银行独占了货币发行权，迫使商业银行向存款业务方面寻找出路，开始出现分支银行制的商业银行。1858年，有限责任公司组建形式的股份制商业银行应运而生。这些银行依靠相互持有股份所形成的血缘关系，很自然地发展成为分支银行。19世纪末，英国的资本主义自由竞争经济开始转向集中垄断，公司组织形式的银行也开始不断地被合并、集中，到1928年，英国境内只剩下15家大的商业银行了，过去的私人银行以及公司组织形式的银行基本上都归于这些大银行，成为它们的分支机构。到1937年，英国五大商业银行（米特兰、巴克莱、劳埃德、威士特斯敏寺特和国民西敏士）已拥有分支机构8 548家，平均每家有分支行约1 700多家。进入20世纪70年代后，英国六大清算银行（巴克莱、劳埃德、米特兰、国民西敏士、联合和格林德莱）在国内拥有的分支机构达11 659家，同时在海外还有数千家分支机构或代办处，存款总量占到全英银行体系存款总额的70%。

与单一银行相比，分支银行的优点是：易于吸收各种社会存款，有利于银行扩大资本总额和经营规模；便于银行使用现代化设备，为客户提供更加优质的服务；可以降低现金准备率，提高信贷资金利用率，并可节省费用，降低成本，取得规模经济效益；组织分工精细，业务环节衔接，便于内部管理，也有利于人才的发现和培养；承担风险和应变能力较强，易于银行调剂资金，分散和规避放款风险；总行家数相对较少，有利于中央银行宏观调控，而且其业务经营可以较少地受到地方政府干预，便于银行作用的发挥。

分支银行制度的缺点主要是大跨度多层级管理可能带来低效率和经营风险，但随着电子计算机和互联网在金融业的广泛应用和先进的通信、交通工具的普及，会使大跨度管理的难度日益降低。在现代科学技术的支持下，完全可以通过商业银行内部管理体制的完善，使分支银行制度的优点发挥得更加充分，使其缺点在最大限度内得以克服。

三、银行持股公司制度

所谓银行持股公司，是指由某一集团成立股权公司，再由该股权公司收购和控制一家以上的银行股票，银行实际业务与经营决策权统属股权公司所控制的一种银行组织模式。

银行持股公司制度在美国最为流行。它产生于 20 世纪初，但作为银行的一种组织形式，直到 20 世纪 20 年代才被人们所认识。银行持股公司还可以细分为非银行性持股公司和银行性持股公司，前者是由主要业务不在银行方面的大企业拥有某一银行的股份组织起来的；后者则是由一个大银行组织一个持股公司，其他小银行从属于这一大银行。到 20 世纪 80 年代中期，美国已拥有 6 102 家银行持股公司，控制了 9 256 家银行，这些银行持有的存款占到美国国内整个行业存款的 90.8%。

美国银行持股公司的发展，与美国长期以来奉行的单一银行制度是分不开的。银行持股公司使众多中小银行成为股权公司的分支机构，股权公司则成为这些中小银行的总行，这就从法律上回避了不允许银行开设分支机构的限制。其优点是：这种银行组织形式为其所有者在经营管理方面提供了相当大的灵活性，它们可以兼并资产多样化的非银行子公司，并全方位地扩展盈利项目；在经济和税收条件较好的情况下，可以有选择地设立分支机构，从而弥补了单一银行制的不足；银行持股公司能有更多的机会进入金融市场扩大债务和资本总量，因而可以增强实力，提高抵御风险的能力和竞争能力。但是，银行持股公司也存在一定的弊端，表现在容易形成银行业的集中和垄断，不利于银行间开展竞争，会在一定程度上影响银行的活力等方面。因此，美国联邦储备委员会多次修正《银行持股公司法》，对银行持股公司进行严格的管制。

四、跨地区银行业

20 世纪 80 年代以前，美国商业银行从事跨地区业务主要通过银行持股公司、贷款生产机构和埃奇法公司这些组织形式。到了 80 年代初，美国兴起了全国性的跨地区银行业浪潮，其主要特点是：

1. 州法律的邀请

在美国，州法律和 1966 年的《银行持股公司法修正案》均禁止银行持股公司控制另一州的银行，除非州通过法律邀请州外持股公司。1975 年以前美国竟没有一个州通过这种法律。1975 年，缅因州首先通过这种法律，邀请州外持股公司进入州内，同时要求公司所在州也通过同样的法律邀请缅因州的持股公司进入该州，即实行所谓的对等原则。缅因州的这一立法只是到了20世纪80年代才对美国其他州产生影响。事实上，1986年之前，只有3个州允许州外银行持股公司进入州内而又不必实行对等原则，另5个州允许实行对等原则条件下的进入。但在1986年底，其他22个州通过法律邀请有选择性的本地区州的银行持股公司，其中有6个州后来又将这种邀请扩大到全国范围。此外，10个州已通过特别法律，允许州外银行持股公司接管州内即将破产的银行，7个州已邀请州外银行持股公司在州内从事有限的跨州银行业务，如经营信用卡业务等。

1994年美国通过了《瑞格—尼尔跨州银行与分支机构有效性法案》(The Riegle - Neil Interstate Banking and Branching Efficiency Act)对1956年的《银行持股公司法》进行修改，允许资本金充足、经营状况良好的银行持股公司跨州收购银行或新建银行，而可不受各州法律的制约，并从1997年6月1日起本国银行可以跨州设立分行，从而改变了银行业被法律分割的局面。这一法案同时批准外国银行可以在美国进行跨州收购与兼并。1995年美联储又通过法规，取消银行对外投资0.85亿美元的上限，而将对外投资额与银行资本相联系，扩大了银行的对外投资权力，推动了银行业的国际化，也使得并购愈演愈烈。

2. 非银行的银行

州立法并不是逃避跨州银行业限制的仅有方式，另一方式是利用法律上的漏洞。根据1956年的《银行持股公司法》，商业银行的定义是提供活期存款和发放商业贷款的金融机构。这一定义是正确的，但作为法律定义却导致了所谓的非银行的银行的发展。

根据法律，商业银行必须受《银行持股公司法》的约束；根据定义，商业银行必须同时是吸收活期存款并发放商业贷款的机构。如果一家银行只提供活期存款，而没有发放商业贷款，它就不是商业银行，因此也就不受法律的限制。这一漏洞导致两种逃避管制的方式：一方面，那些不在定义之内的银行可以不受《银行持股公司法修正案》中有关银行持股公司不得从事跨州银行业的限制；另一方面，其他行业如零售、工业、保险和投资公司等也可从事跨州商业银行业务。

到了20世纪80年代中期，由于各州立法普遍允许跨州银行业存在，银行持股公司便不再利用非银行的银行这一机制来从事跨州业务了。同时，联邦和各州阻止这种非银行的银行的努力也一直在继续，通过法律或注册限制其业务活动的扩大。

五、合并与兼并

合并与兼并是除银行持股公司以外的银行组合的另一种方式，指两家或更多家银行联合成为一个实体。通常情况下，合并与兼并是由一家银行通过交换股票或购买资产和承担负债来控制另一家银行的，但有时是由两家或更多家银行重新组合，以提高其竞争能力。

对商业银行来说，合并与兼并的优点是：有利于向另一新市场扩张；因规模扩大而获取规模效益；有利于提供更广泛或更专门的服务；利用对方更好的设施或管理人员。

银行合并与兼并的缺点是容易导致垄断，影响自由竞争。

美国在1960年以前，合并与兼并只需经州管制当局批准。20世纪50年代的合并浪潮使得美国于1960年通过了《合并法》，根据这一法律，合并与兼并的批准权掌握在联邦储备委员会、联邦存款保险公司和货币监理署手中，同时司法部有权审查合并对竞争的影响。1966年又对该法进行了修正，强调避免反竞争的合并活动。

1950—1970年期间,美国银行合并的总数为4 000家。从1970—1978年,银行合并的数目逐年下降,其原因主要是管制当局对合并的限制更为严格。20世纪80年代以来,合并被管制当局用来避免银行的破产,也许是这一原因,合并活动再次活跃起来。1960—1983年,美国有4 805家银行合并,合并净值为2 063亿美元。进入90年代以后,出现了全球性的银行合并与兼并浪潮,美国首当其冲,1995年全国10 500多家商业银行中发生了277起并购事件,仅1998年上半年美国银行业并购的市值就高达2 396亿美元,超过了过去3年的总和。1998年4月,花旗银行与旅行者集团的合并金额高达743亿美元,合并后的花旗集团总资产近7 000亿美元,遍布全球100个国家为1亿多客户提供全方位的金融服务。在最近20年中,大量兼并和收购使得美国银行数量急剧下降,从1984年初的15 101家减少到2003年底的7 842家,前50家大银行的资产占了银行业总资产的2/3。

六、我国商业银行的组织结构

我国商业银行从体制上可分为国有商业银行和其他商业银行,其组织结构各具特色。

(一)国有商业银行组织结构

国有商业银行主要包括中国工商银行、中国农业银行、中国银行和中国建设银行。2004年以后,这四家银行和交通银行一样,成为国有控股商业银行,陆续上市成为股份有限公司。这些商业银行实行分支行制的组织结构模式,具体又有两种情况:一是中国银行实行总行制,即按照经营需要和业务量设置分支机构,总行除负有指挥管理各分支行的职责外,还和各分支机构一样经营具体业务。二是中国工商银行、中国农业银行、中国建设银行实行分层次的总管理处制,基本上按行政区划设置分支机构,这三家银行的首脑机构虽称之为总行,但不直接经营各项业务活动,只在业务和内部管理方面对其基层行加以控制和指导,而在总管理处所在地另设对外营业的分行或营业部。因此,其组织结构模式实际上是总管理处制。

我国国有商业银行组织结构模式虽是分支行制,但这种分支行制与国际上通行的分支行制又有所不同。首先,西方商业银行是实行分支行制中的总行制,总行直接经营各项银行业务,其业务量要占全行业务量的一半以上,大额贷款和大额投资基本上都集中于总行。而我国除中国银行以外,其他银行长期实行的是分支行制中的总管理处制,总行不直接经营银行业务活动。其次,在分支机构设置的层次上,西方商业银行一般在总行下只设一级分支机构,总行和分支机构的关系比较单纯;我国国有商业银行是分层次设立分支机构,总行下设省、市、自治区分行,再下设地、市二级分行,直到县级设立县支行,而中国农业银行在县以下的乡还设立营业所。因此,总行和各层次分支机构的关系比较复杂。第三,从分支机构设置的选择来看,西方商业银行以利润为目标,按经济区划和业务量设置分支机构;我国国有商业银行则是按行政区划设置分支机构,效益相对较差。目前许多分支机构也是按经济区划和业务量设立的。

我国国有商业银行组织结构模式是计划经济的产物,随着我国社会主义市场经济体制的逐步确立,其弊病日益显现出来:信息传递渠道长,反馈速度慢;资金调拨、使用效率低;管理成本开支大;机构设置与经营业务缺乏内在联系,形不成规模效益;过多受制于地方政府,影响统一法人体制的完善等。因此,我国各国有控股商业银行正在逐渐打破行政区划界限,真正按经济、合理、效率原则重新调整组织机构,减少管理层次和分支机构,省级分行和省会城市分行合并,并根据自己的业务特点,精简合并县支行和其他营业机构。

(二)我国其他商业银行的组织结构

我国在经济体制和金融体制改革过程中，继 1987 年重新组建交通银行后，陆续新成立了中信实业银行、中国光大银行、招商银行、华夏银行、广东发展银行、福建兴业银行、深圳发展银行、上海浦东发展银行、中国民生银行等一批股份制商业银行。这些商业银行基本上与世界各国商业银行一样，按经济区划和业务发展需要设立分支机构，实行分支行制。

另外，在经济体制改革以前，我国农村存在大量的农村信用合作社，改革过程中，又先后在各大中城市成立了众多的城市信用合作社。信用合作社实行合作制的组织机构模式，但又与西方国家的合作制有所不同。西方国家的合作制是由个人或集团购买独立银行的多数股票，而在我国并不通过控股形式，它基本上分为两种情况：一是农村信用合作社，最初由社员集股创办，属于合作制金融机构，现正处于改革时期，改革的思路是根据各地经济发展水平的不同，分别实行合作制或股份制。二是城市信用合作社，它一般由单位、个人投资入股，受城市信用合作联社领导。1996 年后，在对城市信用社进行整顿、改组的基础上，走股份制银行的道路，在全国各大中城市均建立了城市商业银行。

第四节　商业银行的经营原则

商业银行的经营原则是指导商业银行进行经营活动的准则。它来源于银行的经营管理实践，决定于银行的性质与职能，反映着客观经济规律的要求。在银行经营管理中应坚持下列基本原则。

一、流动性原则

(一)流动性原则的含义

所谓流动性是指银行对全部应付款的支付、清偿能力及满足各种合理资产需求的能力。具体包括两层含义：一是负债的流动性，即银行能以较低的成本随时获得所需资金的能力；二是资产的流动性，即银行的资产在不发生损失的情况下迅速变现的能力。从存量角度考察，银行要保持足够的流动性，必须留有一定的现金资产或其他容易变现的资产；从流量角度考察，银行的流动性还可以通过各种资金流入，如存款存入、借款借入、贷款归还、利息收入等方式获得。

(二)流动性原则的必要性

从广泛意义上讲，流动性要求不仅针对银行，一般工商企业也有流动性问题，如企业账单到期必须支付，这就需要现金资产，但相比之下，银行的流动性问题要重要得多。

1. 银行的现金流动最频繁

一般工商企业的经营活动主要围绕具体物质产品或劳务进行，现金作为经营活动的媒介或手段，只是在购买原材料和出售产品时才使用。银行则不然，货币是它的唯一经营对象，银行整个经营活动都要通过现金收付和转账进行，为了满足频繁的现金流动，必须保留足够的现金准备。

2. 银行的流动性具有不确定特征

一般工商企业的对外负债不论是贷款、债券还是应付货款，都有固定的偿还期限和金额。

因而，它可以事先确切地知道什么时候需要现金资产，需要多少。银行则不同，其对外负债主要是存款，各类存款随时都有可能被提取，且提取的金额往往很难事先预测，因而银行较一般企业具有更高的流动性要求。

3.银行是一个信用企业

作为信用企业，能否对存款要求即付，是保持信誉高低的主要标志，也是银行能否继续营业的关键。如果做不到这一点，银行信誉将受到极大损害，并可能由此而引起挤兑风潮，导致银行破产。可见，银行的流动性问题比一般企业更为突出。

(三)银行保持流动性的主要方法

1.建立分层次的准备资产制度

准备资产主要指银行持有的现金资产和短期有价证券。其中：现金资产包括库存现金、同业存款和在中央银行的存款，它们是货币性最强的部分，具有十足的流动性，可将其视为应付流动性需要的第一准备或一级准备。短期有价证券一般指到期日在一年以内的流动性较强的债券。与现金资产相比，它们有一定的利息收入，但流动性不及前者；与银行其他资产相比，它们的流动性则较强，即变现的速度快，变现中损失较少，被视为应付流动性需要的第二准备或二级准备。一般来说，一级准备为银行提供的流动性是有限的，因为法定存款准备金从理论上说是不能动用的，超额准备金也总是压缩到最低限度，甚至可以不保持超额准备金。但这并不排除在一定条件下法定准备金也能够提供流动性。西方商业银行的法定准备金一般是按一个准备期的平均余额计算的，本周星期三前一个星期的存款余额作为计算这周星期三以后一个星期法定准备金平均余额的基础，这周星期三以后一周内，不管准备金变化如何，只要其平均余额达到依上一周存款计算出来的水平，就算符合法定准备金要求。因此，商业银行可以利用一部分法定准备金在一个准备期的几天里做净额支付，只要整个准备期的平均余额达到既定要求就行。建立二级准备需要解决两个问题：一是按照流动性需要量和银行借入资金的能力确定准备规模。一般来说，小银行侧重从资产方面取得流动性，二级准备的比重就大一些；大银行有能力从负债方面取得流动性，二级准备的比重则可小一些。二是选择流动性工具。充当二级准备的易变现资产需要具备三个条件：期限短、质量高、销售快。因此，银行借以取得流动性的信用工具主要有：超额准备金、短期政府证券(即国库券)、其他易销售的短期证券、商业票据、银行承兑汇票、其他流动资产(主要是它的到期日与银行的流动性需要相适应的一些贷款和投资，也包括买入其他银行发行的可转让大面额存单)等。选择流动性工具除着眼于它的期限，还要着眼于它的收益，在考虑它的收益时，又要联系到它的易售性。超额准备金只有拆出时才有收益，但拆出超额准备金是为其他银行的流动性需要提供资金，如果为本身的流动性需要而保持超额准备金，那只能是必要的最低的数量，因为它是没有利息收入的。从期限短、质量高、销售快来说，国库券是最适宜于充当二级准备的流动性工具，但它的利率相对较低。商业票据和银行承兑汇票的利率一般比国库券高，但发行单位的信誉和实力显得更为重要，银行承兑汇票比较可靠，因为它以商品交易为基础，又有银行承兑，银行成为汇票的第一债务人；商业票据则因发行单位不同而有不同的信用级别，只有高级别的，即优质的商业票据才可以成为银行的第二准备金。为了满足流动性需要，银行在买入流动性工具时要进行选择，卖出时同样需要选择，除期限外还应考虑收益。例如，三个月期的季节性贷款需求，既可以卖出三个月期的国库券来提供资金，也可以卖出持有期已满三个月的六个月期的其他证券来提供资金，主要看卖出哪一种证券取得的收益高。当国库券的收益曲线属正斜率时，往往是卖出持有期和国库券到期日相同的较长期限的债券会有较高的收益。

2. 实施负债管理

实施负债管理指以增加负债的形式从市场上借入资金来满足流动性需要，包括向中央银行借款、拆入超额准备金、对国外分支机构负债、发行可转让大面额存单、发行商业票据及出售贷款等形式。以负债形式取得资金满足其流动性需要，不仅拓宽了人们的视野，找到了保持流动性的新方法，而且为银行增加盈利资产，扩大资产规模创造了条件。但通过这一形式保持流动性需要考虑下列两个问题：一是资金成本。由于借入款的利息成本要比存款利息成本高，因此，增加借入款的同时减少银行一级准备或二级准备才是有利的，必须使资产盈利的增加大于负债成本的增加。二是银行信誉。这是从市场上借入资金的重要条件，只有取得客户或投资者的信任，才能顺利筹措到所需资金。因此，银行在解决其流动性需求时，应主要从资产方面着眼，力求保持资产的流动性，特别是保持足够的二级准备，而把从负债方面取得资金的流动性放在第二位，作为一种必要的补充。

3. 统筹规划银行的流动性需求与流动性供给

这是指将测定的流动性需要与银行所持有的流动性头寸联系起来做出规划，以解决面临的流动性问题。如有的银行在满足短期流动性需要方面有所不足，而在满足长期流动性需要方面有所富余，总的流动性头寸略为宽松，它便可以把所持有的高级别的期限较长的证券，以回购协议的方式出售一部分，既可取得所需要的短期流动性头寸，又不打乱证券的原有期限结构，仍可满足其长期流动性需要。

二、安全性原则

(一)安全性原则的含义

所谓安全性，是指避免经营风险，保证资金安全的要求。风险损失越小，安全性越强；反之，风险损失越大，安全性越弱。安全性原则可从银行的资产和负债两方面考察，从负债角度来看，包括资本金的安全、存款的安全、各种借入款的安全等；从资产角度来看，包括现金资产的安全、贷款资产的安全、证券资产的安全等。由于资产和负债是相互联系、相互制约的，是一个问题的两个方面，资产处于无损状态且能增值、归流，负债自然安全。因此，资产负债的安全主要取决于资产的质量。在资产流动性和盈利性一定的前提下，提高资产按期归位的可靠性，即可增加资金的安全性；反之，资产按期归位的可靠性低，资金的安全性就差。需要指出的是，资金的安全性应包括收回资产的本金及利息两个方面。因为资产所占用的资金是以负债方式筹措的，银行要为此支付一定的利息，如果银行只是收回资产的本金而没有收回应得的利息，它的资金就会因亏损而减少，从而损害资金的安全性。从这个意义上讲，银行非盈利的现金资产并不是一种十分安全的资产。尤其在通货膨胀时期，现金资产的本金不仅得不到利息的增值，反而还要遭受无形的贬值损失。因此，资金的安全性也要求银行非盈利资产不能过多，以免遭受机会成本的损失。另外，对资产的按期归位问题也要具体分析。银行的贷款资产都有固定期限，在到期日前一般不能提前收回，银行的证券资产虽有固定期限，却可为满足资金流动性的需要而提前转让出卖，变为现金资产。所以，对于证券资产来说，其安全性可进一步确定为在到期日前随时收回本息的可靠程度。

(二)安全性原则的必要性

一般来说，任何盈利企业都或多或少存在风险，都应在经营中避免风险，保证安全。但对银行来讲，安全性更有其特殊意义。

1. 银行主要依靠负债经营，对风险比较敏感

一般工商企业的资产结构中，自有资本往往占相当比重。银行则不然，自有资本一般只占银行资产很小部分。这主要因为银行是以货币为经营对象的信用中介机构，它不直接从事物质产品的生产与流通活动，不可能获得产业利润。银行贷款和投资取得的利息收入只是产业利润的一部分，如果银行不利用较多的负债来支持其资金运用，银行的资本利润率就会低于工商企业的资本利润率。同时，作为一个专门从事信用活动的中介机构，银行比一般工商企业更容易取得社会的信任，得到更多的负债。因此，在银行经营中有必要并且有可能保持较低的资本比率，但也正是这种较低的资本比率却使银行难以经受较大的损失，为保证银行正常经营，就必须充分注意资金安全。

2. 银行经营条件特殊，更需要强调安全性

由于银行是经营货币信用业务的特殊企业，其经营活动与社会各行业都有着密切关系，加之货币作为特殊商品，又是国民经济的一项综合变量。因此，银行的资产与负债既要受现实经济生活中各种复杂因素的影响，又要受政府或中央银行的人为控制。这样，不仅运用出去的资金能否收回难以预料，而且资金成本、资金价格的变动也不好控制，银行要想在竞争的市场经济中求得生存和发展，就必须在整个经营管理中强化安全观念。

(三)影响银行经营安全的因素

影响银行安全的因素是银行经营中存在的风险，因而明确银行业务中有哪些风险，如何控制这些风险，是非常重要的。

一般来说，银行业务经营中的风险主要有：

1. 信用风险

信用风险，是指贷款得不到偿还的可能性，或者是投资的质量恶化，造成违约，从而给银行带来损失的可能性。信用风险又分两种情况，一是银行贷款或投资后客观情况发生变化，使其质量下降，从而引发的风险。二是由于借款人存心欺诈，或借款人经营不善，或银行贷款、投资决策失误而造成的违约。这两种风险的性质是完全不同的，前者属银行业务中正常的风险，后者则应避免。

2. 利率风险和汇率风险

利率风险和汇率风险，是指市场的利率和汇率变化引起银行资产价格变化，造成资产贬值损失的可能性。它基本上是由资金的供求决定的，是一种市场风险。在银行业务中，这种风险是很难完全避免的，因为任何银行都无力控制市场，即使中央银行也只能在一定程度上进行调节。

3. 流动性风险

流动性风险，是指银行的支付能力不足所造成的风险。银行的流动性需要主要来自存款的提取和贷款的需求，这种提取和需求银行不能完全掌握，非预期的提取和非预期的需求会造成银行的支付能力不足。这是银行业务中经常发生的、正常的风险。但在存户对银行失去信心或市场利率明显超过银行利率时，大额存款或者普通存款的集中提取则有可能使银行陷入困境。另外，在经济上升时期，贷款需求往往超过存款的增长，这也会给银行的支付能力带来压力。

4. 资本风险

资本风险,是指银行资本金过少,因而缺乏承担风险损失的能力,缺乏对存款及其他负债的最后清偿能力,使银行的安全受到威胁的风险。资本风险对银行能否正常经营有着重要影响。

5. 管理风险

管理风险,是指银行业务经营中存在的营私和盗窃的风险。所谓营私,主要指银行的高级管理人员利用职权谋取私利,如贷款给自己或亲友等。至于盗窃,有来自内部的,也有来自外部的。这些风险都是因管理不善造成的,只要加强管理是有可能避免的。

(四)确保银行经营安全的措施

为了提高银行经营的安全性,必须有效控制各种风险。具体来说,应采取下列措施:

1. 分散风险

首先,实行多种经营,使业务多样化。银行可以经营贷款业务,也可以经营证券业务,还可以经营非银行的金融业务。在贷款业务中,可以有工商业贷款和农业贷款,也可以有不动产贷款,还可以有消费贷款。在证券业务中,可以有国库券、金融债券,也可以有企业债券和票据。在非银行金融业务中,可以有信托、租赁、房地产、保险等。业务的多样化及其合理的结构,既可以使风险分散,也可以使不同业务中的不同程度的风险得到平衡,从而使银行收益趋于稳定。

其次,对同一借款人规定贷款限额,不要把过多的资金投放在同一借款人身上以限制风险,也就是说要把银行的资金贷给更多的人以分散风险。

再次,对大额贷款采取联合贷款或参与贷款的做法,使贷款的风险由几家银行共同分担。

2. 减少风险

首先,正确选择借款人,即实行贷款的择优原则以控制信用风险。银行发放贷款是一种授信活动,借款人的信用如何是贷款能否收回的重要条件,也是形成资产质量的基本要素。因此,银行必须熟悉借款人,熟悉他所经营的业务,熟悉他的经营理念、经营能力和经营作风,并需对其所经营企业的资金信用、经济效益、经营管理能力和发展前景四个方面进行考查,确定出信用等级。在此基础上正确选择借款人,可减少银行经营风险。

其次,采取制约措施。例如,不仅对借款人进行选择,对借款人提供的保证人及抵押品也要进行选择。又如,在贷款合同中列入若干约束性条款,要求借款人定期向银行提供财务报表,把流动资金保持在规定的最低金额以上,要求借款人不把任何资产作为抵押品抵押给其他贷款者,不把其重要资产出租或出售给其他人,不为其他人担保或背书,限制借款人的对外借款总额,限制借款人投资于固定资产的资金总额,限制借款人的红利分配等。再如,在银行贷款管理上采取制约措施,将信用调查与授信业务分开,贷款换人审批,建立各级信贷人员的责任制等。通过这些制约措施,可有效减少银行风险。

再次,保持资产与负债的对应与平衡。通过两者总量的对应、到期日的对应和利率结构的对应,使利率波动对资产和负债的影响基本相等,保持资产与负债平衡,可降低资本风险、流动性风险、利率风险等。

3. 转移风险

首先,可将银行持有的风险资产转让出去。例如,预测长期利率将上升,则可将长期证券转让出去,以避免因利率上升带来的证券价格下跌风险。

其次，对存款进行保险。当银行资产受到损失不能清偿对存款人的债务时，保险公司要负责赔偿，于是银行风险便转移到保险公司。

再次，利用远期外汇市场和金融期货市场进行套期交易，利用互换交易市场调整资产负债结构等，可将风险转移给对方，从而保证自身的利益。

三、盈利性原则

（一）盈利性原则的含义

所谓盈利性是指商业银行经营获取利润的要求。追求盈利、实现利润最大化是商业银行的经营目标，也是商业银行企业性质的集中体现。是否盈利及盈利水平高低是评价和衡量商业银行经营效益的基本标准。

商业银行的盈利主要取决于资产收益与资产损失、资金成本、其他营业收支三个因素。其中资产收益与资产损失受资产规模、资产结构和资产质量的影响，资金成本主要取决于筹资成本，其他营业收入与中间业务、表外业务的发展密切相关，其他营业支出则主要取决于各项管理费用。因此，提高盈利水平，就要在确保银行流动性和安全性的前提下，通过扩大负债规模来扩大资产规模并合理配置资产结构。同时，要在多种筹资方式、筹资渠道之间进行比较、选择，以尽可能低的成本吸收更多的资金，并努力降低管理费用支出。此外，银行还应充分利用自身所拥有的各项资源，积极开展中间业务和表外业务，以增加其他收入。

（二）盈利性原则的必要性

银行以盈利为经营原则，是由其经济性质、经营特点所决定的。从经济性质来看，一方面银行作为经济实体，必须具有承担风险的能力。银行只有坚持盈利性原则从事经营活动，才能不断取得利润收入，保持其业务活动的顺利开展。当银行发生资金损失或经营亏损时，也才能通过以往的利润积累和今后的盈利收入来加以弥补。另一方面，银行作为国民经济的综合部门，作为社会信用活动的主要组织者和承担者，还应以提高社会经济效益为己任。遵循盈利性原则，能够使银行在经济效益的引导下自觉地重视信贷资金的营运效益，在实现自身盈利的过程中，推动企业及整个社会经济效益的提高。从银行的经营特点来看，银行是典型的负债经营机构，其业务活动建立在社会信用的基础上，而银行的盈利是影响银行信誉的重要因素，一个经营不善、亏损的银行必然会因没有安全感而失去其客户，银行一旦失去客户及社会的信任，也就等于失去了经营货币信用业务的资格。因此，盈利性是银行业务经营活动顺利拓展的经济基础。

（三）影响银行盈利的主要因素

一般来说，影响银行盈利的因素主要有：

1. 资产收益与资产损失

银行盈利主要来自盈利资产的收益。因此，资产收益是决定或影响银行盈利的首要因素。银行资产收益取决于盈利资产规模和盈利资产收益率两个方面。盈利资产规模越大，收入越多；反之，收入越少。同时，在盈利资产规模一定的情况下，高盈利资产的比重越大，银行盈利越多；低盈利资产比重越大，银行盈利越少。另一方面，银行在运用资金取得收益的同时还承担了相应的风险，这些风险有可能会形成银行资产的损失，资产风险越大，资产损失的可能越大。银行资产损失首先是对银行收入的直接扣除，如果控制不当，它不仅会吞噬掉银行利润，甚至会蚀光银行资本。因此，在考虑资产收益时必须顾及资产风险以及随之而来的资产损失。

2. 资金成本

资金成本主要指银行为取得资金而付出的代价。银行资产扩大要受负债规模制约，负债结构也会影响银行收益。具体来看，银行资金成本可分为利息成本和非利息成本两个部分。利息成本是直接支付给资金提供者的报酬，非利息成本则是银行围绕负债业务而花费的各项营业开支。在银行经营过程中，资金成本的这两部分都可能发生变化。当资产收益一定时，资金成本提高会抵消银行利润；资金成本下降则会增加银行利润。因此，应采取措施控制利息成本和非利息成本的上升，以稳定资金成本，保证银行利润。

3. 其他营业收支

其他营业收支，是指银行贷款和投资以外所取得的各项收入及银行存、贷业务以外花费的各项开支。如信托业务收入、租赁融资收入、证券业务收入、服务费收入、保险费、广告费、印刷费、车船费、律师费等。

(四)增加银行盈利的主要途径

通过分析影响银行盈利的因素，可以看出，增加银行盈利的主要途径是：

1. 加强利差管理

银行收益主要来自利差，银行风险则表现为利差的敏感性和波动性。所以，利差的大小及其稳定程度决定银行总的风险与收益状况，成为衡量银行业务经营水平的重要标志。一般来说，利差有三种主要的衡量方法。即

$$利差=利息收入-利息支出$$

$$利差率=\frac{利差}{盈利资产}\times 100\%$$

$$利差率=\left(\frac{利息收入}{盈利资产}-\frac{利息支出}{盈利资产}\right)\times 100\%$$

对利差管理的基本要求是要有利差。即利差、利差率、利率差都要大于零。为此，必须测定所筹集资金的成本率，并在此基础上，要求所有盈利资产的收益率必须大于盈利资产的成本率，需要订价的新贷款必须有最低的收益保证。这也是最起码的利差管理要求，即利差最低限。对于银行来说，并非超过这一限度越多越好，当利差扩大到一定程度出现足够大的负效应时可看做是客观要求的限制。这就是说，银行经营管理所谋求的适度利差区介于利差低限与利差高限之间。这一目标具体通过扩大资产负债总量、调整资产负债结构、运用利率杠杆来实现。

2. 扩大资本金

由于银行盈利主要来自资产收入，而资产规模要受资本比率的制约。因此，在资本比率一定的条件下，只有不断充实资本金，才能扩大资产规模以增加盈利，并进一步通过提供较为满意的股息、红利吸引更多投资者，提高股票行市，使银行资本溢价，从而进入良性循环。

3. 控制管理费用

银行资金成本中的利息支出属直接成本，利息以外的其他支出主要是管理费用，属间接成本。在利差率一定的条件下，资产利润率主要取决于管理费用。管理费用高，资产利润率就低；管理费用低，资产利润率就高。因此，控制管理费用是增加银行盈利的重要途径。

4. 增加服务收入

在综合性多功能的大银行中，服务收入占总营业收入的比重已有持续增长的趋势。随着

商品经济的发展，市场的扩大，人们收入水平提高，金融意识增强，需要银行提供的金融服务将会越来越多，增加服务收入必将成为增加银行盈利的重要途径。

综上所述，流动性、安全性、盈利性是银行经营必须严格遵循的三项重要原则。其中流动性是条件，安全性是保障，盈利性是目的。三原则的统一才能确保银行经营活动正常有效进行。但另一方面，三原则又往往是矛盾的。从流动性角度看，资金用于现金资产和央行存款的比重越大，资金闲置率越高，银行支付能力就越强，资金的流动性也就越强。若从安全性角度看，较高的收益往往伴随着较大的风险，为了降低风险，银行则应倾向于收益较低的资产。而从盈利性角度看，资金用于盈利资产的比重越大，资金运用率越高，对工商企业的支持就越大。这种对立关系使银行经营者在进行决策时不能片面遵循某一原则，只能在流动性、安全性、盈利性之间选择一种平衡，使它们都能得到一定程度的兼顾。而协调处理好这三者之间的关系，使其达到最佳组合，以便在流动性和安全性都有保证的前提下获得最大的盈利，也成为现代银行经营的核心和关键问题。

第五节 现代商业银行的发展趋向

进入20世纪90年代以后，世界各国经济及国际金融领域的变化对商业银行的业务与经营产生了深刻的影响，使得各国商业银行出现了新的发展趋势。

一、银行规模扩大化

20世纪90年代以来，银行并购现象非常突出，从美国、日本、欧洲到亚洲和拉美地区国家，掀起了一场席卷全球的银行兼并浪潮，导致了银行规模扩大化的趋势。这一时期的银行并购具有以下特征：第一，跨行业并购成为新的热点，如美国花旗银行和旅行者公司的兼并，合并后的集团新业务范围包括商业银行、投资银行和保险业，成为全球第一家业务范围涵盖最广的国际金融集团。第二，跨国并购开始增多，如德意志银行收购美国第八大银行——信孚银行，荷兰国际银行收购英国巴林银行等。第三，并购涉及的金额逐年增大，1991—1992年、1993—1994年、1995—1996年、1997—1998年10月底，全球银行业并购交易额分别为847亿美元、832亿美元、2 008亿美元、5 342亿美元。第四，并购规模明显扩大，目前世界1 000家大银行的资产规模已从1991年的23.1万亿美元增加到2000年的36.7万亿美元，年均增长6.5%。银行之间尤其是大银行之间的并购，是导致银行规模扩大化的直接原因。

持续的全球银行业并购浪潮，主要得益于金融管制的放松、联合优势的扩大和跨国经营效益的推动，是银行追求新的竞争优势的必然结果。商业银行与商业银行、商业银行与其他金融机构并购可带来多方面优势：首先，增强资金实力，提高信用等级，更容易获得公众信赖，进而吸收到更多的廉价资金，增强竞争力和抵御风险能力。其次，相互取长补短，实现优势互补，拓展业务范围。再次，大规模的银行业务量大，单位资金成本低，有利于采用先进的管理手段和经营手段进行金融创新。最后，由于上述因素，银行盈利能力大大提高。通过并购实现银行资产规模扩张，已成为各国商业银行的重要发展目标。

二、商业银行国际化

随着各国经济交往的加强和全球经济一体化的进程加快，商业银行的业务经营呈现出国际化趋势。具体表现在两个方面：

（一）国际金融业务的发展

伴随国际经济和金融市场的发展，商业银行的国际业务不断扩大，从最初为进出口贸易商提供结算服务拓展到在零售和批发业务方面为客户提供多样化的综合服务。目前，商业银行主要的国际业务有：跨国界跨货币的存贷款和投资、国际贸易融资、国际证券业务、国际结算、外汇交易、国际信托、担保、租赁、保险、咨询、国际资金管理及其他金融服务。

银行业务国际化的主要原因是：激烈的国内竞争使得银行国内业务利润率下降，而国际利差的存在吸引着各国银行纷纷将其业务伸向国际金融市场；迅速发展的国际贸易客观上要求商业银行为贸易双方提供金融服务；国际直接投资及跨国公司的业务扩张，也要求商业银行提供金融支持；国际资本市场的扩大及电子通信技术的发展为商业银行拓展国际金融业务提供了便利条件。此外，规避国内金融管制，减少国内政策变动的影响，也促使商业银行业务走向国际化。

（二）商业银行组织机构的国际化

在全球经济一体化和区域经济合作不断加强的背景下，各国纷纷减少对跨国金融机构的限制，银行机构的国际化程度大大提高。商业银行的业务经营打破了区域和国界的限制，并依效益原则在全球范围内合理设置机构网络，促进了资本的国际间流动，加速了国际金融市场的全球化进程。迄今为止，美国在海外设立分支机构的商业银行已达200多家，分支机构总数超过4 000家，其中花旗银行在全球106个国家和地区设立了分支机构，税前利润中有60%来自于美国以外的地区。

商业银行国际化的表层原因是国际经济的全球化，从深层次看，它是商业银行在国际经济全球化过程中追求信贷资金流动性、安全性、盈利性最佳组合的必然结果。

三、金融创新多样化

20世纪70年代以来世界经济和国际金融环境的重大变化，加剧了国际金融市场的金融风险，同时也导致了金融创新的浪潮。金融创新是各种金融要素的重新组合，是金融业在多方面创新的总括。它既包括金融机构与金融市场方面的创新，也包括金融工具、金融服务、融资方式、管理技术以及支付制度等方面的创新。金融创新对商业银行来说，既是机遇又是挑战，给银行业的经营与管理带来了极其深刻的影响。

（一）金融创新使商业银行业务更加灵活和多样化

由于技术的进步降低了各种金融机构的交易成本，同时，储蓄和投资形式的变化引起金融市场格局的重新划分，迫使商业银行通过金融创新来保持自己在竞争中的优势。

1. 在传统的业务领域不断推出新的金融产品

即对传统的银行资产、负债、中间业务进行重新组合，以满足客户要求，获取传统业务市场上更多的市场份额。商业银行负债业务的创新主要是：让活期存款在保持方便的同时享受到高息收入；让定期存款在保持高息的同时享有灵活的流动性便利；将投资银行业务引入商业银行领域，使客户既可享受到商业银行提供的各种方便和流动性，又可获取投资银行提供的高收益，同时又将风险锁定在一定水平。商业银行资产业务的创新突出表现在贷款形式创新、进军投资银行业务领域、将证券和贷款业务融为一体等方面。商业银行中间业务的创新则主要表现在信托业务和租赁业务的充分发展上。

2. 在传统业务领域之外积极开拓新的业务领域

新的金融工具的出现极大地丰富了国际金融市场上的交易内容，金融市场的创新也扩大了国际金融市场的规模，这些因素都为商业银行资产负债管理和风险管理提供了新的手段和方式，改变了传统的业务结构，拓展了商业银行的盈利空间。这主要表现在商业银行表外业务的创新上，一是创设和从事金融衍生品交易，如金融期货、期权、货币互换、利率互换、远期利率协议等与银行业务的主要价格载体——利率和汇率直接或间接相关的项目。二是将银行的表内业务表外化，即变银行的实际资产和负债为或有资产和或有负债，甚至使部分项目从银行的资产负债表上消失，如贷款承诺、备用信用证的使用等。表外业务的发展使商业银行可规避监管当局的限制，在力争不动用自身资金的情况下满足客户的资金需求，支持了银行信用规模的扩大，弥补了银行资金供求缺口。

(二)金融创新使得商业银行面临的竞争更加激烈

一方面，金融业务、机构以及制度方面的创新导致各国金融业出现了金融自由化和国际化趋势。目前，西方各国在放松外汇管制的同时，纷纷开放国内资金市场，允许外国银行在本国自由建立分行，放宽外国银行的业务经营范围，放松对本国证券市场的控制，允许外国银行等金融机构持有本国证券投资机构的股份，从而自由进入证券交易市场，并取消了外国居民在本国金融市场筹集资金的限制。这些措施使得一国银行在和本国银行竞争的同时还必须面对国际金融业的竞争。

另一方面，金融创新导致了新金融机构的出现和金融混业经营趋势的加强，各主要发达国家的金融机构开始突破原有的专业化业务分工，综合经营多种金融业务。银行和非银行金融机构的业务领域或资产组合的限制放松，使银行和非银行金融机构可经营更广泛的业务，实现相互之间的业务融合，减少对传统业务领域的依赖，导致商业银行和其他金融机构的差异缩小，银行业面临的竞争加剧。

再者，金融创新能力将成为商业银行生存和发展的主要决定因素。随着金融创新的日新月异，旧的经营方式不再有利可图，传统的金融工具也不再能有效地筹集资金。在这种情况下，能否创造出可规避风险，满足市场需要的新的金融产品，就成为银行所关心的首要问题。在未来的商业银行中，创新能力将决定其能否根据市场变化及时推出满足各种需要的产品和技术，尤其是在金融服务和风险管理成为银行主要职能的情况下，金融创新能力将直接影响商业银行的生存能力和发展潜力，成为银行竞争力的重要标志。

四、银行资产证券化

资产证券化有广义和狭义之分，广义的资产证券化是指融资证券化，也就是银行的非中介化，即在国际金融市场上，融资与证券发行相结合的趋势逐渐加强，相当一部分传统银行贷款已由通过发行各种证券进行融资的方式所替代。狭义的资产证券化主要是指商业银行业务中的资产证券化，即商业银行的信用活动改变了过去的那种固定债权、债务形式，而代之以可在二级市场上流通转让的有价证券形式。它包含了两方面的内容：一是商业银行自身资产的证券化，如住房抵押贷款证券化，就是将原本固定期限的、流动性差的资产证券化，其目的之一就是为了增强银行资产的流动性，达到避免或降低流动性风险和利率风险的目的。二是商业银行向客户提供的金融资产的证券化，即商业银行将传统存款工具转化为可以在市场上转让流通的证券，从而为投资者提供资产转换的便利和防范风险的手段。

资产证券化给商业银行的经营管理带来挑战的同时也提供了新的发展空间。

融资证券化使大量融资从以银行为中介的间接融资转向金融市场上的直接融资，动摇了银行作为高层次金融中介机构的相对优势。由于证券信用具有投资者与资金需求者的相互选择机制，改变了商业银行在信贷业务中与客户之间固定的债权债务关系，而且比银行信用具有更高的流动性和效益性，因此较银行信用更具有优越性。从资金需求者的角度出发，他们更倾向于通过发行有价证券的方式，在证券市场上直接向公众融资，其所付出的成本往往要比银行借贷低一些；对证券投资者来讲，他们买进证券后，可以随时在二级市场上转让给其他投资者，收益性、流动性可能要比银行存款好得多。面对融资证券化这一不可扭转的趋势，商业银行转变观念，主动应对挑战，围绕客户的需要，根据市场动态和自身经营实力，在各种直接融资活动中，充当了证券代理人、发行人、承购人、包销人等角色，开辟了新的业务领域和盈利渠道。此外，融资证券化也为商业银行实现资产负债综合管理，优化资产负债结构提供了方便条件。商业银行可按照其经营目标选择一定的证券组合，并随时根据市场环境的变化，作出相应的调整，不但可以达到预期的收益水平，还兼具灵活性和流动性。

商业银行资产证券化是在同业竞争日趋激烈，金融市场风险加大，贷款质量降低，收益率下降情况下的一种金融创新，它不同于狭义上的银行证券投资业务，代表着银行业一种新的发展潮流。通过资产证券化，商业银行增加了经营手段和盈利机会，在获取流动性的同时，减少了金融风险和资本金要求。商业银行把一些特征相同的资产（汽车贷款、住宅贷款、信用卡贷款等）集中起来，以这些资产的本息作担保，发行贷款证券，并利用自己的专业优势和信誉作为原始贷款的承担者，然后过渡给证券持有人，并为证券持有人收取贷款本金和利息。在这一过程中，银行把一些风险转移给了证券投资者，出售贷款收回资金从而获得了流动性；同时，提供贷款服务增加了手续费收入。如果银行销售的证券无追索权，对应的贷款资产可从其资产负债表中去掉，还可降低对商业银行资本金和贷款损失准备金的要求，能更好地达到资产负债综合管理的目的。

五、风险管理功能化

风险管理功能是指商业银行通过提供各种金融产品、信息咨询、交易技术和手段，并通过自身的各种业务和管理活动，为银行自身、客户及整个经济社会防范和化解金融风险，增加银行、客户乃至整个社会价值的功能。

商业银行从其产生之时起，信用中介功能就是其首要的或核心的功能，但由于资本市场和直接融资的发展，银行出现了“非中介化”趋势，间接融资已经不再是唯一的融资渠道，甚至不再是主要的融资方式。不仅如此，由于市场准入条件的放松，大批非银行金融机构及一些非金融机构也不断涌入传统信用业务市场，对商业银行构成巨大的竞争压力，市场份额不断下降。在这种情况下，商业银行信用中介业务在其全部业务中的重要性及存贷利差收入在全部收入中所占的比重不断下降，信用中介功能客观上已经出现明显的逐步弱化趋势，与此同时，商业银行金融服务功能的重要性凸显，而其中的风险管理将成为未来商业银行的一项重要功能，这主要是因为：

1.风险管理是商业银行管理的核心内容

商业银行经营的是货币信用业务,在整个业务经营过程中充满了各种各样的风险,而且商业银行一旦产生风险损失,尤其是发生倒闭,将会产生严重的社会后果,影响整个经济和社会的稳定。商业银行几乎所有的经营政策,都是围绕着在坚持安全性原则的前提下去追求利润的最大化,风险管理是其永恒的主题。

2.各种经济主体对风险管理的需求大大增加

进入21世纪后,整个世界经济的不确定性大大增加,经济发展中的风险成为金融风险的重要成因,全球经济一体化的发展又导致金融风险在国与国之间迅速传递。为了防范金融风险,金融市场上不断地推出旨在规避风险的各种金融衍生工具,而这种金融创新又带来了新的甚至更大的风险。可以预见,未来的社会是一个充满了金融风险的社会,各种经济主体都会面临金融风险问题,都需要对金融风险加以管理、控制。由于金融是一个极其复杂的系统,金融风险的管理需要专门的知识和技能,客观上需要有专门的机构和人才来提供金融风险管理方面的各种服务。

3.商业银行在化解整个经济运行中的金融风险方面具有不可替代的作用

在单一的间接融资体制下,全社会的各种风险通过借款人和存款人从两个方面向银行集中,银行成为国民经济风险的“集散池”。当直接融资得到一定的发展以后,虽然银行集中风险的程度会减轻,但银行在执行信用中介职能过程中仍然会将经济中的各种风险集中起来,而商业银行完善的存款准备金制度、严格的信贷审批制度、正确的贷款政策以及科学的内部资产负债管理,可以有效地化解来自经济生活中的各种风险。商业银行拥有金融、投资和市场交易等多方面的专业人才,可利用其强大的机构网络和支付清算体系,在搞好自身风险管理的基础上,为社会提供风险管理服务。商业银行所具有的得天独厚的条件,决定了它将是全社会风险管理的核心部门。

4.商业银行风险管理的特殊性

商业银行在风险管理中具有与其他金融机构不同的特点,表现为管理工具的非标准化和管理方式的内部化。商业银行管理风险所使用的非标准化工具,如贷款、担保、贷款承诺、场外衍生金融工具等,能够满足客户的差异化特殊需求,适合不同规模所有类型的企业。所谓内部化,是指在风险管理过程中,商业银行将所管理的金融风险直接转换成自身所承担的风险,然后再以各种具体手段去管理这些风险,如银行在吸收存款、发放贷款过程中,将资金融通的风险内部化为自身的经营风险,通过风险内部化降低了储蓄者最后所承担的风险。由于风险承担能力决定于收入水平,银行风险管理内部化使得一大部分中低收入的储蓄者不会因为风险承担能力差而被排除在金融市场之外。商业银行风险管理的特殊性决定了商业银行的风险管理功能是其他金融机构所无法替代的。

六、业务经营电子化

从20世纪90年代起,人类社会步入了第四次产业革命——信息革命——的时代,在高新技术和信息产业的推动下,银行为适应庞大的机构和业务迅速增加的需要,充分利用现代科技成果,电子化程度越来越高。主要体现在:计算机的广泛应用、支付清算系统的更新、基于互联网技术的网上银行等。通过技术升级,银行在支付工具、支付方式、服务内容等方面实现了重大突破,经营效率大幅度提高。

在支付工具方面，现款支付机、自动柜员机以及售货终端机等自动化服务项目不断被开发，可随时为客户提供高效、便捷、迅速、安全的高质量服务。在支付清算系统方面，计算机技术的应用，推动了银行内部业务处理和资金转账系统的电子化，大量的银行业务如记账、运算、审核、传递、清算、交割等都通过计算机进行，不仅大大提高了工作效率，而且减少了许多人为的失误。银行的电子资金转账系统由一个或多个计算机处理中心及众多的终端连接而成，银行与客户之间，银行与其他金融机构之间的资金划拨瞬间即可完成。银行通过电子计算机建立起的巨大信息库、信息网络和数据分析处理系统，能为大企业、大公司及时提供各种资信服务。此外，计算机还被引入银行的资产负债管理，通过对拥有的大量信息进行分析、研究、预测和决策，可减少银行的经营风险，提高其业务管理水平。

电子计算机和互联网技术的飞速发展还促成了网上银行的出现。1995 年，全球第一家网上银行——安全第一网络银行——在美国诞生，开业不到四年，它的交易量就占到美国总支付交易量的 2%以上。目前，美国的网上银行已覆盖了除现金交易外的所有零售银行业务和部分投资银行业务，在互联网上设立网站的银行数量已从 130 家发展到 3 800 多家，占所有联邦保险的储蓄机构和商业银行总数的 37%。在这些网络银行中，有 7 家是纯网络银行(虚拟银行)，即所有业务都通过互联网进行。网络银行的出现和成功的经营实践向世人传达了这样一种信号：在网络化的今天，人们完全可以在任何时间、任何地方、以任何方式通过互联网来享受各种金融服务。

在网络银行和网上银行业务迅速发展的情况下，传统的“物理”形态的银行分支机构越来越显出其弊端：大量的人力、昂贵的办公和营业大楼及在繁华商业中心开设网点支付的巨额成本等。因此，近年来，一些商业银行从繁华都市的商业中心撤出，把业务发展的重心转向低成本、高效率的网上银行。可以预见，随着互联网技术的日趋成熟及网络安全问题的解决，将会有更多的银行业务走向网络化，“虚拟”银行机构部分地替代“物理”形态的银行机构，将成为一种不可逆转的趋势。

我国大型国有控股商业银行(中国工商银行、中国农业银行、中国银行、中国建设银行、交通银行)以及许多国内股份制商业银行已开通和拓展网上银行业务，截至 2014 年，中国银监会批复首批试点的五家民营银行已全部获批筹建。其中，浙江网商银行和深圳前海微众银行考虑不设立实体网店，完全通过网络化运营提供金融服务。网商银行即互联网商业银行，未来银行将立足互联网，充分利用互联网技术，通过大数据分析，实现全流程网络模式，主要服务于电子商务平台的小微企业和大众群体，创新性地为客户提供一些有网络特色、适合网络操作、结构相对简单的金融服务和产品。同样是依托互联网商户，以腾讯作为主发起人的深圳前海微众银行也在经营模式中融入了互联网“基因”，希望结合腾讯庞大的客户基础、互联网产品数据，为小微企业和个人消费者提供低成本、高便利的金融产品。可见，互联网在改变传统商业银行的经营方式，它将给未来商业银行带来机遇和挑战。

本章小结

1. 商业银行是随着商品经济和信用制度的发展而产生和发展起来的，已经成为世界各国金融体系中最重要的组成部分。现代商业银行是指以营利为目的，以经营存款、放款和汇兑为主要业务，以多种金融创新为手段，全方位经营各类银行与非银行金融业务的综合性、多功能的金融企业。

2. 商业银行不仅是经营货币商品的特殊企业，而且也是在金融和非金融领域提供各种服务的综合性多功能的金融企业。由其性质决定，商业银行的职能主要体现在信用中介、支付中介、信用创造和金融服务这四个方面。

3. 传统的存放汇业务使得商业银行具有货币创造功能。通过商业银行，一笔原始存款可以创造出数倍于自身的派生存款，因此，商业银行的业务活动会对全社会的货币供给产生重要影响，并成为国家实施宏观经济政策的重要基础。

4. 商业银行的组织结构大致有注册制、单一银行与分支银行、银行持股公司制度、跨地区银行业、合并与兼并等。选择哪种组织结构，视各国具体情况而定。

5. 商业银行的经营原则是指导商业银行进行经营活动的准则。具体来说就是在保证资金的安全性，保持资产的流动性基础上争取最大盈利的"三性原则"。

6. 20 世纪 90 年代以来，世界各国经济及国际金融领域的发展变化对商业银行的业务与经营产生了深刻的影响，出现了银行规模扩大化、商业银行国际化、金融创新多样化、银行资产证券化、风险管理功能化和业务经营电子化的趋势。

关键术语

原始存款　派生存款　注册制　单一银行　分支银行　银行持股公司　流动性　安全性　盈利性　金融创新　资产证券化

思考与练习

1. 什么是商业银行？为什么说它是一种特殊企业？
2. 商业银行具有哪些职能？
3. 如何理解商业银行创造货币的机制？
4. 商业银行能否无限制地创造货币？
5. 比较单一银行制和分支银行制的优缺点。
6. 如何理解商业银行的经营原则？
7. 如何保持商业银行经营的流动性、安全性、盈利性？
8. 试述现代商业银行的发展趋向。

第二章 商业银行资本金

本章要点

1. 商业银行资本金的作用
2. 商业银行资本充足率
3. 商业银行资本金的筹集
4. 商业银行资本金成本分析
5. 商业银行资本收益率分析

第一节 银行资本金的计量口径与作用

一、银行资本金的计量口径

(一)GAAP 资本

银行资本可由账面价值来测算(在会计学中称为 GAAP,generally accepted accounting principles,通用会计准则)。大多数银行都以取得或发行资产与负债那一日其所包含的价值为准,记录在银行的会计报表中,然而随着时间的流逝,利率发生了变化,一些贷款和证券又出现了违约,导致银行资本与负债两者的市价都偏离了它们以前的账面价值。但是,对于大多数银行来说,他们的账面价值(而非市价)是适当的测算方法。

银行资本账面价值($GAAP$)=银行资产账面价值(TA)-银行负债账面价值(TL)=股权资本+溢价+未分配利润(或保留盈余)+贷款及租赁损失准备金,这正是我国许多教科书中所讲的资本金。下面我们将要详细论述,当然这一方法也有缺点:如在某一时期,由于一些不确定因素,导致银行的资产(贷款和证券)价值猛跌时,一家银行是否拥有足够的资本用以应付当前的风险敞口,资本账面价值对此就暴露出它的不足之处。

(二)RAP 资本

银行资本的另一种计量方法是 RAP 资本(regulatory accounting principles,管理会计准则),银行监管机构为了努力使银行看起来安全,开始使用这一银行资本定义。

银行资本 RAP=持股人股权(即普通股保留盈余和股本准备金)+永久性优先股+贷款及租赁损失准备金+法定转换普通股的次级债券+其他项目(如附属机构的少数收益及净值证明)。这一资本定义的特点是管理者将债券、在附属机构中的持股及坏账准备定义在银行资本以内。

(三)市值资本(MVC,market value of capital)

银行资本市价(*MVC*)=银行资产市值(*MVA*)-银行债务市值(*MVL*)。一般地,银行市值资本的近似计算公式为:*MVC*=目前每股市值×发行在外的股票数额。显然,用 *MVC* 测算银行资本额会得出一个极其多变的数据。对大银行而言,资本金因其股票交易活跃而每日变化。小银行因它们的股票交易不够活跃难以建立一个市值,因此,*MVC* 在测算小银行时有困难。这就限制了 *MVC* 在小银行中的运用。但 *MVC* 反映了在市场经济条件下每家银行对于抵御破产风险所拥有真正的保护额。

(四)监管资本与经济资本

在 1988 年的《巴塞尔资本协议》中,明确提出银行的资本充足率不得低于 8%,这里的资本就是监管资本(regulatory capital)。巴塞尔委员会曾将监管资本分为两大类,一类是核心资本(又称一级资本);另一类是附属资本(又称二级资本)。从此,银行资本的二重性(股权和债务资本)的合法地位跃然纸上。监管资本与 RAP 基本相同。

经济资本是由银行管理层内部评估而产生的配置给资产或某项业务,用以减缓风险冲击的资本,是由《巴塞尔新资本协议》提出的。经济资本概念的起源是:银行信贷敞口组合的盈利或损失可以通过确定时间范围的概率密度函数(PDF)来表示,从理论上讲,银行掌握了 PDF 就可以把在一定时期内能降低损失概率的资本分配到需要的置信区间。这部分用来降低损失概率的资本就是经济资本。

二、银行资本金的构成

商业银行是经营货币、信用等金融服务的特殊企业。和一般企业一样,它必须拥有一定的资本金,必须符合公司法和商业银行法的规定。一般而言,商业银行的资本金主要由股本、资本盈余、未分配利润及各种准备金构成。还包括一些债务资本,比如长期债券等。长期以来,各国商业银行对其双重资本的看法不一。1988 年 7 月,由西方 12 国的中央银行在瑞士通过的《巴塞尔协议》统一了国际银行业的资本衡量和资本标准,确立了商业银行资本双重性的国际规范。

(一)核心资本

1. 股本

(1)普通股。普通股是一种所有权证书,它不仅代表股东对银行的所有权,而且具有永久性质,银行普通股股东对银行的所有权主要体现在股东享有分配和处置银行税后利润以及制订和修改银行章程,任免银行董事会成员,决定银行经营大政方针等权利。发行普通股是商业银行增加资本的重要手段。通过发行普通股,可以大量筹集社会资金,使银行资本足够雄厚,以保护存款人和其他债权人的利益不受损失,增强公众信心。然而,从银行的角度来看,发行普通股会受到以下因素的影响。首先,银行面临着银行股东因其净收入增加而要求增发红利的压力。其次,普通股的交易费用因税后列支而一般高于其他外源资本。第三,当银行增发普通股时,大股东会因面临失去控股地位而进行阻挠。但是,金融监管当局认为,银行普通股能起到健全和稳定银行体系的作用,普通股是银行最佳的外源资本,同时,银行要对普通股股东支付一种可变的收益,支付多少和是否支付取决于银行股东大会及董事会的投票结果。

(2)永久性非累积优先股。发行优先股也是增加银行资本的重要手段。它具有债券和普通股的双重特点，一方面，像债券一样，通常只支付优先股固定股息；另一方面，像普通股一样，没有定期支付股息和到期偿还本金的义务。

2.公开储备

公开储备是指通过保留盈余或其他盈余的方式在资产负债表上明确反映的储备，如未分配利润和公积金等。未分配利润是商业银行税后净利润减去普通股息和红利后的余额，是商业银行增加资本金的重要来源。公积金又称盈余，分为营业盈余与资本盈余。营业盈余是商业银行按一定比例从当年的营业利润中提出来的资金。资本盈余是商业银行发行股票时，股票发行价格超过其股票面值的溢价部分，这部分溢价不能用于股利分配。

(二)附属资本

1.未公开储备

未公开储备又称隐蔽准备，由于各国法律和会计制度不同，巴塞尔委员会提出的标准是：在该项目中，只包括虽未公开，但已反映在损益账上并为银行的监管机构所接受的储备。

2.重估储备

重估储备包括记入资产负债表上的银行自身房产的正式重估和来自有隐蔽价值资本的名义增值。

3.普通准备金

它是银行为防止未来可能出现的一切亏损而设立的，可用于弥补未来不确定的任何损失，符合资本的基本特征。不包括那些已确认的损失，或者为某项资产价值明显下降而设立的准备金。

4.混合资本工具

混合资本工具是指既具有一定股本性质又具有一定债务性质的资本工具。

5.长期附属债务

它是资本债券和信用债券的合称。之所以被当做资本，是因为它可部分替代资本的职能。在一般情况下，只有期限在5年以上的附属债务工具可以包括在附属资本之中，但其比例最多只能相当于核心资本的50%。

三、银行资本金的作用

(一)资本金是银行开展正常业务活动的前提和基础

银行在开业前，资本金为之提供领取执照、组织运营所需的资金，同时银行也需要起动资金用以获取土地，修建、新建或租用场地，装备办公用品以及雇佣管理者和职员。

(二)资本金保护存款人和其他债权人的利益

当银行出现亏损时，首先要动用风险基金弥补损失，若风险基金不够时，就须使用资本金。当银行破产时，银行资本首先被用于赔偿非保险性存款。因此，银行资本起了增强公众信心，防止银行倒闭的作用。

(三)资本金是金融监管的重要指标

监管当局的最低资本规定有着决定性的意义。法定的银行最低资本限额可以起到防止银行为追求盈利而无限扩张其资产的可能性，有利于银行可持续发展。随着银行风险的暴露，银行的吸收亏损的缓冲装置必须相应扩大。就银行资本而言,贷款与存款业务增长过快的银行会大于金融市场和监管部门接受到降低增长速度或增加资本的信号。监管部门的资本监管已经成为限制银行风险暴露程度的越来越重要的政策工具,同时也有利于提高公众对银行的信心。

(四)资本金有利于提高银行的实力,增强公众对银行的信心

一般来说,一个银行的资本金多,就说明它的实力雄厚,它在金融市场上向存款公众传递信号,它有实力,不会出现挤提风险;同时又向贷款者传递信号,即使出现经济萎缩,它们仍然会满足正常的贷款需求。

(五)资本金是银行机构扩张业务、扩展市场领域的推动力

随着国民经济的增长,超出其开业时设施的承受能力,追加资本的注入,促使银行增加办公设备,增设分行、雇佣更多的职员,以便同金融市场的扩大保持同步发展。

第二节 商业银行资本充足率的测定

一、商业银行资本充足率指标

银行和一般工商企业的最大区别,是银行主要以负债(存款和借款)来增加其资产。若银行资本金过多,就会增大银行资本金的成本,进而使银行经营成本增加影响银行利润,从而减少对股东的股息和红利。因此银行资本占总资产的比例不能太大。若银行资本金过少,就会影响银行正常的资产增长和信誉。可能导致流动性风险,因此,银行资本金在数量上必须满足银行资本各种功能正常发挥的需要。那么,一家银行的资本金是多少以及核心资本与附属资本的比例是多少才是合适的?一般而言,银行资本的数量应体现两个方面的要求:一是能够保持银行的清偿能力,经受住坏账损失。二是能够保持较高的盈利水平,促进银行自身的发展。衡量银行资本充足性的指标主要包括:总资本与总存款比,总资本与总资产比,总资本与总风险资产比,纽约公式等。

(一)资本与存款比率(资本/总存款)

这个比率要求银行所持资本的数量与存款的多少保持一种固定关系,并随存款的增减作相应的调整和变动。如果一家银行的资本与存款的比例小于监管当局的比率,就被认为是资本不足,可能面临风险。然而这一指标不能体现银行资本弥补意外损失能力的大小,仅能防止存款者挤提存款的风险。

(二)资本与总资产比率(资本/总资产)

为了解决资本存款比率指标的不足,监管当局逐渐开始采用资本资产比率这一指标,这一指标是根据资产确定银行持有资本量的多少,较多地体现了银行资本抵御资产意外损失的特征,具有较强的科学性。但是这一指标的不足在于未能反映银行资产的结构,而银行资产结构的不同,会产生不同程度的风险。例如,甲乙两家银行资产数量相等,甲银行的资产大部分是短期政府债券,而乙银行资产的大部分是中、短期贷款,显而易见,乙银行的风险高于甲银行。但根据资本资产比这一指标所提出的保障风险的最低资本需要量则完全相同。

(三)资本与风险资产比率(资本/风险资产)

这一指标在计算银行应持有资本量时,将现金等无风险资产剔除掉,较多地体现了资本抵御银行资产意外损失的功能，因而具有一定的科学性。但是，这一指标同样存在着对银行资产的风险没有细分的缺点。

(四)纽约公式

20世纪50年代初，纽约联邦储备银行监督部制定了一个把风险分布在全部资产的公式。银行资产按其流动性和风险高低划分为6类，分别确定其资本比率(或风险权重)，将每类资产数额乘以其风险权重然后加总，求出银行的适度资本需要量。

第一类，无风险资产，包括现金、存放同业，5年内到期的政府公债以及其他性质相近和到期日很短的资产，其资本需要量为0。

第二类，风险最小的资产，包括期限在5年以上的政府公债，由政府代理机构担保的贷款和债券，由储蓄存折担保的贷款，优惠商业票据等其资本需要量为5%。

第三类，有价证券资产，包括5年以上到期的政府公债以外的证券投资和证券贷款，其资本需要量为12%。

第四类，风险较大资产，包括那些财务状况较差，或过去偿债名声不好或担保不足以及其他因素形成的资产，其资本需要量为20%。

第五类，有问题资产，这类资产大都是超过了偿还期限，债务人未能及时履行还款义务，其资本需要量为50%。

第六类，固定资产和亏损资产。固定资产是指银行为维持正常营业而购置的资产。亏损资产是指已给银行造成损失且银行投入的资金基本不能收回的资产。它们的资本需要量为100%。

那么，资本总量 $= \sum$(风险资产 × 资本比率)。

(五)综合衡量法

20世纪70年代初，美国的金融监管当局在审查银行资本适度时，主要考虑银行的以下因素：①经营管理质量；②资产流动性；③以往的收益状况及收益保留额；④银行股东的特点和资信；⑤营业费用的数量；⑥存款结构的潜在变化；⑦经营活动的效率；⑧当地市场行情。后来，这些因素的大部分被归纳为著名的“银行骆驼评级制度”(CAMEL)，其中：C——资本充足率(capital adequacy)，A——资产质量(asset quality)，M——经营管理(management)，E——利润(earning)，L——流动性(liquidity)。需要说明的是在实际工作中，运用这一方法主要是说明银行资本需要量的大致水平，同时，还要结合运用上述其他方法。

二、《巴塞尔协议》对银行资本充足率的规定

(一)风险加权制与资本充足率

《巴塞尔协议》提出了资产的风险加权制，制定了统一的资本充足率指标。

1. 资产的风险加权制

对资产负债表内、表外的不同种类资产和项目，根据其广泛的相对风险进行加权汇总而计算出来的风险加权资产。《巴塞尔协议》详细制定了表内各类资产和风险权数；对于表外项目则通过确定信用换算系数的方法来计算它的各个项目的风险权数。

2. 资本充足率

《巴塞尔协议》对国际银行业的统一资本要求包括：

(1)核心资本(一级资本)与风险加权资产总额的比率不得低于4%,即:

$$核心资本充足率=\frac{核心资本}{风险加权资产总额}\times 100\%\geqslant 4\%$$

$$风险加权资产总额=\sum(资产\times 风险权重)$$

(2)总资本(一级资本与二级资本之和)与风险加权总资产的比率不低于8%,其中,二级资本不得超过一级资本的100%

$$资本充足率=\frac{总资本}{表内风险加权资产总额+表外风险加权资产总额}\times 100\%\geqslant 8\%$$

(二)巴塞尔协议下的银行资产和表外项目风险权数

1.银行资产负债表内的资产信用风险分类

(1)风险权数为0的资产,包括现金,以本币定值并以此通货对央行融通资金的债权;对经济合作与发展组织(OECD)成员国,或对国际货币基金组织达成与其借款总体安排相关的特别贷款协议的国家的中央政府或央行的其他债权。用现金或者有OECD国家中央政府债券作担保,或由OECD国家的中央政府提供担保的贷款。

(2)风险权数为20%的资产,包括对多边发展银行的债权以及由这类银行提供担保,或以这类银行的债券作抵押的债权;对OECD国家内的注册银行的债权以及由OECD国家内注册提供担保的贷款;对OECD以外国家注册的银行余期在一年内贷款;托收中的现金款项;对非本国的OECD国家的公共部门和机构的债权,以及由这些机构提供担保的贷款。

(3)风险权数为50%的资产,完全以居住用途的房产作抵押的贷款。

(4)风险权数为100%的资产,包括房屋设备和其他固定资产,不动产和其他投资;对私人机构的债权;对公共部门所属的商业公司的债权,对OECD之外的国家的中央政府的债权;所有其他的资产。

2.资产负债表外项目信用风险分类

资产负债表外项目信用风险分类如表2-1所示。

表2-1 资产负债表外项目信用风险分类

将表外项目转化为资产负债表风险权数的换算系数	信用风险权数	表外项目的类型
0	0	1年内的贷款承诺,联邦或中央政府的借款保证
0.2	100%	与贸易相关的商业信用证和银行承兑票据
0.5	100%	为客户未来履约担保的备用信用证和超过1年期的未使用银行贷款的承诺
1.00	100%	保证商业票据短期公司欠单付款而执行的备用信用证

三、《巴塞尔新资本协议》对银行资本充足率的规定

(一)《巴塞尔协议》存在的不足

1988年《巴塞尔协议》颁布实施后为众多国家广泛采用,成为评估银行经营状况的重要指

标，对限制银行资产无限扩张，提高银行资产质量，稳定金融市场，促进银行可持续发展起着积极作用。实践证明，风险加权法对银行持有的流动性高、低风险资产具有负面影响，而且将表外业务也纳入到资本监管体系之中，有利于银行稳健经营和公平竞争。但该协议也存在下列不足之处：

(1)《巴塞尔协议》主要关注资产的信用风险，对市场风险的规定过于笼统(直到 1996 年才将对市场风险监管纳入到资本充足率的框架下)，尤其是银行资产负债表内资产的利率风险、操作风险、流动性风险、法律风险以及声誉风险论述较少。

(2)制订的资产风险权数不细，是粗线条的，因此，不能精确地把资本与银行在市场经济中面临的风险密切结合起来。监管当局未能从监管上为银行自我改善管理水平提供激励。

(3)经济资本和监管资本不一致，导致银行资产证券化监管资本套利，从而可能使整个银行系统风险增大，出现银行间不公平竞争。

(4)在制订银行资产的风险权重标准时，存在“国别歧视”，如确认资产(包括对政府、银行、企业的债权)风险权重的大小主要根据债务人所在国是否为经合组织成员国，成员国的主权风险为 0，而非成员的主权风险为 20%。

(5)银行对所有私人企业的贷款或证券投资，不管企业的信用水平、声誉高低，风险权重统一为 100%。

(二)《巴塞尔新资本协议》对银行资本的监管要求

为了更准确地反映当前各银行实际承受的风险水平，实现银行稳健、安全运营的目标，以强化资本约束、增强风险敏感性、强调风险管理的全面性、兼顾不同发展水平，巴塞尔委员会于 2004 年 6 月正式发表了《巴塞尔新资本协议》，即《统一资本计量和资本标准的国际协议：修正框架》。

《巴塞尔新资本协议》对于统一银行业的资本及其计量标准作了卓有成效的努力，在信用风险和市场风险的基础上，新增了对操作风险的资本要求；在最低资本要求的基础上，提出了监管部门监督检查和市场约束的新规定，形成了资本监管的“三大支柱”。

第一支柱：最低资本金要求

《巴塞尔新资本协议》仍然将资本充足率作为保证银行稳健经营、安全运营的核心指标，仍将银行资本分为核心资本和附属资本两大类，但进行了两项重大创新：一是在资本充足率的计算公式中全面反映了信用风险、市场风险、操作风险的资本要求；二是引入了计量信用风险的内部评级法。银行既可以采用外部评级结果确定风险权重，也可以用各种内部风险计量模型计算资本要求。资本充足率的计算公式为：

资本充足率＝资本/风险加权资产
＝(核心资本＋附属资本)/[信用风险加权资产＋(市场风险所需资本＋操作风险所需资本)×12.5]

第二支柱：外部监管

《巴塞尔新资本协议》要求各国监管当局通过银行内部的评估进行监督检查，确保银行有科学可靠的内部评估方法和程序，使银行能够准确地评估、判断所面临的风险敞口，进而及时准确地评估资本充足情况。为保证最低资本要求的实现，《巴塞尔新资本协议》要求监管当局可以采用现场和非现场检查等方法审核银行的资本充足情况。在监管水平较低时，监管当局要及时采取措施予以纠正。

第三支柱:市场约束

市场约束旨在通过市场力量来约束银行,其运作机制主要是依靠利益相关者(包括银行股东、存款人、债权人等)的利益驱动,出于对自身利益的考虑,会在各个方面和不同程度上关心其利益所在银行的经营状况,特别是风险状况,为了维护自身利益免受损失,在必要时采取措施来约束银行。由于利益相关者关注银行的主要途径是银行所披露的信息,因此,《巴塞尔新资本协议》特别强调提高银行的信息披露水平,加大透明度,即要求银行及时、全面、准确地提供银行的各类经营信息,以便利益相关者作出判断,采取措施。《巴塞尔新协议》要求银行披露信息的范围包括资本充足率、资本构成、风险敞口及风险管理策略、盈利能力、管理水平及整个过程等。市场约束是对第一支柱、第二支柱的补充。

《巴塞尔新资本协议》的改进主要体现在:①使资本水平更全面地反映银行面对的风险。银行资本除了要反映信用风险外,还要同时反映市场风险与操作风险。确定资本水平要充分考虑各种风险缓释技术(抵押、担保、表内冲销、信用衍生工具等)的影响。评估资产风险权重及资本水平时,考虑抵押(质押)品价值及质量、担保人信用和能力等。②使资本水平更真实地反映银行面对的风险。新协议对信用风险的衡量提出了标准法和内部评级两种方法。标准法需要借助外部评级机构确定资产风险权重,计算最低资本要求;内部评级法采用银行内部评级,确定资本要求。区分初级和高级内部评级两个阶段,循序渐进地提高对资本量化的准确性,力求使之适用于各类银行。监管当局对银行内部评级体系的科学性和准确性作出评估、认定。③强调激励商业银行改善内部控制。资本确定标准中增加内部评级因素;允许符合条件的银行采用内部评级系统确定资本风险权重;符合条件的银行采用更高的内部评级系统确定资产权重和资本水平。④区分监管资本和经济资本。经济资本是根据银行资产风险状况而确定的资本,但量化比较困难,因此,即使计算出经济资本也要接受检验和认可。⑤监管当局的评估和及时干预。

四、我国对银行资本充足率的监管要求

1995年7月1日实施的《中华人民共和国商业银行法》中引进了《巴塞尔资本协议》对资本的最低要求,规定商业银行的资本充足率不得低于8%。

由于我国2001年12月11已加入WTO,因此,我国自2004年3月1日起实施的《商业银行资本充足率管理办法》,在资本监管方面做了重大改进,基本符合1988年《巴塞尔资本协议》的框架,同时吸收了《巴塞尔新资本协议》有关监管和信息披露的规定。这些改进主要表现在以下方面:

(1)重新定义了银行资本范围,明确了资本的限额与限制。与《巴塞尔新资本协议》相吻合,将银行资本分为核心资本和附属资本两种。核心资本包括实收资本、资本公积、盈余公积、未分配利润、少数股权等(目前,中国银行、中国工商银行、中国建设银行以及中国农业银行已通过资本市场公开筹集股本);附属资本包括重估储备、一般准备、优先股、可转换债券、长期次级债券等。银行的附属资本不得超过其核心资本的100%;计入附属资本的长期次级债券不得超过其核心资本的50%。

(2)将市场风险纳入资本充足率监管框架,信用风险和市场风险权重使用标准法,经中国银监会批准,银行可以使用内部模型法计算市场风险资本。

(3)重新规定了0,20%,50%,100%的资产风险权重系数。

(4)详细规定了银行资本充足率的监管检查和信息披露制度，并要求银行最迟在2007年1月1日达到最低资本要求。

2011年中国银监会制定了《关于中国银行业实施新监管标准的指导意见》，要求强化资本充足率监管。具体措施如下：

①改进资本充足率计算方法。一是严格资本定义，提高监管资本的损失吸收能力。将监管资本从现行的两级分类（一级资本和二级资本）修改为三级分类，即核心一级资本、其他一级资本和二级资本；严格执行对核心一级资本的扣除规定，提升资本工具吸收损失能力。二是优化风险加权资产计算方法，扩大资本覆盖的风险范围。采用差异化的信用风险权重方法，推动银行业金融机构提升信用风险管理能力；明确操作风险的资本要求；提高交易性业务、资产证券化业务、场外衍生品交易等复杂金融工具的风险权重。

②提高资本充足率监管要求。将现行的两个最低资本充足率要求（一级资本和总资本占风险资产的比例分别不低于4%和8%）调整为三个层次的资本充足率要求：一是明确三个最低资本充足率要求，即核心一级资本充足率、一级资本充足率和资本充足率分别不低于5%、6%和8%。二是引入逆周期资本监管框架，包括：2.5%的留存超额资本和0～2.5%的逆周期超额资本。三是增加系统重要性银行的附加资本要求，暂定为1%。新标准实施后，正常条件下系统重要性银行和非系统重要性银行的资本充足率分别不低于11.5%和10.5%；若出现系统性的信贷过快增长，商业银行需计提逆周期超额资本。

③建立杠杆率监管标准。引入杠杆率监管标准，即一级资本占调整后表内外资产余额的比例不低于4%，弥补资本充足率的不足，控制银行业金融机构以及银行体系的杠杆率积累。

④合理安排过渡期。新资本监管标准从2012年1月1日开始执行，系统重要性银行和非系统重要性银行应分别于2013年底和2016年底前达到新的资本监管标准。过渡期结束后，各类银行应按照新监管标准披露资本充足率和杠杆率。

五、目前实施的《商业银行资本管理办法(试行)》

2012年6月7日，中国银监会通过了《商业银行资本管理办法（试行）》，自2013年1月1日起施行。《商业银行资本管理办法（试行）》规定，商业银行应当按照以下公式计算资本充足率和执行资本充足率监管要求。

(一)资本充足率

资本充足率＝（总资本－对应资本扣减项）/风险加权资产×100%

一级资本充足率＝（一级资本－对应资本扣减项）/风险加权资产×100%

核心一级资本充足率＝（核心一级资本－对应资本扣减项）/风险加权资产×100%

1.商业银行的核心一级资本

商业银行的核心一级资本包括：

(1)实收资本或普通股。

(2)资本公积。

(3)盈余公积。

(4)一般风险准备。

(5)未分配利润。

(6)少数股东资本可计入部分。

2.商业银行的其他一级资本

商业银行的其他一级资本包括：

(1)其他一级资本工具及其溢价。

(2)少数股东资本可计入部分。

3.商业银行的二级资本

商业银行的二级资本包括：

(1)二级资本工具及其溢价。

(2)超额贷款损失准备。

第一，商业银行采用权重法计量信用风险加权资产，超额贷款损失准备可计入二级资本，但不得超过信用风险加权资产的1.25%。

上述所称超额贷款损失准备是指商业银行实际计提的贷款损失准备超过最低要求的部分。贷款损失准备最低要求指100%拨备覆盖率对应的贷款损失准备和应计提的贷款损失专项准备两者中的较大者。

第二，商业银行采用内部评级法计量信用风险加权资产，超额贷款损失准备可计入二级资本，但不得超过信用风险加权资产的0.6%。

这里所称超额贷款损失准备是指商业银行实际计提的贷款损失准备超过预期损失的部分。

(3)少数股东资本可计入部分。

商业银行总资本包括核心一级资本、其他一级资本和二级资本。商业银行应当按照《商业银行资本管理办法(试行)》第三章的规定计算各级资本和扣除项。

商业银行风险加权资产包括信用风险加权资产、市场风险加权资产和操作风险加权资产。商业银行应当按照《商业银行资本管理办法(试行)》第四章、第五章和第六章的规定分别计量信用风险加权资产、市场风险加权资产和操作风险加权资产。

4.商业银行计算资本充足率时全额扣除的项目

商业银行计算资本充足率时，商业银行应当从核心一级资本中全额扣除以下项目：

(1)商誉。

(2)其他无形资产(土地使用权除外)。

(3)由经营亏损引起的净递延税资产。

(4)贷款损失准备缺口。

第一，商业银行是采用权重法计量信用风险加权资产的，贷款损失准备缺口是指商业银行实际计提的贷款损失准备低于贷款损失准备最低要求的部分。

第二，商业银行是采用内部评级法计量信用风险加权资产的，贷款损失准备缺口是指商业银行实际计提的贷款损失准备低于预期损失的部分。

(5)资产证券化销售利得。

(6)确定受益类的养老金资产净额。

(7)直接或间接持有本银行的股票。

(8)对资产负债表中未按公允价值计量的项目进行套期形成的现金流储备，若为正值，应予以扣除；若为负值，应予以加回。

(9)商业银行自身信用风险变化导致其负债公允价值变化带来的未实现损益。

(二)资本充足率监管要求

商业银行资本充足率监管要求包括最低资本要求、储备资本和逆周期资本要求、系统重要性银行附加资本要求以及第二支柱资本要求。

商业银行各级资本充足率不得低于如下最低要求：

(1)核心一级资本充足率不得低于5%。

(2)一级资本充足率不得低于6%。

(3)资本充足率不得低于8%。

商业银行应当在最低资本要求的基础上计提储备资本。储备资本要求为风险加权资产的2.5%，由核心一级资本来满足。

特定情况下，商业银行应当在最低资本要求和储备资本要求之上计提逆周期资本。逆周期资本要求为风险加权资产的0～2.5%，由核心一级资本来满足。

表2-2为2013年我国商业银行资本充足率统计表(资料来源:2014年中国金融年鉴)。

表2-2　商业银行资本充足率统计表　　单位:亿元、%

项目＼年份	2011	2012	项目＼年份	2013
核心资本	53366.6	64340.1	核心一级资本净额	75793.2
附属资本	14417.6	17585.1	一级资本净额	75793.2
资本扣减项	3735.4	4057.1	资本净额	92856.1
表内加权风险资产	431420.7	506604.1	信用风险加权资产	696582.6
表外加权风险资产	68819.0	76108.0	市场风险加权资产	6066.5
市场风险资本	296.3	388.4	操作风险加权资产	59124.0
资本充足率	12.7	13.3	核心一级资本充足率	9.9
核心资本充足率	10.2	10.6	一级资本充足率	9.9
			资本充足率	12.2

注:我国自2013年1月1日起实施《商业银行资本管理办法(试行)》(以下简称《新办法》)，原《商业银行资本充足率管理办法》同时废止，因此，自2013年1季度起，表中披露的资本充足率相关指标调整为按照《新办法》计算的数据结果。

第三节　商业银行资本金的筹集

一、商业银行内源资本的筹措

在银行资产可持续增长的条件下，当前银行的资本状况不能满足监管当局和自身对资本的需求时，银行可通过增加内源资本及外源资本来充实其资本金。在银行增加利润提留(充实资本金)而不影响其股价的情况下，未分配利润形式的内源资本是银行充实资本金的首项选择。

一般来说，银行通过提高未分配利润而获取的内源资本的成本低于发行股票、长期债券而获得的外源资本的成本。在现实中，大多数中小银行由于不能进入全国性金融市场筹集外源资本，因此，它们主要通过增加内源资本的方式来筹措资本金。

（一）银行内源资本支持其资产增长的限制因素

在市场经济中，银行的健康、快速发展（或资产的持续增长）必须有足够的资本金来支持。当银行资本金不足时，一般而言，银行首先考虑通过增加内源资本，即提高未分配收益来支持银行的持续发展。然而，银行内源资本支持其资产增长存在下列制约因素：①银行所能创造的净收入数额；②监管当局所规定的适度资本金数额；③银行的红利、股息分配政策；④净收入总额中能够提留的数额。

一般来讲，银行所能创造的净收入数额的多少是影响其资产增长的内生变量，当净收入增加，银行就有可能增产，当净收入下降时，银行的资产增长速度缺乏内源资本支持，很可能放慢；当金融监管当局所规定的资本金比率上升时，银行很可能就放慢其资产增长速度与之相适应，当资本金比率下降时，银行很可能加快其资产增长速度，因为有资本金作支持；在其他条件不变的情况下，银行净收入总额中能够提留的数额越多，其资产增长的速度越快，反之亦然。而银行净收入总额中能够提留的数额主要取决于其红利、股息分配政策。银行红利分配政策的主要内容是制定银行红利与银行净收入之间的合理比例，从而使红利分配能够随着银行净收入的增加而相应增长。一般而言，银行的红利分配水平高，银行提留资本金额就少，其资产增长速度就慢。反之，当红利水平低，银行可提留的资本金就多，其资产增长速度可能就快。但是，银行的红利分配政策应保持稳定性和连续性，应尽量减少红利水平的波动。当经济出现萧条，银行利润下降时，应尽最大可能维持预定的红利水平，当经济出现繁荣时，银行利润不断上升，一般而言，在银行净收入稳定上升一段时期之后，银行方能作出提高红利水平的决定。

总之，以上四个因素相互影响，共同作用于银行内源资本的筹措过程，进而影响其资产的可持续增长。

（二）内源资本支持的银行资产增长模型

美国学者戴维·贝勒（Bernon，1978）提出了银行资产的持续增长模型。银行资产的持续增长率可以表示为：

$$SG_1=\frac{TA_1-TA_0}{TA_0}=\frac{\Delta TA}{TA_0}$$

式中：SG_1——银行资产的增长率；

TA——银行总资产；

ΔTA——银行资产增加额。

银行资产的增长率等于银行资本的增长率为：

$$SG_1=\frac{\Delta TA}{TA_0}=\frac{\Delta EC}{EC_0}$$

式中：EC——银行总资本；

ΔEC——银行股本增加额。

在无外源资本增加的条件下，银行新增加的资本只能来源于未分配利润（内源资本），因为：

$$\Delta EC = EC_1 - EC_0 \qquad SG_1 = \frac{EC_1 - EC_0}{EC_0}$$

$$EC_1 = EC_0 + ROA \times (1-DR) \times TA_1$$

$$EC_0 = EC_1 - ROA \times (1-DR) \times TA_1$$

式中：ROA——银行资产收益率；

DR——银行红利占净收入的百分比。

$$SG_1 = \frac{EC_0 + ROA \times (1 - DR) \times TA_1 - EC_0}{EC_1 - ROA \times (1 - DR) \times TA_1}$$

$$= \frac{ROA \times (1 - DR) \times TA_1}{EC_1 - ROA \times (1 - DR) \times TA_1}$$

$$= \frac{ROA \times (1 - DR)}{\frac{EC_1}{TA_1} - ROA \times (1 - DR)} \tag{2-1}$$

式中：$\frac{EC_1}{TA_1}$——银行的资本金占总资产的比例。将这一等式进行变换可得以下三个等式。

$$ROA = \frac{\frac{EC_1}{TA_1} \times SG_1}{(1 - DR) \times (1 + SG_1)} \tag{2-2}$$

$$DR = 1 - \frac{\frac{EC_1}{TA_1} \times SG_1}{ROA \times (1 + SG_1)} \tag{2-3}$$

$$\frac{EC_1}{TA_1} = \frac{ROA \times (1 - DR)}{SG_1} + ROA \times (1 - DR) \tag{2-4}$$

我们可利用公式 $ROA = \frac{\frac{EC_1}{TA_1} \times SG_1}{(1 - DR) \times (1 + SG_1)}$［即公式(2-2)］制定出资产增长矩阵表如表 2-3 所示：在无外源资本的条件下，资本与资产的比率为 8%，以保证银行资产持续增长的资产收益率。

表 2-3 目标资本比率=8%

资产增长率(SG) / 资产收益率(ROA) / 红利分配率(DR)	5%	7%	9%	11%	13%	15%	17%
5%	0.40%	0.55%	0.70%	0.83%	0.97%	1.10%	1.22%
10%	0.42%	0.58%	0.73%	0.88%	1.02%	1.16%	1.29%
15%	0.45%	0.62%	0.78%	0.93%	1.08%	1.22%	1.37%
20%	0.48%	0.65%	0.83%	0.99%	1.15%	1.30%	1.45%
25%	0.51%	0.70%	0.88%	1.06%	1.22%	1.39%	1.55%
30%	0.54%	0.75%	0.94%	1.13%	1.31%	1.48%	1.66%
35%	0.59%	0.81%	1.02%	1.22%	1.42%	1.61%	1.79%
40%	0.69%	0.87%	1.10%	1.32%	1.53%	1.74%	1.94%
45%	0.69%	0.95%	1.20%	1.44%	1.67%	1.90%	2.11%
50%	0.76%	1.05%	1.32%	1.59%	1.84%	2.09%	2.32%

例如，在银行资本与资产比率为 8%的情况下，当红利分配比率 DR=30%时，资产增长率

为 11%,即 $SG_1=11\%$ 时,银行的资产收益率为:$ROA=1.13\%$;当 $DR=25\%$,$ROA=1.39\%$,则该银行的 $SG_1=15\%$。

将外源资本的因素考虑在内(即内、外源资本同时增加),银行资产持续增长的公式应为:

$$SG_1=\frac{ROA\times(1-DR)+\frac{\Delta EK}{TA_1}}{\frac{EC_1}{TA_1}-ROA\times(1-DR)}$$

其中,ΔEK 为银行外源资本的增加额(即发行优先股、普通股或长期次级债券筹措的资金等)

同理:

$$ROA=\frac{\frac{EC_1}{TA_1}\times SG_1-\frac{\Delta EK}{TA_1}}{(1-DR)\times(1+SG_1)}$$

$$\frac{EC_1}{TA_1}=\frac{ROA\times(1-DR)+\frac{\Delta EC}{TA_1}}{SG_1}+ROA\times(1-DR)$$

$$DR=1-\frac{SG_1\times\frac{EC_1}{TA_1}-\frac{\Delta EK}{TA_1}}{ROA\times(1+SG_1)}$$

$$\frac{\Delta EK}{TA_1}=SG_1\times\frac{EC_1}{TA_1}-SG_1\times ROA\times(1-DR)-ROA\times(1-DR)$$

$$=SG_1\times\frac{EC_1}{TA_1}-ROA(1-DR)(1+SG_1)$$

例如,假设某银行的资本与资产比率为 8%,上一期的资产总额为 100 亿元,红利分配率为 45%,在其他条件不变的情况下,要使该银行下一期的资产增长率为 10%,银行的资产收益率是多少?

$$ROA=\frac{\frac{EC_1}{TA_1}\times SG_1}{(1-DR)\times(1+SG_1)}=\frac{8\%\times10\%}{(1-45\%)(1+10\%)}=1.32\%$$

当银行资本与资产比率、红利分配率、资产收益率都不变时,要使银行与资产增长为 13%(比基期)时,所需外源资本的数量是多少?

由已知条件知:

$TA_1=100\times(1+13\%)=113$(亿元);$\frac{EC_1}{TA_1}=8\%$;$ROA=1.32\%$;$DR=45\%$;$SG_1=13\%$

$$\frac{\Delta EK}{TA_1}=SG_1\times\frac{EC_1}{TA_1}-ROA(1-DR)(1+SG_1)$$

$$=13\%\times8\%-1.32\%\times55\%\times113\%\approx0.22\%$$

所以:

$\Delta EK=(13\%\times8\%-1.32\%\times55\%\times113\%)\times113=0.248$(亿元)

(三)我国商业银行内源资本的筹集

1. 利润留成

利润留成即从利润中留存积累,通过法定程序转增资本金。但是,这必须以商业银行拥有较高的利润为前提。然而,由于许多因素导致我国商业银行的不良资产率还较高,盈利率较低，据有关资料介绍：2001 年四大国有商业银行的资产利润率分别为工商银行 1.3647%，建设银行为 0.1869%，中国银行为0.1019%，农业银行 0.00456%，不难看出，要想在短期内通过利润留成积累银行资本金并发挥其作用是很有限的。因此，我国四大国有商业银行的资本金主要靠国家财政注资及发行股票等从外部筹集，当然，国有商业银行要不断加强经营管理，提高其盈利水平，逐步提高其内部筹资的比例。

2. 提高准备金的比例

准备金分为普通准备金和特殊准备金，普通准备金是用户防备目前尚不能确定的损失的。按照《巴塞尔协议》的规定，特殊准备金不能记入附属资本，只有普通准备金才能记入附属资本，所以，增提普通准备金能够提高资本充足率，而增提特殊准备金能冲销银行的呆账坏账，减少资本扣减。

当前我国商业银行按贷款的风险五级分类法分别提取不同比例准备金，而中国人民银行提供的参考权重指标是：正常：1%；关注：3%～5%；次级：15%～25%；可疑：50%～75%；损失：100%。对于正常、关注、次级、可疑类贷款提取的准备金属于普通准备金的范畴，应记入附属资本，对于损失类贷款提取的准备金不应记入附属资本中。

二、商业银行外源资本的筹措

中小银行由于条件的限制，主要靠增加内源资本来扩大业务，促进其持续发展；大银行除增加内源资本外，将主要通过在金融市场上发行普通股、优先股等来筹集外源资本，促进银行的健康快速发展。银行从外部筹集资本有以下几种选择：一是发行普通股，二是发行优先股，三是发行长期资本债券，四是出售资产与租赁设备，五是股票与债券的互换等。银行选择哪一种筹资方式将取决于其对银行股本收益和股东对银行控制权的影响、筹资的成本、风险程度、当时金融市场的行情及银行法律规定等。

（一）银行外部筹集资本的方式

1. 发行普通股

银行发行普通股是其筹措外源资本的一条重要渠道，很受监管当局的重视。由于股票没有期限，不用还本、红利支付不固定，因此是一条永久性的资本金来源渠道。一般而言，贷款损失是用股权资本而不是债务资本来弥补。由于发行普通股成本高，红利不免税，只能从税后利润中支付，且每股红利随银行收益的增长而增加，因此，出售普通股是从外部筹资最昂贵的方式，其成本包括发行成本与股东面临的收益风险。当银行发行新股时，可能稀释老股东对银行的控制权。除非新股票全部出售给老股东；发行新股票还降低了银行可利用的财务杠杆率，若不能保证筹集的资金带来更高的收益，必然会使每股收益减少。但发行股票可增加银行的股权资本，可以增强存款人对银行的信心，有利于增加银行未来的借款能力和赢利能力。

2. 发行优先股

一般来说，优先股有固定的红利收入，无表决权，原则上清偿权优于普通股，次于债券，因此，优先股是介于银行债券和普通股之间的筹资工具。优先股包括：①固定股息率的优先股；②浮动股息率的优先股；③可转换优先股。发行优先股与普通股一样，筹资成本较高，由于优先股的股息分配先于普通股，所以发行优先股，很可能导致普通股的红利下降，但优先股与债券相比，具有灵活性的优势（因为优先股不一定要支付股息），并且可以提高银行未来的借款能力。

3. 出售资产与租赁设备

当银行资本充足率低于监管当局的要求时，银行可以通过出售它们的办公设施、大楼等，然后再向新的主人租回继续使用。这种转换会增加银行的现金流入，进而增加银行的资本头寸。当通货膨胀与经济增长已经大幅度增加了现有财产(与账面价值相比)的价值时，财产的出售与租回的交易可能是很成功的。近年来，许多银行将其某些资产转向政府债券或低风险资产，目的是使银行风险加权资产下降。同时，银行出售实际资产来改善其资本资产比率，降低银行风险资产的增长。

4. 发行中长期次级债券

20 世纪 70 年代以来，西方国家的商业银行通过发行长期次级债券，来筹集外源资本。1988 年的《巴塞尔协议》明确规定：允许银行发行长期次级债券筹集银行附属资本。但长期次级债券金额不得超过一级资本的 50%。中长期次级债券包括资本票据、债券两种。资本票据是一种以固定利率计息的小面额后期偿还证券，期限为 7～15 年不等。一般来说，银行债券性资本包括可转换后期偿付债券、浮动利率后期偿付债券、选择性利率后期偿付债券。

银行发行中长期次级债券筹集资本有许多优点：一是如果债券资本所创造的收益大于成本，就可以通过提高银行的财务杠杆率来提高每股收益；二是债券的债息税前扣减可以降低筹资成本；三是发行中长期次级债券不削弱股东的控制权。但债务的过度增加了银行破产风险和收益风险，也会阻碍银行以后在市场上出售股票。

5. 股票与债券的互换

近年来，许多银行(特别是银行持股公司)已经采用股票债券互换方法。例如，当某银行资产负债表上有 150 万美元的长期次级债券，利率为 6%，这些债券银行以面值记账，当近期利率上升，如果上升到 8%，这些债券的市场价值就下降(市价与利率成反比例)，假定此时债券的总市价为 95 万美元，银行通过出售 95 万美元新股票，再以市价购回债券，那么银行可以从其资产负债表上消除 150 万美元的债务，这样可以节约银行未来的利息支出。

(二)我国商业银行外源资本的筹集

1. 国家注资和降低税率

我国四大商业银行的国有独资性质，决定了财政注资是他们筹措资本金的主渠道，例如 1998 年，我国财政部发行 2 700 亿的特别国债筹措资金，全部用于充实四大国有商业银行的资本金。但是，由于国有银行资产增长过快，银行的不良资产率较高，显得资本金仍然跟不上银行业务发展的需要，加上我国财政预算赤字较大，单靠财政注资已不能满足国有银行的持续发展。国家除了直接注资外，政府还可间接注资，即降低营业税收，2003 年由原来 8% 的营业税率降为 5%，实际上为银行注入了相当可观的资本金。

为了将国有独资商业银行办成真正的商业银行，按照现代商业银行要求，建立规范的公司治理结构和严明的内部权责制度，形成良好的财务约束和内在风险防范机制，我国从 2004 年以后陆续对四大国有独资商业银行进行了股份制改造。四大国有独资商业银行进行了相应的财务重组，处置不良资产，充实其资本金，建立了良好的财务基础和严格的财务标准。通过股份制改造，我国四大国有控股商业银行成为资本充足、内控严密、营运安全、服务和效益良好的现代金融企业。

2004 年 1 月，为了适应经济发展的需要，根据国有独资商业银行的具体情况，国务院决定选择中国银行和中国建设银行进行股份制改造试点。2003年12月,由国家外汇储备出资成立的中央汇金投资有限责任公司(简称汇金公司)将450亿美元注入中国银行和中国建设银行,使这两家银行分别获得225亿美元的资本金。2005年4月国务院批准了中国工商银行的股改方案,汇金公司为工商银行注入资本金150亿美元(约合人民币1 240亿元),保留财政部原在中国工商银行的资本金1 240亿元人民币,其余作为风险拨备,从而使工商银行的资本金达到2 480亿元,核心资本充足率达到6%。同时工商银行发行次级债券补充附属资本,使资本充足率超过8%。2008年10月,汇金公司向中国农业银行注入190亿美元资产(与1 300亿元人民币等值),财政部以截至2007年12月31日(评估基准日)经评估的本行净资产权益为基础,保留对中国农业银行1 300亿元人民币作为对农行的出资,汇金公司注入的190亿美元资产(与1 300亿元人民币等值)作为对中国农业银行的出资。

2.通过上市融资筹集商业银行资本金

在资本市场发达的西方国家,上市融资是大多数商业银行扩大资本金的基本途径。我国的金融市场已有20多年的历史,通过发行股票,上市融资已是我国商业银行筹集资本金的重要途径。截至2010年底,我国已有中国工商银行、中国建设银行、中国银行、中国农业银行、交通银行、招商银行、北京银行、南京银行、中信银行、兴业银行、华夏银行、宁波银行、上海浦东发展银行、深圳发展银行、民生银行、中国光大银行16家商业银行实现上市融资。

从长远的观点来看,上市融资是大型商业银行和股份制商业银行的必然选择。这将进一步促进我国四大国有商业银行迅速建立与国际惯例相适应的现代企业制度,建立和完善法人治理结构,加强管理,防范和化解风险,促进我国国有控股银行和股份制商业银行可持续发展。

3.通过发行中长期债券,增加商业银行的附属资本

除上市融资外,通过发行中长期次级债券也是增加我国商业银行附属资本的重要途径。其主要作用是充实附属资本,提高资本充足率,增强抗风险能力,支持银行业务持续稳健发展。下面简要介绍我国商业银行发行中长期次级债券的情况。

(1)2011年中国工商银行股份有限公司发行第一期次级债券,发行规模为人民币380亿元。债券品种一:发行规模为250亿元;债券品种二:发行规模为130亿元。品种一为15年固定利率品种,在第10年末附有前提条件的发行人赎回权;品种二为20年期固定利率品种,在15年末附有前提条件的发行人赎回权。平价发行,发行价格为100元/百元面值。发行对象为银行间市场成员。

(2)2011年6月中国建设银行股份有限公司董事会会议决议公告指出:在取得股东大会、中国银行业监督管理委员会及相关监管机构批准的前提下,按照下列条款及条件发行人民币次级债券:①发行总额:不超过人民币800亿元;②债券期限:不少于5年期;③债券利率:参照市场利率确定;④还本付息方式:结合发行时的具体情况确定;⑤募集资金用途:用于充实本行资本。

(3)中国银行于2011年5月在全国银行间债券市场发行中国银行股份有限公司2011年第一期次级债券。15年期固定利率品种,在第10年末附有发行人赎回权。本期债券的基本发行规模为人民币240亿元。发行人在本期债券簿记建档结束时有权行使超额增发权,在本期债券240亿元的基本发行规模之外,增加发行不超过80亿元债券。本期债券发行总规模不超过320亿元。债券的面值为100元,按债券面值平价发行。

(4)2011年中国农业银行股份有限公司发行次级债券(第一期)。债券品种一:10年期固

定利率品种，在第 5 年末附有前提条件的发行人赎回权；债券品种二：15 年期固定利率品种，在第 10 年末附有前提条件的发行人赎回权。本期债券的计划发行规模为人民币 400 亿元。其中：品种一的计划发行规模为人民币 80 亿元；品种二的计划发行规模为人民币 320 亿元。债券面值人民币 100 元，按债券面值平价发行。

(5)2011 年中国民生银行发行次级债券。债券品种一：10 年期固定利率品种，在第 5 年末附发行人赎回权；债券品种二：15 年期固定利率品种，在第 10 年末附发行人赎回权。发行总额为不超过 100 亿元人民币，品种一的初始发行规模为 50 亿元人民币，品种二的初始发行规模为 50 亿元人民币，债券面值为人民币 100 元，即每一记账单位对应的债券本金为人民币 100 元。按债券面值平价发行。

(6)2011 年广发银行股份有限公司发行第一期次级债券，发行规模采取“一次申请、分期发行”的方式分两期发行，总额不超过人民币 50 亿元的次级债券，其中本期发行规模不超过 30 亿元人民币，本期债券的期限为 10 年，债券品种为 10 年期，在第 5 年末附有前提条件的发行人赎回权，债券面值为人民币 100 元，按债券面值平价发行。

(7)2010 年华夏银行股份有限公司发行次级债券。本期债券为 10 年期固定利率债券，在第 5 年末发行人具有赎回选择权。本期债券的发行规模不超过人民币 44 亿元。本期债券设定一次发行人选择提前赎回的权利。发行人可以选择在本期债券第 5 个计息年度的最后一日，按面值全部赎回。债券的面值为人民币 100 元，按平价发行，发行价格为人民币 100 元/百元面值。

(8)2011 年深圳发展银行股份有限公司发行第一期混合资本债券。本期债券计划发行规模为 20 亿元人民币，品种一初始规模为 15 亿元人民币，品种二初始规模为 5 亿元人民币。债券品种一：15 年期固定利率混合资本债券，第 10 年末发行人具有赎回选择权；债券品种二：15 年期浮动利率混合资本债券，第 10 年末发行人具有赎回选择权，超额增发选择权——发行人在本期债券簿记建档结束时有权行使超额增发权，在本期债券 20 亿元的计划发行规模之外，增加发行不超过 20 亿元债券，债券的面值为人民币 100 元，按面值平价发行，发行价格为 100 元/百元面值。

(9)北京银行股份有限公司于 2010 年 12 月在全国银行间债券市场发行 2010 年北京银行股份有限公司第一期次级债券。本期债券期限为 15 年，附第 10 年末发行人赎回权。发行规模为 65 亿元人民币。本期债券分固定利率和浮动利率两个品种，其中固定利率债券品种计划发行规模为 40 亿元人民币，浮动利率债券品种计划发行规模为 25 亿元人民币，债券面值为人民币 100 元，按债券面值平价发行。

第四节　银行股权资本成本的评估与分析

一、银行优先股资本成本

优先股的股息是固定的，按照股息固定的股票估值公式，优先股票的价格为：$P=\dfrac{D_P}{R_P}$，式中：D_P——优先股股息；R_P——优先股股东要求的收益率；P——优先股股票价格。由于优先股股息和普通股股息一样，是税后支付的，R_P 属税后成本，那么，$R_P=\dfrac{D_P}{P}$，由于新发行的优先股有一定的发行成本，假设 f 为发行成本，那么新筹集的优先股成本为：$R_P^1=\dfrac{D_P}{P-f}$，若要转换为税前成本则为：优先股成本$=R_P^1\div(1-$所得税税率$)$。

例如，某银行发行优先股股本 80 万元，筹资费率为 3%，每年支付 10% 的股利，则银行优先股股本的成本为：$R_P=\dfrac{80\times10\%}{80\times(1-3\%)}\times100\%=10.31\%$；若银行所得税率为 25%，则该银行优先股的税前成本为：$R_P=\dfrac{10.31\%}{1-25\%}=13.75\%$。

二、银行普通股成本

根据普通股股票的估值公式，每普通股当前的市场价格等于未来每股股息（红利）的现值之和。

$$P=\sum_{t=1}^{\infty}\frac{D_t}{(1+R_S)^t}$$

式中：D_t——每期的股息；

P——普通股价格；

R_S——普通股的预期收益率（即成本）。

（1）假设股票每期（年，季或月）的股息相等，那么 $P=\dfrac{D}{R_S}$，所以 $R_S=\dfrac{D}{P}$。

（2）假设银行普通股的预期股息按固定的比率 g 增长，那么 $P=\dfrac{D_1}{R_S-g}$，其中：$D_1=D_0(1+g)$。

式中：D_0——上一期的股息（红利）；

D_1——本期的股息；

g——代表股息增长率。

所以，$R_S=\dfrac{D_1}{P}+g$。

对于新发行的普通股，发行成本为 f 时，银行普通股的成本分别为：

$$R_S=\frac{D}{P-f};\quad R_S=\frac{D_1}{P-f}+g$$

若已知所得税率，同样可以换算出普通股的税前成本（参考上面，以下同）。

例如，某银行拟发行普通股充实资本金：发行价为每股 10 元，每股发行费为 1 元，预计下一期红利为每股 1.1 元，红利的增长率为 2%，则该银行普通股的成本为：$R_S=\dfrac{1.1}{10-1}+2\%=14.22\%$。

三、银行留存收益成本

在银行权益资本中，留存收益作为内部筹资的资本用于再投资时，其资本成本的计算与普通股成本方式相同，因为留存收益的所有者属于股东，若不用于再投资，就分给股东。普通股股东要求的收益率是留存收益再投资的机会成本，但是留存收益没有筹资费用，所以它的成本计算为：

$$R_e=\frac{D}{P};R_e=\frac{D_1}{P}+g$$

式中：R_e——留存收益的成本；

D——每期分配的红利；

D_1——下一期预计的红利；

g——预计每期红利增长率。

四、对非上市银行或非股份制银行权益资本成本的估计

对股票未上市银行或非股份制银行来说，以上计算资金成本的方法是不适用的，可采用债务成本加风险报酬率的办法。债务成本可参照债券收益率或银行平均负债成本率，风险报酬可参照普通股的收益率变化幅度。根据经济周期的变化大概估算一般在3%～5%之间，这样二者相加即可得到银行的权益资本的成本。

五、资本资产定价模型(*CAPM*)和套利定价理论(*APT*)

(一)资本资产定价模型(CAPM)

股票公开交易的商业银行可以利用其资本资产定价模型(capital assets pricing model, CAPM)估算其股权资本金的成本。这个模型考虑了股东收益率的市场风险β_i，股东应得收益r_i等于无风险收益r_f加上普通股股票的风险报酬：

$$r_i=r_f+\beta_i(r_m-r_f)$$

式中：r_f——无风险收益率，一般用同期国库券收益率来代替；

$\beta_i(r_m-r_f)$——普通股的风险报酬；

β_i——该种股票相对于市场平均风险的波动倍数；

r_m——股票市场上股票平均收益率；

r_i——股东应得收益率。

例如，某银行股票的β系数为1.2，无风险利率为5%，股票市场上所有股票的平均报酬率为8%，那么该银行股票的成本为：$r_i=r_f+\beta_i(r_m-r_f)=5\%+1.2\times(8\%-5\%)=8.6\%$。

现在我们看如何算出β系数值，在公式中给出一种股票的β值是它的收益率与市场平均收益率的协方差与市场平均收益率的方差相除之商。

$$\beta_i=\frac{\mathrm{cov}(r_i,r_m)}{\sigma_m^2}=\frac{E(r_ir_m)-E(r_i)E(r_m)}{E(r_m^2)-[E(r_m)]^2}$$

具体推导如下：

$$\mathrm{cov}(r_i,r_m)=E(r_ir_m)-E(r_i)E(r_m);\quad \sigma_m^2=E(r_m^2)-[E(r_m)]^2$$

$$E(r_ir_m)=\frac{\sum(r_ir_m)}{n};\quad E(r_i)=\frac{\sum r_i}{n};\quad E(r_m)=\frac{\sum r_m}{n};$$

$$E(r_m^2)=\frac{\sum r_m^2}{n};\quad [E(r_m)]^2=(\frac{\sum r_m}{n})^2$$

$$\therefore\quad \beta_i=\frac{\dfrac{\sum(r_ir_m)}{n}-\dfrac{\sum r_i}{n}\times\dfrac{\sum r_m}{n}}{\dfrac{\sum r_m^2}{n}-\dfrac{(\sum r_m)^2}{n^2}}$$

$$=\frac{n\sum(r_ir_m)-\sum r_i\times\sum r_m}{n\sum r_m^2-(\sum r_m)^2}$$

同理，相关系数：

$$R=\frac{\text{cov}(r_i,r_m)}{\sigma_i\times\sigma_m}=\frac{n\sum(r_ir_m)-\sum r_i\sum r_m}{\sqrt{n\sum r_i^2-(\sum r_i)^2}\times\sqrt{n\sum r_m^2-(\sum r_m)^2}}$$

［例 2-1］　假设某银行在 2010—2015 年股票的市场收益率如表 2-4 所示，问该银行股票的β值和相关系数。

表 2-4　银行 2010—2015 年股票的收益率与市场平均收益率

收益率＼年份	2010	2011	2012	2013	2014	2015
r_i(%)	12	−5	38	26	39	45
r_m(%)	−4	5	30	20	22	30

先列表

年份	序数	r_i(%)	r_m(%)	r_mr_i(%)	r_i^2(%)	r_m^2(%)
2010	1	12	−4	−0.48	1.44	0.16
2011	2	−5	5	−0.25	0.25	0.25
2012	3	38	30	11.40	14.44	9.00
2013	4	26	20	5.20	6.76	4.00
2014	5	39	22	8.58	15.21	4.84
2015	6	45	30	13.50	20.25	9.00
合计		155	103	37.95	58.35	27.25

$$\beta_i=\frac{n\sum(r_ir_m)-\sum r_i\times\sum r_m}{n\sum r_m^2-(\sum r_m)^2}$$

$$=\frac{6\times 37.95\%-155\%\times 103\%}{6\times 27.25\%-(103\%)^2}$$

$$=\frac{6\times 3\,795-155\times 103}{6\times 2\,725-10\,609}$$

$$=\frac{22\,770-15\,965}{16\,350-10\,609}=\frac{6\,805}{5\,741}=1.19$$

同理，相关系数：

$$R=\frac{n\sum(r_ir_m)-\sum r_i\sum r_m}{\sqrt{n\sum r_i^2-(\sum r_i)^2}\times\sqrt{n\sum r_m^2-(\sum r_m)^2}}$$

$$=\frac{6\,805}{\sqrt{6\times 5\,835-155^2}\times\sqrt{5\,741}}$$

$$=\frac{6\ 805}{\sqrt{10\ 985}\times\sqrt{5\ 741}}=\frac{6\ 805}{104.81\times 75.77}=\frac{6\ 805}{7\ 941.45}=0.86$$

(二)套利定价理论(APT)

美国学者 Ross 于 1976 年提出了套利定价理论(the arbitrage pricing theory,APT)。该模型是以回报率形成的多指数模型为基础,用套利的概念来定义均衡,分为单因素模型和多因素模型。

1. 单因素模型

如果影响证券 i 收益的因素只有一种 K 因素时,则证券 i 的期望收益率的函数表达式为:$E(\widetilde{R}_i)=r_f+\lambda_k\cdot b_{ik}$;其中 λ_k 是常数。就 λ_k 而言,可以考虑两个对因素 K 有单位敏感度的组合,即 $b_{ik}=1$,组合的预期回报率 $\delta_k=r_f+\lambda_k$;$\lambda_k=\delta_k-r_f$;r_f 为无风险利率,λ_k 是单位敏感度的组合的预期超额回报率,也称因素风险溢价。所以证券收益的单因素模型为 $E(\widetilde{R}_i)=r_f+[\bar{\delta}_k-r_f]\cdot b_{ik}$。

2. 多因素模型

若影响证券 i 收益的因素有两个或两个以上(即 $K>1$)时,则 i 证券期望收益率为:

$$E(\widetilde{R}_i)=r_f+(\bar{\delta}_1-r_f)\cdot b_{i1}+(\bar{\delta}_2-r_f)\cdot b_{i2}+\cdots+(\bar{\delta}_k-r_f)\cdot b_{ik}$$

其中:$\bar{\delta}_1,\bar{\delta}_2,\cdots,\bar{\delta}_n$ 为组合的预期回报率,$(\bar{\delta}_k-r_f)$为因素风险溢价或因素预期回报率溢价,是对各影响因素的敏感度。

20 世纪 90 年代以来,随着西方行为金融学的逐步出现,于是产生了资本资产的行为定价模型,这正说明了人们对公司(银行)的资本资产定价处在一个不断认识的过程之中。

第五节 银行股权资本收益的估计与分析

一、银行股权资本收益率的综合计量模型

1972 年大卫·科尔(David Cole)运用公司财务分析中的杜邦模型(Du Pont Model)总结了一套通过比率分析来评估银行经营状况的方法。其核心是通过分解银行的普通股收益率(return on equity ,*ROE*)来分析影响银行盈利水平的各种因素,银行盈利能力一般根据股权收益率(*ROE*)和资产收益率(*ROA*)进行分析和比较。该模型反映了银行的股权资本收益率、资产收益率及股权乘数三者之间的内在关系。即 $ROE=ROA\times EM$,其中,*EM*(equity multiplier)为股权乘数,$EM=\frac{\text{总资产}}{\text{股权资本}}$;资产收益率(return on assets,*ROA*)衡量资产带来的净收益。股权乘数是银行财务杠杆率,直接衡量一元股本支持多少钱的资产以及债务占资产的比例。因为股本必须吸收资产上的损失,所以一般情况下,乘数越大,银行给股东带来高额回报的潜力也越大。当银行能够盈利时,杠杆率越高,对银行就越有利;但是当银行亏损时,杠杆率越高,亏损就越多,因此,要提高股权收益率就必须提高资产收益率或杠杆率。

银行的资产收益率可以分解为利润率(profit margin, *PM*)与资产利用率(asset utilization,*AU*)的乘积。用公式表示为:$ROA=PM\times AU$,$PM=\frac{\text{净收入}}{\text{经营总收入}}$;$AU=\frac{\text{经营总收入}}{\text{总资产}}$。因为净收入等于经营总收入减去支出和税收,所以,利润率能够衡量银行控制支出和减少税金

的能力。利润率越大，就说明银行减少支出和纳税的能力更大。

$$利润率(PM)=\frac{经营总收入-所得税-利息支出-非利息支出-呆坏账准备金}{经营总收入}$$

$$=1-\frac{所得税}{经营总收入}-\frac{利息支出}{经营总收入}-\frac{非利息支出}{经营总收入}-\frac{呆坏账准备金}{经营总收入}$$

$$税收系数=\frac{所得税}{经营总收入}\qquad 利息支出系数=\frac{利息支出}{经营总收入}$$

$$非利息支出系数=\frac{非利息支出}{经营总收入}\qquad 呆坏账准备金系数=\frac{呆坏账准备金}{经营总收入}$$

这4个系数越低，则利润率越高。利息支出由银行负债的利息率大小、银行负债结构及银行负债数量等因素决定；非银行利息支出为银行经营支出，包括工资及职工福利等人员性支出，房租、折旧、设备维持费等使用费用支出以及其他成本支出。

资产使用率也可以分解为利息收入与总资产之比及非利息收入与总资产之比两部分之和。即：

$$资产使用率=\frac{经营总收入}{总资产}=\frac{利息收入+非利息收入}{总资产}=\frac{利息收入}{总资产}+\frac{非利息收入}{总资产}$$

利息收入受到银行资产利息率高低、银行资产结构以及银行盈利性资产数量的影响，而非利息收入则由银行佣金收入、服务收入、证券收入及其他收入决定。因此，

$$\begin{aligned}股权资本收益率(ROE)&=资产收益率(ROA)\times 股权乘数(EM)\\&=利润率(PM)\times 资产利用率(AU)\times 股权乘数(EM)\\&=(1-税收系数-利息支出系数-非利息系数-呆坏账系数)\times\\&\quad\left(\frac{利息收入}{总资产}+\frac{非利息收入}{总资产}\right)\times 股权乘数\end{aligned}$$

[例2-2]　假设ABC银行2007—2015年的利润率、资产利用率、股本乘数资料如表2-5所示，我们可以利用公式计算出该银行2007—2015年期间的股权资本收益率。

表2-4　ABC银行的*ROE*组成(2007—2015年)

年份	利润率(*PM*)(净收入/收益)(1)	资产利用率(*AU*)(收益/资产)(2)	股权乘数(*EM*)(资产/股本)(3)	股权资本收益率*ROE*(4)
2007	5.57%	8.31%	15.08	6.98%
2008	3.79%	8.47%	15.44	4.96%
2009	6.88%	9.11%	14.89	9.33%
2010	5.30%	10.13%	15.09	8.10%
2011	5.32%	10.02%	14.38	7.67%
2012	6.34%	9.15%	13.66	7.92%
2013	9.05%	8.13%	12.27	9.03%
2014	12.43%	7.69%	11.63	11.12%
2015	12.95%	7.37%	11.61	11.08%

注：(1)×(2)×(3)=(4)

二、银行股权资本收益率的分环节计量模型

1989年，威廉·安尔伯茨(William Alberts)提出了关于银行股权资本收益率的新的分析方法，他认为银行股权资本收益应该是银行的投资收益与筹资收益之和。银行的投资决策和筹资决策是可以分开的。一般来说，银行的投资决策是关于银行资产组合的管理；而银行的筹资决策则是关于不同负债与资本的最优组合的管理。

$$银行的投资收益率(\text{return on invested funds}, ROIF)=\frac{经营收益}{总资产}$$

$$经营收入=总收入-经营支出-税收$$

$$总收入=利息收入+非利息收入+服务收入$$

$$经营支出=工资+管理费+非利息支出+呆坏账准备$$

银行的筹资收益也叫财务杠杆收益(return on financial leverage, *ROFL*)，是衡量银行凭借其资本，以某一成本筹措资金，再将此资金投资而产生的收益对股权资本收益率的影响，其实这一收益来自于对于负债利息税前支付的"减税效益"。设 t 为税率；c 为负债成本率，负债总额为 L(liability)，股权资本为 E(equity)。所以银行负债资本的实际成本为：

$$\frac{(1-t)\cdot c\cdot L}{L}=(1-t)\cdot c$$

因此：
$$ROFL=[ROIF-(1-t)\cdot c]\cdot\frac{L}{E}$$

即：
$$ROE=ROIF+ROFL=ROIF+[ROIF-(1-t)\cdot c]\cdot\frac{L}{E}$$

三、用财务杠杆系数和市盈率来衡量银行股权资本的收益

(一)用财务杠杆系数衡量每普通股的收益

在金融学教科书中，一般把企业的财务杠杆看做是负债与股本之比或资产与股本之比，有时还称股权乘数。这里我们介绍一下公司财务学教科书的财务杠杆系数(或财务杠杆度)(degree of financial leverage, *DFL*)。财务杠杆系数是指企业每股收益 EPS(equity per share) 的变动对息税前收益(earnings before interest and taxes, *EBIT*)波动的反应程度。

用公式表示为：$DFL=\frac{EPS(变动百分比)}{EBIT(变动百分比)}=\frac{\Delta EPS/EPS}{\Delta EBIT/EBIT}$(或称 *EPS* 对 *EBIT* 的弹性)。

这个财务杠杆系数公式同样适合商业银行，因为商业银行是负债经营，所以$\frac{\Delta EPS}{EPS}=DFL\cdot\frac{\Delta EBIT}{EBIT}$，当我们知道某商业银行的财务杠杆系数和 *EBIT* 的变化时，就可以预测该银行每股收益的增长率。而 *DFL* 可以用比较简单的公式来计算：在无优先股条件下，$DFL=\frac{EBIT}{EBIT-I}$；I 代表债息。

[例 2-3] 假设某银行上年的 *EBIT* 为 6 000 万元，利息 I 为 500 万元，无优先股，预计下一年的 *EBIT* 增长率为 9%；在银行财务杠杆系数不变的条件下，该银行每股收益的增长率是多少？

由已知条件知：该银行的 $DFL=\frac{EBIT_0}{EBIT_0-I}=\frac{6\,000}{6\,000-500}=1.09$

即：$\frac{\Delta EPS}{EPS}=DFL\times\frac{\Delta EBIT}{EBIT}=1.09\times9\%=9.81\%$

(二)用市盈率来计算每股收益

市盈率$=\frac{普通股价格}{每股盈余}$;那么,每股盈余$=\frac{普通股价格}{市盈率}$。当我们知道银行普通股市场价格和市盈率时,就可以根据上式计算出银行的每普通股收益,当然每普通股的收益也可以用下式来计算:

$$EPS=\frac{(EBIT-I)(1-T)-D_P}{N}$$

式中:$EBIT$——息税前收益;

I——债息;

T——税率;

D_P——优先股股息;

N——银行发行在外的股票数量。

本章小结

1.银行资本金按不同的口径计量包括GAAP资本、RAP资本、市值资本、监管资本与经济资本等。银行资本金由核心资本和附属资本构成。银行资本金具有以下作用:资本金是银行开展正常业务活动的前提和基础;资本金保护存款人和其他债权人的利益;资本金是金融监管的重要指标;资本金有利于提高银行的实力,增强公众对银行的信心;资本金是银行机构扩张业务、扩展市场领域的推动力。

2.2004年6月巴塞尔委员会正式发表了《巴塞尔新资本协议》,即《统一资本计量和资本标准的国际协议:修正框架》。《巴塞尔新资本协议》在信用风险和市场风险的基础上,新增了对操作风险的资本要求;在最低资本要求的基础上,提出了监管部门监督检查和市场约束的新规定,形成了资本监管的“三大支柱”。第一支柱是最低资本金要求,第二支柱是外部监管,第三支柱是市场约束。我国自2004年3月1日起实施的《商业银行资本充足率管理办法》,基本符合1988年《巴塞尔资本协议》的框架,同时吸收了《巴塞尔新资本协议》有关监管和信息披露的规定。2012年6月7日,中国银监会通过了《商业银行资本管理办法(试行)》,自2013年1月1日起施行。

3.银行资本金的筹集可分为内源融资和外源融资。在银行增加利润提留(充实资本金)而不影响其股价的情况下,未分配利润形式的内源资本是银行充实资本金的首项选择;外源融资就是银行从外部筹集资本,其选择方式有:发行普通股、发行优先股、发行中长期次级债券、出售资产与租赁设备、股票与债券的互换等。

4.分别对银行优先股资本成本、普通股资本成本、银行留存收益成本、对非上市银行或非股份制银行权益资本成本进行了数理描述与分析。

5.利用传统的方法、银行股权资本收益率的分环节计量模型、财务杠杆系数和市盈率分别对银行股权资本收益进行估计与分析。

6.通过资本市场筹集商业银行的资本是提高其经营效率的重要途径。目前我国大型商业银行(中国工商银行、中国建设银行、中国银行和中国农业银行)、全国性股份制商业银行及许多城市商业银行都通过资本市场上市融资。借鉴国际银行管理的先进经验，不断完善商业银行公司治理结构、防范和化解银行风险，促进我国商业银行健康、协调和可持续发展。

关键术语

GAAP资本　RAP资本　经济资本　巴塞尔新资本协议　核心资本　附属资本　内源资本　外源资本　资本资产定价模型

思考与练习

1. 简述银行的GAAP资本、RAP资本、经济资本。

2. 简述银行资本金的作用。

3. 简述银行的内源资本和外源资本。

4. 简述《巴塞尔新资本协议》关于银行资本充足率的规定。

5. 假设某商业银行计划在下一年扩大资产规模，但不需要任何新的外源资本金。按目前的财务计划，资产收益率为1.3%，红利支付率为30%，股权与资产的比率为8%。计算这些预测数据可以支撑的该商业银行资产的最高增长速度。如果银行另外发行相当于银行资产0.8%的普通股，并且收益率、红利支付率、股权与资产比率都不变，那么，该银行资产增长率又是多少？

6. 已知某商业银行的股票在2008—2015年的市场收益率(单位：%)如下：

年份 / 收益率	2008	2009	2010	2011	2012	2013	2014	2015
本股票收益率	20	22	13	−8	30	29	32	40
市场平均收益率	8	12	−5	6	26	21	23	29

问：该商业银行股票的β值是多少？

第三章　商业银行负债业务

本章要点

1. 商业银行负债的类型
2. 存款负债的管理
3. 存款工具的营销与定价
4. 借入负债的管理
5. 商业银行负债的成本及其分析

第一节　商业银行负债的种类

商业银行作为信用中介，负债业务是其最基本、最主要的业务。在商业银行的全部资金来源中，90%以上来自于负债。不同的资金来源，其风险和筹资成本也是各不相同。因此，商业银行负债的结构与成本既是其资金转移价格水平的决定因素，也是影响商业银行的盈利水平和风险状况的关键因素。

广义上的商业银行负债由除自有资本以外的一切资金来源组成，包括其资本性债务和非资本性债务。资本性债务是指商业银行筹集的用作二级资本的债务资金，非资本性债务是指商业银行吸收的存款、借款等一切不能作为资本的债务资金。狭义上的商业银行负债仅指其非资本性债务，由存款负债、借入负债、结算中负债及其他一切非资本性负债组成。由于各国金融体制的差异和金融市场发达的程度不同，各国银行的负债结构不尽相同；即使在一个国家的同一家银行，由于经济发展和金融环境的变化，其负债结构也处于不断变化的过程中。本节主要从狭义角度对商业银行的负债进行类型划分。

一、存款负债业务

(一)交易类账户

交易账户是个人和企业为了交易目的而开立的支票账户，客户可以通过支票、本票、汇票、电话转账、自动出纳机等提款或对第三者支付款项。交易账户的类型主要有活期存款、可转让支付命令账户、货币市场存款账户与自动转账服务账户等。

1. 活期存款

活期存款是指不需事先通知，存户可以随时存取或对第三者支付的存款，也称“支票存款”。对客户而言，由于这种存款没有确切的期限规定，可以随时采用各种方式提取存款，具有存取自由、便于结算的特点，而且客户还有可能以此获得商业银行的贷款(如透支)。因此，政府、企业和个人都乐于在商业银行开立这样的账户。对商业银行来说,第一,活期存款是商业银行创造存款货币的基础。一方面当存户用支票提款时,它只是作为普通的信用凭证;另一方面当存户用支票向第三者履行支付义务时,它就作为信用流通工具,具有了货币支付手段的职能;在支票可流通转让的情况下,它又具有了流通手段的职能。这两种职能使商业银行具有了信用创造能力。第二,由于活期存款存取频繁,流动性风险较大,而且还需提供多种服务,如存取、转账、提现、支票和各类信用证服务等,因此活期存款的营业成本较高。第三,活期存款利息成本低。从传统上说,活期存款是不支付利息的,有的甚至还收取一定的手续费,因为活期存款是银行资金来源中最具波动性和不可预测的部分;也正是不付息,商业银行在争取活期存款方面存在着激烈的竞争。第四,活期存款具有很强的派生能力。虽然活期存款的平均期限很短,但在大量存取的流动过程中,银行总能获得一个较稳定的存款余额可用于期限较长的高盈利资产。通过活期存款,商业银行不但可获得较大的利差而提高盈利水平,而且可充分利用活期存款账户信用扩张和派生存款的特点,扩大与客户的联系,争取更多的客户,扩大银行的经营规模。

活期存款是商业银行的主要资金来源,在 20 世纪 50 年代以前,银行负债中的绝大部分都是活期存款;50 年代以后,由于活期存款的利率管制、反通货膨胀的紧缩性货币政策,加之闲置资金机会成本的增加和其他非银行金融机构的存款竞争等,使活期存款的比重呈较大幅度下降,目前约占银行全部负债的 30%左右。我国商业银行的活期存款主要来自于企业和单位存款;在居民储蓄存款中,活期存款的比例仅占 20%左右。

2. 可转让支付命令账户(NOWS)

可转让支付命令账户是商业银行针对个人、非营利机构开立的计算利息的支票账户,也称付息的活期存款。它起源于 1970 年,由美国马萨诸塞州的一家互助储蓄银行创造,并很快得到推广。首先,该账户以支付命令书取代了支票,可以用来提款,经背书后也可以转让,实际上是一种不使用支票的支票账户。其次,该账户可以按平均余额支付利息。在没有这种账户时,为了获得利息,存户把钱存入储蓄账户;为了开支票付款,又要开立一个活期账户。现在合二为一,为存户带来了方便,也简化了手续。再次,该账户仅限于个人和非营利机构。该账户的出现既给客户提供了支付上的便利,也满足了收益上的要求,因此受到了客户的广泛欢迎。对商业银行来说,有利于吸引客户、扩大银行存款规模。在美国,储蓄放款协会与互助储蓄银行都可以经营这种账户,进而打破了商业银行经营活期存款的垄断地位。

3. 超级可转让支付命令账户

超级可转让支付命令账户始办于 1985 年,是由可转让支付命令账户发展起来的支票账户。除了具有可转让支付命令账户的特点之外,该账户的显著特点是:法定最低开户金额和平均余额为 2 500 美元,签发支票可以不加限制;对保持2 500美元或更大余额的账户,利率不受管制;但如果账户余额降到最低限额以下,则只能支付 5.5%的最高利率。一般来说,该利率要低于货币市场存款利率,而且客户要按月支付服务费。该账户作为转账账户要交纳存款准备金,银行为吸引客户通常还提供一定的补贴和奖励。

4. 货币市场存款账户(MMDA)

货币市场存款账户起源于美国,由于商业银行活期存款不付利息,在利率上限规定"Q 条例"尚未取消的情况下,商业银行存款的吸引力受到考验。美国货币市场基金会于 1982 年开立了货币市场存款账户这一新型的活期存款账户。该账户的主要特点是:账户平均余额不低于 2 500 美元;存款利率没有上限限制,并可以浮动,一般每周按货币市场利率调整,每日复利,于月底打入该账户;如果平均余额低于 2 500 美元,利率则按储蓄存款计息;10 万美元的存款额可得到联邦存款保险公司的保险;存款者每月可办理 6 次自动转账或电话转账,但使用支票付款不得超过 3 次,个人取款不受此限制;对存款不规定最短期限,但银行具有要求客户提取款时必须提前通知(至少 7 天)的权利;与超级可转让支付凭证账户不同,存户对象不限,个人、非营利机构、企业都可以开户,但对银行来说个人账户不提交法定存款准备金,非个人账户则上交 3%的存款准备金。

5. 自动转账服务账户(ATS)

自动转账服务账户是美国商业银行在 1978 年推出的一种新型存款账户,由电话转账服务制度发展而来。该账户的特点是:客户在银行开立储蓄存款和活期存款两个账户,活期存款账户的余额要始终保持 1 美元,其余款项存入储蓄账户以取得利息收入,而当客户需要签收支票时,就用电话通知开户行,随时将支付款项从储蓄账户转到活期存款账户上,自动转账,及时支付支票上的款项。由于该账户可以转账,所以开立自动转账服务银行需要交纳存款准备金。

6. "协定账户"

"协定账户"是自动转账账户的进一步创新,该账户是银行与客户达成的一种协议,存户授权银行将款项存在活期存款账户、可转让支付凭证账户或货币市场互助基金账户中的任何一个账户上。对活期存款账户或可转让支付凭证账户,一般都规定一个最低余额,超过最低余额的款项由银行自动转入同一存户的货币市场互助基金上,以便取得较高的利息。如果不足于最低余额,也可由银行自动将货币市场基金账户的款项转入活期存款账户或可转让支付凭证账户,以补足最低余额。

(二)非交易类账户

1. 定期存款

定期存款是相对于活期存款而言的,是一种客户和银行预先约定存款期限的存款。存款期限一般 3 个月、6 个月和 1 年不等,最短在美国可以为 7 天,长的则可达 3 年、5 年或 10 年甚至更长。利率随期限长短而高低不等,但都要高于活期存款。传统的定期存款要凭银行所签发的定期存单提取,银行根据到期存单计算应付本息。一般来说,存单不能转让,但可以作为动产抵押品取得银行贷款,随着金融创新的不断发展,定期存款的存单也可以转让了,如 1965 年,纽约花旗银行为了规避美国政府最高利率限制,首先开始发行了一种转让的大额定期存单。

定期存款一般要到期才能提取,如果持有到期存单的客户要求续存时,银行通常要另外签发新的存单。对于到期未提取的存单,按惯例不对过期的这段存款支付利息,我国目前则以活期利率对其计息;但对要继续转存者,也可到期予以转存。在国外,商业银行对提前支款一般罚息较高,如美国对 7～31 天的定期存款提前取款者处罚金额超过提前所取金额应得利息的大部分;32 天至 1 年的存款,罚金至少相当于 1 个月的利息。在我国,对定期存款提前支取没有罚款的规定,但依国际惯例全部按活期利率计息,并扣除提前日期的利息。

定期存款对客户而言,具有利率高、风险小、收益稳定等特点,而且作为动产质押可以取得银行贷款。对商业银行而言,一方面定期存款可以为银行获得稳定的资金来源;另一方面定期存款的期限约束可以让银行保持较低的存款支付保证金率,从而可以把所吸收的存款绝大部分都贷放出去获得可观的收益;同时定期存款还具有营业成本低的特点,一般情况下,定期存款只需开具一张定期存单，存款到期，客户持存单支取本息，一次性办理手续，在存款期间银行几乎不需要提供其他任何服务。

2. 储蓄存款

储蓄存款和储蓄是两个不同的概念。储蓄的原意是贮藏，在现代货币信用制度下，储蓄指的是政府、企业、居民等各种经济主体在扣除各项生产性和消费性支出后剩余的所有货币收入。广义的储蓄=货币收入−货币支出，具体表现为各经济主体所拥有的金融资产的总和，包括银行存款、现金、各种有价证券，以及对企业的投资、所购买的房地产和保险等。狭义的储蓄则仅指储蓄存款。

关于储蓄存款的概念，国内外也存在着明显的差异。美国把储蓄存款定义为“存款者不必按照存款契约的要求，而是按照存款机构所要求的任何时间，在实际提取日前 7 天以上的时间，提出书面申请提款的一种账户”。在美国，居民个人、政府和企业都可合法地持有储蓄存款。我国的储蓄存款则专指居民个人在银行的存款。政府机关、企业单位的所有存款都不能称之为储蓄存款，公款私存则被视为违法现象。自 20 世纪 80 年代以来我国居民储蓄存款保持快速稳定的增长率，越来越成为我国商业银行的稳定可靠的资金来源。

储蓄存款也有活期、定期之分。传统的定期储蓄存款有整存整取、零存整取、存本取息以及定活两便等，随着金融创新的发展，一些新型的储蓄存款也在不断地呈现，具有代表性的有：

(1)零续定期储蓄存款：一种多次存入、期限在半年以上 5 年以内的储蓄存款。主要特点是：第一，对每次存入的金额没有最低和最高的限制，也没有固定的日期限制；第二，期满前 3 个月为“搁置期”，既不能存也不能取；第三，存款采用定期利率计算。这种存款对收入较高而又不稳定的客户，如自由职业者较有吸引力。

(2)联立定期储蓄：把整存整取和零存整取的优点巧妙地结合起来，即在 1 本存折上有多笔定期存款，每笔存款都规定有最低限额。如日本规定以 1 万日元为单位，即存入的最低限额为 1 万日元，但不规定存入期限，1 个月一存也可，半年一存也可。每到年末，银行自动将存满 1 年的各笔存款汇集成一个大数；凡不满 1 年的则到第 2 年再汇总。客户取款时要提前通知银行，凡年限已满 1 年的存款，提取一笔或同时提取多笔均可。这种存款十分便于存户化零为整、增加收益。对银行来说，每笔存款金额虽然不大，但存入的笔数多了就会形成一个数额较大并且资金相对稳定的来源。

(3)指数存款：是一种在通货膨胀下为确保客户的存款不贬值而推出的存款工具。这种存款把定期储蓄存款的利率与物价上涨指数相挂钩，即在确保实际利率不变的前提下，名义利率随物价指数的升降而变化。我国以前推行的 3 年、5 年期保值储蓄，也可称之为实际利率为零的指数存款。

(4)特种储蓄存款：是商业银行针对客户某种特殊需求而设计出的一种存款创新工具。该类型的存款，品种繁多，主要有养老金储蓄、团体储蓄、存贷结合储蓄、国债定期户头储蓄等。我们仅以圣诞俱乐部储蓄为例，它是为满足客户欢度圣诞节而积蓄资金的一种储蓄存款。客户可根据需要每星期存入一定数额的款项，存款到期后不需客户到银行提取，而是由银行在圣诞节前将该笔存款寄还给客户，并同时送上纪念品，既能满足客户过节的需要，又能让客户根据需要对每个账户贴上不同的标签，如旅游账户、教育账户、宠物账户、假期账户、雨天账户等，以充分满足客户的不同需要。我国商业银行近年来推出的住房储蓄、礼仪储蓄等，都属于此类型的存款。

二、借入负债业务

虽然存款构成了商业银行的主要资金来源，但仍然存在无法满足贷款和投资增长需求的可能，因此，银行需要寻求存款以外的其他资金来源，而借入资金是商业银行经常使用的手段。按照借入期限的长短，借入负债可分为短期借款和长期借款。

（一）短期借款

商业银行的短期借款是指借入期限在1年以下的借款。根据借入对象的不同，商业银行的短期借款主要有下面6个类型。

1. 同业拆借

同业拆借是金融机构之间的短期资金融通，主要用于支持日常性的资金周转，它是商业银行为解决短期资金余缺，调剂法定准备金头寸而融通资金的重要渠道。由于同业拆借一般是通过商业银行在中央银行的存款账户进行的，实际上是超额准备金的调剂，因此又称中央银行基金，在美国称之为联邦基金。

同业拆借的利率一般高于存款利率、低于短期贷款利率。通常情况下，拆借利率略低于中央银行的再贴现率，这样会迫使商业银行更多地面向市场借款，有利于中央银行进行货币政策操作。当然，具体实际业务的拆借利率由拆出行和拆入行共同协商确定。

在同业拆借市场上，主要的拆借方式有头寸拆借和同业借贷。头寸拆借的时间较短，往往只有几天时间，最长7天，最短次日偿还，不需要抵押；同业借贷的时间较长，可以是几个星期或几个月，一般也不需要抵押，但有书面协议。

2. 向中央银行借款

商业银行向中央银行借款的主要形式有两种，一是再贷款，二是再贴现。再贷款是中央银行向商业银行的信用放款，也称直接借款；再贴现指经营票据贴现业务的商业银行将其买入的未到期的贴现票据向中央银行再次申请贴现，也称间接借款。在市场经济发达的国家，由于商业票据和贴现业务广泛流行，再贴现就成为商业银行向中央银行借款的主要渠道；而在商业票据信用不普及的国家，则主要采取再贷款的形式。

由于中央银行向商业银行的放款将构成具有成倍派生能力的基础货币，因此各国中央银行都把对商业银行的放款作为宏观金融调控的重要手段。中央银行在决定是否向商业银行放款、何时放款、放多少款时遵循的最高原则是维护货币和金融的稳定；中央银行借款的利率随经济、金融形势的变化而经常调节，通常要高于同业拆借利率。在一般情况下，商业银行向中央银行的借款只能用于调剂头寸、补充储备不足和资产的应急调整，而不能用于贷款和证券投资。在特殊情况下，如为满足国家规划、产业结构调整、避免经济下滑和企业倒闭的资金需要，中央银行的放款也可能被不定期地延展下去，但这应当被视为一种迫不得已而采取的办法。目前我国商业银行向中央银行借款主要采取贷款这一直接借款形式，今后，随着我国票据贴现市场的不断发展扩大，再贴现将逐步取代再贷款。

3. 转贴现

转贴现是指中央银行以外的投资人从二级市场上购进票据的行为。商业银行通过转贴现在二级市场卖出未到期的贴现票据以融通到所需要的资金，而二级市场的投资人在票据到期前还可进一步转手买卖，继续转贴现。转贴现的期限一律从贴现之日起到票据到期日止，按实际天数计算。转贴现利率可由双方议定，也可以贴现率为基础参照再贴现率来确定。在我国，票据款项的回收一律向申请转贴现的银行收取，而不是向承兑人收取。

4. 回购协议

回购协议是指商业银行在出售证券等金融资产时签订协议，约定在一定期限后按约定价格购回所卖证券，以获得即时可用资金的交易方式。回购协议通常只有一个交易日，协议签订后由银行向资金供给者出售证券等金融资产以换取即时可用资金，协议期满后再以即时可用资金作相反交易。回购协议最常见的交易方式有两种，一种是证券购回和卖出的价格相同，协议到期时以约定的收益率在本金外再支付费用；另一种是购回证券时的价格高于卖出时的价格，其差额就是即时资金提供者的收益。回购协议交易通常在相互高度信任的机构间进行，并且期限一般很短，如我国规定回购协议的期限最长不得超过 3 个月。回购协议是发达国家央行公开市场操作的重要工具。

5. 大面额存单

大面额存单是商业银行负债证券化的产物，也是西方商业银行通过发行短期债券筹集资金的主要形式。大面额存单的特点是可以转让，并且有较高的利率，兼有活期存款流动性和定期存款盈利性的优点。在发达国家，大面额存单由大银行直接出售，利率由发行银行确定，既有固定利率也有活动利率，期限在 1 年以内，在二级市场上的存单期限一般不超过 6 个月。有的国家也发行期限长达 2～5 年的利率固定的大面额存单，但认购者可自动换期，如换成 6 个月期限的存单以便于在二级市场上转让。大面额存单可流通转让、自由买卖，但不能购回；存单到期还本付息，但过期不计利息。

6. 欧洲货币市场借款

欧洲货币市场对各国商业银行有很大的吸引力，因为它是一个完全自由开放的富有竞争力的市场。第一，欧洲货币市场不受任何国家的政府管制和纳税限制，借款条件灵活，借款不限制用途。第二，欧洲货币市场存款利率相对较高，放款利率相对较低，存放款利差较小。这是因为欧洲货币市场没有法定存款准备金和存款利率最高额的限制，对存款人和借款人都具吸引力。第三，欧洲货币市场资金调度灵活、手续简便，业务方式主要是凭信用，短期借款一般不签协议，无需担保品，通过电话和电传就可以完成。这里起决定作用的是借款银行的资信。第四，欧洲货币市场的借款利率由交易双方依据伦敦同业拆借利率具体商定。

（二）长期借款

商业银行的长期借款一般采用金融债券的形式。金融债券是 20 世纪 70 年代以来西方商业银行业务综合化、多样化发展和金融业务证券化的产物。商业银行发行金融债券借入资金，与存款相比，具有以下几个特点：

1. 筹资目的多样化

商业银行吸收存款通常是为了全面扩大银行资金来源的总量，而发行债券一方面可以扩大当前银行的资金来源，另一方面也可以增加长期资金来源和满足特定用途的资金需要。

2. 筹资行为主动化

吸收存款取决于存款客户的意愿，它属于买方市场，而发行金融债券的主动权则掌握在银行手中，就这一点而言，它属于卖方市场。

3. 筹资效率高效化

一般来说金融债券的利率要高于同期存款的利率，对客户来说，吸引力较强，因而其筹资效率在通常情况下要高于存款。

4.资金的稳定性高

金融债券有明确的偿还期，一般不能提前还本付息，因此资金的稳定程度较高；而存款的期限则具有弹性，资金稳定程度相对要低一些。

5.资金的流动性强

除特定的可转让存单外，一般存款的信用关系固定在银行和存款客户之间，不能转让；而金融债券一般不记名，有广泛的二级市场可以流通转让，因而比存款具有更强的流动性。

存款和借款是商业银行获得资金的主要来源。在我国，由于金融市场发展的不完善，以及商业银行经营理念的落后，我国商业银行的主要资金来源是存款。资金来源渠道的单一化一方面无法使银行资金结构多元化，不利于银行提高抗风险的能力；另一方面，一旦存款发生流失，银行可能面临较大的流动性风险。20 世纪 70 年代，西方商业银行的负债结构发生了很大的变化，一是存款负债的比重降低，非存款类资金比重上升；二是存款中定期存款的比重上升，活期存款比重下降。这些变化都有利于资金的稳定，降低银行的流动性风险。

第二节　商业银行存款负债管理

一、存款负债管理的目标

商业银行存款负债管理的目标以商业银行的经营管理目标为导向，即把流动性、安全性、盈利性在存款负债管理领域具体化。根据三大基本经营目标，商业银行存款负债管理的目标可以归纳为以下几点：

(一)保持存款的合理结构

合理的存款结构，即根据银行资产业务的资金需求，根据不同存款的易得程度、成本高低和期限长短进行合理调节，使银行的负债结构不但能与资产的需要相匹配，而且能保持银行存款负债的流动性和资金使用的盈利性。

(二)提高存款的利用率

任何银行存款都需要支付一定的成本费用，如果存款资金运用不合理、不充分，造成资金的积压和闲置，存款的成本费用就会得不到补偿，必然会相应降低银行的盈利水平。如果存款的运用率过高，资产规模超过了存款负债资金的供应能力，银行不得不进行其他资金供给渠道的融资，增加营业成本，同时还会增加银行资产和负债的流动性风险。

(三)降低存款的成本率

存款成本率是存款总额与所耗成本之间的比率。银行的存款成本主要由利息支出和各项相关的费用支出组成。不同的存款，利息支出和费用支出也各不相同。一般来说，活期存款的利息支出较低，但费用支出较高；定期存款的利息支出较高，而费用支出则相对较低。随着存款规模的扩大，有些费用即固定成本逐渐下降。因此，银行可以通过扩大存款规模、调整存款的结构、减少存款利息与费用支出，能有效地降低存款的成本率。

(四)保持存款的增长率

商业银行是依靠负债特别是存款负债经营的现代金融企业，存款规模的大小是其经营实力的标志，也是银行资产规模增长的重要因素。存款增长率，即本期存款减去上期存款之差与上期存款的比率。存款增长率的高低具体地反映了一家银行经营实力的增长情况及其业务开拓和发展的实际能力,只有存款规模不断增长的情况下,银行的资产业务才能得到更好的开展。

商业银行存款目标是商业银行经营目标流动性、安全性、盈利性的具体体现,既有矛盾性,又有统一性。例如,活期存款的比重增大,有利于降低存款成本,但可能影响存款的稳定性;而定期存款的比重上升,虽然有利于资金的稳定性,但却可能不利于降低存款成本;同样,如果存款总量的增长不是建立在贷款需求增长的基础上,那么增加银行存款的规模只会增加银行的经营成本。这些客观存在的矛盾使银行的存款管理具有一定的难度。但存款管理的目标也存在统一性,具有相互促进的一面。如活期存款的稳定性虽然较差,但存款的账户较多,即使每户存款的金额不大,由于每日存取相互抵消的可能性大,存款也会趋向稳定。

二、存款负债的经营策略

(一)积极主动的经营策略

存款是商业银行推向市场的一种金融产品。市场能在多大程度上接受这一金融产品,主要取决于客户的动机和选择,不以银行的意志为转移,在存还是不存,选择什么样的存款工具,存多或存少等一系列问题的决策上,主动权基本掌握在存户手中,银行通常处于被动的地位。因此,对银行来说,存款实质上是一种被动负债。银行要在存款经营中实现预期的目标,就不能像"经济衙门"一样被动地等客上门,而必须变被动负债为主动负债,通过一系列的积极经营策略,不断推出新的存款工具,扩大存款规模。

积极经营的具体措施很多。就居民储蓄存款而言,第一,必须重视利率的杠杆作用和优质高效的服务开发,并针对客户的储蓄动机设计出多样化的储蓄存款工具;第二,积极的营销还必须做好广告宣传、加强外勤工作和合理设立网点;第三,积极经营的内部管理要求必须注重储蓄业务操作的现代化建设,提高储蓄工作人员的积极性,改善服务态度等。对企业存款的经营策略,应以提供全方位的信用服务,密切银行与企业的关系为核心,开发多样化的企业存款工具,努力以贷引存,做到存贷结合,并能结合银行的资产业务和中间业务,协助企业管好、用好资金等。凡精明的银行家,均十分致力于挖掘和维持广大的可能存款量。为此,银行既要与尽可能多的存款客户保持密切的友好关系,尽量创造出能为不同收入阶层、不同职业、不同居住地域和不同行业特征的客户提供所需存款产品的条件,又要通过不断的创新和开拓,创造出尽可能多的存款工具、服务手段和技巧策略。

(二)存款稳定性策略

存款的稳定性,也称存款沉淀率。稳定的存款余额是形成银行中长期和高盈利资产的主要资金来源。从商业银行经营管理的角度看,它比存款总额更具现实意义。衡量存款稳定性的主要指标有:

活期存款稳定率=(活期存款最低余额/活期存款平均余额)×100%

活期平均占用天数=(活期存款平均余额×计算期天数)/存款支付总额

提高存款的稳定性,主要表现为提高活期存款的稳定率和延长存款的平均占用天数。

按照存款波动程度,银行存款可划分为三大类:

1. 易变性存款

易变性存款主要指活期存款。由于这类存款是现实的购买力和支付手段,客户随时都可能向银行提现和转账，因此这类存款的稳定性最差。

2. 准变性存款

准变性存款主要指定活两便存款、通知存款等。这类存款既不能随时提现和转账，又没有支取约定期限的制约，其稳定性介于活期存款和定期存款之间。

3. 稳定性存款

稳定性存款主要指定期存款、可转让存单及专项存款等。这类存款在约定期内一般不能提前支取，是稳定性较强的存款。

提高银行存款稳定性的重点是提高易变性存款的稳定性，它第一取决于存款客户的多少，第二取决于银行能否提供优质高效的服务。因为在存款总量一定的情况下，存款客户越少，个别客户的存款波动对银行总体存款稳定性的影响规模越大，这样，个别客户的存款波动就会较大地影响到银行资金的稳定性。同时，也唯有提供高效优质服务的银行，才能吸引更多的客户，提高存款的稳定率；反之，如服务质量差、效率低，不但不能吸引新客户，甚至老客户的存款也会转移和流失，这必然极大地影响到银行存款的稳定性。因此，一家银行只要能广泛招揽客户，并始终能和客户保持良好密切的关系，其活期存款的稳定性余额才能呈上升趋势，进而实现盈利性目标。

提高存款的稳定性，还必须努力延长稳定性存款和易变性存款的平均占用天数。如定期存款中的保管性存款，客户存款的目的是为了积累财富以备未来消费，其稳定性最强，银行必须为这类存款采取安全、保值和保险措施，做好存款转存和计算复利的工作，以尽量延长这类存款的占用天数。对定期存款中的投资性存款，由于受到债券、股票等高收益金融资产的冲击，其稳定性显然要低于保管性存款。对于投资性存款，银行一方面要视金融市场的价格变化和自身承受能力而适当调整利率；另一方面必须加强银行存款比其他金融资产更安全可靠、风险更小的宣传攻势，以延长平均占用天数。

（三）存款规模控制策略

在发展中国家，由于长期处于资金紧张状态，比如在我国改革开放初期，方方面面都需要资金投资来加快建设，资金缺口较大；另一方面，存款的多与少往往被认为是一家银行规模和实力的象征。因此，存款越多越好成为商业银行业一般共识。但从经营成本与收益的角度来看，存款越多并不一定越好。

从宏观上看，一个国家的存款供给总量主要取决于该国国民经济发展的总体水平，存款总量的增减也取决于多方面的主客观因素变化。例如，储蓄存款的增减变动，主要取决于居民货币收入的变化、消费支出结构、商品供给状况和物价水平；同时也受制于金融市场的发达状况、金融资产种类、社会保障制度的完善程度，以及文化水平和历史传统的影响。而企业存款的增减变动，则主要取决于社会再生产的规模、企业的经营状况、国家金融政策、商业信用的发展程度，以及银行结算的质量和速度等一系列因素。因此，无论是企业存款还是储蓄存款，在总量上都客观地存在一个正常状态下的适度问题。如因企业资金占用过多、原材料不能及时购进而导致企业存款的异常增长，则潜伏着再生产难以为继的危机；而消费基金增长过猛，消费品供应不足，或因金融资产种类少，个人投资渠道缺乏而导致的储蓄存款急剧增长，就有可能使存款成为冲击市场、冲击物价的隐患。从宏观上评判存款总额的适度性，通常运用的指标为：存款总额同国内生产总值之比、企业存款总额同企业销售总额或流动资金占用总额之比、居民存款总额和居民收入总额之比。

从商业银行经营管理的角度看，一家银行的存款量，应与其贷款潜在的需求量相匹配，如果贷款的需求量不变，存款量的增长则会增加银行的经营成本和管理费用。因此，银行对存款规模的控制，要以存款资金在多大程度上被实际运用于贷款和投资为评判标准。若存款的期限结构既能满足银行资产业务的需要，又能适当降低成本；存款的品种结构既能满足资产结构的要求，又能满足客户的多样化需求，其规模就是合理的规模。如果一家银行的超额准备金比率过高，存款过多，在正常情况下就不可避免地要背上存差的净利息支付包袱。国际上一些银行通过存款成本变化来控制存款量，努力寻求边际成本曲线和实际收益曲线的相交点，是较科学的存款规模控制模式。

三、存款工具的营销和定价方法

（一）存款工具的营销

金融产品的营销，就是针对市场客户需求，推出或提供客户需要的各种金融服务，是商业银行增加盈利，提高市场竞争力的一种经营管理活动。和其他金融商品一样，存款工具的市场营销包含着三方面的内容，即存款工具的设计和创新、存款工具的定价、存款工具的销售。

1. 存款工具的设计

与普通商品一样，存款工具的设计前提是客户的现实金融需求。客户进行存款的目的和动机是多样的，有的侧重于货币增值，有的着眼于计划消费，有的要求安全保密，有的强调存取方便，还有的倾向于投机和好奇等。银行应针对客户的存款目的和动机设计出相应的存款品种满足客户的需要。如保值储蓄，可以满足客户货币增值的需求；零存整取、整存整取和专项储蓄，则能满足客户计划消费；对要求存取方便的客户，可推出通存通兑、定活两便、工资转存等存款工具。

2. 存款工具的创新

社会和经济发生变化，客户的金融服务需求也会发生变化，银行应根据经营环境的变化和自身经营的特点，不断推出新的金融服务来满足客户的需求。对存款也一样，一方面银行可以根据市场的变化不断创新出新的存款工具，另一方面也可以在原有种类的基础上进行改善和调整。如在通货膨胀较严重的情况下，客户普遍担心货币贬值，银行就应在适当盈利的前提下着重规划保值储蓄，推出新的与物价指数挂钩的指数存款；而在经济繁荣、物价相对稳定的环境下，银行应重点推出计划消费型存款和存取方便型存款，并有针对性地引进国际通行的通知储蓄、电话存取储蓄、自动转账存款、网上银行存款等。

3. 存款工具的定价

存款工具的定价主要是指存款利率的确定。一个国家的存款利率水平是由众多因素决定的。其中客观经济变动是宏观因素，政府的宏观政策是次要因素。另外，一个国家的传统和社会文化环境也会对存款利率水平有所影响。商业银行在确定存款利率时并不是根据自身利益孤立进行的，在利率管制的国家更是如此。一个国家的存款利率水平主要由借贷资金供求状况、社会经济运行的周期、预期价格变动率、税率、历史存款利率、国际存款利率、汇率、国家经济政策等各种因素综合决定。一般来说，商业银行在确定存款利率时需要遵循三个原则：第一，存款利率的确定，既要考虑满足客户的需要，又必须顾及银行的经营效益。在其他条件不变的情况下，存款利率的提高能极大鼓舞客户存款的积极性；相反存款利率下降时，客户就会转移一部分资金去追逐较高收益的资产，从而使银行存款增幅减缓。立足于保护存户利益的存款工具是颇受欢迎的，如为确保存户的实际利率收益，名义利率就应随物价指数的升降而变化。但在满足客户需要的同时必须改善银行的成本负担能力，否则将会降低银行的盈利水平甚至发生亏损。第二，不同存款工具的价格信息必须是可沟通的，要简单明了，易为存户了解并进行价格比较。如在按存款期限细分市场的情况下，期限越长的存款利率越高，各种不同期限的存款工具在价格上要能沟通和比较，6个月期的存款利率要高于3个月期的存款利率，但1年期存款利率高于6个月期存款利率的幅度，要能与6个月期高于3个月期的存款利率幅度沟通等等，因为在存款市场上，利率本来就是一种简单的可沟通的价格。第三，不可过分地以损害某些细分市场的利益去补贴另一方面细分市场。否则，受损害的市场将会趋于萎缩，而为其他竞争者所得，在不存在其他竞争者的情况下，也会导致银行存款结构的畸形变化。如过去我国在通货膨胀较严重的情况下，仅对3年期以上的储蓄存款进行保值，使3年期以下的储蓄存款由于得不到保值而全部呈现负利率状态，最后出现了银行3年期以下储蓄增幅下降，3年期以上储蓄存款猛增，债券、股票出现严重的供不应求局面。

4. 存款工具的销售

金融产品是银行向市场所提供的一种特殊商品，无论是存款或贷款，都不能通过触觉、视觉、味觉和听觉来吸引客户其，所以银行在金融产品销售时必须依赖广告和促销把信息传达给公众，并通过公共关系以确保其形象和服务具有吸引力。虽然通过设计和创新，一家银行可以向社会提供较新的金融产品，但创新只能在原有产品的本质特征范围内进行。因此，一家银行和另一家银行所提供的金融商品是非常相似的，客户之所以购买这家银行的商品而不购买另一家银行的商品，主要取决于各家银行的规模、信誉、服务效率和质量以及商品种类对客户的吸引力。这就决定了银行间竞争的重点应放在促销上，即将银行的产品和服务向客户进行报道、宣传，以说服、促进和影响客户的购买行为。

(二)存款工具的定价方法

存款利率(基准利率)由中国人民银行统一指导确定，商业银行在一定的范围内浮动。因此，我国的商业银行对存款没有充分自主定价权。在金融市场发达的国家，利率已实现了充分的市场化，市场利率的自由浮动决定了商业银行必须对存款拥有自主定价权。这些国家商业银行存款的自主定价，首先受制于当地市场的竞争情况，其次受制于保持本行原有的利差，因此，自主定价绝不等于完全自由定价。随着我国利率市场化的逐步推进，我国商业银行在存款工具的定价方面将会有更大的自主权，因此，有必要了解一下国外商业银行自主定价的一些主要方法。

1. 成本定价法

成本定价法是以商业银行各项费用成本之和作为定价基础的一种定价法。这种定价法既不考虑竞争形势，也不考虑在不同细分市场客户愿意接受的收益水平。其最大的优点是可以做到既不损害某些细分市场，也不会给某些细分市场以补贴；但问题在于任何试图将价格真实地与所提供服务的成本直接联系起来的做法，都不可避免地引起定价公式的复杂化。如仅一项基本往来账户，就有20项成本利益因素，还不包括该账户所使用的专门性辅助服务的全部费用。因此，以成本为基础的定价体系过于复杂，以致难以进行沟通和进行有意义的价格比较。

2. 交易账户的定价公式

交易账户的定价公式由以下三部分组成：①规定每笔业务的收费标准及全部免费提供的辅助服务；②按余额对客户以名义利率付息；③规定平均或最低限余额，在此数额以上的余额则免收费用。按照这一公式对可转让支付凭证定价时，经验丰富的银行主要考虑最低余额、手续费和平均余额支付率三个因素。银行定价的自主权表现为既可根据最低余额而不根据手续费定价，也可根据手续费而不根据最低余额定价。目前流行的收支相抵平均余额定价法，是所得收入恰好能抵补账户成本。只要银行掌握了1个账户的收支相抵平均余额，就能确定为实现某一目标收益率所必须的最低平均余额。对于没有达到规定的最低余额账户所收取的罚金，应是以抵消平均余额低于收支平衡点所发生的损失额。

3. 金融市场存款账户的定价

金融市场存款账户的定价，一是取决于当地市场的竞争，二是取决于保持原来的利差。其中大约有25%的存款机构是根据国库券、货币市场基金和可转让存单的收益等货币市场工具来确定存款账户的价格水平。

4. 定期存单市场定价

在美国，1974年以前定期存单市场分两个层次，基础银行与非基础银行。第一层次(主干银行)由大的金融中心银行组成，而第二层次(非主干银行)则由区域性银行组成。高层次银行由于信用风险和市场风险较低，发行定期存单的利率要比非主干银行低。1974年以后，定期存单市场上形成5个层次的结构。第一层次由美国最大的7家银行组成，其定期存单的利率与同期政府债券相近。第二层次银行存单的利率高于第一层次5～10个基点；第二层次银行与第一层次银行存单利率的平均差额为15个基点，第二层次各银行分别与第一层次银行相差20～30个基点(一个基点等万分之一)。自20世纪80年代以来由按规模层次分档次转向按信誉分档次，因为规模大的银行并不一定信誉级别就高，因此这无疑是历史的进步，即由莫迪投资服务公司评为高信誉级别的银行，其定期存单的利率要低于信誉级别低的银行，并且定期存单市场的利率结构趋向于同商业票据市场相一致。

第三节 商业银行借入负债管理

商业银行借入负债主要分为短期借款和长期借款，而长期借款的主要形式是发行金融债券，因此，商业银行借入负债的管理也主要分为短期借款管理和金融债券的管理。

一、*短期借款的管理*

(一)短期借款的管理特点

短期借款的偿还期限明确，因此，银行可以有计划地进行控制。由于短期借款的期限较短，一般只用于调剂头寸、解决银行周转困难和临时性的资金不足，但短期借款的稳定余额也可以被长期占用。短期借款的特征决定了商业银行的短期借款管理的特点。

1. 借款期限和金额的把握具有较大的主动性

短期借款由于到期的时间和偿还的金额在借入之前已经确定，因此，商业银行可以有计划地把借款到期时间和金额分散化，以减少流动性需求过于集中的压力，在资金使用的期限和金额上具有较大的主动性。

2.借款的到期时间和金额可以与存款量波动规律相协调

如果把短期借款的到期时间和金额与存款量的波动规律相协调，当存款量波动处于低谷时，在自身承受能力允许的范围内，可以适当增加借款的金额，满足资金的流动性需求，当存款量波动处于高峰时，可以减少借款的金额，从而减少资金的融资成本。

3.同业拆借多头化

通过多头拆借的办法将借款对象和金额分散化，可以形成一部分长期占用的借款余额。

4.短缺资金可以事先筹措

如果能正确预测未来时间所需资金的金额，则可以事先筹措资金，满足短期借款的流动性需求。

(二)短期借款的管理策略

1.时机选择

虽然商业银行通过短期借款可以在一定程度上不依靠资产结构的调整来弥补和增加自身的流动性，但在短期借款的有效利用上，有一个时机选择问题。首先，银行应根据自身在一定时期的资产结构及其变动趋势，来确定是否利用和在多大程度上利用短期借款。如某一时期银行资产的平均期限较短，有相当能力应付流动性风险，且当时市场利率较高，就没有必要利用和扩大短期借款；如情况相反，则必须注重短期借款的运用。其次，根据一定时期金融市场的状况来选择借款时机：在市场利率较低时适当多借入一些资金；反之，则少借或不借。再次，要视中央银行货币政策的变化控制短期借款的程度。如当央行采取紧缩的货币政策时，不但再贷款和再贴现的成本会提高，同时其他短期借款的成本也会相应提高，此时需适当控制借款；反之，则可考虑多借入一些款项。

2.规模控制

短期借款是商业银行实现流动性、盈利性目标所必须的，然而并非短期借款越多对银行经营就越有利，因为借入资金有时比吸收存款的成本更高。如果利用短期借款的成本超过因扩大资产规模而获取的利润，则不应继续增加借款规模，而应通过调整资产结构的办法来保持流动性，或者通过进一步挖掘存款潜力的办法扩大资金来源。商业银行在资产负债管理中，必须全面权衡流动性、安全性、盈利性三者间的利弊得失，测算出一个适度的短期借款规模。

3.结构确定

商业银行的短期借款渠道很多，如何安排各种借款在短期借款总额中的比重，是一种重要的经营策略。从资金来源的成本结构看，一般应尽可能地多利用一些低息借款，而不利用或少利用高息借款以降低负债成本。但在资产预期效益较高、低息借款又难以争取时，也可适当借入一些利息较高的资金。从国内外资金市场的借款成本比较看，如果从国际金融市场的借款较国内便宜，可适当增加国际金融市场借款的比重；反之，则减少它的比重。从中央银行的货币政策看，如央行提高再贷款利率和再贴现率，此时应减少向央行借款的比重；反之，则可适当增加向中央银行的借款比重。

二、金融债券的管理

(一)金融债券管理的内容

商业银行金融债券管理的内容包括金融债券的发行、发行机构的选择、信用级别的评定、发行规模的控制、运用范围的限制、发行价格的制定、发行费用的预测。

1.金融债券的发行

在金融法规比较严密的国家,对发行金融债券都有详细明确的法律规定,商业银行发行金融债券只要符合法律规定,不一定非得经过严格的申报程序,有的只要向中央银行或金融监管部门备案即可。而在金融法规不够严密或金融管制比较严格的国家和地区,则银行必须履行严格的申报、审批手续才能发行债券。

《中华人民共和国商业银行法》第45条规定:"商业银行发行金融债券或者到境外借款,应当依照法律、行政法规的规定报经批准。"中国人民银行是我国金融债券发行的主管部门,凡要求发行债券的商业银行,必须逐项向人民银行报送有关材料,经严格审查、批准后才能发行金融债券。

2.发行机构的选择

对于金融债券的发行机构,各国大多通过限制性的法律条文加以规定。在我国虽尚无正式的法律条文,但国内债券的发行实际上主要被限制在四大国有控制商业银行、交通银行和中国国际投资信托公司这几家全国性的大银行和金融机构。发行国际债券的面则稍广一些,包括一些区域性的投资信托公司。目前,不少股份商业银行可发行长期金融债券。

3.信用评定

各国对金融债券的信用等级评定一般有三个标准,即盈利能力、资本充足率与资产质量。尤其是国际金融债券的发行都要由专门的评级机构对发行者的偿还能力做出评价,这就是债券的信誉评级,目的是为债券投资者提供参考,以保证国际债券市场的秩序和稳定。国际债券的信誉评级不是对发行者总的资信评级,而只是对发行该笔债券还本付息能力的评估,因此同一发行者在一定时间内发行几笔债券,每笔债券的信誉等级不一定相同。假定发行者对可能评定的债券等级不满意,可在公布级别之前要求停止评定工作,这样,发行者也就不会再在该市场发行债券。

4.发行数额的控制

一般国家对商业银行发行金融债券的数量都有一定的规定,通常的做法是规定发行总额不能超过银行资本加法定准备金之和的一定倍数。我国国内金融债券的发行要纳入中国人民银行的全国综合信贷计划,发行数量主要控制在当年各银行偿还到期债券的数量与当年新增特种贷款之和的额度内。

5.运用范围的限制

对债券所筹资金的运用范围,有的国家没有明确规定,有的国家则要求用于中长期放款,也有的国家则规定只能用于专项投资。在我国,对债券所筹资金的使用,除偿还到期债券外,只能用于特种贷款的发放。

6.发行价格

发行价格是以出售价格和票面金额的百分比来表示的。出售价高于票面价格的称为溢价发行;出售价格低于票面金额的为折价发行;出售价格等于票面价格称等价发行(或平价发行)。在国际上,固定利率金融债券依其信用等级的高低大多数为高价或低价发行;而浮动利率金融债券则通常都是平价发行。在我国除少量贴水债券外,所有金融债券基本都是固定利率平价发行。

7.发行费用

债券发行银行除向投资者支付利息外，还要承担一定的发行费用，利息、发行费用构成债券的发行成本。尤其是国际金融债券的发行费用较高，它有最初费用和中间费用之分。最初费用由承购手续费、差旅费、通信费、印刷费、上市费用、律师费等构成。中间费用则主要包括债券管理费、付息手续费、还本手续费、其他服务费等。

(二)金融债券的管理要点

1.做好债券发行和资金使用的衔接工作

首先要使债券发行和用款项目在资金数量上基本相等，不要发生边发行边闲置的现象；同时要搞好项目的可行性研究，进行收益成本比较，力求使项目效益高于债券成本，不能“高进低出”。我国国内金融债券发行实行“高进高出”，即债券利率高于同期存款利率，而与之相对应的特种贷款利率也高于一般贷款利率。

2.注重利率变化和货币选择

如预期利率有上升趋势，应采取固定利率的计息方式；反之，则采取浮动利率的计息方式。在利率有下降趋势的情况下，应考虑缩短固定利率债券的偿还年限，或在发行合同中列入提前偿还条款，这样可以以较高的利率偿还旧债，以较低利率发行新债。

国际债券的发行，原则上采用汇价具有下浮趋势的软货币作为票面货币。但在金融市场上，汇价趋势看涨的硬货币债券比较好销，而以软货币计价的债券则销售困难，要打开销路势必要提高利率，这又要增加筹资成本。因此发行银行必须对汇率和利率的变化进行全面权衡和决策，在一定条件下并不排斥选用硬货币。

3.掌握好发行时机

一般来说，市场上的资金供给大于需求、利率较低的时候是债券发行的最佳时机。发行国内债券由于利率相对稳定，时机的选择主要取决于资金供给的充裕程度。由于国内债券的发行对象主要是个人，可选择1季度末、6月初居民无较大或集中消费的时期、每年7月的国债还本付息时间或在年终分配时抓紧推销金融债券。

4.研究投资者心理

金融债券作为一种投资工具，能否顺利推销取决于投资者的购买心理。因此，商业银行必须研究和了解投资者对购买金融债券的收益性、安全性、流动性和方便性的心理要求，并针对这些要求设计和创新债券品种，使金融债券具有广泛的市场购买力。

第四节　商业银行负债资金的成本分析

一、负债资金成本的构成

(一)利息成本

利息成本即银行按约定的存款利率，根据存款金额的多少，以货币形式直接支付给存款者的利息。存款利率有固定利率和浮动利率之分。目前我国的存款一般都按固定利率计息。浮动利率则是按一定期限而浮动的利率，通常以市场不断变化的某种利率为基准(如国库券利率)。

(二)营业成本

营业成本,也称服务成本,指除利息以外的其他所有开支,包括柜台和外勤人员的工资、广告宣传费、折旧摊提费、办公费以及为存户提供其他服务的费用等。营业成本又可进一步划分为变动成本、固定成本和混合成本等。在我国目前,由于利息成本基本由国家统一规定,营业成本就成为银行成本控制的重点。

(三)资金成本

资金成本是指为服务客户存款而需要支付的一切费用,是利息成本与营业成本之和。

$$资金成本率=[(利息成本+营业成本)/吸收的全部存款资金]\times 100\%$$

(四)可用资金成本

可用资金成本也称为银行的资金转移价格,是指银行可用资金所应负担的全部成本。它是确定银行盈利性资产价格的基础,因而也是银行经营中资金成本分析的重点。因为银行所吸收的存款资金不能全部用于盈利性资产,必须在扣除法定存款准备金和必要的超额准备金后,才能实际用于贷款和投资。

(五)相关成本

相关成本与增加存款有关,但未包括在以上 4 种成本之中,主要有风险成本和连锁反应成本。风险成本是指因存款增加引起银行风险增加而必须付出的代价。例如,利率敏感性存款增加会增加利率风险,可变利率存款取决于市场利率变动的风险,保值储蓄贴补率取决于物价指数上涨的风险等,存款总额增长提高了负债与资金的比例,从而使资本风险增加等。连锁反应成本是指银行因对新吸收存款增加的服务和利息支出,而引起对原有存款增加的开支。如过去我国定期存款储蓄的利率就高不就低,提高利率时,不单指新增存款的利率提高,而是已有全部存款的利率也都相应提高,从而增加了银行的利息支出。

(六)加权平均成本

加权平均成本,也称综合成本,是指银行以个别负债成本为基数,以各种负债在全部负债的比重为权数计算的以各种方式获得的全部资金的总成本,即负债资金的每单位平均借入成本。

(七)边际存款成本

边际存款成本是指银行增加最后一个单位存款所支付的成本。通常用边际存款成本率来表示:

$$边际存款成本率=(增加的利息支出+增加的营业成本)/增加的存款金额$$

二、负债资金成本分析的方法

(一)历史加权平均成本法

历史加权平均成本法主要用于对银行各种负债成本的变动分析,每一项负债的历史加权平均成本等于利息费用率与该项负债的平均余额的乘积。

该方法对评价银行过去和现在的经营状况有着重要意义,但其未能考虑银行未来的利息成本变动。由于银行经营主要是面向未来,而不是回顾过去,当未来利率上升时,历史平均成本就会低于新吸收存款的实际成本，这样以历史成本为基础的资产收益率必然会相应下降，从而也就不能实现利润目标。而当未来利率下降时，情况则相反，历史平均成本将高于新吸收存款的实际利息成本，这样使盈利性资产的价格可能因高估而不利于竞争。

(二)边际成本法

边际成本是指商业银行每增加一单位的负债资金所产生的成本。银行在确定资产价格时，只有当新增资产的边际收益大于新增负债的边际成本时，才能获得利润。每一项负债都有自己的边际成本，并随着市场利率、营业费用和该负债用于补充现金资产的比例变化而变化。各项负债的边际成本经过加权平均可以得到负债资金的加权边际成本。对银行经营来说，具有决定意义的是将产生和将要产生的资金运用，因此确定边际存款有其特殊的重要性。因为只要已知边际存款成本，银行就可相应确定资金收益率的目标，通过资产收益率略高于边际成本率之差额，以弥补信用风险损失，保持适当的盈利。而且除存款外，可用资金的边际成本，也可反映其他各种资金来源的相对成本，以确定新增资金来源的最低费用目标。

但边际成本难以精确计算。因为银行必须预测将要支付的利息和各项利息支出，并确定多少资金可投入于盈利性资产；尤其是边际成本的计算，要求银行必须预测整个计划期内的资金相关利率，而市场利率则处于不断变动状态，是很难精确预测的。因此，银行需要对利率预测的结果进行经常性调整，尽量使存款边际成本的预测趋于精确。

三、负债成本的控制

(一)负债结构与成本选择

一般情况下，负债成本与负债期限之间成正相关关系，即负债期限越长，负债利率越高，成本也高；反之，负债期限越短，负债利率较低，成本也低。但深入分析，情况未必一定如此，因为构成负债成本并非只有利息支出，还包括营业费用等其他成本。如活期存款的利率虽低，但营业成本高，因此活期存款的总成本并不一定就低。我国银行储蓄存款的成本通常要高于企业存款，但储蓄存款通过银行的中介可以派生出新的存款，而派生存款则都是低利息的。

因此，对负债成本的控制需要注意负债结构的调整和选择，正确处理各类负债的关系：尽量扩大低息存款的吸收、降低利息成本的相对数；正确处理不同存款的利息成本和营业成本的关系，力求不断降低营业成本的支出；活期存款的发展战略必须以不减弱银行的信贷能力为条件；定期存款的发展不以提高自身的比重为目标，而应与银行存款的派生能力相适应。

(二)负债规模与成本控制

在商业银行粗放型管理时代，商业银行普遍追求规模扩张，而银行的负债规模(主要是存款规模)的增长对商业银行扩张规模的作用非常明显，负债成本并不受到重视，在局部地区甚至采取高息揽存的现象。但这些做法是得不偿失的，通常情况下，一家银行的负债规模应该与其资产规模相匹配，如果超过了一定的界限，则只会增加负债的成本，进而减少银行的收益。

对于负债规模和成本之间的关系，在理论上存在 4 种可能模式：

(1)逆向组合模式，即存款总量增长，成本反而下降；

(2)同向组合模式，即存款总量增长，成本随之上升；

(3)总量单向变化模式，即存款总量不变，成本不变；

(4)成本单向变化模式，即存款总量不变，成本增加。

以上4种模式可能表明，负债成本不但与负债规模有关，而且与负债结构、利息成本和营业成本占总成本的比重、单位成本内固定成本和变动成本比率等，都有密切的关系。对商业银行而言，要实现逆向组合模式和总量单向变化模式，在不增加资金投入的情况下，需要尽量组合更多的存款，也就是说走内涵扩大再生产之路。比如，不能用领先提高存款利率，增设营业网点，增加内勤、外勤人员等办法去扩大存款市场；而应在改变存款结构、创新存款品种、提高工作效率和服务质量等方面下工夫。

本章小结

作为信用中介，负债业务是商业银行吸收资金，保持资产增长的主要方法和渠道。在商业银行全部资金来源中，绝大部分来自负债。因此，负债业务是商业银行开展资产业务和中间业务的基础。商业银行负债业务的经营管理主要是对负债的类型进行划分，根据不同负债业务的特点进行重点管理，同时采用各种经营策略，提高负债资金的稳定性和流动性，减少商业银行业务经营的风险，在此基础上，对负债资金的成本进行分析，降低各种负债资金的成本，进而提高银行的经营利润。

关键术语

同业拆借　存款工具的定价　存款的稳定性　存款成本　存款结构

思考与练习

1. 商业银行短期借款的渠道有哪些？

2. 商业银行存款工具有哪些种类？

3. 如何提高银行存款资金的稳定性？

4. 商业银行负债资金的成本有哪些？如何有效地降低商业银行负债资金的成本？

5. 存款定价的方法有哪些？结合商业银行实际业务，给商业银行存款工具的创新提供一些好的建议。

第四章 商业银行贷款业务

本章要点

1. 商业银行贷款的种类
2. 商业银行贷款的操作流程
3. 贷款的信用分析
4. 贷款的定价
5. 贷款风险及其管理

第一节 商业银行贷款的种类

贷款是商业银行将其组织到的资金以还本付息为条件，按照一定的程序和准则，以货币资金的形式提供给借款人有偿使用的一种资金借贷行为。按照不同的标准，商业银行贷款可进行不同的分类。

一、*按贷款的期限分类*

(一)活期贷款

活期贷款，又称通知贷款，是指商业银行在发放贷款时不确定偿还期限，可以根据自己资金状况随时发出通知收回贷款。这种贷款对商业银行而言，在资金调配方面灵活、主动，在资金宽裕时，可以任客户使用借以生利，而在需要资金时，又可以随时通知收回贷款。

(二)定期贷款

定期贷款是指具有固定偿还期限的贷款。相对活期贷款，定期贷款期限固定、偿还日期确定，而且利率高，这样可以使银行获得较多的利息收入，但由于资金被长期占有，流动性较差，风险也大。定期贷款又可分为短期贷款、中期贷款和长期贷款。

1. 短期贷款

短期贷款是指期限在1年以内(含1年)的各项贷款，主要解决企业在经营过程中季节性、临时性的流动资金需求，也称流动资金贷款。企业从购买存货到产品销售完成，会自动归还贷款，因此，这种贷款具有自动清偿性质。

2. 中期贷款

中期贷款是指期限在1年以上5年(含5年)以内的各项贷款，这类贷款不具有自动清偿性质，只能从企业的收益或举借新债来偿还。

3. 长期贷款

长期贷款是指期限在5年以上的各项贷款。由于期限较长，因此，利率较高，风险也大，为了控制风险，商业银行必须进行详细的信用分析和贷款风险控制。

按期限为标准对贷款进行分类，既可以监控贷款的流动性和资金周转状况，使银行长短期贷款保持适当比例；又可以使银行按资金偿还期限的长短安排贷款顺序，以保证银行信贷资金的安全。

二、按贷款的保障程度分类

(一)信用贷款

信用贷款，又称无质押贷款，是指银行仅凭借借款人信誉或保证人的信誉，而无需提供一定抵押物而发放的贷款。此类贷款因借款人在借款时没有提供一定的抵押品，仅凭自己的信誉或保证人的信誉就可以得到贷款，还款可能没有保障，故而风险较大，因此，银行在发放信用贷款时要对借款人或保证人的资信和经营状况有充分的了解和调查，尽量避免呆、坏账的发生。因为风险大，所以信用贷款的利率也高，对借款人的各项条件要求也较为苛刻，一般银行只向自己熟悉的、经常往来的大公司提供。根据有无保证人，信用贷款又分为有保证人的信用贷款和无保证人的信用贷款，对于有保证人的信用贷款，在借款人无力偿还贷款时，银行有权利要求保证人代为偿还。

(二)抵押贷款

抵押贷款，是指银行为了贷款的安全，要求借款人向银行提供一定的担保品而向借款人发放的一种贷款。银行要求提供一定的担保品，其目的在于把贷款所产生的信用风险的一部分转移到借款人或第三者身上。根据担保品性质的不同，抵押贷款又可细分为：动产抵押贷款、不动产抵押贷款和权利抵押贷款。动产抵押贷款是指借款人以一定的动产作为担保品而得到的抵押贷款，如商品、存货、证券、存折、应收账款等；如果以公司的厂房、设备和个人的住宅等不动产作为担保品而得到的贷款，则为不动产抵押贷款。抵押贷款由于有一定的担保品作为还款的保证，因此，风险相对较小。但抵押贷款手续复杂，且需要花费抵押物(质物)的评估、保管以及核保等费用，贷款的成本也比较大。

(三)保证担保贷款

保证担保贷款是指借贷双方以外的第三人向银行担保借款人一定履行偿还贷款义务，在借款人不能偿还贷款时，由担保人代替履行或承担赔偿责任。

(四)票据贴现

票据贴现是贷款的一种特殊方式。它是指银行应客户的要求，以现款或活期存款买进客户持有的未到期的商业票据的方式而发放的贷款。票据贴现实行预扣利息，票据到期后，银行可向票据载明的付款人收取票款。如果票据合格，且有信誉良好的承兑人承兑，这种贷款的安全性和流动性都比较好。

根据保障程度来对贷款分类，可以使银行依据借款人的财务状况和经营发展业绩选择不同的贷款方式，以提高贷款的安全系数。

三、按贷款的用途分类

(一)商业贷款

商业贷款是指银行向工业、商业、交通运输业、饮食服务业、金融机构等因经营资金周转困难而发放的贷款。此类贷款主要用于企业临时资金周转需要,故大多是短期贷款,在商业银行贷款中比例最大。

(二)农业贷款

农业贷款是指用于与农产品的生产、加工及销售等有关的贷款,包括种子、化肥、农药、农作物生产设备等的购买,牲畜的饲养等。

(三)房地产贷款

房地产贷款是指商业银行为协助企业和个人为购买土地、建造房屋、购买或改善住宅等向企业和个人发放的贷款。随着我国经济的发展和个人住房条件的改善,我国商业银行房地产贷款规模逐年增加,在所有贷款总额中,比例仅次于商业贷款。房地产贷款显著的特点是:银行以客户所建或所购的房屋为抵押品,这类贷款所承担的风险与其他贷款有所不同,管理方法也不同。

(四)消费贷款

消费贷款是指银行为满足个人在购买汽车、耐用消费品以及教育、医疗等方面的消费而发放的贷款。

根据贷款用途对银行贷款进行分类有利于银行监控贷款的行业分布结构,以便银行合理安排贷款结构,防范贷款风险。

按照贷款的用途分类,贷款还可分为流动资金贷款和固定资金贷款。一般来说,银行贷款首先会满足企业的生产性流动资金需要,然后安排用于企业的固定资产投资资金需要。

四、按贷款的偿还方式分类

(一)一次性偿还贷款

一次性偿还贷款是指借款人在贷款到期日一次性还清贷款本金的贷款,其利息可以分期支付,也可以在归还本金时一次性付清。一般说,短期的、临时性、周转性贷款都是采取一次性偿还方式。

(二)分期偿还贷款

分期偿还贷款是指借款人按规定的期限分次偿还本金和支付利息的贷款。这种贷款的期限通常按月、季、年确定,中长期贷款大都采用这种方式,其利息的计算方法常见的有加息平均法、利随本减法等。

按贷款偿还方式划分贷款种类,一方面有利于银行监测贷款到期和贷款收回情况,准确测算银行头寸的变动趋势;另一方面,也有利于银行考核收息率,加强对应收利息的管理。

五、按贷款的质量分类

(一)正常贷款

正常贷款是指借款人能够履行借款合同,有充分把握按时足额偿还本息的贷款。这类贷款的借款人财务状况无懈可击，没有任何理由怀疑贷款的本息偿还会发生任何问题。

(二)关注贷款

关注贷款是指贷款的本息偿还仍然正常，但是发生了一些可能会影响贷款偿还的不利因素。如果这些因素继续存在下去，则有可能影响贷款的偿还，因此，需要对其进行关注，或对其进行监控。

(三)次级贷款

次级贷款是指借款人依靠其正常的经营收入已经无法偿还贷款的本息，而不得不通过重新融资或拆借的办法来归还贷款，表明借款人的还款能力出现了明显的问题。

(四)可疑贷款

可疑贷款是指借款人无法足额偿还贷款本息，即使执行抵押或担保，也肯定要造成一部分损失。这类贷款具备了次级贷款的所有特征，但是程度更加严重。

(五)损失贷款

损失贷款是指在采取了所有可能的措施和一切必要的法律程序之后，本息仍然无法收回，或只能收回极少部分。这类贷款银行已没有意义将其继续保留在资产账面上，应当在履行必要的内部程序之后，立即冲销。

按照贷款的质量或风险程度划分贷款种类，首先，有利于加强贷款的风险管理，提高贷款质量。商业银行贷款具有与生俱来的风险。按照商业银行稳健经营的原则，银行不仅要化解已经发生的风险，而且还要及时识别和弥补那些确实存在但还没有发现的风险，即内在风险。按贷款质量或风险程度科学合理地划分贷款种类，不仅可以帮助识别贷款的内在风险，还有助于发现信贷管理、内部控制和信贷文化中存在的问题，从而有利于银行提高信贷管理水平，帮助银行的稳健运行。其次，有利于金融监管当局对商业银行进行有效的监管。金融监管当局对商业银行的有效监管，必须有能力通过非现场检查手段，对商业银行的信贷资产质量进行连续监控，并通过现场检查，独立地对商业银行的信贷资产质量做出评估，而这些都离不开贷款分类的标准。

六、按银行发放贷款的自主程度分类

(一)自营贷款

自营贷款是指银行以合法方式筹集的资金自主发放的贷款。这是商业银行最主要的贷款。由于是自主贷放，因此，贷款风险及贷款本金和利息的回收责任都由银行自己承担。

(二)委托贷款

委托贷款是指由政府部门、企事业单位及个人等委托人提供资金，由银行(受托人)根据委托人确定的贷款对象、用途、金额、期限、利率等代为发放、监督使用并协助收回的贷款。这类贷款银行不承担风险，通常只收取委托人付给的手续费。

(三)特定贷款

在我国，特定贷款是指经国务院批准并对可能造成的损失采取相应的补救措施后，责成国有控股商业银行发放的贷款。这类贷款由于事先已经确定了风险损失的补偿，银行也不承担

风险。

按照银行发放贷款的自主程度划分贷款种类,有利于银行根据不同的贷款性质实行不同的管理办法;同时,也有利于考核银行信贷人员的工作质量,加强信贷人员责任心。

七、按计息方式分类

(一)固定利率贷款

固定利率贷款是指在贷款期限内贷款利率固定不变的贷款。目前,我国商业银行发放的人民币贷款基本上是固定利率贷款。

(二)浮动利率贷款

浮动利率贷款是指在贷款期限内,贷款的利率随市场利率的波动在约定的时间进行自动调整的贷款。

八、按贷款的数额分类

(一)批发贷款

批发贷款是指贷款数额较大的贷款,贷款对象一般是工商企业、房地产开发公司、金融机构。借款的目的是经营盈利。

(二)零售贷款

零售贷款是指贷款数额较小的贷款,贷款对象一般是个人,主要满足个人在住房、交通、教育、医疗等生活方面的消费。

第二节　商业银行贷款的操作流程

贷款作为商业银行提供的一种金融产品,交易方式和价格的形成与普通商品有很多相似之处,例如,贷款的价格随着资金市场供求双方力量的变化而变化。但作为金融产品,贷款的交易程序与一般的商品相比,要复杂很多,其主要原因在于贷款的交易风险要比普通商品的交易风险大很多。因此,商业银行必须严格按照操作程序发放贷款,以降低贷款风险,减少贷款的损失。

一、贷款的申请

向银行申请贷款的客户主要有四类:一是通过各种媒体对银行有一定了解,在有资金需求时来银行申请的客户;二是由银行员工介绍来的客户;三是与银行已有其他业务往来的客户;四是银行信贷部门经过市场调查,认为资信较好,有发展潜力而邀请来的客户。

借款人申请贷款必须填写借款申请书。借款申请书的基本内容包括:借款人名称、性质、经营范围,申请贷款的种类、期限、金额、方式、用途,用款计划,还本付息计划以及有关的经济技术指标等。借款人在递交借款申请书的同时,还必须提供表 4-1 所列其他资料。

表 4-1　借款人需要提供的材料

<table>
<tr><td rowspan="5">一般短期贷款所需材料</td><td>借款申请书</td></tr>
<tr><td>借款人及保证人的基本情况及有关法律文书，如营业执照、法人代表证明文件等</td></tr>
<tr><td>财政部门或会计(审计)事务所核准的上年度会计报表</td></tr>
<tr><td>财政部门或会计(审计)事务所核准的申请贷款前一个月的财务报表或资产负债表</td></tr>
<tr><td>原有不合理占用的贷款纠正情况</td></tr>
<tr><td rowspan="8">自有资本和自有流动资金补充情况</td><td>担保品及拟同意担保的有关证明文件</td></tr>
<tr><td>贷款人认为需要提供的其他文件、证明</td></tr>
<tr><td>中长期贷款另加材料</td></tr>
<tr><td>项目开工前期准备工作的情况报告</td></tr>
<tr><td>在开户银行存入规定比例资金的证明</td></tr>
<tr><td>经批准下达的项目开工通知书</td></tr>
<tr><td>按规定项目竣工投资所需自有流动资金落实情况及证明材料</td></tr>
<tr><td>进出口协议或合同</td></tr>
</table>

二、贷款的调查

银行在收到借款人的借款申请后，会指派专门的信贷人员进行调查。调查的内容主要有两个方面：一是关于借款申请书内容的调查，主要审查其内容填写是否齐全，数字是否真实、印鉴是否与预留银行印鉴相符，申请贷款的用途是否真实合理等。二是贷款可行性的调查，主要是对借款人的信用进行分析，关于信用分析的内容，我们将在下节进行详细的介绍。另外还有对借款合法性进行调查，主要了解借款的用途是否符合国家产业、区域、技术以及环保政策和经济、金融法规。

三、贷款的决策

通过贷款申请各个方面的调查，在对借款人信用分析的基础上，确定贷款的信用风险等级，根据借款人的贷款申请内容和各项条件，银行应当及时对贷款申请进行决策，如决定是否进行放贷、放贷的金额多少、期限长短、贷款的利率高低，以及是否要求抵押、担保。贷款的决策过程实际上是对贷款项目进行全面评估的过程。目前，中国商业银行按照“审贷分离、分级负责、分级审批”的贷款审批制度进行贷款决策，逐笔逐级签署审批意见并办理审批手续。通常情况下，每一个信贷人员都拥有对一定金额贷款的独立审批权，但通过建立贷款审查委员会，进行集体决策，可以保证贷款决策科学化。

四、贷款合同的签订

贷款申请经过审批之后，借款人就可以和银行签订贷款合同了。贷款合同通常包括下列内容：

(一)贷款的基本条件

贷款的基本条件包括贷款的金额、利率、期限和偿还的方式。

(二)贷款的限制性条件

银行为了保证贷款能够安全收回,对贷款资金的使用和借款企业的生产管理、投资方向、投资金额等经营活动,通常会提出一些限制性条件,如规定企业在使用贷款期间流动资产不能少于一定数额,长期负债不能超过一定数额,等等。

(三)抵押品的选择

抵押贷款在商业银行贷款中占有相当大的比重。抵押的方式有三种:一是动产抵押,一般用企业库存的物资或生产过程中的在产品抵押;二是不动产抵押,主要用企业的房产或土地作为抵押;三是证券抵押,即用股票、债券和商业票据进行抵押。具体贷款合同中,对抵押的形式、抵押品的种类、数量、质量、价值都有详细的规定。

(四)财务报告

为了准确掌握借款人的财务状况和贷款的使用情况,银行在贷款合同中通常要求企业在使用贷款期间提供各种与贷款有关的财务报告和统计材料。财务报告和统计材料的形式、内容和细目也有相应的规定。

(五)违约条款

违约条款主要解决借款人到期不能偿还贷款或借款人破产债务的清偿问题。

(六)附加条款

附加条款是银行在某些方面的权利要求,如银行具有在认为必要时要求借款人提前偿还债务的权利、处理担保品的权利等。

五、贷款的发放

借款合同经借贷双方签字生效后,银行应按合同规定的条款及时发放贷款。在发放贷款时,借款人应先填好借款借据,经银行经办人员审核无误,并由信贷部门负责人或主管行长签字盖章,送银行会计部门,将贷款按合同条款规定的金额一次或分次划入借款人账户。

借款人如果要改变提款计划,则应按照贷款合同的有关条款处理,或在原提款计划以前的合理时间向银行提出口头或书面申请。如果借款人在提款有效期内部分或全部未提款,银行可根据合同规定对未提部分贷款收取一定的承诺费。

六、贷款的检查

要确保贷款资金的正常运转,及时收回贷款本息,贷款发放以后,银行必须对借款人执行借款合同的情况进行跟踪检查,对借款人的资信变化状况进行跟踪调查。检查的内容包括:借款人是否按合同规定的用途使用贷款;是否存在变相挪用或套用银行贷款的行为;借款人的经营状况与财务状况的变动情况;借款人还款能力即还款资金来源的落实情况等。对违反国家有关法律、法规、政策、制度和借款合同规定使用贷款的,检查人员应及时予以制止并提出处理意见,对问题突出、性质严重的,要及时上报主管领导甚至上级行采取紧急措施,以尽量减少贷款的风险损失;如发现企业的经济状况恶化或出现其他不良现象时,应迅速采取措施,保证贷款不受损失。

七、贷款的偿还

贷款到期后，借款人应主动及时归还贷款本息，一般可由借款人开出结算凭证归还本息，也可由银行直接从借款人账户中扣收贷款本息。贷款到期，由于客观情况发生变化，借款人经过努力仍不能还清贷款的，短期贷款必须在到期日的10天前、中长期贷款在到期日的1个月前，向银行提出贷款展期申请。如果银行同意展期，应办理展期手续。每笔贷款只能展期一次，短期贷款展期不得超过原贷款期限；中长期贷款展期不得超过原贷款期限的一半，且最长不得超过3年。贷款展期后，如展期期限加上原贷款期限达到新的档次利率期限，则按新期限档次利率计息。如果银行不同意展期，或展期以后仍不能到期还款，即列为逾期贷款，银行对其应进行专户管理，并加大催收力度。

第三节 商业银行贷款的信用分析

一、贷款用途分析

贷款用途分析是大多数银行信用分析的开始。贷款的用途是判断贷款正常与否的最基本标志。在银行贷款过程中，经常发生贷款申请用途与贷款实际用途不一致，贷款被挪用的情况。这就要求银行信贷部门必须了解借款人的基本情况，认真分析贷款的实际用途，进而明确贷款风险产生的可能来源。

二、还款来源分析

一般来说，贷款人的还款来源主要有现金流量、新筹集的资金、资产转换或销售、抵押品的清偿及担保人偿还等，由于其各自的稳定性、可变现性和成本费用不同，贷款的风险程度也不同。通过正常经营所获得的资金（现金流量）是偿还贷款最有保障的来源，而依赖担保抵押或新筹集的资金，由于不确定因素较多和成本较高，风险也较大。如果一个企业的营运资金流近于枯竭，那么其他金融机构是不会愿意向它融资的，其他企业和个人也不会愿意购买其债券或企业产权。营运资金流是估价企业经济价值的基础，也是企业及资产价格涨落的根本所在。

在实际的贷款业务操作过程中，很多银行在向企业发放贷款之前会确定两个还款来源。第一还款来源主要由营运现金流量、再融资、企业资产转换或销售、抵押品清偿、担保人偿还组成；在此基础上确定第二还款来源，作为第一还款来源出现问题时的一个重要保证。

三、借款人的资信状况分析

（一）品德

借款人的品德是指借款人不仅要有偿还债务的意愿，还要具备承担各种义务的责任感。所以，借款人品德是一个综合性的概念，它包括借款人的背景、年龄、经验，借款人有无不良的行为记录，借款人的阵容及协调合作情况，借款人的性格作风、其现代经营管理观念及上下属的关系等。由于借款人的品德无法计量，所以，银行可以根据过去的“记录”和积累的经验进行一系列调查，对借款人的品德进行评估，同时也可以通过专门的评信机构了解借款人的信用状况，以评估其品德。但评估只表明借款人的主观还款意愿，并不能表明其确实能还本付息。

(二)能力

能力是指借款人运用借入资金后，凭借自身的经营能力和管理水平获取利润并偿还贷款的能力。因此，分析、评估借款人的偿债能力，可以从两个方面来考察：第一，通过企业经营的一些经济技术指标如企业的资本比率、流动比率、设备利用率、折旧率、净值收益率、毛利和净利、销售收入增长率和生产占有率等，来分析企业的生产成本、产品质量、销售收入以及生产竞争力。第二，通过分析企业主要决策者的决策能力、组织能力、用人能力、协调能力和创新能力，来判断企业经营者的经营能力和管理水平；在现代企业制度中，从一定意义上讲，企业家的能力和管理水平可以代表整个企业经营能力。因此，对企业的经营作风、管理水平以及信用程度的了解和分析，需要从个体和群体两个层次来考察。

(三)资本

资本是借款人所有经营资产的货币价值衡量，一定程度上反映了企业经营者以往的经营成果和经营管理能力，同时也代表了借款人的风险承担能力，应当作为企业从银行取得贷款的一个决定性因素。当然，在评估借款人资本时，不但要注意其账面价值与实际价值的差别，还要注意其稳定性和变现能力。

(四)担保

贷款担保的作用在于为银行贷款提供一种保护，即在借款人无力还款时，银行可以通过处分担保品或向保证人追偿而收回贷款本息，从而减少风险与损失，保证贷款本息的安全。评价贷款的担保，要看企业提供的担保品是否适合于作担保品。担保品的整体性、变现性、价格稳定性，保险，贷款保证人的担保资格、经济实力和信用状况，以及保证人担保能力是否与担保贷款额度相符等。

(五)经营环境

经营环境是指借款人自身的经营状况和外部环境。反映借款人本身的经营状况的因素有经营范围、经营方向、销售方式、原材料供应渠道、竞争能力和对市场的应变能力、企业生产受季节性因素影响的程度、企业的生产设备、生产能力、生产规模、技术水平、人员素质、经济效益、发展前景等；而这些大都是借款人的可控因素。借款人经营的外部环境是指借款人所在地区的经济发展状况；而这对借款人来讲具有不可控性，但对其经营状况有着重要影响，并随行业、企业性质的不同而有所区别。所以银行在发放贷款时，必须对借款人的经营环境变动做出分析、预测，并采取必要的措施作为应变手段，以保证贷款的安全。

四、行业分析

每个行业都有其特定的风险，通过对借款人的行业趋势和风险进行全面客观的分析，并结合借款人在行业中所处的位置，可以判断出借款人的基本行业风险，为综合分析借款人的还款能力提供依据。

一般来说，行业分析主要通过行业内部的竞争状况、行业周期性、行业的生命周期、行业壁垒和行业的法律政策环境等几个方面入手。第一，一个行业的竞争状况可以通过新进入者对原有企业形成的压力、来自原材料等供应商所施加的压力、来自产品销售商的压力、替代品对本行业产品的市场冲击力、行业内部企业之间的竞争程度(主要通过手段和方法的多样性来衡量)等5个指标衡量。第二,如果行业周期和经济周期存在差异,则周期性行业和反周期性行业容易受到经济波动的影响,贷款风险程度就较高。第三,新兴行业虽然发展迅速,销售额每年都会有较大幅度的增长,但发展中不确定因素很多,贷款风险相对较高;成熟行业发展相对平稳有序,贷款风险较小;而衰退行业的销售额呈下降趋势,贷款风险较大。第四,行业壁垒的存在可以使该行业内存在垄断利润,因此完全竞争行业的贷款风险程度高于不完全竞争行业,后者又高于垄断行业。第五,行业的法律政策环境决定国家对该行业是否有优惠或限制政策,进而产生非常实质性的影响。

五、产品分析

商业银行进行产品分析,一方面是了解产品的市场潜力及市场的稳定性,另一方面是熟悉产品的特性,进而发现其在社会生活和市场上的重要性。如果一个企业生产的产品或提供的服务没有一个好的市场效应和市场竞争力,对该企业发放贷款则会存在较大的风险。产品分析主要分析市场占有率和销售增长率两个指标(如表4-2所示)。

表4-2　两种类型企业产品分析主要指标

	市场占有率	销售增长率
产品生产企业	$\frac{\text{某生产企业某阶段产品销售收入}}{\text{某地区同类产品同期销售收入总和}}$	$\frac{\text{某生产企业产品本期与上期销售额差}}{\text{某生产企业产品上期销售额}}$
商业服务企业	$\frac{\text{某商业企业某期销售营业额}}{\text{当地同类服务同期营业总额}}$	$\frac{\text{某商业服务企业本期与上期营业额差}}{\text{某商业服务企业上期营业额}}$

六、财务分析

在银行贷款信用分析时,银行首先需要了解贷款客户的信誉状况,但仅有信誉是不够的,贷款必须靠现金而不是诚意来偿还。而一个企业用来偿还贷款的未来现金获得情况往往可以通过分析企业的财务状况而得到。比如,通过对企业的财务报表的分析,发现该企业应收账款大量增加、存货积压严重,净利润大幅下降,则该企业能够用于偿还银行贷款的资金数额将会受到极大限制,最终可能导致企业无法及时偿还贷款。

(一)财务报表分析

财务报表分析主要是对企业的资产负债表、损益表和财务状况变动表进行分析。资产负债表是反映企业财务状况的综合性报表;损益表是表示企业在一定时期内业务经营的成本、费用及盈亏状况的报表;而财务状况变动表则是在一定时期内企业的资产、负债、资本等的变动情况。银行通过对资产负债表、损益表和财务状况变动表进行分析,可以了解借款人近期的财务状况、盈利能力,预测借款人归还贷款本息的能力。根据财务报表的项目,财务报表分析有资产项目分析、负债与资本项目分析、损益项目分析等。

1. 资产项目分析

(1)应收账款。应收账款是企业偿还短期债务的主要资金来源,也是企业流动资产中流动性仅次于现金的资产。对应收账款的分析,应着重掌握五点:一是坏账准备金是否按规定的计提。二是应收账款的分布。应收账款集中于少数大户,坏账的风险一般要大于应收账款分散在众多小户。三是应收账款账龄的分布。账龄过长的应收账款往往预示着不正常现象,风险一般较大。四是应收账款的数量,若应收账款在某一时期剧增,应分析企业的销售是否存在问题。五是应收账款的抵押情况。如果企业应收账款有抵押出去的,就应从应收账款中扣除,因为这些账款已不能作为新贷款的还款来源。

(2)存货。存货是指企业购入的原材料以及在产品、半成品和产成品,是企业流动资产的重要组成部分,也是偿债的主要物质基础。银行评价企业的存货,应重点分析五个方面内容:一是存货的规模是否合理。即按企业现有的生产能力和生产规模来衡量存货是否过量,其中重点看原材料储备是否过多,产成品是否积压。二是存货保留时间的长短。如果某种存货保留时间过长,往往表明这种存货已不适用,需要从流动资产中扣除。三是存货的流动性状况,即存货是否能在市场上销售变现。流动性差、变现能力低的存货会占压资金,形成还贷风险。四是存货有无陈旧变质风险。五是存货是否投保。

(3)固定资产。固定资产是企业资本的一部分,可用于最后的债务清偿。当银行向企业发放中长期贷款,特别是发放以固定资产作为抵押的贷款时,就需要了解该企业固定资产的状况:一是要了解企业是否按规定提足了折旧。如果没有按规定提足折旧,表明固定资产中含有虚假成分。二是要了解企业固定资产是否全额保险。那些没有保险的固定资产并不一定能给银行贷款带来安全保障。三是要了解企业固定资产的变现能力。如果企业的固定资产使用范围窄,变现能力差,那么,当企业不能还本付息时,银行就很难通过变现固定资产来取得还款资金。

(4)投资。企业除了进行生产和经营外,还进行短期金融资产的投资,购买有价证券。有价证券代表企业的债权或股权,也能够给企业带来投资收入。银行分析企业的证券投资,首先要注意企业所持有的各种有价证券的合法性、流动性和盈利性,以及有价证券的期限、数额、结构是否合理,同时,要了解有价证券发行人的信用状况,从中分析可能影响企业偿债能力的财务关系或约定义务。发放以有价证券作质押的贷款,对企业证券投资的审查就更为重要。

2.负债与资本项目分析

分析负债与资本项目的目的是为了了解企业的资金来源构成,借以判断企业的自身实力和银行贷款的风险。

(1)负债。企业的负债包括短期负债(流动负债)和长期负债。短期负债主要包括应付账款、应付票据、应交税金和短期借款等。对短期负债的分析,首先要了解企业短期负债的数额有无漏计,如有漏计而没有发现的,会造成银行对企业偿债能力的高估;其次,要了解短期负债的期限,如已过期,可能会被处以罚款。长期负债主要包括长期借款和发行的中长期债券。分析长期借款的重点是长期负债的到期日和企业偿还长期负债的安排,以正确评价企业的偿债能力。

(2)资本。资本的大小既能反映企业财力是否雄厚和债务状况的好坏,又能反映企业的风险承受能力大小。分析资本项目,首先要了解企业的资本是否存在虚假成分,其次要分析企业的资本结构。对股份制企业来说,普通股资本所占比例较大的企业,其资本实力也比较稳定;反之,则比较脆弱。再次,要考察企业是否按规定补充自有资本。如果是独资企业,银行还要考虑其企业以外的收益、资产、负债和资本状况,因为当发生经济纠纷时,这些因素都有可能影响企业的偿债能力。

3.损益项目分析

损益表反映了一定时期企业的经营成果。由于损益表属于动态报表,因而可以弥补资产负债表只反映静态数据的不足。通过损益表,可以了解企业的经营业绩、理财成果和获利能力的大小。银行分析损益表,首先应了解企业销售收入、销售成本、各项费用的真实性,包括对各种账户和原始凭证的核对。其次,可采取纵向和横向比较的方法,将损益表中各项指标与上年度、同行业、同等条件的其他企业进行比较。如发现企业在某一方面的费用过高或收入过低,应进一步查明原因并限期改进。

4.财务状况变动项目

对企业财务状况变动表的分析,有助于银行了解企业在一定时期内营运资产的变动和企业的流动性状况。如,一个企业上年的销售大幅上升,净收入增加较快,与此同时,企业的资产也扩大。为了与较高的销售水平相适应,存货相应增加,应收账款也上升,固定资产投资也有所扩大。如果企业用发行股票或长期债券,或增加短期借款的方式筹措资金,实现其资产的扩张,那么,该企业可保持良好的流动性。倘若财务状况变动表显示当年的主要资金来源是应付账款和应付票据,那么,银行应认识到该企业虽然有盈利能力,但其当年的流动性已受应付账款和应付票据债务的影响,在审查贷款时,应了解企业准备如何改善其流动性状况。

(二)财务比率分析

财务比率分析是对企业财务状况的进一步量化分析。通过财务比率分析,可以了解企业的经营状况、债务负担和盈利能力,从而据此评判企业的偿债能力。一般来说,重要的财务比率有流动性比率、盈利能力比率、结构性比率与经营能力比率。

1.流动性比率

(1)流动比率。流动比率是衡量企业短期偿债能力的重要依据。现金、有价证券、应收账款和存货等构成企业的流动资产;应付账款、应付票据、短期借款、应交税金和应计费用等则构成企业的流动负债。流动比率表示每一单位流动负债可以由多少资产在债务到期前变现来偿还。其计算公式是:

$$流动比率=流动资产/流动负债$$

流动比率因企业的经营规模和经营性质不同而不同,一般在1.5～2.5之间比较合适。正常情况下,流动比率越高,偿债能力越强,债权人的债权越有保障。

(2)速动比率。速动比率是企业速动资产与流动负债的比率,也称酸性试验比率,是考察企业资产迅速变现能力的指标。其计算公式是:

$$速动比率=速动资产/流动负债$$

其中:

$$速动资产=流动资产-存货$$

速动资产是指可以迅速变现用来偿付流动负债的那些流动资产,它一般由现金、有价证券和应收账款构成。存货不包括在速动资产中,是因为在流动资产中,存货的流动性最差,且受残损变质、价格涨落和不易销售等因素的影响,因此,速动比率比流动比率更能够反映企业的短期偿债能力。这一比率通常应保持在1左右,即每一单位的流动负债至少需要有一个单位的能迅速变现的资产作保证。

(3)现金比率。为了进一步评价企业即期的偿债能力,银行还要对企业的现金比率进行分析。现金比率的计算公式是:

$$现金比率=(现金+等值现金)/流动资产$$

式中的现金是指库存现金和银行存款,等值现金是指企业所持有的高流动性的有价证券。现金比率越高,说明企业即期偿债能力越强。通常这一比率应保持在5%以上。

2. 盈利能力比率

(1)销售利润率。这一指标反映了企业每一单位的销售额可带来的利润数。其计算公式如下：

销售利润率＝(销售额－税额－销售成本)/销售总额

(2)资产收益率。这一指标反映了企业每一单位资产的盈利能力。其计算公式是：

资产收益率＝纯收益/资产总额

(3)普通股收益率。这是反映企业普通股股东获利程度的指标。该指标对于企业的普通股股东来说具有重要的意义，也是最能反映企业实际盈利能力的指标。其计算公式是：

普通股收益率＝(扣除税款和利息后的纯收益－优先股股息)/普通股权益额

(4)市盈率。这是权益股票的市价与股票盈利水平的比率，它反映了投资者对该权益股票的偏好和对权益前景的信心。其计算公式是：

市盈率＝每股市价/每股盈利

3. 结构性比率

结构性比率包括负债比率、股东权益比率、偿还能力比率等。这些比率从不同的方面来分析、评估企业的偿债能力。

(1)负债比率。负债比率是企业负债总额与资产总额的比率，它反映了企业的负债程度。其计算公式是：

负债比率＝负债总额/资产总额

(2)负债净值比率。这是企业负债总额与企业资本净值总额的比率。其计算公式是：

负债净值比率＝负债总额/资本净值

这一比率反映企业资本承担债务的能力。由于资本净值是企业最后和可靠的清偿能力，所以，这一比率越高，表明与企业资本净值相对应的负债越多，企业的负债程度越高，进而偿债的压力或负担也就越重，最后有可能因负担过重而丧失清偿能力。

(3)流动负债率。这一指标反映了企业短期负债在全部负债中的比重，其计算公式是：

流动负债率＝流动负债/全部负债

这一比率越高，表明企业长期负债的负担较轻，因而，对应长期负债的债权较有保障。但这一比率较高也反映了企业短期负债的偿债压力相对较大，因而需要有较多的流动资产来做还款保证。

(4)流动资产率。这是反映企业流动资产与总资产或总负债的比率。其计算公式是：

流动资产率＝流动资产/总资产

或 流动资产率＝流动资产/总负债

这两个指标都用来反映企业以流动资产偿还债务的能力。其中，流动资产对总资产的比率还反映企业的固定资产比率。在同行业内，这一比率越大，企业的流动性越好。流动资产与总负债的比率反映企业在不变卖固定资产的条件下以流动资产偿还债务的能力。

(5)股东权益比率。这一指标反映股东对资产的占有率，这一比率越高，说明权益实力越雄厚。计算公式是：

股东权益比率＝股东权益/总资产

这一比率的倒数是财务杠杆倍数，公式是：

财务杠杆倍数＝总资产/股东权益

这一比率反映一定量的资本能带动的资产数额。这个比率越大,权益获得的杠杆收益就越多。但银行应注意,这个比率越大,同时说明企业的资本比率越低,其承担的风险也越大。因此,在贷款决策时,银行一般要求企业将财务杠杆比率控制在一定的范围之内。

(6)偿还能力比率。这是企业在扣除利息和税收之前的利润与借款利息之比,用来反映企业支付贷款利息的能力。这一比率越大,其偿还利息的能力也越大。该比率也称利息保障倍数。计算公式是:

偿还能力比率=息税前利润/(利息费用+债务本金+优先股股息+租赁费用)

4.经营能力比率

经营能力比率主要是通过对各种周转比率的分析,来评估企业在各种业务活动中的效率及经营管理水平。

(1)资产周转率。这是企业的销售净额与资产总额的比率。其计算公式是:

资产周转率=销售净额/资产总额

式中销售净额是指销售收入减去销售退回和折扣的余额,资产周转率反映企业销售能力和全部资产的周转速度。这一比率越高,表明企业以一定的资产实现的销售收入越多,资产周转速度越快。

(2)固定资产周转率。这是企业销售净额与固定资产净值之比。计算公式是:

固定资产周转率=销售净额/固定资产净值

这是衡量企业固定资产利用效率的财务指标,它表示每一单位销售额需要使用多少固定资产。这一比率越高,固定资产的利用率也越高。但银行在具体运用这一指标时,要注意两个问题:一是即使销售额不变,由于固定资产净值减少,周转率也会呈上升趋势。而物价上涨时,销售额自然上升,周转率也随之上升。所以,固定资产使用年限越长,其周转率越高,这表明企业的设备需要更新改造。二是当对不同企业的固定资产周转率进行对比分析时,由于采用不同的折旧计算方法,此项指标的计算结果也会有所差别,因而,不一定有可比性。

(3)存货周转率。这是企业销售成本与平均存货额的比率。其计算公式是:

存货周转率=销售净成本/平均存货额

其中: 平均存货额=(年初存货额+年末存货额)/2

存货周转率是对企业现有存货流动性的估算,是衡量企业销售能力和存货是否过多的指标,它反映企业在一定时期内存货周转或变现的速度。存货周转率以次数来表示,次数越多,即变现速度越快,偿债能力也越强。这一指标在不同行业中是有差别的,各行业都有一个合适的存货周转率,低于行业平均周转率,表明存货流动性较差,而周转次数过多,也可能表明存货不足或断档,使企业失去销售机会。另外,在分析这一指标时,还要注意计价方法对周转率的影响,在物价上涨时期,采用后进先出法要高于先进先出法。

(4)应收账款周转率。这是企业销售净额与应收账款平均余额的比率。计算公式是:

应收账款周转率=销售净额/应收账款平均余额

应收账款周转率反映企业应收账款的变现速度和收回赊销账的能力。这一比率越高,表明企业收账速度越快,资产流动性越高,偿债能力也越强。根据应收账款周转率,可进一步计算应收账款的账龄,即收回应收账款的平均天数,即:

应收账款账龄=360 天/应收账款周转率

这一比率是用时间长短来衡量应收账款的周转速度和企业的收账能力。账龄越长,表明企业应收账款的周转速度越慢，企业有过多的资金滞留在应收账款上。

(三)现金流量分析

商业银行在对企业的财务状况和经营状况进行分析时，非常重视对企业现金流量的分析，因为企业用来偿还贷款依赖的是现金，而不是其他资产。

1.现金流量的计算

现金流量是指企业一定时期内现金流出和流入的数量。在这里，现金的含义是广义的，包括现金和现金等价物。现金就是指企业的库存现金、活期存款和其他货币性资金等现金资产，但已办理质押的活期存款、不能随时支取的定期存款等在使用中受到限制的现金则不包括在内。现金等价物是指企业持有的期限短、流动性强、易于转换为已知金额现金、价值变动风险很小的投资。(按照《国际企业会计准则——现金流量表》的规定，一项投资被确认为现金等价物，应当是在证券市场上流通的3个月以内到期的债券投资。)经营活动产生的现金流量、投资活动产生的现金流量和筹资活动产生的现金流量构成一个企业的全部现金流量。每一种现金流量又都分为现金流出量和现金流入量，现金流入量与现金流出量的差额，为现金净流量。

企业总的现金净流量应等于资产负债表中现金的期初存量与期末存量之差。计算公式为：

现金净额＝经营活动现金流量净额＋投资活动现金流量净额＋筹资活动现金流量净额＋汇率变动对现金数量的影响

其中：经营活动现金流量净额＝经营活动现金流入量－经营活动现金流出量

投资活动现金流量净额＝投资活动现金流入量－投资活动现金流出量

筹资活动现金流量净额＝筹资活动现金流入量－筹资活动现金流出量

2.现金流量的分析

在分析现金流量时，要考虑数据的质量和连续性、企业的类型、所在行业的市场类型、管理层的目标，以及其他一些因素。分析现金流量，需要将每一项重要的现金流量分离出来并单独考察，还要对现金流入流出的重要环节进行专门研究，这样才能更全面了解企业的财务绩效和偿债能力。

3.现金流量的预测

在评估一项贷款申请的时候，银行信贷人员非常重视对企业未来的经营活动、投资活动和筹资活动的现金来源和运用的估计，这些数据估计准确程度的高低决定着贷款项目评估的准确与否。

影响企业未来现金流量的因素很多，企业的经营战略和管理水平、产品的市场竞争力、企业的技术含量和销售策略等内部因素会对企业未来的经营和现金流量产生直接的影响；而经济状况、法规政策、行业与当地市场形势等外部因素也会对企业的经营和现金流量产生不同程度的间接影响。银行信贷人员应尽可能多地收集对企业未来财务绩效和现金流量带来影响的资料和信息，为准确预测未来的现金流量提供依据。

现金流量预测的步骤为：根据企业历史数据，分析影响现金流量的主要因素；采用定性分析和定量分析相结合的方法，通过与企业各级管理人员的讨论，进一步调查、研究、确定影响企业未来现金流量的因素；确定各因素对企业未来现金流量的作用方向和程度，最终编制现金流量预测表(见表4-3)。

表 4－3 现金流量预测表

项目 \ 月份	1月	2月	3月	4月	5月	6月	7月	8月	9月	10月	11月	12月
现金流入												
销售收入												
应付预收款的净增额												
发行股票和债券收款												
其他现金流入												
现金流出												
销售成本												
费用(不含折旧摊销)												
应收预收款的净增额												
存货的净增额												
固定资产的净增额												
对外投资的净增额												
借款还款额												
其他现金流出												
净流量												
期初额												
贷款需求												
期末额												

第四节 商业银行的贷款定价

贷款是商业银行主要的盈利资产，贷款利润的高低与贷款价格有着直接的关系。一般而言，贷款价格高，利润就高，但贷款的需求将因此而减少。相反，贷款价格低，利润就低，但贷款需求将会增加。因此，合理确定贷款价格，既能为银行取得满意的利润，又能为客户所接受，是商业银行贷款管理的重要内容。

一、贷款定价原则

（一）利润最大化

商业银行是经营货币信用业务的特殊企业。在银行成本一定的条件下，实现利润最大化始终是其追求的主要目标。信贷业务是商业银行传统的主营业务，存贷利差是商业银行利润的主要来源。因此，银行在进行贷款定价时，首先必须确保贷款收益足以弥补资金成本和各项费用，在此基础上，尽可能实现利润的最大化。

（二）保证贷款安全

银行贷款业务是一项风险性业务，保证贷款的安全是银行贷款经营管理整个过程的核心内容。除了在贷款审查发放等环节要严格把关外，合理的贷款定价也是保证贷款安全的一个重要方面。贷款定价最基本的要求是使贷款收益能够足以弥补贷款的各项成本。贷款成本除了资金成本和各项管理费用外，还包括因贷款风险而带来的各项风险费用，如为弥补风险损失而计提的呆账准备金、为管理不良贷款和追偿风险贷款而花费的各项费用等。可见，贷款的风险越大，贷款成本就越高，贷款价格也应越高。因此，银行在贷款定价时，必须遵循风险与收益对称原则，以确保银行贷款的安全性。

（三）扩大市场份额

在金融业竞争日益激烈的情况下，商业银行要求生存、求发展，必须在信贷市场上不断扩大其市场份额。同时，商业银行追求利润最大化的目标，也必须建立在市场份额不断扩大的基础上。影响一家银行市场份额的因素非常复杂，但贷款价格始终是影响市场份额的一个重要因素。如果一家银行贷款价格过高，就会使一部分客户难以承受，而最终失去这部分客户，缩小银行的市场份额。因此，银行在贷款定价时，必须充分考虑同业、同类贷款的价格水平，不能盲目实行高价政策，除非银行在某些方面有着特别的优势。

（四）维护银行形象

作为经营信用业务的企业，良好的社会形象是商业银行生存与发展的重要基础。商业银行要树立良好的社会形象，就必须守法、诚信、稳健经营，要通过自己的业务活动维护社会的整体利益，不能唯利是图。在贷款定价中，要求银行严格遵循国家有关法律、法规和货币政策、利率政策的要求，不能利用贷款价格搞恶性竞争，破坏金融秩序的稳定，损害社会整体利益。

二、贷款价格的构成

一般来讲，贷款价格的构成包括贷款利率、承诺费、补偿余额和隐含价格。

（一）贷款利率

贷款利率是一定时期客户向贷款人支付的贷款利息与贷款本金之比率。它是贷款价格的主要构成部分。贷款利率分为年利率、月利率和日利率。年利率是贷款利率的基本形式，通常以百分比来表示。银行贷款利率一般有一个基本水平，它取决于中央银行的货币政策和有关的法令规章、资金供求状况和同业竞争状况。根据贷款使用情况，在具体确定一笔贷款的利率时，可以使用低于一般利率的优惠利率和高于一般利率的惩罚利率；根据确定一般利率的方式不同，贷款利率还可以分为发放贷款时确定并在贷款期间不再变动的固定利率和在贷款期间根据市场利率变化而实行定期调整的浮动利率。

(二)承诺费

承诺费是指银行对已承诺贷给顾客而顾客又没有使用的那部分资金收取的费用。也就是说,银行已经与客户签订了贷款意向协议,并为此作好了资金准备,但客户并没有实际从银行贷出这笔资金,承诺费就是对这笔已做出承诺但没有贷出的款项所收取的费用。由于承诺费是顾客为了取得贷款而支付的费用,因而,构成了贷款价格的一部分。

银行收取贷款承诺费的理由在于,为了应付承诺贷款的要求,银行必须保持一定高性能的流动性资产,这就要放弃收益高的贷款或投资,使银行产生利益损失。为了补偿这种损失,就需要借款人提供一定的费用。支付了承诺费的贷款承诺是正式承诺,当借款人需要使用贷款时,银行必须予以及时满足,否则,银行要承担相应责任。

(三)补偿余额

补偿余额是应银行要求,借款人保持在银行的一定数量的活期存款和低利率定期存款。它通常作为银行同意贷款的一个条件而写入贷款协议中。要求补偿余额的理由是:顾客不仅是资金的使用者,还是资金的提供者,而且只有作为资金的提供者,才能成为资金的使用者。存款是银行业务的基础,是贷款的必要条件,银行发放贷款应该成为现在和将来获得存款的手段。从另一方面讲,也是银行变相提高贷款利率的一种方式,因此,它成为贷款价格的一个组成部分。补偿余额的计算分为两个部分:一部分是按实际贷款余额计算的补偿余额;另一部分是按已承诺而未使用的限额计算的补偿余额。

(四)隐含价格

隐含价格是指贷款定价中的一些非货币性内容。银行在决定给客户贷款后,为了保证客户能偿还贷款,常常在贷款协议中加上一些附加性条款。附加条款可以是禁止性的,即规定融资限额及各种禁止事项;也可以是义务性的,即规定借款人必须遵守的特别条款。附加条款不直接给银行带来收益,但可以防止借款人经营状况的重大变化,给银行利益造成损失,因此,它也可以视为贷款价格的一部分。

三、影响贷款价格的主要因素

按照一般的价格理论,影响贷款价格的主要因素是信贷资金的供求状况。然而,由于信贷资金是一种特殊的商品,其价格的决定因素就更加复杂。通常,在贷款定价时银行应当考虑的因素主要有:

(一)资金成本

银行的资金成本分为资金平均成本和资金边际成本。资金平均成本是指每一单位的资金所花费的利息、费用额。它不考虑未来利率、费用变化后的资金成本变动,主要用来衡量银行过去的经营状况,如果银行的资金来源构成、利率、费用等不变,银行可以根据资金平均成本来对新贷款定价。但如果银行资金来源结构、利率和费用等都处于变动状态中,它对贷款定价意义就不大。资金边际成本是指银行每增加一个单位的可投资资金所需要花费的利息、费用额。因为它反映的是未来新增资金来源的成本,所以,在资金来源结构变化,尤其是在市场利率的条件下,以它作为新贷款定价的基础较为合适。

资金边际成本根据资金来源的种类、性质、期限等不同而不同,每一种资金来源都会有不同的边际成本。但银行通常不能按某一种资金来确定贷款价格，因而需要计算全部新增资金来源的平均边际成本。这种平均边际成本就是新增一个单位的资金来源所平均花费的边际成本。

(二)贷款的风险程度

期限、种类、保障程度及贷款对象等各种因素不同，贷款的风险程度也有不同。不同风险程度的贷款，银行为此花费的管理费用和可能产生的损失的补偿费用也不同。这些银行为承担贷款风险而花费的费用，称为贷款的风险费用，也称贷款的风险成本，是贷款的成本之一，因此，银行在贷款定价时必须考虑将贷款的风险成本作为贷款价格构成的一部分。

在实际业务中，一笔贷款的风险程度受诸多因素的影响，因此，很难精确地预测一笔贷款的风险费用。在实践中，为了便于操作，银行通常根据历史上某类贷款的平均费用水平并考虑未来各种新增因素后来确定贷款风险费用率。

(三)贷款费用

商业银行向客户提供贷款，需要在贷款之前和贷款过程之中做大量的工作，如进行信用调查、分析、评估，对担保品进行鉴定、估价、管理，对贷款所需的各种材料、文件进行整理、归档、保管。所有这些工作，都需要花费一定人力、物力，产生各种费用。因此，在贷款定价时，需要将这些费用也考虑进去，作为构成贷款价格的一部分。当然，在实践中，银行贷款种类的不同，所花费的贷款费用也不可能一样。为了操作方便，许多银行通常将各种贷款的收费种类及其标准作具体的规定，在确定某一笔贷款的收费时，只需按规定计算即可。

(四)贷款期限

一般来说，贷款的期限越长，各种因素(市场利率、银行筹资成本、资金结构、借款人财务状况等)变动的可能性越大，贷款的风险也越大。按照流动性补偿理论，放款人对长期借贷所要求的收益率必然比短期借贷所要求的收益率高，以作为对风险的补偿。因此，中长期的贷款的价格(贷款利率)通常要高于短期贷款的价格(贷款利率)。

(五)借款人的信用及与银行的关系

一般来说，借款人的信用越好，贷款风险越小，贷款价格也越低；借款人信用越差，贷款的风险就越大，贷款价格也越高。对于信用状况不好的客户，银行在贷款时会以较高的价格和较严格的约束条件进行限制，尽量减少贷款的风险。

借款人与银行的关系也是银行贷款定价时必须考虑的重要因素。这里所指的关系，是指借款人与银行的正常的业务关系，如借款人在银行的存款情况、借款人使用银行服务的情况等。那些在银行有大量存款，广泛使用本行提供的各种金融服务，或长期地有规律地借用银行贷款的客户，就是与银行关系密切的客户，在制定贷款价格时，可以适当低于一般贷款的价格，以稳定这些客户资源。

(六)贷款的目标收益率

贷款是商业银行主要的资金运用项目，也是商业银行收益的主要来源。一般来说，贷款的收益率决定着商业银行资产和资本的收益率。作为一个企业，商业银行也有自己的盈利目标。而贷款收益率目标的实现直接决定着银行总体盈利目标的实现。因此，在贷款定价时，必须考虑贷款收益率目标。当然，贷款收益率目标本身应当制定得合理。过高的收益率目标会使银行贷款价格失去竞争力。

(七)补偿存款余额

补偿存款可以表现为借款人不动用原来存在贷款银行的一部分存款,也可以表现为将贷款的一部分留存贷款银行充抵补偿存款。由于补偿存款通常是无息或利率极低的活期存款,对银行来说,保留补偿存款可以大大降低资金来源的成本,进而影响贷款价格的确定。

(八)贷款供求状况

按照价格理论,市场的供给与需求是决定商品价格的基本因素。作为一种金融商品,贷款自然也受市场供求状况的影响。这里的贷款需求是指借款人某一时期希望从银行取得贷款的数量;贷款供给是指所有银行在该时期内能够提供的贷款数量。当贷款供大于求时,贷款价格应当降低;当贷款供不应求时,贷款价格应当适当提高。

四、贷款定价的方法

根据贷款价格的构成因素,以及影响贷款价格的因素,商业银行会综合考虑来对贷款进行定价,不同商业银行考虑的侧重点不同,因此也就产生了不同的贷款定价方法。

(一)目标收益率定价法

这种定价法把贷款的目标收益率作为贷款价格的决定性因素。在为一笔贷款定价时,信贷人员首先考虑贷款的收益率,在贷款成本(包括资金成本、贷款费用、风险成本等)确定的情况下,再确定贷款的预期收益,即贷款的价格。目标收益率定价法的公式如下:

税前产权资本(目标)收益率=(贷款收益－贷款成本)/应摊产权资本

其中: 贷款收益=贷款利息收益+贷款管理手续费

贷款成本=资金成本+贷款费用+贷款风险成本

应摊产权资本=银行全部产权资本对贷款的比率×未清偿贷款余额

(二)基础利率定价法

基础利率定价法是以各种基础利率为标准,根据借款人的资信、借款金额、期限、担保等条件,在基准利率基础上确定一定的加息率或乘数来对贷款定价。同业拆借利率、国库券利率、大额定期存款利率通常被商业银行选做基准利率。客户可以从银行认可的利率表中选择基准利率,也可以选择到期日。在到期日,经借贷双方同意,贷款可以展期。而后,客户还必须再作一次同样的选择,即再次选择基准利率和到期日。这样,在一个特定的时间里,利率是固定的,但展期利率是未知数。

(三)保留补偿余额定价法

保留补偿余额的定价法是将借款人在银行保留补偿余额看做是其贷款价格的一个组成部分,在考虑了借款人在银行补偿余额的多少后决定贷款利率的一种定价方法。在这种方法下,借款人补偿余额的不同,贷款利率也有所不同。

(四)成本加成定价法

成本加成定价法以借入资金的成本为基础,再加上一定的利差来对贷款进行定价。这种定价法的特点在于不考虑承诺费、服务费和补偿余额等因素,贷款价格主要依据资金总成本及一定的利润目标来确定。其计算公式是:

贷款利率=贷款成本率+利率加成

其中,贷款成本包括资金成本、贷款服务成本和营业成本,利率加成则是银行应取得的合理利润。我国商业银行目前使用的主要是这种方法。

(五)优惠加数定价法和优惠乘数定价法

这两种方法是西方商业银行普遍使用的贷款定价方法。优惠加数是在优惠利率基础上加若干百分点而形成的利率,优惠乘数则是在优惠利率基础上乘以一个系数而形成的利率。

不同借款人,其风险等级是不同的。优惠利率是对信誉等级最高的大公司提供的短期流动资金贷款的利率,在优惠利率中,包含了银行贷款的各种成本和预期利润。在确定加数或乘数时,主要根据借款人的违约风险和期限风险来进行。优惠加数利率和优惠乘数利率虽然都以优惠利率为基础,但两者所得到的利率标价不同,特别是在优惠利率随市场利率变化时,优惠加数利率的变动要大于优惠乘数利率的变动,如表 4-4 所示。为了避免利率的剧烈波动而给借贷双方带来利率风险,通常可以在协议中限定利率波动的上下限。

表 4-4　不同优惠利率条件下的优惠加数和优惠乘数

优惠利率水平	优惠加数		优惠乘数	
	风险等级 A+1%	风险等级 B+2%	风险等级 A×1.1	风险等级 B×1.2
6%	7%	8%	6.6%	7.2%
8%	9%	10%	8.8%	9.6%
10%	11%	12%	11%	12%

(六)考虑补偿余额和承诺费的商业银行贷款定价分析

假定某企业向某商业银行申请一份期限为 1 年、限额为 800 万元的循环使用贷款,企业与银行没有其他任何业务往来关系,银行预计在贷款期限内,该企业的实际平均贷款额是所申请的贷款限额的 80%,银行管理企业账户的存、取等费用为 70 000 元,贷款的管理费和风险费率是实际贷款的 1.2%,贷款的 10%由银行资本金支持,其余 90%由商业银行负债支持,加权平均资金成本为 11%,银行的资本税前目标收益率为 20%。

该银行准备了两种贷款方案供企业选择:

甲方案:要求企业按照可投资限额的 5%和实际贷款的 5%作为补偿余额存入银行,其投资收益率为 6%,贷款承诺费率为 0.25%。

乙方案:不要求企业存入补偿余额,但贷款承诺费率为 0.5%。

下面我们计算并分析该商业银行在两种方案下的贷款利率。

目标利润=(资本/资产)×资本的目标收益率×实际贷款额

　　=10%×20%×8 000 000×80%=128 000(元)

补偿余额=8 000 000×5%+8 000 000×80%×5%=720 000(元)

补偿余额的投资收益=720 000×6%=43 200(元)

贷款的管理费和风险费=8 000 000×80%×1.2%=76 800(元)

实际贷款资金的平均利息成本=8 000 000×80%×11%=704 000(元)

甲方案的承诺费=8 000 000×0.25%=20 000(元)

乙方案的承诺费=8 000 000×0.5%=40 000(元)

根据总成本+目标利润=总收入,得出甲方案下该商业银行的贷款利息为 915 600 元,乙方案下的贷款利息为938 800元，那么，甲方案下的商业银行贷款利率＝915 600/8 000 000×100％＝11.445％，乙方案下的商业银行贷款利率＝938 800/8 000 000×100％＝11.735％（见表4－5）。从中可以看出，要求企业在保持一定的补偿余额条件下，银行的贷款利率较低，而不要求企业保持一定的补偿余额时，则商业银行的贷款利率较高。

表4－5 商业银行贷款定价分析 单位：元

总成本		
存取活动费用：	70 000	
贷款管理费和风险费：	76 800	
贷款资金的利息成本：	704 000	
目标利润：	128 000	
总收入	甲方案	乙方案
承诺费收入：	20 000	40 000
补偿存款的投资收益：	43 200	0
实现目标利润所需的贷款利息：	915 600	938 800
实现目标利润的贷款定价：	11.445％	11.735％

第五节 商业银行贷款的风险管理

一、贷款风险管理体系

贷款风险管理体系是商业银行实施贷款风险管理的一系列贷款管理制度的安排，具体由一些针对贷款业务而制定的各项规定、制度、办法以及操作流程构成。现代商业银行的贷款风险管理体系主要包括授权管理制度、授信管理制度、尽职调查制度、审贷分离制度与集体审批制度。建立健全贷款风险管理体系，是商业银行进行贷款风险管理的有效前提。

（一）授权管理制度

授权管理制度是指商业银行在实行统一法人管理体制下，上下级机构、管理者和业务部门等之间通过划分贷款决策和管理权限而建立的一种委托代理机制。该制度遵循的基本原则包括授权有限原则、内容明确原则、区别授权原则、适时调整原则、权责一致原则。授权有限原则即在法定经营范围内，商业银行对其业务部门和分支机构实行逐级有限授权；内容明确原则是指上级机构对下级机构进行信贷管理授权时要明确界定其对授予下级机构贷款权限的大小和时限；而区别授权原则是指上级机构对下级机构的授权要根据其所处的市场和经济环境、资产规模和业务量、资产质量和盈利水平、内控机制建设和风险管理能力等实际情况的不同而授予不同的贷款权限；适时调整原则是指对授权人的授权应根据其经营管理水平、资产质量、经济效益以及绩效考核和信贷检查稽核的结果而不断进行适时调整；权责一致原则是指授权人只能在其所接受的权限范围内行使职权。

（二）授信管理制度

广义的授信，就是为客户提供信用支持，是指为客户提供各种形式的直接融资或融资支持，包括各种贷款、透支、国际及国内信用证、承兑汇票、保函等。狭义的授信，是为了控制信用风险而建立的一种信贷管理制度安排，常见的有统一授信和建立在统一授信基础之上的公开授信两种形式。统一授信即通过对客户信用的评估,进而对客户实行总体风险控制的全过程,其目的是通过对客户总体信用状况的考核,确定银行与其往来中所能承受的风险总额并予以监控。公开授信是指银行授信业务部门和分支机构在其承办能力、批准权限及客户的风险限额允许范围内,以与客户签订协议书的形式,向客户提供一种或几种授信支持的有条件承诺,最典型的是"授信额度"。

(三)尽职调查制度

尽职调查制度中的尽职调查是风险管理部门对各业务部门信贷初评及风险初审情况的调查。这种制度是风险管理和信贷业务明确分工的直接结果。尽职调查的重点是:客户的资金需求是否符合国家的信贷政策和银行自身信贷结构调整方向;各项业务的初评、初审程序是否符合有关规定,业务部门所做的风险分析和项目评估是否全面、合理;业务部门所报的基础材料和对这些材料的分析是否真实、深入;行业分析、法律方面的分析、财务方面的分析、采用的风险评级参数取值是否合理等。

(四)审贷分离制度

审贷分离是将商业银行的贷款调查、贷款审查和贷后检查三个环节的职责适当分离,分别由不同层次的部门和独立的人员承担,进行专业化的操作,授予相应的权利并承担相应的责任。即贷款营销和调查人员负责贷款业务的市场营销活动,对贷款审查进行调查和评估,承担调查失误和评估失误的责任;贷款审查人员负责贷款风险的审查,承担审查失误的责任;贷款检查人员负责贷款的检查和清收,承担贷后检查失误、清收不力的责任。

(五)集体审批制度

集体审批是与个人审批(包括信贷人员、信贷部门负责人、银行领导等)相对应的,是商业银行为了保证信贷决策的准确性,将贷款的审批和决策职责、权力由个人负责承担转向由集体来负责承担的一种信贷审批制度。商业银行实施集体审批的意义,一是提高贷款决策的民主性和科学性,二是避免个人决策的道德风险。

二、贷款风险控制方法

贷款的风险是不可消除的,但贷款的风险又是可以控制的。加强贷款的风险管理,针对贷款风险的成因,采取相应的措施,就能降低贷款风险程度,保证贷款的完整,提高贷款效益。对贷款风险进行控制,即在事先制订应对风险的方案和措施,增强应变能力,及时有效地阻止或抑制不利事态的发展,达到预防或减轻贷款风险损失的目的。贷款风险控制的方法通常有四种。

(一)规避风险法

规避风险法是指商业银行通过禁止向高风险企业发放贷款来避免贷款风险发生的办法,也称拒绝风险法。在实际的贷款业务中,有些贷款申请企业各项条件都不具备,如果接受申请肯定会产生较大的贷款风险,因此,只有拒绝申请才能规避其带来的风险。

这种方法虽然经济、安全,但会限制银行的信用活动,使银行缺乏活力,而且在市场经济环境中,不利于银行市场竞争和业务的开拓,因此,是一种消极的预防风险方法。

(二)减少风险法

减少风险法是通过贷款风险管理,减少因人为因素而造成的贷款风险的方法。银行通过一系列的贷款管理活动，如实行严格的信贷配给、实行抵押担保、签订限制性契约、提供贷款承诺以及与客户保持长期的联系等，把信贷风险减少到最低点。

(三)转移风险法

转移风险法就是将贷款所产生的风险转移给别人而保证自身收益安全的方法，也是银行控制风险损失最常用的方法。转移的方式主要有：转让、保险、套期交易和互换交易。

1. 转让

银行转让风险的方法主要是贷款的转让和证券转让。贷款的转让并不是将收到的贷款申请转让出去，而是银行在贷款申请后，根据贷款的金额向其他金融机构融资，按照融资得到的资金的条件再贷给借款人，比如向国外商业银行借款，按照借款的币种和利率再贷给企业，企业按所借币种和利率归还贷款，这样就可以将贷款所带来的利率风险和汇率风险转移给企业，由借款企业承担。当然，银行的借款利率与贷款利率肯定不相等，相同的只是利率的种类，是固定利率或是浮动利率。此种方法虽然减少了贷款的汇率和利率风险，但却换来了借款人的信用风险。因此，银行应积极给客户提供金融咨询，帮助办理各种套期、互换交易。

2. 保险

保险方式要求借款人将抵押物向保险公司投保，一旦抵押物遭受了损失且借款人不能偿还贷款时，银行就可以要求保险公司负责赔偿。比如，住房抵押贷款的抵押物就是借款人的住房，如果借款人办理了住房保险，一旦房屋遭受了火灾等损失，当借款人不能偿还贷款时，银行可以要求保险公司理赔。

(四)分散风险法

分散风险法即将贷款的风险分散，让更多的人参与到贷款活动中来，产生的风险由更多的人承担的方法。贷款风险的分散分为借款方的风险分散和贷款方的风险分散。借款方的风险分散是指借款方要避免将借入资金投向或过多投向一个项目。贷款方的风险分散是指一笔贷款由多家银行提供，尤其是贷款金额较大且单个银行对其风险难以把握时，由多个贷款方共同提供贷款，就可以将一笔贷款的风险由参与提供贷款的几个或更多的贷款方承担，常见的形式有银团贷款、联合贷款、混合贷款等。

三、问题贷款的监测与处理

据 2014 年《中国金融年鉴》报道，2013 年我国商业银行的不良贷款余额为 5 921.3 亿元，不良贷款率为 1%。其中，次级类为 2 537.8 亿元(占比 0.4%)、可疑类为 2 574.1 亿元(占比 0.4%)、损失类为 809.4 亿元(占比 0.1%)。我国的商业银行包括大型商业银行、股份制商业银行、城市商业银行、农村商业银行以及外资银行。这些商业银行 2013 年的不良贷款余额和不良贷款率如下：大型商业银行的不良贷款余额为 3 500.5 亿元。不良贷款率为 1%，其中，次级类为 1 252.1 亿元(占比为 0.4%)、可疑类为 1 705.4 亿元(占比为 0.5%)、损失类为 543.0 亿元(占比为 0.2%)；股份制商业银行的不良贷款余额为 1 090.8 亿元，不良贷款率为 0.9%，其中，次级类为 599.4 亿元(占比为 0.5%)、可疑类为 323.0 亿元(占比为 0.3%)、损失类为 168.4 亿元(占比为 0.1%)；城市商业银行的不良贷款余额为 548.2 亿元，不良贷款率为 0.9%，其中，次级类为 326.3 亿元(占比为 0.5%)、可疑类为 163.3 亿元(占比为 0.3%)、损失类为 58.5 亿元(占比为 0.1%)；农村商业银行的不良贷款余额为 725.5 亿元，不良贷款率为

1.7%，其中，次级类为338.8亿元（占比0.8%）、可疑类为356.5亿元（占比0.8%）、损失类为30.2亿元（占比0.1%）；外资银行的不良贷款余额为56.3亿元，不良贷款率为0.5%，其中，次级类为21.1亿元（占比0.2%）、可疑类为25.8亿元（占比0.2%）、损失类为9.4亿元（占比0.1%）。

从以上数据可以看出，外资银行的不良贷款率最低（0.5%）、农村商业银行的不良贷款率最高（1.7%），其次是大型商业银行（1%），因此，借鉴外资银行的管理经验，全面提升我国商业银行的公司治理水平和内部控制能力，将工作的重点放在防范和化解大型商业银行和农村商业银行的贷款风险，不断降低不良贷款率上，进而促进国民经济的健康可持续发展。

（一）问题贷款的成因

造成不良贷款的原因是多种多样的，从借款人糟糕的生产管理或面临的市场因素如原材料价格上涨，到银行自身管理制度的不完善。当然，很多不良贷款的产生原因不止一个。

国外商业银行不良贷款的形成原因通常有：欠佳的贷款面谈、不充分的财务分析、不恰当的贷款结构安排、不恰当的贷款支持、不完备的贷款文件制作、不利的企业所有者决策、缺乏管理力度、产品或服务退化、糟糕的市场营销、糟糕的财务控制、不利的外部环境等。

由于体制和制度等方面的原因，中国商业银行不良贷款的产生原因要比国外商业银行复杂得多。政策性因素、行政干预、产权制度的低效、“委托—代理”链条过长、银行寻租行为等都是造成中国商业银行不良贷款居高不下的主要原因。

（二）问题贷款的监测

在实践中，大多数借款人违约之前，往往会有各种各样的不正常现象。如果信贷管理人员能够监测到借款人各方面情况的变化，就能及时提供预警信号，采取防范措施。问题贷款监测的重点有以下几个方面。

1. 企业在银行的账户

如果企业在银行的账户上出现以下一些不正常现象，可能表明企业的还款将会出现问题：经常止付支票或退票；经常出现透支或超过规定限额透支；应付票据展期过多；要求借款用于偿还旧债；要求贷款用于炒作本公司股票或进行投机性活动；贷款需求的规模和时间变动无常；银行存款余额持续下降；经常签发空头支票；贷款的担保人要求解除担保责任；借款人被其他债权人追讨债务，或索取赔偿；借款人不能按期支付利息，或要求贷款展期；从其他机构取得贷款，特别是抵押贷款。

2. 企业自身的财务报表

企业财务报表上如果出现以下情况，则可能存在影响贷款偿还的因素：银行不能按时收到企业的财务报表；应收账款的账龄明显延长；现金状况恶化；应收款和存货剧增；成本上升，收益减少；销售上升，利润减少；销售额下降；不合理地改变或违反会计准则，如折旧计提、存货计价等；主要财务比率发生异常变化；呆账增加，或拒做呆账及损失准备；审计不合格等。

3. 企业人事管理及与银行的关系

当企业在人事管理上出现一些异常变化时，也可能影响到贷款的安全。如：企业主要负责人之间不团结；企业管理人员对银行的态度发生变化，缺乏坦诚的合作态度；在多家银行开户，或经常转换往来银行，故意隐瞒与某些银行的往来关系；董事会、所有权发生重要的变动；公司关键人物健康出现问题，且接班人不明确或能力不足；主要决策人投机心理过重；某负责人独断专行，限制了其他管理人员积极性的发挥；无故更换会计师或高层管理人员；对市场供求变化和宏观经济环境变化反应迟钝，应变能力差；用人不当，部门之间不能相互协调配合；缺乏长远的经营战略，急功近利；借款人婚姻、家庭出现危机等。

4. 企业的经营状况

在企业的经营方面，如出现下述现象，当视为不正常现象：管理混乱，环境脏、乱、差，员工老化，纪律松散；设备陈旧、维修不善、利用率低；销售旺季后，存货仍大量积压；丧失一个或多个主要客户；关系到企业生产能力的某些主要客户的订货变动无常；企业的主要投资项目失败；企业的市场份额逐步缩小；企业的生产规模不适当地扩大等。

(三)问题贷款的处置

对于已经出现风险信号的不良贷款，银行应采取有效措施，尽可能控制风险的扩大，减少风险损失，并对已经产生的风险损失做出妥善处理。

1. 分析具体原因，采取相应措施

当银行在贷后检查中发现贷款出现了风险信号，应立即深入调查，了解具体原因，确定问题的症结，采取相应措施。如果表明企业在经营管理上确实存在问题，并有可能对贷款的安全构成威胁，银行应及时加强与企业的联系，督促企业调整经营策略，改善财务状况。如果经查实问题比较严重，银行信贷人员应及时向主管行长汇报，必要时可向上级行汇报。一方面，银行可以与企业一起研究改进管理的措施，并由企业做出具体的整改计划，银行督促其实施；另一方面，对于已经到期而未能偿还的贷款，银行应积极催收，要敦促借款人尽快归还贷款，如果借款人仍未还本付息，或以种种理由为借口拖延还款，银行应主动派人上门催收，必要时可以从企业在银行的账户上扣收贷款。

2. 签订贷款处理协议

在所有已经出现风险信号的贷款中，最终不能偿还的贷款毕竟是少量的，大部分贷款通过采取有效措施，是可以全部或大部分收回的。因此，对于已经形成的不良贷款，银行要认真地分析企业还款能力不足的原因，与企业共同探讨改善经营管理、增强企业还贷能力的途径。在借贷双方协商一致的情况下，签订贷款处理协议，通过双方共同的努力，来保证贷款的安全。处理不良贷款的措施常见的有以下几种：

(1)贷款展期。对于那些确因客观原因而使企业不能按期偿还的贷款，银行可以适当延长贷款期限，办理贷款展期。

(2)借新还旧。在我国，有些贷款是作为企业铺底流动资金来使用的，这种贷款主要是依靠企业补充的资本金来偿还的。在企业没有足够的资本金补充理由的情况下，这部分贷款将较长期地被企业占用。对于这种贷款，只要企业的生产经营基本正常，银行可以通过借新还旧的方式来处理。

(3)追加新贷款。有些贷款不能按时偿还的原因是由于企业生产经营资金或项目投资资金不足，从而不能形成生产能力或不能及时生产出产品而造成的。对于这种情况，银行应在充分论证，确认其产品有销路、有较好经济效益的前提下，适当追加贷款，并最终收回原有贷款和新贷款。

(4)追加贷款担保。当银行发现贷款风险明显增大，或企业原提供的担保已不足以补偿贷款可能产生的损失时，银行应及时要求企业提供新的追加担保。追加担保，既可以是企业的财产抵押或质押，也可以是保证人担保。

(5)对借款人的经营活动做出限制性规定。如果借款人不能按期还本付息,在银行认为有必要的时候,可以通过贷款处理协议,对借款人的经营活动做出限制性的规定,以限制企业从事有可能影响银行贷款安全的活动。如在还贷以前不准进行设备和厂房投资、不准继续生产已经积压的产品等。

(6)银行参与企业的经营管理。对于那些因经营管理不善而导致贷款风险增大的企业,银行可以在贷款处理协议中要求允许银行官员参加企业的董事会或高级管理层,参与企业重大决策的制定,要求特派员充当审计员,甚至可能要求撤换或调整企业现有的管理班子。

3. 清偿抵押品

如果签订贷款处理协议无助于改善借款人的经营状况,在采取有关措施后仍未能收回贷款,银行只能清偿抵押品,将抵押品或质押物出售,用兑换成的现金偿还贷款。当然这一措施仅仅适合于抵押贷款。

4. 诉诸法律

当借款人不能按期偿还贷款,或经过银行努力催收后仍不能收回贷款本息的,银行就应当采用法律手段迫使其偿还贷款。首先,如果借款人无力还款,银行应依法处分贷款抵押(质押)物,或追究保证人的担保责任,由处分抵押(质押)物的收入或保证人的收入归还贷款本息。如果抵押(质押)物的处分收入或保证人的收入仍不足以还贷,或贷款没有设定担保责任,银行应当对借款人或贷款保证人提起诉讼,要求法庭予以解决。但通过法庭解决债务问题,需要花费一定的诉讼成本,因此,银行在诉诸法律以前,应当做出利弊权衡。

5. 依法收贷

银行一旦胜诉,就应采取各种积极措施收回被拖欠的贷款。在现实中,只有很少的经济案件判决能够得到立即执行。因此,银行必须对借款人用来偿债的资金来源进行调查,在确定还款来源后可以要求法院执行。

6. 申请破产

当借款人资不抵债时,银行应向法院主动申请借款人破产,法院受理后指定清算组进行清算,将破产财产在支付清算费用后根据法定顺序清偿债务,通常情况下,银行贷款的受偿不会很高。

7. 呆账冲销

经过各方的努力,最终仍然无法收回的贷款,应列入呆账,由以后计提的贷款呆账准备金冲销。按目前我国的做法,呆账准备金按年初贷款余额的1%差额提取。呆账准备金由各商业银行总行统一掌握。各分支机构将有关的呆账资料报送各商业银行总行,并经各有关总行审核、批准后,从呆账准备金中冲销。

本章小结

贷款是商业银行最主要的资产业务,也是商业银行获得收益、提高盈利水平的重要途径。本章在对贷款种类、贷款操作流程介绍的基础上,阐述了借款人的信用分析、贷款风险管理、贷款定价等重点内容。贷款分类的目的在于对贷款实施有效管理;借款人的信用分析主要是分析借款人的还款意愿和实际偿还贷款能力;贷款定价的准确与否直接影响贷款收益率水平和银行在市场上的竞争力;贷款风险管理则在于尽量减少银行损失,增加银行收益。

关键术语

短期贷款　长期贷款　借款人的资信状况　贷款定价　贷款风险　问题贷款

思考与练习

1.按照贷款期限的长短，商业银行贷款分为哪几种类型？

2.试述商业银行贷款的操作流程。

3.对借款人进行信用分析时，需要分析哪些方面？分析的目的是什么？

4.商业银行贷款价格的构成因素有哪些？定价的方法有哪几种？

5.如何规避商业银行贷款风险？

6.如何处置商业银行的问题贷款？

7.假定某企业向某商业银行申请一份期限为1年、限额为100万元的循环使用贷款，企业与银行没有其他任何业务往来关系，银行预计在贷款期限内，该企业的实际平均贷款额是所申请的贷款限额的85%，银行管理企业账户的存、取等费用为8 000元，贷款的管理费和风险费率是实际贷款的1.5%，贷款的10%由银行资本金支持，其余90%由商业银行负债支持，加权平均资金成本为9%，银行的资本税前目标收益率为18%。

该银行准备了两种贷款方案供企业选择：

甲方案：要求企业按照可投资限额的6%和实际贷款的6%作为补偿余额存入银行，其投资收益率为8%，贷款承诺费率为0.25%。

乙方案：要求企业按照可投资限额的4%和实际贷款的4%作为补偿余额存入银行，其投资收益率为8%，贷款承诺费率为0.5%。

请计算该商业银行在两种方案下的贷款利率。

第五章　商业银行投资业务

本章要点

1. 商业银行投资的功能
2. 商业银行证券投资收益与风险
3. 商业银行投资收益率的计算
4. 商业银行证券投资策略
5. 商业银行证券投资技巧与方法

第一节　商业银行投资的功能和种类

一、商业银行投资的功能

投资业务是商业银行除贷款业务外一项重要的资产业务，具有下列主要功能。

(一)稳定银行收入

一般来讲，银行收入主要是通过贷款业务取得的，但证券投资业务可以增加银行资金的使用效率，避免资金闲置，使银行收入多元化。同时，还可以使银行收入在经济周期各阶段中保持稳定，即当贷款收入下降时，证券收入也许会上升。

(二)降低银行经营风险

商业银行在经营中要承受较大的风险，为了有效地规避风险，减少不必要的损失，银行应尽可能地实现营运资产的多样化，而证券投资就是分散银行营运资产的一种最好方式。

过去，我国银行资产基本集中在单一的放款上，一旦贷款收不回来，银行就要蒙受较大的损失。证券投资业务不但有充足的投资对象，而且不受地理条件限制，加之证券投资的收益比较稳定，因而在银行全部资产中，如果证券资产能占到一定比重，即使银行在放款业务上出现了风险遭受到一定的损失，但由于有证券投资的收益，则可相对抵消一部分放款损失，起到分散风险的作用。

(三)增加银行的流动性

在银行流动性管理中现金资产具有重要作用，但现金资产无利息收入，为保持流动性而持有过多的现金资产会增加银行的机会成本，降低银行盈利，因而变现能力很强的短期证券是商业银行理想的高流动性资产。它们既可随时变现，又有一定的利息收入，是银行流动性管理中不可或缺的第二准备。

(四)合理避税

商业银行投资的证券大都集中在国债和地方政府债券上，而地方政府债券往往具有税收优惠，故银行可以利用证券组合达到避税目的，使收益进一步提高。

二、商业银行投资的种类

各国商业银行法对商业银行从事证券投资业务都有一些限定性条款。在证券投资的对象上，各国采取了不同的政策，大致可分为四种类型，即政府债券、金融债券、公司债券和股票。

(一)政府债券

政府债券也叫公债式国债。它是一国政府为了筹集预算资金而发行的承担偿还责任的债务凭证，因其以政府信誉作担保，投资风险小，且回报率较高，所以又被人们称为金边债券。

政府债券的种类较多：按发行人划分，有中央政府债券、政府机构债券和地方政府债券；按期限划分，有短期债券、中期债券和长期债券；按债券发行的范围划分，有内债和外债；等等。

1. 中央政府债券

中央政府债券是由国家财政部门组织发行，以中央政府信誉为担保的政府债券。中央政府发行债券的目的：一是用于弥补财政预算赤字；二是用于中央政府负责投资的国家重点建设项目开支；三是用于弥补因突发事件引起的政府收支差额；四是用于偿还到期国债的部分本息。根据债券期限的长短及其发行主体划分。中央政府债券又可分为两类，即国库券和政府公债。

(1)国库券。国库券是国家为解决财政资金短缺而发行的一种以政府资信为担保的短期政府债券。在美国等西方国家，国库券期限一般在 1 年以下，而在我国，国库券期限一般较长，多为 1～3 年，最长可达 5 年。

发行国库券主要是为满足政府资金短缺的需要，在长期资金利息率不稳定的时候，还可起到弥补财政赤字、等待筹措长期资金的作用。此外，国库券还是中央银行进行公开市场业务操作的主要工具，是金融市场上比较畅销的投资工具之一。它的特点是：①信誉好，风险小，具有安全可靠性；②收益高，其利率高于银行同期储蓄存款利率，且不纳税；③流动性强，易手方便，随时可以变现。国库券的上述特点，使之成为各国商业银行证券投资的重要对象。

(2)政府公债。通常人们把中央政府发行的中长期国债称为政府公债。与国库券一样，各类政府公债也是国家财政部门组织发行的以中央政府信誉为担保的政府债券，只是期限不一样。在美国，中期债券的期限是 1～10 年，长期债券的期限为 10 年以上。由于期限较长，因而收益率也较高，商业银行购买这些债券的主要目的则是为了获利。在我国，政府公债的期限多为 1～10 年，如多年来发行的国家重点建设债券、财政债券、保值公债、特种国债等。这些债券除允许国内城乡居民个人认购外，企业、单位、商业银行及其他金融机构也可认购。

2. 政府机构债券

政府机构债券是指由中央政府所属部门或机构发行，以中央政府信誉为担保的一种债务凭证。这种债券的种类很多，一般可以分为以下四种：

(1)政府各行政部门如住房建设和城市开发部、住房建筑管理局等发行的债券，其偿还的责任由中央政府完全承担。

(2)中央政府所属的各种机构，如中国进出口银行、国家开发银行、政府房地产抵押协会等所发行的债券，由中央政府间接担保。

(3)由中央政府创办但已不属于政府的各种组织、机构、企业等发行的债券，中央政府不予担保。

(4)某些特殊地区机构(如美国哥伦比亚特区)发行的债券，中央政府给予担保。

政府机构债券有多种期限，但以中长期为主。这些债券由于期限较长，信誉相对低于政府债券，二级市场也不像政府债券那样活跃，但收益率通常比政府债券高。在美国，这类机构的债券亦被商业银行当做政府存款的抵押品。我国改革开放以后也发行了一些这类债券，如1989年国家公开发行的基本建设债券，就是由国家能源投资公司、国家原材料投资公司、国家机电轻纺投资公司、中国石油天然气总公司和铁道部等国家部级机构联合向全国城乡居民发行的一种借款凭证。尽管它是政府部门发行的债券，但政府仍要承担信用担保，至于债券的偿还，则由上述发行人共同负责。

3. 地方政府债券

地方政府债券是指中央政府以下各级地方政府为了改进所属地区的教育卫生、交通运输、住宅建筑等状况，为其基本项目建设或社会福利等进行融资而发行的债券。地方政府债券主要有三种：

(1)普通责任债券，即以地方政府的信誉作为担保的债券。发行者通过行使其征税权和其他权利来筹集资金，偿还债务。由于该种债券的偿还主要依赖发行者的课税能力，因此，商业银行在对其进行投资时，首先必须对该地区居民人数、居民财富、未来经济增长前景等进行综合评估，并在此基础上作出决策。

(2)收益公债，指为某一项目集资而发行的公债。其还本付息的资金来自该项目的收益，而不以地方政府的信誉为担保，因而安全性相对较差。

(3)摊派债券，指为了改进公共设施而筹措资金所发行的债券。例如要改善某一地区的供水系统时，便可以发行摊派债券，向该地区居民摊派，商业银行也有可能成为摊派债券的对象。这种债券还本付息的资金主要来源于对这项公共设施受益者的征税，如果税收不敷应付债款时，地方政府通常会从其他收入来源中提供还债资金。地方政府债券的买卖也分为一级市场和二级市场，但不如中央政府债券市场广泛、活跃。大部分地方政府债券在发行者所在地销售，债券的转手买卖比较困难，流动性相对较差。

在美国，地方政府债券很受投资者的欢迎，主要在于它有许多优点，如可以免缴联邦政府和州政府所得税，可以出售，也可以作为向商业银行获取贷款的抵押品，安全可靠，其信誉仅次于中央政府债券，而且利息丰厚等等，故而成为包括商业银行在内的广大投资者的重要投资对象。在我国，为控制基本建设规模，防止盲目发展，国家对地方政府债券的发行一般控制较严。

(二)金融债券

金融债券是商业银行和非银行金融机构为筹集中长期资金而向社会公开发行的一种债务凭证。在美国等西方国家，由于商业银行和其他金融机构同属股份公司组织，在这些国家，金融债券也可视为公司债券的一种。

金融债券从发行和筹资角度观察，特别是和银行存款这种筹资方式相比，有下列几个特点。

(1)金融债券的利息一般不计复利，不能提前支取，延期兑付也不计逾期利息；而银行存款一般是可以提前支取的，不过只是损失一部分利息，过期支取则可获得按活期计算的利息。

(2)金融债券的利率固定,一般都较高,高于同期储蓄存款利率,因为其发行主体的信誉高于一般企业、公司,所以其利率低于一般公司债券。

(3)商业银行吸收存款的目的是一般意义上扩大信贷资金来源总量,而发行金融债券往往是为了解决特定用途的资金需求。

(4)吸收存款是经常性的、无限额的,取决于存款人的意愿;而金融债券的发行则是集中的、有限额的,取决于发行者的需要。

(5)银行存款一般是记名式的,资金流动性较低,而金融债券一般是无记名的,可以转让流通,具有较高的流动性。

我国在1985年开始发行金融债券,发行人主要是四家国有银行,认购对象主要是城乡居民个人,银行及其他金融机构不得认购。1994年国家开发银行和中国进出口银行组建以后,为解决其营运资金来源,开始面向社会公开发行各种政策性金融债券,主要由各家商业银行和其他非银行金融机构认购。

(三)公司债券

公司债券是指由股份公司组织发行的长期债券凭证,是发行公司向债券持有人按票面所载条件进行还本付息的书面证明。在我国,除股份公司能发行公司债券外,其他企业需经有关部门批准方可发行企业债券。

按照公司债券契约条款的不同规定,一般可将公司债券分为几种:

1. 信用债券

信用债券是指没有以任何留置权或抵押权为担保,仅凭发行公司信用所发行的一种公司债券。其信用等级排在抵押债券之后,优先股之前。发行公司宣告破产时,信用债券应以面值为准偿还。发行公司一般在契约中保证在未偿清信用债券的债务之前,不得以财产作抵押来发行其他公司债券。信用债券虽然没有指定的财产作担保,但实际上它与一般的债务清偿权一样,由公司所有未作为抵押的财产来作担保,经营好、信誉佳的大型企业经常以此作为筹资工具。

2. 抵押债券

抵押债券是指以公司的财产作为担保而发行的一种债券。它通常是以公司的不动产作为抵押品,如以动产为担保则称为质押公司债券。

不动产抵押债券的抵押品可能是公司的全部资产,也可能只是一部分。抵押公司债券又可按等级分为第一、第二……顺位抵押公司债券。当公司无法按期支付债息时,第一顺位抵押公司债券较之后面顺位的抵押债券具有清偿的优先权。当公司破产改组时,经过第一顺位抵押公司债券持有人的许可,有可能发行最优先留置权公司债券,其清偿要求权位于第一顺位抵押公司债券之前。抵押公司债券如按照抵押之后能否继续举债,又可分为不定额抵押公司债券、限额抵押公司债券和定额抵押公司债券等。

3. 可转换债券

可转换债券是指允许债券持有人在一定时间内将他所持有的债券转换为特定数额的普通股,以获取资本增值机会的一种公司债券。当普通股股价上涨时,购买这种债券能够取得较大的投资利润;如股价维持不变时,债券本身也能带来一定的收益。

可转换债券这一投资工具与其他债券相比,具有一定的优势:一是能够取得较高的利息收入和提供资本增值的可能性;二是可以作为贷款的附属担保品;三是可转换债券在一定程度上可保障投机者的卖空交易。

4. 收益债券

收益债券又称调整公司债，是指发行公司承诺于到期日，在公司有盈余的前提下支付利息的一种公司债券。它是一种同时具有公司债券与优先股特征的混合债券。也就是说，当公司获得足够盈余时才有希望支付利息，如果公司盈余不足，则无债息可言，而债权人也不得追诉。不过，这种公司债券通常附有累计条款，没有发放的债息累计到以后年度有盈余时一并支付。

收益债券大都是在公司破产重组时发给原有债权人，以收回其他已发行的旧债券，使原有债权人给公司一个喘息的机会。因此，发行这种债券的优点在于公司如果没有盈余时，不至于被迫宣告破产。

5. 认股权债券

认股权债券有点类似于调换债券，在每张债券上都附有一张认股权证书，凭此证书有权在一定期间内按照约定的价格购买一定数量的普通股。认股权债券又分为两种：一是可分认股权证债券，即证书可以和债券分开使用；二是不可分认股权证债券，它必须由公司代理商买回，由他们撕下认股权证，到期支付利息。

认股权债券使得投资者通过普通股价格的上涨而分享公司利润，当普通股市价低于认购价格时，认股权利不会被行使；当股价升高，投资者就会出售认股权证并保留债券。这样，一方面赚取利润，另一方面又留有债权。相对于普通股，认股权债券提供了一个高收益的机会，但同时也冒着较大的风险。

6. 分期公司债券

这是指公司分期发行，并承诺按其顺序于每个到期日支付固定金额的公司债券。这种公司债券每期债息基本相同，但发行价格却不一样，而且通常是按第一、第二……期顺序递减。也有少部分债券每期的发行价格相同，而利率不同，第一期最低，第二期稍高，依此类推。这种利率随着市场收益变化而变化的债券，可以为投资者带来更好的收益。

与政府债券和金融债券相比，公司债券的特点是投资风险相对较大，但收益率水平相对较高。因为任何一家公司的信誉通常都不会高过其所在国政府和金融机构，但由于公司每次发行债券都有明确的目的和资金用途，其发债数额要受公司财务状况、资产实力等因素的限制，发行要经过有关证券监管部门的审核、批准并严格按规定程序进行，债券持有者对破产公司有债务优先索偿权等。所以，公司债券一般来说也是比较安全的。

尽管如此，西方商业银行购买公司债券还是有限度的，主要原因是公司债券的安全系数大大低于国债，债券实际收益率也低于其名义收益率，而且期限较长，流动性也差。在我国，企业债券认购者主要是城乡居民个人。目前，尚不允许各家商业银行认购企业发行的各种债券，银行也不得接受企业所发行债券的抵押。

（四）股票

股票是股份公司发给股东，用以证明投资者股东身份和权益，并据以领取股息的凭证，也称股份证书。

股票作为有效的融资工具，代表着一定的权益，可以被当做商品进行转让和买卖。但股票与其所代表的股东权利是不可分割的，即股东权利的转让与股票占有的转移必须同时进行，两者缺一不可。股票本身没有价值，它之所以具有价格，能够进行买卖，是在于人们凭借股票可以从该股份公司获得一定的股息收入。

股票的种类很多,按有无面值可分为有面值股票和无面值股票;按股票所代表的股数可分为单一股票和复股股票;按发行方式不同可分为记名股票和不记名股票;按股息分配方式可分为优先股票和普通股票。

优先股票是指对股东的权益加以特别限制,享有规定权利,可优先获得公司收益和剩余财产的股票。它的特点是:①股息收入水平事先约定;②优先于普通股股东向公司领取股息;③公司破产清盘时可优先索偿自己的投资;④无权参与对公司的经营管理。

普通股票是相对优先股票而言的,只对股东的权益不加以特别限制,享有股东平等权利,随公司经营利润大小获取相应股息收益的股票。它的特点是:①股息(红利)收入不固定,取决于当年公司盈利的多少;②对公司有经营管理参与权;③有新股优先认购权;④有对公司盈利和剩余资产的分配权。

股票和债券相比,既有联系又有区别。从联系上看:①两者都是有价证券,都代表了对一定财产权益的分配权;②在价格上两者都要受市场利率水平的影响;③两者在市场上相互影响,相互制约。从区别上看:①投资性质不同。股票代表对公司财产的所有权,债券代表对公司的债权。②投资风险程度不同。股票投资的风险大于债券。③获得收益的先后顺序不同。债券优先于股票。④收益率水平不同。总体来说,股票收益率水平高于债券。⑤功能不同。债券只能作为投资对象,投机功能差;股票既可作为投资对象,又有很强的投机功能。

一般来讲,商业银行购买股票的目的有两个:一是作为公司的股东,参与控制公司的经营活动;二是作为证券投资的工具或手段,通过股票的买卖,赚取收入。目前,世界上多数国家都明文禁止商业银行购买工商企业股票,只有少数国家如德国、瑞士、奥地利等国的商业银行才允许购买。《中华人民共和国商业银行法》明文规定,银行不得从事股票买卖活动。所以,目前在我国股票还不是商业银行证券投资的对象。

第二节 商业银行投资收益与风险

商业银行在进行证券投资时,首先关注的是其所投资证券的风险和收益状况。证券投资的收益和风险始终是相互依存、相伴相随的。商业银行只有对所持证券组合的收益、风险及相互关系进行科学的评估,才能降低风险,提高证券资产的总体收益。

一、投资收益

商业银行证券投资的根本目的是为了获取收益。因证券种类不同,其收益表现的方式也不尽相同。对于债券投资而言,商业银行主要以获取利息为主,还可以根据市场行情的高低,相机买卖,以赚取市场差价。对于股票而言,其收益主要是以获取股息或红利为主,但择机而动,在股市上适时吞吐,也可以获取股市差价,此外还可以享受股票发行人送、派股给商业银行增加的超额收益。

证券投资收益的高低,主要取决于证券投资收益率和持有期限。所谓证券投资收益率是指投资收益额与投资额的比率,一般以年收益率计算,可用公式表示如下:

$$R=\frac{P_1-P_0+R_1}{P_0}\times 100\%$$

式中:R 为收益率;P_0 为银行证券投资的初始资本;P_1 为证券期末价格或转让时的价格;

R_1 为 1 年内所获收益(如息票债券中固定时期的不变债息、股票的红利等)。

[**例 5-1**]　某商业银行年初购进 2 年期国库券 10 万元,年底收回利息 1 万元,下年初以 11 万元卖出,其收益率为:

$$R = \frac{11 - 10 + 1}{10} \times 100\% = 20\%$$

证券投资收益的计算方法有两种,一种是单利法,一种是复利法。所谓单利法是指每期的利息只计算一次,不并入下期本金连续计息;所谓复利法是指把上期利息加入到下一期本金中,在此基础上连续计息,即利上加利,通常称为复利。

用单利法计算证券投资收益的公式是:

$$S = P(1 + nr)$$

用复利法计算证券投资收益的公式是:

$$S = P \times (1 + r)^n$$

式中:S 为投资的本利和;P 为投资额;r 为票面利率;n 为期限。当 r 为连续复利利率时,本利和:$S = Pe^{rn}$,$e = 2.71828\cdots\cdots$ 如果已知未来值 S、贴现率 r 和期限 n,则现值:$P = Se^{-rn}$,e^{-rn} 可在 EXCEL 中 $EXP(-r \times n)$ 得出结果。

西方商业银行在进行证券投资时多采用复利计算法,我国银行则以单利计算为主。下面分别介绍债券投资收益率和股票投资收益率的计算方法。

(一)债券投资收益率的计算

债券投资收益率的高低,取决于票面利率、买入价、卖出价和持有期限等因素。以贴现方式出售的债券的投资收益率还要取决于贴现率。一般来讲,债券投资收益率包括票面收益率、当前收益率、持有期收益率和到期收益率。

1. 票面收益率

票面收益率即债券的名义收益率,是指债券票面上注明或发行时规定的利率。例如,一张面值 1 000 元的国库券,期限 2 年,票面利率为年息 10%,到期利随本清。这样,该国库券的名义收益率就是 10%。但由于债券的市场价格随着时间的推移会经常发生变化,加上通货膨胀等因素的影响,其实际收益率往往与名义收益率有较大的差异,通常情况下实际收益率低于名义收益率。实际收益率计算公式如下:

$$\text{实际收益率} = \frac{\text{名义收益率} - \text{通货膨胀率}}{1 + \text{通货膨胀率}}$$

通货膨胀率是物价指数的变动率,物价指数一般包括消费价格指数(CPI)、生产者价格指数(PPI)及 GDP 平减指数。

2. 当前收益率

当前收益率是指债券年息与其当前市场价格之比,是只考虑债券利息收入的收益率,用公式表示为:

$$\text{债券当前收益率} = \frac{\text{年息收入}}{\text{债券当前市场价格}} \times 100\%$$

如果债券的当前价格等于债券的面值,则债券当前收益率就是债券的固定利息率。例如,某债券面值为 100,按平价发行,每年固定利息率为 8%,则:

$$\text{当前收益率} = \frac{8\% \times 100}{100} \times 100\% = 8\%$$

但情况通常是，债券的价格背离票面价值，此时，债券的当前收益率就不再与其固定利息率一致了。比如上述债券的市场价格为 95 元，则该债券的当前收益率变成了 8.42%，即：

$$\text{当前收益率}=\frac{8\%\times 100}{95}\times 100\%=8.42\%$$

对于不希望持有到期而想中途卖掉的债券投资者而言，通过比较不同债券的当前收益率，便可以决定投资于哪一种资产对自己更有利，即获得更高的年息收入。但当前收益率没有考虑实际的和预期的债券的现金流动，更没有考虑在证券市场上卖出债券时可能遇到的价格涨跌，因而也不能确切反映投资者的实际收益率。

3. 持有期收益率

持有期收益率是指投资者在二级市场上买入证券后，持有一段时间并在该证券未到期之前再次出售所获得的投资收益率。其计算公式为：

$$\text{持有期收益率}=\frac{\text{债券年利息收入}+(\text{债券卖出价格}-\text{债券买进价格})\div\text{持有年数}}{\text{债券买进价格}}\times 100\%$$

[例 5-2] 某银行以 1 100 元的价格购入某种面值 1 000 元，票面利率 10% 的息票债券，2 年零 10 天后以 1 200 元的价格卖出，在持有期间曾获得利息 200 元，计算这笔投资的年收益率（1 年等于 365 天）。

$$\text{持有期收益率}=\frac{100+(1\ 200-1\ 100)\div 2\frac{10}{365}}{1\ 100}\times 100\%=13.57\%$$

4. 到期收益率

到期收益率是指投资者在发行市场或二级市场上买入证券并一直持有，到期后所获得的收益率。该指标是投资者决定将证券在到期前卖掉还是一直持有到到期日的重要分析指标。其计算公式为：

$$\text{到期收益率}=\frac{\text{债券面值}+\text{到期利息额}-\text{买入价}}{\text{买入价}\times\text{剩余年数}}\times 100\%$$

[例 5-3] 某商业银行拟投资某种到期前不付利息债券，其面值为 1 000 元，年息为 10%，购入价格为 1 100 元，债券票面偿还期为 10 年，剩余年数为 7 年，计算这笔投资的到期年收益率。

$$\text{到期收益率}=\frac{1\ 000+1\ 000\times 10\%\times 10-1\ 100}{1\ 100\times 7}\times 100\%=11.69\%$$

以上公式仅适用于计算单利计息债券的收益率，如果计算复利计息的债券，则计算公式比较复杂，通常要采用现值法。它的实质是以债券的到期收益率将债券未来的货币收入额折合成目前的货币额。如果我们用 P_0 来表示债券的现行价格（即现值），C 为债券每年利息收入，n 为保持证券到期前的年数，P_n 为债券保持到最后一年的价格，r 为到期收益率或贴现率，则有：

$$P_0=\sum_{i=1}^{n}\frac{C}{(1+r)^i}+\frac{P_n}{(1+r)^n}$$

在实际运用中，一般通过查现值表进行折算。

(二)股票投资收益率的计算

股票的收益率主要来源于股息红利和买卖价差。用等量资本投资股票，怎样才能获得最大收益呢？可以从下列几个相关指标的分析与比较中确定。

1.股息收益与银行利率

股息(或红利)是股份公司派发给股东的投资报酬。股息越高，股票的价格越高，收益也就越高。但股息的多少要随公司当年盈利情况而定。所以，股票的价格也就不是一个定量。银行存贷款利率与股票价格的升降有直接关系，银行提高存款利率(贷款利率也会同步提高)，就会把一部分社会资金从股票市场上拉回到银行，因而会减少股票市场上的资金流量，股票供应量就会大于实际需要量，造成股市行情下跌。反之，股市行情就会上涨。这就是说，股票的价格与股票的收益率成正比，与银行利率成反比，即

$$股票价格=\frac{股票收益率\times 股票面值}{银行利率}$$

由于投资者身份不同，人们对银行利率影响股票价格的看法也不同。个人投资者往往用同期银行存款利率去评价股价的高低并决定是否投资。如果经测算，银行存款所获利息高于或等于股票投资所获股息，那么，投资者一般会选择银行存款，因为存款偿还的风险性大大低于股票。而商业银行进行证券投资则要看贷款利率，如果贷款利率大大高于证券投资收益率，银行则可能放弃或减少证券投资数量。

2.市盈率

市盈率是指某种股票市价与该种股票上年每股收益的比率。它是从发行公司的收益与股价的关系上衡量股价水平的一个重要参考指标。其计算公式为：

$$市盈率=\frac{某种股票市价}{该股票上年每股税后红利}$$

股票市盈率是个倍数，其高低对投资者的影响不同。市盈率高，倍数大，意味着股票的实际收益较低，不适宜长期投资。但市盈率高又反映了投资者对该股票投资的前景抱有信心，并愿意为此而付出更多的资金，意味着该股票的市场价格将呈进一步上涨趋势，短期投资可望获取较大收益。但市盈率过高，也意味着投资风险的进一步加大，以稳健经营为特征的商业银行不宜购买。

3.价差收益率

商业银行从事证券投资的目的是为了保持银行经营的流动性和盈利性。因此，除了包括一部分信誉可靠的国债作长期投资外，银行很重视股票短期价格的涨落变化，力求通过机会和时间的选择，低买高卖，赚取投资价差收益。其计算公式为：

$$价差收益率(年)=\frac{(股票卖出价-股票买入价)\div 股票在手时间(年)}{股票买入价}\times 100\%$$

二、投资风险

所谓投资风险，就是指由于种种不确定性因素的存在，使证券投资的实际收益与预期收益之间发生偏差，从而蒙受损失或获取额外收益的可能性。作为追求安全性、流动性和盈利性的商业银行，了解、衡量和规避风险是其证券投资管理的基础。

(一)投资风险的种类

商业银行进行证券投资主要承受下列风险：

1.信用风险

信用风险是指由于证券发行人到期不能还本付息而给投资者带来损失的可能性。这种风

险主要存在于债券投资中，股票投资一般不存在这种风险。该风险主要受证券发行人的经营能力、规模大小、财务杠杆率和经营杠杆率高低及行业风险等因素影响。一般而言，以政府名义发行的证券风险较小，尤其是中央政府发行的债券几乎不存在什么风险；由银行发行的金融债券从信誉上看仅次于政府债券，但也存在一定的风险；而以公司名义发行的公司债券信用风险较大，从安全性角度考虑，商业银行应尽量减少这种证券的投资。

2.市场风险

市场风险是指由于经济形势的动荡和供求关系的变化，使得证券市场价格波动而给投资者带来资本损失的可能性。证券市场的价格波动比较频繁，尤其是股票价格时起时伏，变幻莫测。债券的买卖也通常不是按面值进行的，有的根本与面值无关，而是按市场价格买卖的。如果投资者在进行证券投资时，对行情判断出现失误，在价格高涨时买入而在价格跌落时又不得不抛售，或者在价格低落时卖出，而在价格高涨时又被迫再次买进，则必然会遭受资本损失。

3.利率风险

利率风险是指市场利率变化给证券投资者带来损失的可能性。证券价格的涨落与市场利率呈逆向运动，即市场利率上升，证券价格下降；市场利率下降，证券价格上涨。如果债券在未到期前或未分红前出售，其价格要取决于当时市场的利率水平，这样就产生了投资证券持有期收益率与到期收益率不相符的现象，从而使预期收益发生变化。

市场利率水平的变化对不同种类、不同期限的证券的影响是不同的。就债券而言，剩余期限越长，受市场利率变动影响越大，价格变化越大；反之，债券剩余期限越短，受市场利率变动影响越小，价格变化越小。就股票而言，市场利率上升，意味着股份公司经营成本增加，盈利下降；同时，利率上升还会引起消费萎缩，社会购买力下降，从而导致公司利润的减少。这两方面的原因不仅使公司股票的分红派息能力减弱，资本难以增值，还会因之而降低对投资者的吸引力，造成股票供过于求，价格下跌。当然，如果市场利率下降，其结果会正好相反。

4.购买力风险

购买力风险也称通货膨胀风险，指由于通货膨胀、货币贬值而给投资者带来损失的可能性。通货膨胀意味着单位货币量所代表的实际价值的减少。在证券投资中，本金和收益都表现为一定的货币量，通货膨胀情况下，单位货币的贬值必然造成投资者的本金损失和实际收益水平的下降。

通货膨胀对于不同证券的影响也是不一样的。对于债券而言，其利率水平一般是固定的，不能因通货膨胀造成物价上涨而相应提高，这样投资者所获得的实际利息收入就会大大低于其名义收益，因而不得不承受购买力损失的风险。

通货膨胀对股票价格的影响是复杂的。在通货膨胀时期，那些拥有较大库存产品企业，其生产成本是按原来物价水平计算的，而这些产品却可按较高价格出售，企业利润因此增加，所以通货膨胀对这类企业的股价将产生有利影响。基于此原因，传统看法认为持有股票是防止通货膨胀损失的较好保值方法。但近年来人们也开始认识到，就对付通货膨胀而言，股票作为保值工具并不理想。在1966—1982年，美国股票价格以每年3%的比率上升，而消费价格指数年平均却上涨了6.2%，而且过高的通货膨胀还会使投资者预期未来企业经营环境恶化，预期政府的反通货膨胀政策将使整个经济衰退，从而导致股价下跌。

对于股票投资者而言，因其收益具有不确定性，股息或红利分配水平可以随物价上涨而相应提高；加之通货膨胀情况下公司的资产会有所增值，股票所代表的实际资产价值总量也会相应提高，从而导致股票价格的上涨，并在一定程度上减少或抵消通货膨胀给股票投资者带来的损失。

5. 流动性风险

流动性风险是指因证券缺乏变现能力所导致的投资者遭受损失、收益下降的可能性。任何实物资产和金融资产只能在一定时期、一定范围内具有部分的现金功能，但还不是现金的完全替代物，它们在其他场合或其他时间便不能作为现金来流通和使用，特别是当证券资产价格波动剧烈时，其内在价值也不稳定。所以，当投资者急需现金或需要在两种资产间进行转换时，就首先需要把资产变卖成现金。在资产变现时，由于资产种类和所处条件不同，资产的价值与变卖成的现金就可能发生偏差，即出现资产的折价出售，这就是证券的流动性风险。

6. 回购风险

许多公司和一些政府发行投资证券时，保有在到期日前回购这些证券并支付利息的权利。由于这样的回购通常发生于市场利率下降时（借款人能发行较低利率成本的新证券），所以，投资于可回购债券和票据的银行，有遭受盈利损失的风险，因为银行必须把其收回后的资金以当时较低的利率再投资，银行通常通过购买回购延期较长的债券（这样回购在几年内不会发生）或仅仅通过不购买可回购证券来尽力降低回购风险。

（二）投资风险的估测

由于证券投资风险的程度很难确切测算，因而常采用下列方法来估量和表示证券风险的大小。

1. 标准差法

标准差是指一种证券的实际价格与其平均价格的平均差距。其计算公式为：

$$\sigma=\sqrt{\frac{\sum_{i}^{n}(R_i-\overline{R})^2}{N-1}}$$

式中：σ 为某证券的标准差；R_i 为该证券在某一时期内的收益率；$\overline{R}$ 为该证券的平均收益率；N 为选取的时期总数。

这样计算出来的标准差是表示该证券的收益率偏离平均收益率的平均程度。σ 越小表明收益率偏离的幅度越小，因而这种证券的收益率越稳定，风险越小；σ 越大，则说明这种证券的收益率越不稳定，因而风险越大。

2. β 系数法

β 系数是反映某种证券与整个证券市场相比风险大小的指标，即度量有关证券系统性风险的指标。其计算公式为：

$$\beta=\frac{\text{某种证券的预期报酬}-\text{该期报酬中无风险的部分}}{\text{整个市场证券组合的预期平均报酬}-\text{该期报酬中的无风险部分}}$$

一般认为，β 系数小于 1 的证券是防守型的证券，因为在市场指数上涨时，其上涨幅度要低于市场水平；而市场指数下跌时，其下跌幅度也要小于市场水平。相反，β 系数大于 1 的证券则被称作进攻型的证券，由于其价格上升和下跌的幅度都要大于市场水平，因而风险较大。

虽然标准差和 β 系数均是表示证券风险的指标，但是它们之间有显著的差别。标准差表示的是证券收益在各个不同时期变动的程度，其比较的基础是证券本身的平均收益率。β 系数是描述某一种证券波动程度和市场指数波动程度之间关系的指标，其比较的标准是市场指数的波动程度。该 β 公式也可表示为：$R_i = R_f + \beta \times (R_M - R_f)$。式中：$R_i$ 表示某证券的预期报酬，R_f 表示无风险利率，R_M 表示整个市场证券组合的预期平均报酬（可参见第二章的相关内容）。

三、投资收益与投资风险的关系

投资收益与投资风险是证券投资中不可分割的两个方面。通常可以把投资收益与投资风险的关系简单地归结为正向的关系，也就是说，收益水平越高的证券所承受的风险程度越大；相反，收益水平越低的证券所承受的投资风险则越小。同理，风险越大的证券其收益补偿也越高，否则高风险证券便不会有人问津了。因此，我们可以用图 5-1 简单表示投资收益与投资风险的关系。

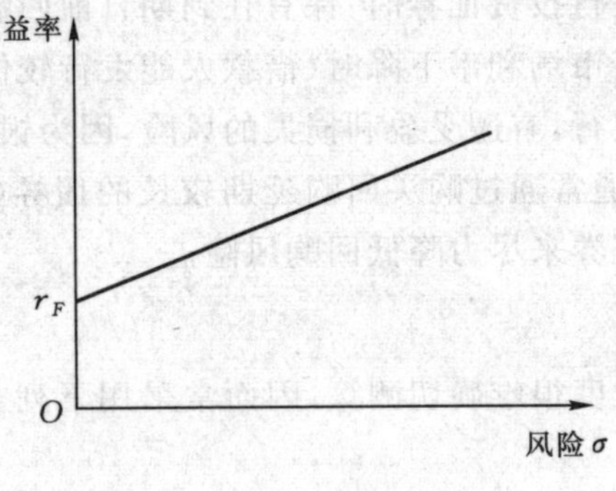

图 5-1 收益与风险关系曲线

虽然投资收益和投资风险的关系往往不是线性的，但图 5-1 仍大体表示出了二者的联系。图中 r_F 表示无风险证券（一般认为是国债）的收益率大小。风险 σ 表示证券收益率的标准差。由此我们就不难理解国债、公司债券、优先股、普通股的风险往往是依次上升，而实际收益率也是依次上升的原因了。

第三节 商业银行投资策略

商业银行的证券投资策略是指在法律允许的范围内，综合考虑收益率、投资风险、证券流动性、税率高低等因素，在投资总量既定的情况下，通过对所持有证券的期限结构、地域结构、类型结构及发行者结构等进行调节，以期实现一定收益率条件下的投资风险最小化或一定风险程度下的投资收益最大化。下面着重介绍几种常见的证券投资策略。

一、有效证券组合策略

商业银行进行证券投资不可避免地要承担风险，这些风险一般可分为两类，即系统性风险和非系统性风险。系统性风险是指由于社会政治、经济情况的变化对整个证券市场的影响，从某种意义上讲这种风险是不可分散的。如市场风险、利率风险、购买力风险等。非系统性风险是指个别证券的投资风险。某种证券具有的风险，其他证券则不一定存在，如信用风险、流动性风险等。研究表明，如果商业银行在从事证券投资中仅仅投资于一种或个别证券，则需同时承担证券投资的系统性风险和非系统性风险；如果通过证券组合，即同时投资于多种证券，则由于多种证券风险程度不同，收益也不同，非系统性风险会因此而相互抵消或降到最低限度。证券投资组合有多种方式，凡在一定的投资额中，预期收益与其他组合相同，但承担的风险较低的组合，或者承担的风险相同，但预期收益较高的证券组合，都可称为有效证券组合。

有效证券组合策略包括单一证券的组合和多种证券的组合，我们仅以单一证券组合来说明这种方法的实际应用。

在选择有效证券组合方案的过程中，我们首先需求解出两个重要的量：一是证券投资收益率的期望值($\bar{r}$)，二是表明某种证券风险程度的方差(σ^2)。

单一证券的收益率是一个随机变量，投资者并没有办法知道其未来实际值，只是首先推算出这个随机变量可能出现的数值以及这些数值出现的概率，从而求得收益率的期望值或预期收益率。其计算公式为：

$$\bar{r}=\sum_{i=1}^{n}P_ir_i=P_1r_1+P_2r_2+\cdots+P_nr_n,\quad \sum_{i=1}^{n}P_i=1$$

式中，$\bar{r}$ 为收益率的期望值；P_i 为收益率出现第 i 种数值的概率；r_i 为收益率可能出现的第 i 种数值。

通常我们用收益率的方差或标准差来表示投资于某种证券的风险，其计算公式为：

$$\sigma^2=\sum_{i=1}^{n}(r_i-\bar{r})^2P_i$$

$$\sigma=\sqrt{\sigma^2}$$

式中：σ^2 为收益率的方差；σ 为收益率的标准差；$\bar{r}$ 为投资收益率 r 的期望值。

[例 5-4] 预计某股票在未来某一年可能出现的预期收益率及其概率如表 5-1 所示：

表 5-1 某股票预期收益率及概率

概率	0.1	0.1	0.3	0.1	0.2	0.2
预期收益率(%)	15	16	13	14.8	13.2	12

则该股票的收益率期望值为：

$$\bar{r}=15\%\times0.1+16\%\times0.1+13\%\times0.3+14.8\%\times0.1+13.2\%\times0.2+12\%\times0.2$$
$$=13.52\%$$

单一证券收益率的方差和标准差为：

$$\sigma^2=(15\%-13.52\%)^2\times0.1+(16\%-13.52\%)^2\times0.1+(13\%-13.52\%)^2\times0.3+$$
$$(14.8\%-13.52\%)^2\times0.1+(13.2\%-13.52\%)^2\times0.2+(12\%-13.52\%)^2\times0.2$$
$$=0.000\,156\,16$$

$$\sigma=\sqrt{0.000\,156\,16}=0.012\,496\,399$$

在掌握了单一证券收益率期望值和方差、标准差的计算方法后，商业银行可根据计算出的期望值和方差、标准差，在众多的投资工具中进行选择，并最终确定出最佳组合方案。

[例 5-5] 已知 5 种股票的预期收益率及标准差如表 5-2 所示：

表 5-2 股票预期收益率及标准差

股票类别	A	B	C	D	E
期望值(%)	7	7	15	3	8
标准差(%)	3	4	15	3	12

试进行有效证券组合。

根据有效证券组合策略的基本原理：相同风险水平情况下取收益最大者；相同收益水平下取风险最小者，可做如下选择：

(1)A与B收益相同，但B风险大于A，故放弃B股票；

(2)A与D风险相同，但D收益小于A，故放弃D股票；

(3)E收益大于A，但风险大于A(4倍)，故放弃E股票；

(4)C收益最大，但风险也最大，用A的低风险可弥补C的高风险，并可获得中上水平的收益，故可考虑将A与C作为投资对象。

如果商业银行决定把A与C股票作为投资对象，则A与C的组合就被称为有效证券组合。当然，还可在此基础上进一步探寻最优的证券投资组合。

二、梯形投资策略

梯形投资策略是指商业银行把投资资金相对平均地投放到各种期限的有价证券上，保持等额投资以获取平均收益。具体的操作方式是：商业银行用其资金购入市场上各种期限的证券，且每种期限的证券购买数量相同，当期限最短的证券到期时，用收回的资金再购买期限更长的证券，如此循环往复，使投资者经常地持有相等金额的各种不同期限的证券。这种情况如果用图形表示恰似距离相等的阶梯，故称为梯形投资策略。

[例 5-6] 某商业银行拟投资国债600万元，将其等额分散在6个年份上，当1年期国债到期后，收回本金100万元，将其再购买新的6年期国债，此时，原有年份上的国债到期日都自动向前跨越了1年，即原有2年期国债变成1年期，原有3年期则变成了2年期了。依此类推，加上银行新购入的100万元6年期国债，该银行仍持有600万元6个年份的等额投资，如图5-2所示。

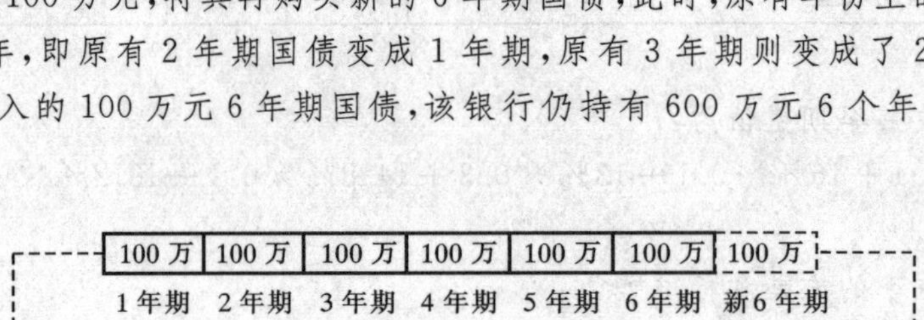

图 5-2 梯形投资策略举例示意图

梯形投资策略的优点是：①方法简便，易于操作。②投资人不必经常观察和预测市场利率的变化，始终采取同样的对策，既减少了工作量，也避免了预测失误造成的损失。③可保证投资人获取平均的投资收益率，因各种证券的上升和下跌可以相互抵消。

这种投资策略也存在很多缺陷，主要是：①缺乏灵活性。当有利的投资机会出现时，不能及时把握而丧失获利机会。②不能满足变现需求。当银行由于资金短缺而需要变现时，因为短期证券数量有限，只好出售中长期证券，而中长期证券流动性差，要迅速变现，只能压价出售，银行便会受到不应有的损失。

因此，采用梯形投资策略进行投资时，必须采取灵活的态度，当市场短期债券利率上升、短期证券价格较低时，商业银行收回资金就不能投资到长期债券上，而应利用有利时机继续购买短期证券。如果在收回资金时短期证券利率下降、价格上升，则应出售短期证券，收回资金以购买长期债券。这样梯形结构并未改变，而银行却因灵活运用这一方法而获取了一部分收益。另一方面，银行为保持较大的流动性，也可把短期证券比重加大，以应付临时变现的需要。

三、杠铃投资策略

杠铃投资策略是指商业银行把资金集中投资于短期和长期证券上而相应减少对中期证券的投资，以期获得较高收益和流动性的一种投资方法。因这种投资从图形上直观地看如同两头大、中间小的杠铃，故称之为杠铃投资策略，如图5-3所示。

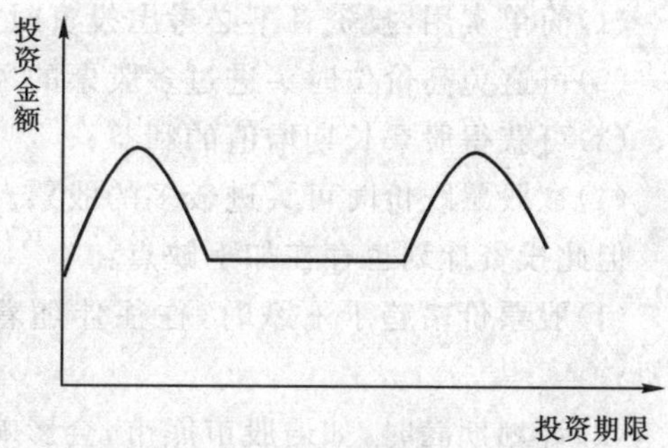

图 5-3　杠铃投资策略示意图

采取这种投资策略时，长、短期证券的划分没有统一的标准，可由投资者依据自己的投资目的自行确定。如有的投资者将3年期以下证券划分为短期证券，有的投资者则将1年期以下证券划为短期证券；有的投资者将7年期以上的证券划为长期证券，有的投资者则将10年期以上的证券划为长期证券。资金在长、短期证券上的分配也不是平均的，可由投资者根据具体情况作出选择，可以是五五开，也可以是四六开或三七开等。此外，长、短期证券的投资也应根据市场利率及证券行情的变化作经常性调整，当长期市场利率下降、长期证券价格看涨时，则应卖出长期证券，购入短期证券。同样，当短期市场利率下降、短期证券价格看涨时，应出售短期证券，购入长期证券。

一般来说，如果商业银行能准确预测市场利率的变化，杠铃投资策略要优于梯形投资策略，它既可使银行保持较强的流动性，又可获得较高收益。

四、公式投资计划策略

公式投资计划是指投资者按照一种定式来进行投资，依据股价水平的变化作出买卖证券的决定。公式投资计划一般分为三类：一是根据股价平均数来拟定，二是根据股价趋势原则来拟定，三是以股票与债券的比率关系来拟定。其重心不在于预测证券市场的长期趋势，而在于把握市场的趋势变化，利用证券市场短期内的波动来获利。

(一)分级投资计划

分级投资计划是公式投资计划中最简单的一种。投资者选择普通股作为投资对象，并首先确定股价变动的某一等级或幅度，如以1个百分点、2个百分点或3个百分点为一等级，每次股价下跌一级，买进一个单位数量的股票；股份上涨一级，卖出一个单位数量的股票。当然卖出时的价格大于买入时的价格，使股票平均出售价格高于平均购进价格，以获取差额利润。

分级投资计划的优点是投资者可不必顾及投资时间的选择，当股票价格起伏变动不大时较为适用。但这种投资计划不适用于价格持续下降或持续上升的股票，因为在持续下降时，投资者将没有机会出售股票；持续上升时，投资者按等级分次出售，会失去可以获得的更大利润。

(二)平均资金投资计划

平均资金投资计划是指在一个较长的时间里，不论股票的价格如何变动，投资者均以一笔固定数额的资金，按固定的日期投资于同种股票。当股票价格上涨时，所能购进的股份数较少；当股票价格下跌时，所能购进的股份数较多。以低价买进的较多份额的股票，在股票价格上涨时，能获取更多的收益，从而使股票的平均投资成本低于平均价格。

与其他投资计划相比，这种平均投资计划的优点在于：

(1)简单实用，投资者不必考虑投资时间的确定；

(2)可避免高价位时买进过多股票的风险；

(3)可获得股票长期增值的利益；

(4)在股票跌价时可买进较多的股票。

但此投资计划也存在如下缺点：

(1)股票价格趋于下跌时，往往伴随着银根收紧，投资者会因筹措资金困难而丧失投资良机；

(2)计划期满时，如遇股市熊市，会影响整个投资成果；

(3)单独选择一种股票有时难以确定；

(4)投资者必须具有恒心和耐力，否则难以达到预期效果。

(三)常数投资计划

常数投资计划亦称固定投资金额投资计划，其投资方式为投资者把资金分别投资于股票和债券，并经常保持固定金额的股票，在此基础上，确定股价上涨或下跌的百分比。当股价上涨，使所购入的股票价格总额增长幅度超过上涨百分比时，就出售增值部分股票，用于购进债券；当股价下跌，使所购入的股票价格降低幅度超过下跌百分比时，就出售债券，购进股票，使股票的总价格维持在固定金额的水平上。

这种投资计划的优点是：

(1)不必考虑投资的时间确定，按股价变化是否达到一定比率决定股票买卖，既简单又易于掌握；

(2)在正常情况下，股价变动幅度要比债券价格变动幅度大，投资者在股价高时卖出股票，在股价低时买进股票，可获取收益；

(3)从长期看，经济发展往往呈波浪式前进，当经济发展处于高潮时，股份公司盈利增加，股价上升，利率也上升，使债券价格下跌，此时卖出股票，买进债券，投资者可获取差价；反之，当经济处于低潮时，股份公司盈利减少，股价下跌，利率也下跌，使债券价格上升，此时买进股票，卖出债券，投资者也同样可获取价差收益。

这种投资计划的不足之处是：

(1)制订投资计划时，投资者难以确定投资股票与债券的总额比率；

(2)不适用于价格持续上涨或下跌的股票。

(四)固定比率投资计划

固定比率投资计划亦称法沙投资计划,为法沙学院基金会所创立。投资者把投资分为股票和债券两部分,以投资股票为主,将投资债券作为“储蓄”或“增援”手段,并使投资于股票和债券的金额始终保持一定的比率。它与常数投资计划的区别在于,常数投资计划要维持固定的股票投资金额,不考虑股票总额与债券总额在投资总额中的比率;而固定比率投资计划则是在一定投资总额中,维持股票金额与债券金额的固定比率。

这种投资计划的优点是简便易行,当股价正常且小幅度波动时,可获取投资收益;如果有可以运用的额外资金,则较易扩大运用范围。但这种投资计划不宜选择适当的固定比率,此外,投资计划何时开始,也较难确定。

(五)变动比率投资计划

变动比率投资计划是指投资者将资金分别投资于股票和债券上,并确定两者适当的比率,以后随股价的变动,随时调整股票投资额与债券投资额的比率,以获取最大利润。

变动比率投资计划的基础是趋势线,通常以过去10年道·琼斯30家工业股票平均数的平均水平作为趋势线。当股价上升超过趋势线时,就卖出股票,买进债券;当股价下跌低于趋势线时,就卖出债券,买进股票。

运用变动比率投资计划,投资者不必逐次确定投资的时机,但必须根据各种情况确定趋势线,并且要对股价的变动作持续的监视和准确的预测。

五、*趋势投资计划策略*

趋势投资计划策略亦称顺势投资法,其前提是认为股票价格上升或下降的主要趋势一经形成,就将持续一段相当长的时期,一般为1至10年。趋势投资计划以这一前提为根据,认为趋势一旦形成,投资者要继续保持其投资地位,等到某一讯号产生,表示趋势开始转变,才能转变投资地位。由于主要趋势处于不断变化之中,看跌市场和看涨市场交替出现,投资者可顺着趋势变化做出投资决策,以获取长期投资收益。

趋势投资计划中最主要的是道氏理论。它由美国人查尔斯·道创立,经弥尔顿补充发展而成。该理论认为股票趋势是可以预测的,投资者可根据不同的发展趋势作出相应的投资决策。但这一理论也存在不足之处,它不能使投资者在最低的价格买进,在最高的价格卖出。同时,由于股价普遍上升时个别股票的价格可能下降,而股价普遍下降时个别股票的价格可能上升,因而它不能对投资者持有的个别股票提供选择的时机。

趋势投资计划要求投资者具有长期的投资计划及长期运用的资金,并且要有耐心和毅力,同时要对股票价格的趋势作出准确而敏锐的判断,否则难以按此法获利。

六、*债券转换策略*

债券转换策略是指商业银行在进行投资的过程中,不断地卖出某一种债券,购入另一种债券,以获取较高的收益率,或者承担较低的风险。

商业银行之所以要采取债券转换策略,是因为一个国家的宏观经济情况是不断变化的,企业所发行债券的质量也会发生变动,商业银行所投资的债券,以及其他所有的已发债券、新发债券的收益率和风险程度也都处于不断的变动之中。商业银行只有根据客观情况的变化,不断调整其持有债券的结构，才能改善自己的长期盈利能力。

一般来说，债券转换包括价格转换、收益净值转换、市场内部差额转换和税收转换四种策略。

(一)价格转换

价格转换是指商业银行将手中价格较高的债券卖出，同时购入价格较低的同类债券的一种债券转换策略。

行使这种策略时，两种互相转换的证券必须具有相同的特点，如相同的质量、相同的期限、相同的票面收益率等。商业银行通过这种业务，可赚取价格差异，获取较高的到期收益率。

(二)收益净值转换

收益净值转换是指商业银行用票面收益率较低的债券转换票面收益率较高的债券的一种债券转换策略。

行使这种转换策略时，两种债券的期限、票面价值、到期收益率都相同，只是票面收益率不同。商业银行进行这种转换的目的，是为了获得债券再投资的收益。

(三)市场内部差额转换

市场内部差额转换是指商业银行根据不同债券到期收益率的差额，在同一市场反复地进行债券的卖出和买入，由此赚取收益的一种债券转换策略。

(四)税收转换

按一般国家的规定，证券持有者对证券销售中获取的资本利得需缴纳所得税，其税率一般采取超额累进制，如果证券持有者的资本利得超过了某一限额，就必须缴纳较多的税款。因此，商业银行在证券投资中，为了避免缴纳较高的税收，经常运用税收转换的策略。

税收转换的具体操作是：当商业银行资本利得收入超过某一限额后，就将自己手中持有的价格下跌的债券在市场上出售，使银行遭受资本损失，抵消一部分资本利得收入，以便保持银行资本利得的收入在某一限额以下，从而适用较低的税率而获得较多的净收益。

本章小结

1. 商业银行投资业务是指银行将资金投放到各种有价证券上的业务。它能为银行带来可观的收益，稳定银行收入；降低银行经营风险，提高银行规避经营风险的能力；增加银行资产的流动性；并做到合理避税。

2. 商业银行投资按投资对象大致可分为四种类型：政府债券、金融债券、公司债券和股票。

3. 商业银行在进行证券投资时，首先关注的是其所投资证券的风险和收益状况。证券投资收益的高低，一般用证券投资收益率来表示。证券投资收益率有多种不同的计算方法，应该根据实际情况选择运用。

4. 投资风险是指由于不确定性因素的存在，使证券投资的实际收益与预期收益之间发生偏差，从而蒙受损失或获取额外收益的可能性。商业银行从事投资业务时承受的风险主要包括信用风险、市场风险、利率风险、购买力风险、流动性风险以及回购风险等。

5. 测度风险的方法主要有标准差法和β系数法两种。收益与风险是证券投资中不可分割的两个方面，通常可以把二者简单地归结为正相关关系。

6. 商业银行的证券投资策略是指在法律允许的范围内，综合考虑投资收益率、投资风险、证券流动性、税率高低等因素，在投资总量既定的情况下，通过对所持有证券的期限结构、地域结构、类型结构及发行者结构等进行调节，以期实现一定收益率条件下的投资风险最小化或一定风险程度下的投资收益最大化。

7. 商业银行在进行投资业务时必须遵循一定的投资策略。商业银行的证券投资策略主要包括：有效证券组合策略、梯形投资策略、杠铃投资策略、公式投资计划策略、趋势投资计划策略、债券转换策略等。

关键术语

银行证券投资　政府债券　金融债券　公司债券　证券投资收益　系统性风险　证券投资组合　投资策略

思考与练习

1. 为什么政府债券是商业银行证券投资的主要对象？

2. 试析商业银行从事股票投资业务对自身的影响和国家立法禁止商业银行从事股票业务的原因。

3. 商业银行证券投资主要面临哪些风险？

4. 讨论证券投资收益与投资风险的关系。

5. 什么是梯形投资策略？它有哪些优点和缺陷？

6. 试述杠铃投资策略的原理，以及运用这一策略对商业银行的影响。

7. 某银行以 1 060 元的价格购入面值为 1 000 元的某种息票债券，债券年利率为 10%，持有 2 年后转让，出售价格为 1 220 元，请问这家银行的持有期收益率是多少？

8. 某商业银行拟投资到期一次还本付息的政府债券，已知政府债券的面值为 1 000 元，期限为 10 年，年息为 12%，银行从二级债券市场上以 1 200 元的价格购买该种债券若干张，持有 5 年全部债券到期，假定到期时通货膨胀率为 2%，请计算该商业银行的实际投资收益率。

第六章　商业银行中间业务

本章要点

1. 商业银行中间业务的含义及分类
2. 商业银行的结算工具和结算方式
3. 商业银行代理与咨询业务的内容
4. 商业银行信托业务类型及租赁业务特征和租金计算
5. 商业银行银行卡业务的种类与银行卡业务风险防范

第一节　商业银行中间业务概述

一、商业银行中间业务的含义及特点

(一)商业银行中间业务的含义

商业银行在经营存款、放款和证券投资等基本业务的同时，还代理客户承办收付和其他委托事项，并从中收取手续费等。在这些业务活动中，商业银行既不是债务人，也不是债权人，而是业务相关方面的中间人，故这些业务被称之为中间业务(intermediary business)。这些业务大多也不直接在资产负债表中反映，区别于表内资产、负债业务，有表外业务的概念，但商业银行的中间业务不同于一般意义的表外业务(off-balance-sheet activity)。定义中间业务首先需要弄清楚其与表外业务的区别和联系。

按照巴塞尔委员会所确定的标准，商业银行表外业务分为广义和狭义两种。狭义的表外业务是指商业银行从事的、按照通行的会计准则不计入资产负债表内，不影响资产负债但能改变当期损益及营运资金的业务，通常包括那些虽不在资产负债表中反映，但在一定条件下会转变为资产或负债的有风险的业务，涉及金融工具的交易以及从保证和贷款销售获得收入的业务。广义的表外业务泛指所有不在资产负债表中反映的、包括有风险和无风险的银行金融活动。

中国人民银行颁布的《商业银行中间业务暂行规定》将中间业务定义为“不构成商业银行表内资产、表内负债，形成银行非利息收入的业务”，包括两大类：不构成或有资产、或有负债的中间业务(即一般意义上的金融服务类业务)和形成或有资产、或有负债的中间业务(即一般意义上的表外业务)。

从中国人民银行的规定来看，我国商业银行的中间业务与巴塞尔委员会定义的广义表外业务基本一致，狭义的通俗意义上的表外业务属于中间业务，表外业务是中间业务中一种特殊的，有一定风险的业务。

就中间业务的一般特征而言,可将其定义为商业银行在资产与负债业务的基础上,利用其技术、信息、机构、信誉等优势,一般不运用或较少运用其资金,以中间人或代理人的身份替客户办理收付和其他委托事项,提供各类金融服务而收取一定费用形成非利息收入的业务。商业银行的中间业务往往只对银行的损益发生影响,而不直接影响银行资产负债表的变化。

(二)商业银行中间业务的产生和发展

商业银行的中间业务是商品经济和信用关系发展到一定阶段的产物,是伴随着商业银行的改革与发展而迅速发展起来的。20 世纪 80 年代后,随着金融竞争的加剧,公众对商业银行多样化需求的增加,商业银行经营风险及金融监管力度的加大,发达国家商业银行的中间业务空前发展,非利息收入占银行收入的比重逐年提高,如 20 世纪 80 年代初,日本银行的非利息收入占总收入的比重为 20.4%,到 20 世纪 90 年代则达到 35.9%;美国银行从 30%上升到 38.4%,欧洲银行从 26%上升到 39%,其中一些大银行的中间业务收入更是占到其总收入的一半以上。商业银行中间业务不仅规模在扩大,所提供的服务种类也在迅速增加。

近年来,西方发达国家商业银行中间业务收入占比已达到 40%的水平。2009 年,花旗银行和摩根大通银行的中间业务收入分别达到 80%和 83%,英国汇丰银行和巴克莱银行也都达到了 70%以上。我国商业银行中间业务也有较迅速的发展,从 2001 年各银行中间业务收入比例不足 3%到 2009 年全行业中间业务收入比例超过 10%,其中 2009 年中国银行、中国工商银行、中国建设银行和交通银行的中间业务收入占比分别为 22%、18%、18%和 14.08%。

(三)商业银行中间业务的特点

1. 中间业务不需要动用或不直接动用自己的资金

商业银行经营中间业务的过程中原则上不垫付资金,不形成资产业务,比如商业银行代客户承办支付、结算及其他委托事项。

2. 以收取手续费的形式获取收益

在相当多的情况下,中间业务是客户委托银行办理的业务,商业银行不是直接作为信用活动的一方,因而以收取手续费的形式获取收益。

3. 风险较小

在开展中间业务过程中,商业银行充分利用自己的机构、信息、技术等资源优势,同时商业银行在办理中间业务时不直接以债权人或债务人的身份参与,而是以中介或代理人身份开展业务,其风险主要由委托人来承担,银行承担的风险较小。

4. 中间业务与资产负债业务紧密结合,相互促进

商业银行的中间业务通常是建立在信用业务的基础之上的,商业银行负债业务是其资产业务的基础,资产业务是商业银行经营活动的关键,而商业银行的中间业务既是联系资产业务和负债业务的桥梁与纽带,也进一步扩大了资产业务和负债业务的规模。

随着社会经济情况的变化,金融创新的加剧,商业银行中间业务的性质也发生了一些变化,出现了新的趋势。首先,有些中间业务在提供服务的同时,银行将以某种形式垫付资金,使中间业务带有信用业务的特征。如融资性中间业务中的租赁业务和代理融通业务。其次,有些中间业务使银行从主要接受客户的委托转向同时出售银行信用的活动,这时银行收取的手续费就不仅仅是劳动补偿,同时也包含着利息补偿和风险补偿,如商业银行办理信用签证、承兑等业务。最后,金融衍生工具交易等业务实现了传统非自营中间业务的突破,商业银行需要

运用资金并承担风险。

二、商业银行中间业务的种类

(一)西方商业银行中间业务分类

1. 银行提供的各种担保

这里主要包括传统的对偿还贷款担保、跟单信用证担保、票据承兑担保、追索权的债权转让以及对附属机构的融资支持等。

2. 贷款或投资的承诺类业务

该业务又可分为撤销的和不撤销的两种。前者主要有贷款限额和透支限额;后者则主要有循环贷款承诺、回售和回购协议、票据发行便利、循环包销便利、发行商业票据等。对不撤销的承诺,银行在法律上要承担责任。

3. 创新金融工具业务

该业务主要包括外汇远期业务、货币利率互换、金融期货与期权合约、远期利率协议等。

4. 利用自己的人力与技术设备等资源为客户提供中介与服务

该业务主要有代客户进行现金管理(如保管箱业务)、计算机服务(如网络出租及电脑服务项目)、金融投资和信息咨询服务、信托业务、代理收付业务、代理保险、物业策划、遗嘱执行与遗产承办、住房买卖、股票投资的中介服务、旅游服务等。

(二)我国商业银行中间业务分类

我国商业银行按功能和形式将中间业务分为以下九类:

(1)支付结算类业务(结算、押汇等);

(2)银行卡业务(卡转账、卡消费等);

(3)代理类业务(代收代付、代理证券业务、代理保险业务、代理财政、代理银行卡收单业务等);

(4)担保类业务(银行承兑汇票、备用信用证、各类保函业务等);

(5)承诺类业务(贷款承诺、透支额度等可撤销承诺、备用信用额度、回购协议、票据发行便利等不可撤销承诺);

(6)交易类业务(远期合约、金融期货、互换、期权等);

(7)基金托管业务;

(8)咨询顾问类业务;

(9)其他类中间业务。

三、商业银行中间业务的监管

(一)《巴塞尔协议》规定的监管方法

1988 年 7 月国际清算银行通过的《巴塞尔协议》将不同风险程度的中间业务按不同的信用风险转移系数转换成相当的表内资产,然后再根据业务对象的性质确定一个风险权重,计算核心资本充足比率和总资本充足比率,要求前者达到 4%,后者达到 8%,以此来约束商业银行有风险的表内、表外业务。

(二)西方国家监管局的主要措施

西方国家监管局采取的主要措施有:①以符合《巴塞尔协议》精神要求的资本充足率约束表内资产和中间业务总量。②银行要提供中间业务的报表。要求报表能反映表外项目的明细情况,列示出各类交易的契约金额,并提供表外业务会计实务的处理原则。③督促银行完善对中间业务的内部管理。如督促银行加强对客户的信用调查和评估;督促银行正确定价;按客户的信用等级与业务的风险大小收取佣金;督促银行制定保护性条款;督促银行投资分散化等。

(三)我国对商业银行中间业务的监管

我国商业银行中间业务的监管采取以下措施:①进一步改进比例管理办法。根据《巴塞尔协议》的精神重新制订资本充足比率的计算口径,将中间业务的风险纳入资本充足比率的考核中。②制定中间业务的会计处理制度及信息披露制度。要求商业银行提供详细的中间业务明细报表。③督促商业银行加强对中间业务的内部管理和风险控制。④制定和尽快出台《商业银行办理中间业务管理条例》,规范商业银行开展中间业务行为。⑤逐步建立商业银行中间业务人员的资格证制度,提高中间业务的服务水平。

四、商业银行中间业务定价方法

随着中间业务的迅速发展,如何对中间业务合理定价,成为商业银行经营管理中的重要环节。在制定中间业务产品价格时,需要考虑八个目标:生存、利润、投资回报率、市场份额、现金流量、现状、产品质量及宣传银行形象。按照价格理论影响银行定价导向的因素主要有三个方面,即成本、需求和竞争。因此,定价方法也基本上归为成本导向、需求导向和竞争导向等三种类型。

(一)成本导向定价法

此方法从商业银行的角度出发,将商业银行提供的中间业务产品的成本、风险和目标利润加总来求得产品价格。中间业务产品价格的表达式为:

$$P = C_1 + C_2 + F + R$$

式中:C_1 为固定成本,即商业银行开展中间业务必需的资金投入,如计算机设备、ATM等;C_2 为可变成本,又称经营成本,主要包括人事费用、业务费用等;F 为风险补偿费,即银行对于中间业务可能发生的违约风险收取的必要补偿;R 为目标利润,是商业银行提供中间业务产品的预期收益。

成本导向定价法的优点是方便理解,计算简单。但是它没有顾及其他银行的竞争,以及银行与客户间其他业务的往来,容易造成定价中的逆向选择和短期行为,可能会面临客户的流失和市场的萎缩。而且,目前银行多属于“多产品企业”,银行经常无法准确地实现成本分摊,因此在实践中可操作性不强。

(二)需求导向定价法

需求导向定价法是商业银行在制定中间业务产品价格时,要充分考虑需求价格弹性(指因价格的变动而相应引起的需求变动比率,反映需求变动对价格变动的敏感程度,通常用弹性系数来表示)的影响。在充分了解某一中间业务产品的需求弹性后,以客户的特性及其对产品的感受价值、客户需求的复杂程度及其带给商业银行的综合效益,以及商业银行本身的经营优势，来制定一个合理的价格。需求导向定价法应一事一定，针对性很强，对不同的客户制定不同的价格。

需求导向定价法的优点是充分考虑消费者的承受能力，所制定的价格竞争适应性较强，有利于扩大银行的总收入，增加利润总量。考虑到需求差异因素的多样化和进行市场细分必须满足的种种适用条件，采用需求导向法具有定价难度，它在短时间内很难予以正确估算和准确把握，容易产生误差。

(三)竞争导向定价法

竞争导向定价法主要从市场上竞争对手的产品定价入手，将对手的产品定价与自身的发展目标结合起来，确定价格的浮动水平。表达式为：

$$P = \lambda P_1$$

式中：P_1 是商业银行应收取的某种中间业务产品的费用，即此产品的价格，是市场的一般价格水平；λ 是该商业银行报价的调整系数（λ 在 1 上下浮动）。

市场导向法考虑了市场的指导功能，方便操作，简单易行，适用于批量大、风险小，且成本无显著差异的中间业务产品，如银行卡、异地取款业务等。但该种方法往往使银行在没有充分考虑自己成本基础的情况下就作出调价决定，尤其是在利差日渐萎缩下，让客户承担服务费用正成为越来越多银行的现实策略，而简单比照竞争对手收费，并不能反映一家银行自身在诸如地理上的有利、时间上的节约等独特价值贡献，从而束缚了银行的获利性。

第二节 结算业务

一、结算业务的意义

结算是“货币结算”或“资金结算”的简称，它是指由商品交易、劳务供应、资金调拨以及其他款项往来而引起的货币收付行为和债务的清算，由商业银行通过提供结算工具为交易双方完成货币收付、划账交割。商业银行的结算业务以存款负债业务为基础，是一项风险小，收益稳定的传统中间业务。

商业银行通过支付、结算业务成为全社会的转账结算中心和货币出纳中心，顾客存款可以获得银行提供的安全、迅速结算服务。它不仅能为银行带来安全、稳定的收益，同时也是集聚闲散资金、扩大银行信贷资金来源的重要手段。从社会范围来看，规范和发展商业银行结算业务，有利于加速资金周转，促进商品流通，提高资金运转效率；有利于节约现金，调节货币流通，节约社会流通费用；有利于加强资金管理，增强信用观念，巩固经济合同制和经济核算；能够提高商业银行信贷资产质量，促进中央银行实施宏观调控，监督国民经济活动，维护社会金融秩序稳定。

二、结算工具

(一)汇票(draft)

汇票是出票人签发的，委托付款人在见票时或者在指定到期日无条件支付确定的金额给收款人或者执票人的票据。它是无条件支付命令，从法律角度汇票有三个当事人：出票人、收款人和付款人。

根据出票人的不同可将汇票分为银行汇票和商业汇票。

银行汇票是客户将款项交存出票银行，由银行签发给汇款人持往异地办理结算，由签发银行在见票时按照实际结算金额无条件支付给收款人或者持票人的票据。其又可分为现金汇票和转账汇票。在汇票确定的位置上填明"现金"字样的为现金汇票，未填明"现金"字样的为转账汇票。企业单位和居民个人需要支付各种款项或在兑付地支取现金均可使用银行汇票。我国现行的银行汇票一律采取记名式汇票，提示付款期自出票日起一个月，超过付款期则为逾期汇票，兑付银行不予受理。

商业汇票是由银行以外的其他主体签发的。商业汇票以一定的货币金额表现其价值，代表着财产所有权和债权，只有在真实的商品或服务交易关系的债权债务清算才能使用，商业汇票必须经过承兑。承兑是指汇票付款人承诺在汇票到期日支付汇票金额的票据行为，承兑时，付款人应在汇票正面记载"承兑"字样和承兑日期并签章。根据承兑人的不同，有商业承兑汇票和银行承兑汇票。银行在进行商业票据承兑时，必须对承兑申请人的资信等状况进行严格的审查。

银行结算中使用的汇票主要是银行汇票和银行承兑汇票。因为它们流通能力强，信用度高，能被金融市场广泛接受。

(二)本票(promissory note)

本票就是由出票人签发的载有一定金额，承诺在指定到期日由自己无条件支付给收款人或执票人款项的票据。它是无条件支付承诺，本票的当事人有两个：出票人和收款人。按照出票人的不同，本票分为银行本票和商业本票两种。

银行本票是指银行向客户收妥款项后签发的，在同一票据交换区域内办理转账结算或支取现金的票据。银行本票可分为不定额本票和定额本票两种，目前主要使用的是不定额本票。银行本票也分为现金本票和转账本票。个体经济户和个人需要支取现金的，可使用现金本票，企业单位只能使用转账本票，且转账本票只能用于转账，不能支取现金。银行本票分为记名式本票和不记名式本票。我国银行一般采用记名式本票。银行本票的付款期为一个月，超过付款期的，兑付银行不予受理。银行本票也可背书转让。

银行本票见票即付，信用度高，支付功能强，有利于单位和个人迅速获得款项。

(三)支票(cheque/check)

支票是出票人(存款人)签发的委托其开户银行在见票时无条件支付确定的金额给收款人或持票人的票据。支票是一种委托式信用凭证。支票的当事人有三个：出票人、付款人和收款人。

支票一般由存款户签发，是存户向其开户银行发出支付命令，发票人可自为收款人，支票的付款人只能是银行。银行之所以成为支票付款人，是因为接受了出票人的存款，不是银行自己的支付承诺。存户所能签发支票的金额，仅以存款余额为限。只能签发即期支票，不能签发远期支票。我国的支票按支付方式可分为转账支票和现金支票。支票经背书后可以流通转让。

使用支票结算，手续简便、快捷，便利商品交易和款项结清。

三、结算方式

根据货币收付或债权债务双方所处的地域范围，银行结算可分为同城结算和异地结算两种类型，而根据货币收付的程序和方法又有多种具体的结算方式。

(一)同城结算

1. 支票结算

支票结算是指客户根据其在银行的存款和透支限额开出支票，通知银行从其账户中支付一定款项给收款人，从而实现资金调拨、了结债权债务关系的结算方式。在支票结算过程中，可以由付款人将支票送交自己的开户银行通知付款，也可由收款人送交其开户银行委托代收款项。如果收付双方在同一银行开户，当即可以办理资金转账收付，如果双方不在同一银行开户，则须通过票据交换所，由付款人开户银行从付款人账户划出款项，划往收款人开户行，进入收款人的账户，完成结算。

2. 账单支票与划拨制度

账单支票是由提供货物或服务的卖方将账号告知付款人，付款人审查无误后，将账单的一联签字后退给收款人，收款人送交银行通过票据交换所去收款。

划拨制度是付款人将账单直接交自己的开户行，银行将账单金额借记付款人账户后，通过票据交换所直接贷记收款人账上，完成资金结算。

3. 直接贷记转账和直接借记转账

这两种结算方式是在自动交换所的基础上发展起来的。自动交换所通过电子计算机对各行送交的磁带进行处理，实现不同银行间的资金结算。

4. 票据交换所自动转账系统

这一系统是进行同城业务往来资金调拨的系统。参加该系统的银行之间进行同业拆借、外汇买卖、汇划款项往来时，无需传递本票或通知书，而是直接通过自动转账系统的终端机将有关数据输入，交换所同时借记付款银行账户、贷记收款银行账户，迅速完成结算。

现代金融体制下的商业银行及票据交换所均在中央银行开设有存款账户，中央银行为商业银行提供清算服务，最终款项的收付通过在中央银行的账户间转账后即告结清。

(二)异地结算

1. 汇款结算(remittance)

银行受汇款人委托将款项通过异地的联行或代理行付给外地收款人的一种结算方式。汇出行受理汇款人签发的汇款申请书，审查无误后，按汇款申请书的规定及时向汇入行办理汇款，并向汇款人签发汇款回单，作为汇出银行受理汇款的依据，但不作为该款项已转入收款人账户的证明。汇入银行接到汇出银行的汇款凭证或通知后，经审查无误，即可将汇款转入收款人账户，或向其发出收款通知。

按通知方式的不同可分为信汇、电汇和票汇三种方式：①信汇是汇出行应汇款人的请求，用邮寄信汇委托书的方式，通知汇入行向收款人支付款项的结算方式；②电汇是汇出行应汇款人请求，以电报或电传形式通知汇入行，请其向收款人支付款项的结算方式；③票汇是汇出行应汇款人要求，开立以汇入行为付款人的汇票，交汇款人自行寄给收款人，由收款人持票向汇入行取款的结算方式。

2. 委托收款结算(consignment collection)

委托收款结算是收款人委托银行向付款人收取款项的结算方式。办理托收时，由收款人签发一份由外地付款人付款的汇票或其他单据交其开户行，由开户行寄给付款人所在地银行，请其向付款人收取款项后寄回，转交收款人。

委托收款结算通常有四个关系人：委托人、托收行、代收行和付款人。委托人与托收行之间、托收行与代收行之间均是委托代理关系。代收行根据托收行寄发的托收委托书办理托收款项。托收行及代收行对托收的汇票能否付款不负责任，故委托人以托收方式收取贷款需承担一定风险。商业银行的托收业务主要有光票托收和跟单托收两类。前者指债权人或售货人只向其开户银行出具汇票而委托银行收取款项的结算方式，后者指债权人或售货人除向其开户行出具汇票之外，还将与该笔业务有关的其他单据一并交给开户行而委托其收取款项的结算方式。

3. 信用证结算(letter of credit)

信用证是银行根据客户(申请人)的要求和指示，向第三人(受益人)开立的、在一定期限内凭规定的单据在指定地点支付一定金额的书面保证文件。信用证结算方式是付款人将款项预先交存开户银行作为结算保证金，委托银行开出信用证，通知异地收款人的开户银行转告收款人，收款人若按合同和信用证所载条款发货以后，银行即按信用证规定代付款单位付给货款。

信用证结算方式有四个当事人：开证申请人、开证银行、通知银行和收款人，开证申请人和受益人是合同的买卖双方，开证银行是最终付款人，通知银行是开证银行的代理人。这种结算方式的优点是，合同双方的权益均有银行信用的保障，能够避免购货人拖欠货款或不按合同付款的结算风险。它尤其适用于销货人对购货人信誉不了解，或异地之间特别是国际非经常性的交易中的货款结算。但这种结算方式速度较慢，每笔交易占用资金的时间较长。

4. 电子资金划拨系统

随着电脑和网络等新技术在银行的运用，电子计算机的大型化和网络化改变了商业银行通过电传、电报及邮寄等传统通信手段进行异地资金结算的传统处理方式。通过电子资金结算系统进行异地结算，资金周转大大加快，业务费用大大降低。例如，美国的一些大商业银行可利用联邦储备通信系统、银行通信系统、银行卡清算中心、银行内部付款交换所系统、世界银行财务远程通信会等五个系统实现资金异地结算。

结算业务涉及收付双方及收付双方的银行等关系人，为保证各经济主体的经济利益，维护正常的结算秩序，商业银行必须加强结算业务的经营管理，遵守结算原则和纪律，按照结算业务日常管理要求和内部管理规定开展业务。

第三节　代理与信息咨询业务

一、代理业务

(一)代理收付款业务

代理收付款业务是指商业银行接受单位或个人的委托，代为办理委托人指定款项的收付事项的业务。代理收付业务适用于定期或不定期、规则或不规则的小额款项收付，这些收付事务涉及面广，收付频繁，一般金额不大但非常繁杂，银行利用其作为支付结算中心及网络覆盖面广的优势办理此类业务，既可以取得手续费，又可以扩大存款资源和信息资源。

代收业务主要有：代收电话费、水电费、燃气费、学费、劳务费、环保费、养路费、保险费、管理费等;代付项目有:代付股息红利、社会福利养老金、工资、奖金、劳务收入、津贴、有价证券款等。

商业银行接受企事业单位委托代理收付款时,首先要求委托单位出具收付款项的合法依据及有关单据,经商业银行审查同意后,委托单位与商业银行签订代理收付款协议书,明确代理收付款的内容、范围、对象、时间、金额、方式及费用等。代理付款时,委托人还必须先将代付款项交存商业银行以备支付,商业银行将代收款项收妥后,即转入委托单位的银行账户。代理收付款业务应坚持以下原则,即只代为办理手续、不予垫款、不负责处理经济纠纷等。

(二)代理融通业务

代理融通又称收买应收账款或承购应收账款,是商业银行代理客户收取应收账款,并向其融通资金的一种中间业务。代理融通业务涉及的过程是:工商企业对客户赊销货物或劳务,然后把应收的赊销账款转让给商业银行,由代理融通的商业银行向该企业提供资金,并到期向客户追收账款,工商企业要向商业银行支付一定的手续费和垫付资金的利息。

商业银行代理融通业务对经济发展起到了积极作用。一方面可以通过对买方企业的资信调查,避免商业信用的盲目性;可以利用银行在本国和世界范围内的网络优势,促使货款拖欠迅速处理,加速资金周转;另一方面对银行来说风险性较小,利率高,收益大,从其他附加服务中还可收取一定的手续费。

代理融通业务开始于 20 世纪 60 年代,是市场经济特别是外向型经济的产物,发展非常迅速。业务范围和性质不断扩展,如典型的保理业务。保理业务是一种专门为商品赊销而设计的集贸易融资、商业资信调查、应收账款管理、信用风险担保于一体的综合性金融服务产品,可以帮助企业在日益激烈的市场竞争中取得先机,全面解决应收账款的困扰。保理业务根据企业信用、产品等情况可分为有追索权保理和无追索权保理两种。有追索权保理是指卖方企业提出申请,由保理银行购买其与买方企业因商品销售或提供劳务所产生的应收账款,卖方企业对买方企业到期不还款,承担担保责任或回购该笔应收账款的责任。无追索权保理,是指在买方企业不履行付款义务时,保理银行根据买卖双方的合同条款,向买方企业追索账款,同时,对卖方企业保留特定情况下的追索权。

目前,在我国,除中国银行外,中国工商银行、中国建设银行、中国交通银行、中国光大银行、中信银行、中国民生银行等纷纷开办了保理业务,业务范围由国内扩展到国际,业务性质也由有追索权的应收账款收购发展至无追索权的应收账款买断。

(三)代理行业务

代理行业务是指商业银行的部分业务由指定的其他银行代为办理的业务形式。进行代理行业务联系的双方有委托行和代理行。委托行是指将款项存入银行并获得服务的同时又支付服务费的银行,也可称为“下游银行”,是服务的使用者或购买者。接受其他银行委托存款,并对其提供服务收取服务费的银行叫做代理行,也可称为“上游银行”,是服务的提供者或出售者。许多银行同时具有委托行和代理行的双重身份。

代理行业务的内容很多,归纳起来主要有:①为委托行发行在本商业中心支付的银行票据;②代委托行办理票据的清算和托收;③向委托行拆借资金,包括向委托行的董事和主管人员提供贷款;④为委托行购买、出售和保管各种债券;⑤帮助委托行修改和改善业务操作程序;⑥代为调查有关顾客的信用情况及当地工商业状况;⑦向委托行提供与银行业务有关的各种咨询服务。

(四)其他代理业务

1. 代理催收欠款

代理催收欠款是指商业银行接受收款单位和个人的委托，对付款单位无理拖欠的款项进行催款、清理，并按催收的性质、金额、难易程度收取手续费的业务。代理催收欠款的手续费一般分为两次收取：第一次是在银行接受收款单位的委托时根据每笔款项的金额大小收取的受理手续费，无论欠款是否收回一律不退还；第二次是银行在代理收回欠款后按实际收回金额的一定百分比收取的清欠手续费。

2. 担保见证

担保见证是商业银行向客户(付款单位)提供的信用保证服务。担保见证可分为以下种类：①监督付款。它是银行负责监督购销双方认真履行合同，监督供货单位按时发货，购货单位及时付款。②保证付款。它是指银行不仅要监督购货单位及时付款，而且在其支付能力不足时，银行要提供贷款，以保证货款的支付。③交纳保证金。这种担保要求付款人将部分或全部货款以保证金形式存入银行，由银行按合同规定的付款方式向销货单位支付货款。④投标担保签证。它是指对一些工程项目和设备订货的投标，银行可根据客户的申请，对投标单位的资金、技术和信用状况等进行调查分析，提供履约担保等信用签证。

3. 代理有价证券业务

该业务是指银行接受客户的委托，代理发行或买卖股票、债券等有关活动。它包括代客户发行股票、债券，代理发放股息、债息和红利；代理买卖有价证券；代客户办理股票的过户手续等。银行代理有价证券业务，一般按代理证券业务的金额收取一定比例的手续费。银行代理有价证券业务能充分利用自己的网点优势，扩大自己的影响力，获得可观的收入，争取更多的资金来源。

4. 代理保管

代理保管业务是指商业银行利用所拥有的保管箱、保管库等完备的安全设施，接受客户的委托，代为保管各种贵重金属、珠宝首饰、文物古玩、重要文件资料、以及股票、债券等有价证券，收取保管费的业务。银行的代理保管业务的主要方式有委托代保管和出租保管箱。

委托代保管是指客户将委托保管的物品交予银行保管，银行有关部门当面验收点清后，给客户开出代保管收据，订立代保管契约或合同，保管期满后，银行当面点还原数物品，客户验收代保管物品。出租保管箱是指商业银行将安置在特设的保管库内的各种规格的保管箱提供给客户选择租用，客户在保证不利用保管箱从事违法活动和存放违禁物品、危险品的前提下，可以在租用期内随时开箱存取物品。

5. 代理会计事务

代理会计事务是指商业银行接受各类经济组织的委托，严格遵守有关法规、条例和财经制度，代为办理某些财务会计方面的事项并收取相应费用的业务。该项业务的主要内容有：受托制定财务、会计的有关规章制度；协助委托人建立会计账册、健全财务管理制度；受托编制预、决算报告；受托审核、清理会计账目；受聘担任常年会计顾问；辅导培训财务会计人员；等等。代理会计事务的手续费按实际工作量大小由双方协商收取。

6. 代客户理财

代客户理财是客户将一定金额的款项交银行管理，由银行灵活运用于报酬率较高的资产，到期按协议支付给客户高于同期存款利率的收益。

商业银行的代理业务种类繁多，除上述品种外，还有代购代销、代办集资、代理买卖外汇、代理保险、代客户安排旅游等以及铁路、民航、电力、邮电、交通等重点行业的代理业务等。

二、信息咨询业务

(一)委托中介类信息咨询

委托中介类信息咨询主要包括技术贸易中介咨询、资信咨询、专项调查咨询和委托常年咨询顾问等业务。

1. 技术贸易中介咨询

商业银行开展技术贸易中介咨询业务，对开拓技术市场，沟通技术贸易渠道，促进科技成果迅速转化为现实生产力，具有十分积极的意义和作用。银行咨询部门开展这项业务的主要内容是：参与技术转让，参与技术开发，提供技术咨询，参与技术服务，参与技术协作。银行在开展技术贸易中介咨询业务时，应与技术协作部门、科技市场管理部门和科技咨询等部门搞好协作，积极为双方沟通信息，客观地评价和介绍技术贸易项目，协助双方认真审定技术内容、交易方式、交易价格等，协助签订交易合同，并督促双方履行合同条款。

2. 资信咨询

银行开展资信咨询业务，是站在中间人的立场，通过提供企业主要财务资料和对企业资信做出公正评价，以满足企业在生产经营活动中了解交易对方信用程度的需要。资信咨询业务有一般性资信咨询和风险性资信咨询之分。一般性资信咨询是指为委托单位提供交易对方的经营情况、付款(交货)的信用能力等情况。风险性信息咨询除对委托单位提供交易对方一般性资信咨询资料情况外，还负有监督、保证按期付款(交货)的经济责任。

3. 专项调查咨询

专项调查咨询是根据特定的目的和要求，在指定的范围内，由银行咨询部门组织力量，运用科学方法，收集各种资料，通过加工整理出咨询报告，为经济部门和工商企业当参谋、出主意的业务。如行业或产品产供销现状和趋势的调查、行业或产品产供销中某一特定问题的调查；投产某个产品的市场销售、经济效益及资金需求调查等等。

4. 委托常年咨询顾问

委托常年咨询顾问指的是客户委托银行对其日常经营管理提供咨询。鉴于这种需要的经常性和重复性特点，银行咨询部门可以委托群体或个人常年咨询顾问的方式满足客户的要求。这项业务要求咨询顾问经常或定期进驻客户单位，全面深入了解客户单位的经营管理情况，关注其动态的发展变化，使单位决策和咨询论证密切结合，进而提出正确的建议。

(二)评估类信息咨询

评估类信息咨询业务主要包括：项目评估、企业信用等级评估、审核和验证企业注册资金等。

1. 项目评估

项目评估是商业银行接受委托论证投资项目的可行性，鉴别项目优劣的业务，是投资项目管理的科学方式。项目评估不但为项目的投资决策提供了科学依据，也为银行自身的投资性贷款提供安全保障，是保证项目实施、实现资源优化配置、提高投资收益安全性的不可缺少的手段。

项目评估所涉及的范围主要包括:市政工程项目、企业技术改造项目、建筑项目、企事业单位和个人的固定资产投资项目等等。工程项目评估依据委托单位提出的咨询委托书、项目建议书和可行性研究报告等,运用系统工程和价值工程的理论和方法,通过大量的定量分析,对项目的技术设计、市场设计、市场前景、经济效益等方面作出综合评价,推出定性结论。其评估的主要内容有:①项目概论;②市场预测;③技术和设计分析;④投资计划;⑤财务预算和财务效益分析;⑥社会经济效益分析;⑦不确定性分析;⑧总结和建议。

2. 企业信用等级评估

企业信用等级评估,就是对企业信用度的评定。企业信用度是一个企业取得信任的信誉程度,是企业经济效益的综合反映,是企业信誉状况的外在表现。商业银行开办企业信用等级评估业务,是银行信贷择优的前提,也是促使企业改善经营管理,提高企业的社会知名度,争取高信用等级的有效措施。

按国际惯例,企业信用等级评估一般从企业的资金信用、经济效益、经济环境和发展前景等方面,按 AAA,AA,A;BBB,BB,B;CCC,CC,C 共三档九个级别确定企业信用程度的高低。

3. 验证企业注册资金

银行咨询部门对企业注册资金的验证业务,是接受工商管理部门的委托,对准备登记开业和已登记开业的新老企业法人,其自有资金数额的真实性和合法性进行核实和验证的业务。验证企业注册资金对于加强企业法人注册资金管理,促进工商企业加强经营管理,维护法人合法权益,维持正常市场经济秩序等具有十分重要的意义。

验资主要有两个方面的要求:①验证注册资金的真实性。②验证注册资金来源的合法性。验资程序较为简单,主要是申请验资手续,进行验证,最后出具验资证明。

(三)其他信息咨询业务

由于传统信贷业务的关系,商业银行与其客户建立了广泛深入的联系,可以从企业改制、投融资、并购等多个方面为企业提供财务顾问服务。我国自 2002 年中国工商银行成立投资银行部以来,各家商业银行纷纷效仿,中国建设银行、深圳发展银行同年先后推出企业财务顾问业务。财务顾问业务是由合格的独立人员或者专家小组向各种组织客观并且独立地提供以合同为基础的财务顾问服务,帮助客户在改制、资产重组、并购、投资和融资时,确定和分析有关财务问题,推荐处理这些问题的解决方案,并且在必要的时候为这些解决方案的实施提供帮助。

第四节　信托与租赁业务

一、信托业务

(一)信托业务的含义及特点

信托(trust)有"信任"和"委托"两重含义,它是以财产为载体,信任为基础,委托为前提,转移财产所有权为条件的资产管理制度。信托业务一般涉及三方面的当事人:①委托人,即授人信用的财产所有者;②受托人,即受信于人的有经营管理能力的信托机构(或个人);③受益人,即信托关系中享受信托财产收益的人,可以是委托人指定的单位或个人,也可以是委托人自身。

商业银行信托业务是指商业银行作为受托人，接受财产所有者(委托人)的委托，将财产所有权转移到商业银行名下，由商业银行按照委托人的意愿来管理、经营和处理该项财产(信托财产)，财产收益归委托人或其指定人(受益人)所有，商业银行据此收取手续费的业务。

商业银行信托业务与其他业务相比具有四方面的特点：①财产所有权的转移性。信托合同一旦签订，财产所有权即转移到商业银行手中，有利于其承担起经营管理财产的责任。②资产核算的他主性。受托人银行是为了受益者的利益而不是为了自己的利益去管理和处理信托财产的。③收益分配的实绩性。受托人银行是根据财产运用的实际盈利水平来付给收益人收益的，也就是说收益人的收益是不固定的。④业务方式的灵活性。信托财产的管理、处理可根据委托人的意愿或各种不同情况采取灵活多样的方式。

(二)信托业务的种类

1. 信托存款

信托存款是指委托人将资金存入银行，委托银行在约定期限内按规定的用途代为运营，其运营收益扣除银行收取的信托费用后全部归委托人享有的一种资金信托。主要的信托存款有：财政部门委托投资或贷款的信托资金；企事业单位委托投资或贷款的信托资金；劳动保险机构的劳保基金；科研单位的科研基金；各种学会、基金会的基金；等。

2. 信托贷款

信托贷款是指银行信托机构用吸收的信托存款、自有资金和筹集的其他资金发放的贷款。

3. 信托投资

信托投资是指银行信托机构运用信托存款、自有资金、发行债券所得资金，以投资者身份对生产经营企业进行投资。

4. 委托投资

委托投资是指委托人将资金事先存入银行信托机构作为委托投资基金，委托银行信托机构向其指定的联营或投资单位进行投资，并对投资的使用情况、投资单位的经营情况及利润分红等进行管理和监督的一种金融信托业务。

5. 证券投资信托

证券投资信托是指银行信托机构将个人、企业或团体的投资资金集中起来投资于多种有价证券以分散风险，最后将投资收益和本金偿还给受益人，信托机构收取一定手续费的信托业务。

6. 公益基金信托

公益基金信托是指企事业单位、社会团体、研究机构或各种协会，为了举办和发展某项社会公益事业而专门提取、筹集或接受社会各界捐赠所形成的专项基金信托，公益基金的发起人一般委托银行信托机构负责管理公益基金的运营、生息等事项，负责监督公益基金按基金章程公正合理使用。公益基金信托在信托期间只动用基金的运营收益用于指定的某项公益事业，而不动用公益基金的本金。

7. 动产和不动产信托

它们是指银行信托机构接受委托，将受托的动产及不动产向指定或未指定的单位和个人转让、出售或出租，并从中沟通购销双方，提供融资便利，代为办理有关手续的一种服务项目。根据在财产信托过程中是否伴随分期付款融资服务，可分为融资性财产信托和服务性财产信托。

8. 个人信托

个人信托泛指由个人委托信托机构办理的各种信托业务。个人信托的信托受益人多数都是委托人以外的第三者,如委托人的亲属、特定的个人或团体。信托财产一般都是非生产性的个人资财,信托的目的主要是使委托人的个人财产能按照个人的意愿进行分配,保障受益人的正常生活,极少数的个人信托才以营利为目的。个人信托的主要业务有:人寿保险信托、遗嘱信托、监护信托、生前信托和其他个人信托业务。

9. 公司信托

公司信托业务主要有公司债信托和公司委托事务两种形式。公司债信托是指股份有限公司在以公司债券方式筹资时,由银行保管公司所提供的担保品,并由银行代为发行债券,若公司不履行偿债义务,则由银行代表全体债券持有人行使担保权,处理担保品,来维护债券投资者的权益。商业银行在经营公司债信托业务时要仔细审查公司经营情况,评估公司的清偿能力及担保品价值,若符合受托标准,才与发行公司商定手续费,订立信托合同。公司委托事务是指公司由于不了解有关法律规定或者为了避免繁琐的法律事务手续,而委托银行办理有关事务。如公司创立时代理拟定公司章程和办理登记手续;拟定认股书,招募股本,代收股款;代办股票转让、过户、股息支付以及公司解散、合并等有关事务。

(三)信托业务的管理原则

由于经营信托和执行信托服务牵涉到一系列社会的义务,因此社会公众认为对这种服务应进行非常严格的管理。商业银行的信托部门在信托关系中,作为当事人一方,必须坚持如下基本原则:

1. 忠实原则

信托部门作为受托人应该忠于委托人和受益人。它的任何举动绝不能出于谋取私利的动机,使用信托基金谋取私利则是绝对禁止的。不忠实行为如:挪用信托基金或其收入为受益人以外的他人谋利;未缴付应付的税款;在合理的时间内,未能将信托基金进行再投资,从而造成信托人的损失;进行一项未经授权的投资,从而造成损失;轻率地允许代理人违反信托文件的决定,给信托基金造成损失;没有按协议或法律的规定将投资多样化,导致信托财产发生不应有的损失;到期时没有收取投资收入及其他收入,而使信托基金遭受损失等,这些行为都应受到法律制裁。

2. 法律契约原则

任何一项信托业务的成立,必须以受托人、委托人和受益人三者(或二者)之间明确的具有法律规范的契约为前提。比如,对信托契约的法律解释,对信托过程的法律监督,对信托纠纷的法律仲裁,通常以司法机关的判定为准绳,也就是说,信托活动要受到严格的法律管制和可靠的法律保障。

3. 资金独立原则

资金独立原则要求信托资金的来源与运用必须独立于银行其他业务资金,在账户上严格分开,一般不列入银行的资产负债表。信托资金由银行信托部或信托公司专管,即使银行其他业务中断,头寸短缺或出现亏损,甚至银行破产、清理,也不能挪用信托资金。

4. 审慎管理原则

信托部门必须遵循信托协议、遗嘱、法院指令或代理协议中的条款行事,它不能在接受了一项信托业务,却又放弃这项业务而去从事另外有可能有利的业务。而且,信托部门在独立经营信托资产时，必须坚持审慎的、稳健的、竭力保护和扩大受益人利益的管理政策，不允许出现草率冒险行为。

二、租赁业务

(一)银行租赁业务的性质与特征

租赁是所有权与使用权之间的一种借贷关系，是出租人按契约规定，将财产租让给承租人使用，承租人根据契约按期缴纳一定租金给出租人，出租人对财产始终保持所有权，承租人只享有使用权的经济行为。

1.银行租赁业务的性质

银行租赁是指银行利用自己的业务优势，将资金和物品结合起来的一种融资方式。就其性质来说，租赁也是一种信用行为。典型的传统租赁是土地、房屋等不动产的使用出租。现今的租赁业务一般都是以融资性租赁为主，通过融通资金为企业提供巨型设备，甚至整个企业、整个生产环节等。现代租赁业务为商业银行提供了新的融资渠道，促进了资产业务的多样化和投资风险的分散。银行除可以出资购买设备租借给承租人或向租赁公司贷款外，还可为租赁公司或承租人提供信息，联系供货厂商，提供复杂的预测和计算服务，开展信息咨询业务；接受委托为出租人按时收取租赁费等，强化了商业银行的服务功能。我国自1981年以来，各银行也广泛开发各项租赁业务，有力地促进了企业出口创汇、技术改造和利用外资的发展。

2.银行租赁业务的特征

(1)所有权与使用权分离。在银行租赁交易中，虽然设备是承租人指定的，由银行租赁部门出资购进，但在约定的租期内，设备的所有权仍属于银行。承租人获得的是设备的使用权，并且承租人对租用设备负有维修、保养以使之处于良好状态的义务。

(2)融资与融物相结合。银行租赁业务是以商品形态和资金形态相结合提供的信用。它在向企业出租设备的同时，解决了企业的资金需求，具有信用、贸易双重性质。出租者同时兼有金融机构(融通资金)和贸易机构(提供设备)的双重职能。在租赁期内，出租人始终控制着设备的所有权。因此，在这种信用方式下，资金不仅有安全保障，而且比银行信用有更强的约束力。

(3)租金分期归流。在租金的偿还方式上，融资租赁与银行信用、消费信用一样，采取了分期回流方式。交付租金的次数和每次所付金额均经双方磋商确定。这种租金分期归流的特征，承租人能以较少的投入取得较大的经济效益，因为企业只需支付一定的租金就可超前获得设备的使用价值。

(4)承租人对设备和供货商具有选择的权利和责任。在银行租赁中，承租人有权利选择所需的设备及其生产厂家、供货商等。出租方只是根据承租方的要求出资购进设备，然后租给承租人使用。因此，对于设备的质量、规格、数量以及技术上的鉴定验收等都由承租人负责。当然出租方为了保障其利益可以拒绝承购一些不合适的设备。

除上述一些特征外，银行租赁还具有合同的不可撤销性，承租人对设备的保养、维修、保险和风险承担责任；承租人有进行留购、续租或退租的选择权利等。

(二)租赁业务的类型

1.融资性租赁

融资性租赁是指先由承租人自行从供货商处选好所需设备，并谈妥交易条件，然后找银行或其所属的专业公司，要求后者按谈妥的条件向供货商购买设备；并签订租赁合同。因为这是由出租人支付全部资金，等于是提供百分之百的贷款，出租人是通过收取租金的形式收回购买设备时所投入的全部资金，包括成本、利息和利润，所以又称完全收回租赁。

2. 服务性租赁

服务性租赁是指在租赁契约期间，所有保养、维修、管理等工作都归出租人负责。承租人在经过一段时间的预告后，可以中途解约，租期往往比设备的预期使用寿命要短一些，租金的收入往往不足以全部抵押设备的成本，因此又叫非全部收回租赁，其租金一般比融资性租金要高。服务性租赁通常适用于需要专门技术工作进行保养的、技术更新较快、通用性强的设备的租赁。

3. 回租租赁

这是财产所有人将其财产出售出去以后又租回使用的一种租赁形式。其租回使用阶段与一般租赁的做法完全相同。如当一家企业又要使用原有的厂房设备，又急需资金周转时，可以将厂房出售给出租人，然后再租回一部分或全部继续使用。

4. 转租赁

转租赁是将设备或财产进行两次重复租赁的方式，也叫再租赁。这种形式往往在国际租赁中使用较多。即银行或所属的租赁公司先以承租人身份从国外租赁公司或厂商租进国内客户所需设备，再以出租人身份将设备租给承租人。

(三)租金的计算方法

在融资租赁条件下，租金的构成要素通常包括：①租赁资产的购置成本，包括设备售价、运输费、安装调试费和运途中的保险等。②租赁期间的利息和费用，包括筹资的基本利率、税收、筹资费用和利差风险费等。③租赁手续费和利润，包括办理设备租赁业务所开支的营业费和必要的盈利等，通常按租赁物价款的1%～20%计收，一次付清。④其他费用，如货币时间价值，设备老化及风险因素等应计费用；出租人负责提供专利发明、专用技术、维修与人员培训费等。租金的计算方法主要有附加率法和年金法。

1. 附加率法

附加率法，指出租人在租赁设备价款及概算成本的基础上，根据手续费、利润等因素确定附加比率计算租金。期末等额支付，则平均每期租金的计算公式为：

$$R=\frac{P(1+n\cdot i)}{n}+Pr$$

式中：R 为承租人每次支付的租金；P 为概算成本；i 为每期利率；n 为付租次数；r 为附加率。

这一公式的含义是把 n 期后的本息总和分为 n 等份，再加上附加利率的部分。

[例6-1]　某个租赁项目的概算成本为100万元，租赁双方商定分4年8期偿还租金，即从起租日开始，以后每隔半年等额偿还一次租金。年利率为9%，附加率为4.5%(附加率的大小一般由出租者内部掌握)，计算承租人每次支付的租金 R 和租金总额 R_t。

已知：$P=100, n=8, r=4.5\%$

$$i=\frac{\text{年利率}}{2}=\frac{9\%}{2}=4.5\%$$

则承租人每次支付的租金为：

$$R=\frac{100\times(1+8\times4.5\%)}{8}+100\times4.5\%=17+4.5=21.5(\text{万元})$$

四年应付租金总额为：

$R_t=8R=8\times21.5=172$(万元)

2.年金法

年金法，指以现值为基础，将每一项租赁设备在未来每隔一定时期收取的租金按一定利率予以折现，并使其现值之和等于起租日租赁设备的概算成本的方法，包括等额年金法和变额年金法。

(1)等额年金法，指每期租金的金额相等，包括期末后付、期初先付和递延支付。

期末后付，即规定租金是在各个租金支付期期末支付，每次付租金额的计算公式为：

$$R=\frac{P\cdot i\cdot(1+i)^n}{(1+i)^n-1}$$

式中：R为每期应付租金；P为租赁物件概算成本；i为每期利率；n为付租次数。

[例6-2] 某企业向某租赁公司租用的租赁物件概算成本为人民币100 000元，租赁期限为2年，年利率为10%，每半年付租一次，等额期末后付，计算租金和总租金。

已知：$P=100\ 000$元，$n=4$

$$i=\frac{10\%}{2}=5\%$$

每期租金为：

$$R=\frac{100\ 000\times5\%\times(1+5\%)^4}{(1+5\%)^4-1}=28\ 201.18(\text{元})$$

总租金为：$R_t=28\ 201.18\times4=112\ 804.72$(元)

期初先付，即承租人在每一次付租期须先行支付(预付)租金，后使用设备。期初先付法每次应付租金的计算公式如下：

$$R=\frac{P\cdot i\cdot(1+i)^{n-1}}{(1+i)^n-1}$$

[例6-3] 利用期初年金法计算上例[例6-2]。

每期租金为：

$$R=\frac{100\ 000\times5\%\times(1+5\%)^3}{(1+5\%)^4-1}=26\ 858.27(\text{元})$$

总租金为：$R_t=26\ 858.27\times4=107\ 433.08$(元)

递延支付，指承租人引进设备，从安装、调试到正式投产需要一定的时间，在此期间承租人暂时无力缴付租金，租赁双方可商洽从起租日起确定一个付租宽延限期后开始付租，一般把宽延期内承租人应付的利息计入租赁物件成本，复利计算，并随租金分期支付。其计算公式如下：

$$R_n=P(1+r)^k\times\frac{i\times(1+i)^n}{(1+i)^n-1}$$

这是等额期末支付租金的公式；而等额期初支付租金的公式为：$R_n=P(1+r)^k\times\frac{i\times(1+i)^{n-1}}{(1+i)^n-1}$，$r$一般情况下与$i$相等。

[例6-4] 已知某公司从某租赁公司租用一台机器，其概算成本为1 000 000元，租期5年，前两年不支付租金，从第三年开始支付租金到期满，等额期末支付，年利率为10%，计算租金和总租金。

已知：$P=1\ 000\ 000$，$k=2$，$n=3$，$i=r=10\%$，根据期末支付租金的公式可计算出每期租金为：

$$R=P(1+r)^k\times\frac{i\times(1+i)^n}{(1+i)^n-1}=1\,000\,000\times(1+10\%)^2\times\frac{10\%\times(1+10\%)^3}{(1+10\%)^3-1}$$
$$=486\,558.9\text{（元）}$$

总租金为：$R_t=3\times486\,558.9=1\,459\,676.7$（元）

如果期初支付租金，则根据期初支付租金的公式可计算出每期租金为：

$$R=P(1+r)^k\times\frac{i\times(1+i)^{n-1}}{(1+i)^n-1}=1\,000\,000\times(1+10\%)^2\times\frac{10\%\times(1+10\%)^{3-1}}{(1+10\%)^3-1}$$
$$=442\,326.3\text{（元）}$$

总租金为：$R_t=3\times442\,326.3=1\,326\,978.9$（元）

在租赁业务中，由于承租人的还款能力所限，有时还允许有一定的宽限期，一般来说，宽限期越长，租金总额应该越高。

(2)变额年金法，指每期租金不等的年金法，在变额年金法中又可分为等比变额年金法和等差变额年金法。

等比变额年金法，即根据租赁项目效益情况，租赁双方商定，租金的缴付按一定比率递增或递减。租金计算公式为：

$$R_1=P\cdot\frac{i\cdot q\cdot n\cdot(1+i)^n}{[(1+i)^n-1][(1+q)^n-1]}$$
$$R_n=R_1\cdot(1+q)^{n-1}$$
$$R_t=\frac{R_1\cdot[(1+q)^n-1]}{q}$$

式中：R_1 为第一期租金；q 为租赁双方商定的变额比例；R_n 为第 n 期租金；R_t 为应付租金总额。

等差变额年金法，即从第二期开始每期租金比前一期增加（或减少）一个等额常数。租金计算公式为：

$$R_1=\frac{1}{k}\cdot\left[P+\frac{d}{i}\cdot(n-k)\right]-n\cdot d$$
$$R_n=R_1+(n-1)\cdot d$$
$$R_t=P\cdot\frac{n[2R_1+(n-1)\cdot d]}{2}$$

式中：k 为年金现值系数；d 为等额常数；其他符号含义同前。

第五节　银行卡业务

一、银行卡业务概述

(一)银行卡的种类

银行卡是由商业银行经授权向社会发行的具有消费信用、转账结算、存取现金等全部或部分功能的信用支付工具的总称，也称为银行信用卡。银行卡多是由塑料卡片或薄型金属材料制成，正面一般凸印有卡号、持卡人姓名、性别、有效期限等信息，背面有一个磁条或 IC 芯片，记录着持卡人的账号、个人密码、存款余额等信息，这些信息只有专用机器才能辨认和读写。

持卡人除了可在特约商户的销售终端机(POS)上使用银行卡,购买各种商品、就餐、住宿、娱乐以外,还可以向发卡行的分支机构或自动柜员机(ATM)提取现金或透支小额现金。

银行卡的种类很多,按不同标准有不同的分类。常见的分类标准是按其是否具有透支功能来划分。据此,银行卡可分为贷记卡、准贷记卡和借记卡。贷记卡是指发卡银行给予持卡人一定的信用额度,持卡人可在信用额度内先消费后还款的银行卡。准贷记卡是指持卡人先按发卡银行要求缴存一定金额的备用金,当备用金不足支付时,可在发卡银行规定的信用额度内透支的银行卡。借记卡是由发卡银行向社会发行的,一种先存款后消费,不具备透支功能的银行卡。前两者是真正意义的信用卡,后者只是储蓄卡。按其载体材料的不同银行卡可分为塑料卡、磁卡、集成电路卡和光卡。此外,银行卡还可分为一般卡、ATM 功能卡和 POS 功能卡。

(二)银行卡业务的发展

最早发明和使用信用卡的是 20 世纪 20 年代的美国商业界。激烈的商业竞争迫使商家推出一种允许客户赊购商品,尔后按期分期付款的信用销售办法,这种凭以购物消费的信用凭证被称为信用卡。1952 年,美国加州富兰克林银行首次向社会发行银行卡,从此,开始了对传统支付方式的革命。几十年来,银行卡以其方便、快捷、安全的特点深入人心,风靡全球,产生了两大银行卡国际组织"维萨国际组织"(VISA)和"万事达国际组织集团",近年来,随着科学技术的飞速发展,新技术应用到银行卡上以后,使银行卡的使用范围不断扩大,银行卡在现代人们的生活中扮演着日益重要的角色。

我国银行卡业务起步较晚,但发展迅速。1985 年中国银行珠海分行发行了首张人民币珠江卡,1986 年中国银行北京分行发行了人民币长城卡,同年并被确定为中国银行系统通用银行卡,在全国各大城市发行。目前国内的商业银行几乎都开办有自己的银行卡业务。2002 年 3 月,由中国工商银行、中国农业银行、中国银行、中国建设银行、交通银行等银行卡发卡金融机构共同发起设立中国银联股份有限公司,负责建立和运营全国统一的银行卡跨行信息交换网络,制定统一的业务规范和技术标准,保障银行卡跨行通用以及业务的联合发展,提供各银行共享的银行卡基础设施及先进的电子支付技术和相关的专业化服务。它的成立改善了我国银行卡的使用环境,推动了我国银行卡业务的快速发展。

(三)银行卡业务的特点

(1)具有支付汇兑、消费信贷和储蓄功能;

(2)技术要求高;

(3)一次性投资大;

(4)管理复杂;

(5)存在较大风险;

(6)需要发卡行之间联合经营。

二、银行卡业务程序

(一)银行卡业务的操作程序

1. 银行卡的发行

需要银行卡的单位或个人要向发卡方提出申请,填具"银行卡申请表"并同时提交单位营业执照、居民身份证等有关证件;发卡行对申请表及有关材料进行审核,合格者可发给"银行卡通知书"，并办理开户手续；银行在查验居民身份证、收账通知和业务费收据确认无误后，将银行卡交给客户，客户在银行卡上签名并填写签收单；银行将持卡人签名的签收单和申请书一起归档保管。申请书是具有法律效力的合约形式，是持卡人向发卡银行申领银行信用卡的法律文件，银行和持卡人都必须遵守申请书约定的有关条款规定。

客户想持有银行信用卡，银行必须获得申请人详细的信息资料并对其资信进行严格考察，包括申请人姓名或名称、性别、年龄、地址、联系方式、配偶及家庭情况、个人资产及负债情况，还包括个人收入、薪金、职业、职务、主管上司、银行往来、咨询、担保及有关权利、责任等详细情况，经银行审查批准、申请人签字做出相应承诺保证后，银行予以发卡。

2. 银行卡的使用

客户取得银行卡后，在指定的银行、商店和服务业中支取现金、购货、消费等。

3. 银行卡的更换

银行卡都有规定的使用期限，到期后银行要收回旧卡更换新卡。一般银行卡在有效期失效前的最后一个月银行就应向客户递送到期换卡通知书，通知办理续期换卡或销户的时间期限。

(二)银行卡业务的清算与收益

银行卡发行单位要预先与商业、服务单位约定用银行卡付账的各种条件。一般由银行卡公司的市场部(营销部)负责此业务，他们同消费单位联系特约商店，并向商店提供各种资料和信息，确保受卡业务的正常运行和延续，特约商店定期将集团内各会员银行的银行卡用户消费单据，集中交就近会员银行收款。会员银行间可以相互代垫用户的消费金额，会员银行收到特约商店交来的单据后，对自己行的持卡人通过电脑记账后向其收款。对非自己行的持卡人单据，若是国内其他会员行的，则通过国内清算中心划账，若是国外会员行的，则通过国际清算中心清算差额。

银行卡在发行初期往往要亏本，因为建立清算系统，建立特约商店都要大量投入。因此，许多银行都采用或购买发行权或参与发行的方式。银行卡发行量达到一定规模以后，其收益的增长是可观的。银行卡的收益主要来自以下方面：

(1)使用单位向发行银行交纳的回扣。这是银行卡最主要的收入。由于商店、服务业使用银行卡，销售量会大幅度上升，特约商店会得到很大收益。因此，应向发卡单位交纳回扣。一般回扣额度因行业不同而不同，同行业也可依不同营业额而不同，这需要特约商店同发卡公司市场部协商。银行卡使用越多，消费额越大，银行卡公司所得回扣也就越多。

(2)会费与年费。这是发卡公司向持卡人收取的费用。申请银行卡时，要交纳费用，每年持卡人还应向发卡公司支付年费。因此，用户越多，收入额越大。

(3)利息收入。银行信用卡持卡人有了透支额，发卡公司一般有一个免息期，即在一定期限内，此透支不计算利息，但若到期仍未归还，则要按月计息，有时还要加收手续费。免息期一般在每月结账单出来后的10～25天之间。

(4)手续费收入。该项收入主要有：异地存取款手续费收入、异地大额转账手续费收入、挂失手续费收入、补卡手续费和成本费收入。

三、银行卡业务的风险防范

(一)对持卡者的风险防范

首先要加强客户在申请银行卡时的资信审查，根据持卡者资信情况，实行保证金、担保等制度，加强对透支，尤其是超限额、超期限透支的控制，对每天透支情况进行分户统计与分析，对透支时间长、金额大的持卡人要催促还款还息。对信用较差者，甚至恶意透支者，采取相应的冻结支付手段，及时追索透支款项的本息。同时加强宣传、提高持卡人的防范意识，提请持卡人妥善保管银行卡，防止遗失，禁止转让、出借，以免造成持卡者损失。

（二）对特约商户的风险防范

特约商户在处理银行卡业务时常因违规和欺诈行为给发卡行带来经济损失。为防范违规行为所带来的风险，银行要加强对商户营业人员的培训工作，进行操作知识讲座、示范演练以及风险防范的注意事项讲解，对商户压卡、签购单证等环节加强复核监管，对商户差错情况进行统计、分析、指导。防止特约商户欺诈行为，银行要注意认真复查每日交来的单证，确保其真实性，发现疑问及时纠正，行为恶劣者中止协议，撤销特约，追究其责任。

（三）对银行发卡机构内部风险的防范

银行要建立严格的内部管理制度，各职能部门、岗位人员都要严格按章办事，关键岗位要建立复审制度，对空白重要单证要实行专人管理和领销制度，定期核对。加强员工的法制教育，提高员工的业务素质和工作技能，保持与执法部门的密切联系与合作，严厉打击银行卡的伪造、冒用和欺诈行为。为防止重大意外风险损失，发卡银行可就某些损失向保险公司申请保险，以求降低和避免损失。

本章小结

1. 商业银行的中间业务是指商业银行在不需要动用或较少动用自己资金的情况下，以中间人的身份参与业务，替客户办理收付或其他委托事项，为客户提供各类金融服务并收取手续费的业务。

2. 商业银行的结算业务是指银行通过使用各种结算工具，清偿单位与单位之间由于商品交易、劳务供应所引起的债权债务关系，办理由于利息收支、资金调拨等经济活动引起的货币收付的业务。

3. 商业银行的代理业务是指商业银行接受单位和个人的委托，以代理人的身份代办客户指定的经济事项，并收取手续费的业务。代理业务可在不改变银行资产负债规模的条件下，稳定和扩大银行的客户群，增加银行的资金来源，扩展银行的盈利空间。

4. 商业银行的信息咨询业务是指商业银行运用自身所积累的大量信息资源，以专门的知识、技能和经验为客户提供所需信息和多项智力服务的业务。商业银行开展信息咨询业务是市场经济发展的客观需要，有利于银行提高决策能力，拓展商业银行的业务盈利空间。

5. 商业银行的信托业务是指商业银行作为受托人，接受委托人的委托，将财产所有权转移到商业银行名下，按照委托人的意愿来管理、经营和处理该项信托财产，据此收取手续费的业务。银行经营信托业务必须遵守忠实原则、法律契约原则、资金独立原则、审慎管理原则。

6. 商业银行的租赁业务是指集融资与融物为一体的筹措设备资金的活动。商业银行主要从事融资性租赁业务。

7. 银行卡是指商业银行向社会发行的具有消费信用、转账结算、存取现金等全部或部分功能的信用支付工具。银行卡业务推动了银行新的服务方式的发展，为银行和社会创造了较高的经济效益。

关键术语

中间业务　结算　汇票　本票　支票　信用证　代理融通　担保见证　信托　融资性租赁　租金　年金法　银行卡

思考与练习

1. 如何理解商业银行的中间业务?

2. 商业银行中间业务有哪些种类?

3. 简述信息咨询业务的意义。

4. 简述商业银行信托业务的原则。

5. 什么是融资性租赁? 它有哪些特征?

6. 租金的计算方法有哪些?

7. 如何防范银行信用卡业务的风险?

8. 某企业承租一台设备,价款总计 140 000 元,运输费、安装调试费、保险费合计 10 000 元,租期 5 年,每季季末交租金一次,年利率 8%,求每次应付租金和总租金。

第七章　商业银行金融衍生业务

本章要点

1. 远期利率协议的定价
2. 期货合约与远期合约的区别
3. 金融期权交易的策略
4. 欧式期权与美式期权的定价
5. 货币互换业务

第一节　金融远期业务

一、金融远期合约的含义

金融远期合约是指金融市场交易双方约定在未来某一确定时间，按照事先商定的价格（如利率、汇率等），以预先确定的方式买卖一定数量的某种金融资产的合约。金融远期交易合约主要有远期利率协议、远期外汇合约。

二、金融远期合约的种类

（一）远期利率协议

远期利率协议是指市场中的买卖双方同意在未来一定时间（清算日），以商定的名义本金和期限为基础，由一方将协议利率与参考利率之间差额的贴现额度付给另一方的协议。实际上，远期利率协议的买方相当于名义借款人，而卖方则相当于名义贷款人，双方签订远期利率协议，相当于同意从未来某一商定日期开始，按协定利率借贷一笔数额、期限、币种确定的名义本金。只是双方在清算日时并不实际交换本金，而是根据协议利率和参考利率之间的差额及名义本金额，由交易一方支付给另一方的结算金。

1. 远期利率协议的要素与交易流程

世界上大多数远期利率协议都是根据1985年英国银行家协会颁布的远期利率标准化文件执行的。远期利率标准化文件包括以下要素：①合同金额：借贷的名义本金额；②合同货币：合同金额的货币币种；③交易日：远期利率协议成交的日期；④结算日：名义借贷开始的日期，也就是交易一方向另一方交付结算金的日期；⑤确定日：确定参考利率的日期；⑥到期日：名义借贷到期的日期；⑦合同期：结算日至到期日之间的天数；⑧合同利率：在协议中双方商定的借贷利率；⑨参照利率：协议中指定的在确定日用以确定结算金的某种市场利率；⑩结算金：在结算日根据合同利率和参考利率的差额计算出来的由交易一方付给另一方的金额。

我们通过实例来说明远期利率协议的交易流程。

假定今天是 2016 年 1 月 11 日星期一，交易双方同意成交一份“3×6”名义额为 1 000 万美元，协议利率为 5%的远期利率协议。其中“3×6”是指起算日和结算日为 3 个月，起算日至名义贷款最终到期日之间的时间为 6 个月。交易日与结算日一般时隔两个交易日。在本例中，起算日是 2016 年 1 月 13 日星期三，而结算日则是 2016 年 4 月 13 日星期三，到期时间为 2016 年 7 月 13 日星期三，合同期为 2016 年 4 月 13 日至 2016 年 7 月 13 日。在结算日之前的两个交易日(即 2015 年 4 月 11 日星期一)为确定日，确定参考利率(LIBOR)。参考利率通常为确定日的伦敦同业拆借利率。我们假定利率为 6.5%。这样，在结算日，由于参考利率高于合同利率，名义贷款方就要支付结算金(结算金计算见下文)给名义借款方。交易流程如图 7-1 所示。

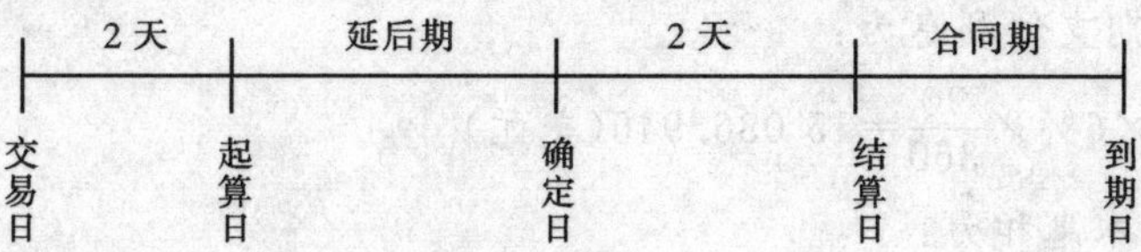

图 7-1　远期利率协议流程图

2. 结算金的计算

在远期利率协议下，如果参考利率超过合同利率，那么卖方(即名义贷款人)就要支付买方(即名义借款人)一笔结算金，以补偿买方在实际借款中因利率上升而造成的损失。一般来说，实际借款利息是在贷款到期时支付的，而结算金则是在结算日支付的，因此结算金并不等于因利率上升而给买方造成的额外利息支付，而等于额外利息支出在计算日的贴现值，具体计算公式如下：

$$结算金=\frac{(参考利率-合同利率)\times 合同金额\times\frac{合同期天数}{天数计算惯例}}{1+参考利率\times\frac{合同期天数}{天数计算惯例}}$$

若币种为美元，则为 360 天；若币种为英镑，则为 365 天。

[例 7-1]　ABC 商业银行发放了一笔 100 万美元，期限为 6 个月，利率为 9%的贷款，前 3 个月的资金来源有利率为 7%的 100 万美元存款支持，后 3 个月准备在同业拆借市场拆借资金来支持。银行预期美元的市场利率不久将上升，为避免筹资成本增加带来的风险，这时从 XYZ 银行买进一个 3 个月对 6 个月的远期利率协议，参照利率为 3 个月的 LIBOR，协议利率为 7%，到结算日那天，市场利率果真上升，3 个月的 LIBOR 为 8%，于是，远期利率协议的协议利率与 LIBOR 之间的利差，将由作为卖方的 XYZ 银行支付给 ABC 银行(买方)，支付的金额为：

$$\left[1\,000\,000\times(8\%-7\%)\times\frac{90}{360}\right]/\left[1+8\%\times\frac{90}{360}\right]=2\,450.98(美元)$$

ABC 银行的实际筹资金额为：

1 000 000－2 450.98＝997 549.02(美元)

ABC 银行 3 个月到期支付利息为：

997 549.02×8%×(90/360)＝19 950.98(美元)

ABC 银行支付的本息和为：

997 549.02＋19 950.98＝1 017 500(美元)

ABC 银行实际承担的利率仍为：

$$\frac{17\ 500}{1\ 000\ 000}\div\frac{90}{360}=7\%$$

如果到结算日时，3 个月的 LIBOR 为 6%，与原来的预测相反，市场利率下降了，这时，远期利率协议的协议利率与 3 个月的 LIBOR 之间的利差，将由 ABC 银行支付给 XYZ 银行，支付的金额为：

$$\left[1\ 000\ 000\times\frac{90}{360}\times(7\%-6\%)\right]/\left[1+6\%\times\frac{90}{360}\right]=2\ 463.054(\text{美元})$$

ABC 银行的实际筹集资金额为：

1 000 000＋2 463.054＝1 002 463.054(美元)

ABC 银行 3 个月到期支付利息为：

$$1\ 002\ 463.054\times6\%\times\frac{90}{360}=15\ 036.946(\text{美元})$$

则 ABC 银行支付的本息和为：

1 002 463.054＋15 036.946＝1 017 500(美元)

ABC 银行实际承担的利率仍为：

$$\frac{17\ 500}{1\ 000\ 000}\div\frac{90}{360}=7\%$$

通过以上两种情况分析，可以发现，ABC 银行购买了远期利率协议后，不论日后利率如何变化，都将达到其固定利息成本的目的，通过这种交易安排，ABC 银行可以稳定地获取 2% 的贷款收益。

3. 远期利率协议的定价

对商业银行来说，远期利率协议的定价主要由以下组成：①远期利率，其高低主要取决于交易期限、币种、金额等条件和报价银行的市场活动能力，远期利率构成整个定价的基础。②年差价，其高低因报价银行实力和具体交易要求而异，起伏较大。③利差收益，也就是商业银行从事远期利率协议交易所需获得的服务报酬，通常是 25 个基本点(1 个基本点等于万分之一)。

[例 7-2] 如果 A 商业银行向某客户出售一个 3×6 的 100 万美元的远期利率协议，就意味着 A 银行必须创造一个从 3 个月以后开始的为期 3 个月的 100 万美元的贷款利率。如果此时现货资金市场美元利率(一般为年利率)为：3 个月：10%～10.2%；6 个月：10.8%～11%。为保证能在交易日的 3 个月之后发放一笔为期 3 个月的 100 万美元的贷款，A 银行必须按即期利率 11% 借入一笔期限为 6 个月的资金，并以即期利率 10% 把该资金即期拆放 3 个月，从而这笔即期拆入的资金数额应为：

$$\frac{100}{1+10\%\times3/12}=97.561(\text{万美元})$$

其 6 个月后的本息和为：

97.561×(1＋11%×6/12)＝102.927(万美元)

因此，A 商业银行为了保持借放款收支平衡，交易日的 3 个月之后为期 3 个月的 100 万美元的贷款利率为：

$$\frac{102.927-100}{100}\div\frac{3}{12}=11.708\%$$

(二)远期外汇合约

远期外汇合约是指双方约定在将来某一时间按约定的远期汇率买卖一定金额的某种外汇的合约。交易双方在签订合同时,就确定好将来进行交割的远期汇率,到时无论汇率如何变化,都应按此汇率交割。关于远期外汇合约的详细论述参看第八章。

第二节　金融期货业务

一、金融期货合约

现代意义上的期货最早产生于美国,它以 1848 年芝加哥期货交易所(The Chicago Board of Trade,简称 CBOT 或 CBT)成立为标志,距今已有 160 多年的历史。而金融期货则是 20 世纪 70 年代初期才产生的一种新的期货种类。世界上第一个金融期货合约是 1972 年 5 月 16 日由芝加哥商业交易所的分部所推出的外汇期货合约。所谓金融期货合约(financial futures contracts)是指协议双方约定在将来某一特定的时间按约定的条件(包括价格、交割方式、交割地点)买入或卖出一定标准数量的某种特定金融工具(如外汇、债券、股价指数等)的标准化协议。

金融期货合约的基本要素有:

1. 交易标的物

每份合约都必须指明以何种金融工具作为标的物,如外汇期货的标的物是外汇,具体为美元、英镑等,股票价格指数期货的标的物是股价指数。

2. 交易单位

金融期货交易每份合约的交割数量都是确定的,但不同的交易所有不同的规定。交易单位的大小要根据期货市场交易的规模、参与者的资金实力、标的商品价格波动性等因素而定。交易单位的标准化,极大地简化了期货交易的过程,提高了金融市场的效率。

3. 最小变动价位

最小变动价位亦称刻度或最小波动,是期货交易所公开竞价过程中商品或金融期货价格报价的最小变动数值。最小变动价位乘以合约交易单位,就可以得到期货合约的最小变动金额。期货品种不同,最小变动价位也不同。

4. 每日最高波动幅度

每日最高波动幅度是指期货交易所规定的单个交易日内期货价格允许涨跌的最大幅度。我国称之为涨停板制度,以此来限制风险并保证交易的公平性。

5. 标准交割时间

标准交割时间包括标准交割月份和标准交割日期。标准交割月份是指各交易所规定的期货合约交割的未来月份。不同的交易所对交割月份的规定不同。标准交割日期是指交割月份的具体交割日。

6. 初始保证金

初始保证金是指期货交易双方为保证合约得以履行而向清算会员存储的保证金,以保证价格变化时亏损一方能及时支付。初始保证金是期货保障机制的重要环节。

二、金融期货的功能

(一)规避风险的功能

商品期货市场最基本的功能在于为商品价格在市场参与者之间的再分配提供了便利。同时,商品期货价格也为商品的生产者、批发商和消费者提供了重要的信息,他们必须决定现在的消费和未来的储存。而金融期货既不能用于消费也不能投入实际的生产,因而它们没有实际的使用价值,它们仅仅代表对将来收入的要求权。在金融市场活动中,商业银行经常面临着来自市场的利率风险、汇率风险和证券投资等风险。有了金融期货市场后,商业银行等金融中介组织利用金融期货多头或者空头将价格风险转移出去,从而实现规避风险的目的。这是(商品、金融)期货市场最主要的功能,也是期货市场产生的最根本原因。

(二)价格发现的功能

金融期货交易是在有组织的交易所里进行的,期货价格是由买卖双方公开竞价产生的。期货价格是所有参与期货交易的人对未来某一特定事件的现货价格的期望或预期。不论期货合约的多头还是空头,都会依其个人所持立场或所掌握的市场资讯,并对过去的价格表现加以研究后,做出买卖委托。而交易所通过电脑撮合公开竞价出来的价格即为此瞬间市场对未来某一特定时间现货价格的平均看法。这就是期货市场的价格发现功能。市场参与者可以利用期货市场的价格发现功能进行相关决策,以提高自己适应市场的能力。

但是,如果期货市场存在着价格操纵行为,则会严重削弱期货市场价格的真实程度,降低期货市场的效率,甚至在某一时间里完全使价格扭曲,破坏了期货市场。因此,各国期货交易所都实行了一系列的管理措施,以确保期货市场的“公平”、“公正”、“公开”,促进期货市场健康可持续发展。

三、金融期货交易的特点

(一)合约标准化

期货合约的合约规模、交割日期、交割地点等都是标准化的,即在合约上有明确的规定,无须双方再商定。交易双方所要做的唯一工作就是选择适合自己的期货合约,并通过交易所竞价确定成交价格。价格是期货合约的唯一变量。

(二)间接清算制

期货合约均在交易所进行,交易双方不直接接触,而是各自与交易所的清算部或专设的清算公司结算。对期货交易的买方而言,卖方是期货交易所的结算公司;对期货交易的卖方而言,买方也是期货交易所的结算公司,因而交易双方无需担心对方违约。由于所有的买者和卖者都集中在交易所交易,因此就克服了远期交易信息不对称和违约风险高的缺陷。

(三)灵活性

期货合约的买者或卖者可以在交割日之前采取对冲交易结束其期货头寸(即平仓),而无须进行最后的实物交割。这相当于买者可把买进的期货合约卖掉,卖者可把卖出的期货合约再买回,这就克服了远期交易合约流动性差的问题。由于通过平仓结束期货头寸比起实物交割既省事又灵活,因此,目前大多数期货交易都是通过平仓来结清头寸的。据有关资料介绍,最终进行实物交割的期货合约不到2%。

(四)每日清算制

期货交易不是到期一次性进行结算的，而是每天进行结算的，买卖双方在交易之前都必须在经纪人公司开立专门的保证金账户。经纪公司通常要求交易者在交易之前必须存入一定数量的保证金，这种保证金叫初始保证金。在每天交易结束时，保证金账户要根据期货价格升跌而进行调整，以反映交易者的浮动盈亏，这就是所谓的盯市。浮动盈亏是根据结算价格计算的。结算价格的确定由交易所规定，它有可能是根据当天的加权平均价，也可能是收盘价，还可能是最后几秒钟的平均价。

当天结算价格高于昨日的结算价格(或当天的开仓价)时，高出部分就是多头的浮动盈利和空头的浮动亏损。这些浮动盈利和亏损就在当天晚上分别加入多头的保证金账户和从空头的保证金账户中扣除。当保证金账户的余额超过初始保证金水平时，交易者可随时提取现金或用于开新仓。而当保证金账户的余额低于交易所规定的维持保证金水平时，经纪公司就会通知交易者限期把保证金水平补足到保证金水平，否则就会被强制平仓。维持保证金水平通常是初始保证金水平的75%。

四、金融期货交易的主要种类

按标的物的不同，金融期货主要分为外汇期货、利率期货和股票价格指数期货。

(一)外汇期货

所谓外汇期货(foreign currency futures)是指交易双方约定在未来特定的时期进行外汇交割，并限定标准币种、数量、交割月份及交割地点的标准化合约。外汇期货是由美国芝加哥商品交易所的国际货币市场于1972年首创的。目前，世界上主要的期货市场大都从事外汇期货交易业务。

(二)利率期货

所谓利率期货(interest rate futures)是指标的资产的价格依据于利率水平的期货合约，如长期国债期货、短期国债期货和欧洲美元期货。但是这些长短期债券只是作为计算利率波动的基础，通常在合同期满时并不需要实际交割金融资产，而只是通过计算市场的涨跌结算利率期货合约的实际价值。利率期货交易则是在有组织的期货交易所中通过喊价成交的、在未来某一时期进行交割的债券合约买卖。利率期货的种类很多，根据其报价方式的不同主要分为短期利率期货和长期利率期货两大类。短期利率期货则包括国库券期货、可转让存单期货；长期利率期货主要指中长期政府债券期货。

(三)股票价格指数期货

所谓股票价格指数期货(stock price index futures)是指期货交易所与期货买卖双方签订的，约定在未来某一特定的时期，买卖双方向期货交易所的结算公司收付等于股价指数若干倍金额的合约。股票价格指数期货的价值实际上等于股价指数的涨跌幅幅乘以规定倍数的金额。这一特定的倍数一般由交易所来定，各个交易所的规定不同。通常是500美元、250美元、100美元、50美元，主要视股票价格指数高低而定。

五、期货合约与远期合约的区别

期货合约与远期合约虽然都是在交易时约定在将来某一时间按约定的条件买卖一定数量的某种标的物的合约，但它们也存在以下不同：

(一)标准化程度不同

远期交易遵循“契约自由”的原则，合约中的相关条件如标的物的质量、数量、交易地点和交割月份都是根据双方的需要确定的。由于交易者需求的差异性，因而导致合约的多样性，远期合约虽具有灵活性的特点，但合约的流动性较差，二级市场不发达。

期货合约则是标准化的。期货交易所为各种标的物的期货合约制定了标准化的数量、质量、交割地点、交割时间、交割方式、合约规模等条款，只有价格是成交时根据市场行情确定的。由于开展期货交易的标的物有限，相关条件又是固定的，因而期货合约在满足人们各种需求方面虽然不如远期合约，但标准化却大大便利了期货合约的签订和转让，使期货合约具有极强的流动性，因此吸收了众多的交易者。

虽然远期合约目前也在尽量执行标准化，但其标准化程度却赶不上期货合约，否则远期合约就变成期货合约了，远期合约也就不存在。

(二)交易场所不同

远期交易并没有固定的场所，交易双方各自寻找合适的对象，因而是一个无组织、效率较低的、分散的市场。在金融远期交易中，银行充当着重要的角色。由于金融远期合约交割方便，标的物同质性较好，因而很多银行都提供重要标的物的远期买卖报价供客户选择，从而有力推动了远期交易的发展。

期货合约则在交易所内交易，一般不允许场外交易。交易所不仅为期货交易提供了交易场所，而且为期货交易提供了许多严格的交易规则(涨停板制、最小价格波动度、报价方式、最大持仓限额、保证金制度等)，并为期货交易提供信用担保。可以说期货市场是一个有组织的、有秩序的、统一的市场。

(三)违约风险不同

远期合约的履行金仅以签约双方的信誉为担保，一旦一方无力或不愿履约时，另一方就得蒙受损失。即使在签约时双方采取缴纳定金、第三方担保等措施，仍不足以保证远期合约到期一定能够履行，违约、毁约的现象时有发生，因而远期交易的违约风险很高。期货合约的履行则有交易所或清算公司提供担保。交易双方直接面对的都是交易所，即使一方违约，另一方也不会受到丝毫影响。交易所之所以提供这种担保，主要是依靠完善的保证金制度和结算会员之间的连带无限清偿责任来实现的。可以说，期货交易双方的违约风险几乎为零。

(四)价格确定方式不同

远期合约的交割价格是由交易双方直接谈判并私下确定的。由于远期交易没有固定的场所，因此在确定价格时信息是不对称的，不同交易双方在同一时间所确定的类似远期合约的价格可能相差甚远，因此远期交易定价效率很低。期货交易的价格则是在交易所中有很多买者和卖者通过其经纪人在场内公开竞价确定的，有关价格的信息较为充分、对称，产生的期货价格较为合理、统一，因此期货市场的定价效率较高。

(五)履约方式不同

由于远期合约是非标准化的，转让相当困难，并要征得对方的同意(由于信用度不同)，因此绝大多数远期合约只能通过到期实物交割来履行。而实物交割对双方来说都是交易成本较高的事。由于期货交易是标准化的,期货交易又在交易所内进行,因此交易十分方便。当交易一方的目的(如投机、套利保值和套利)达到时,他无须征得对方的同意就可通过平仓来清算自己的头寸并把履约权利和义务转让给第三方。在实际中,绝大多数期货合约都是通过平仓来了结的。

(六)合约双方关系不同

由于远期合约的违约风险主要取决于对方的信用度,因此签约前必须对对方的信誉和实力等方面作充分的了解。而期货合约的履约完全不取决于对方而取决于交易所或结算公司,因此不要求完全了解对方。在期货交易中,交易者甚至根本不知道对方是谁,这就极大方便了期货交易。

(七)结算方式不同

远期合约签约后,只有到期才能进行交割清算,其间均不进行结算。期货交易则是每天结算。当同品种的期货市场发生变动时,就会对所有该品种期货合约的多头和空头产生浮动盈余或浮动亏损,并在当天晚上就在其保证金账户中体现出来。因此当市场价格朝着自己有利的方向变动时,交易者不必等到到期就可逐步实现盈利。当然,若市场朝着自己不利的方向变动时,交易者在到期之前就得付出亏损的金额。

第三节　金融期权业务

一、金融期权交易合约的含义与种类

期权又称选择权,是指赋予其购买者在规定期限内按双方约定的价格(简称协议价格,exercise price,或敲定价格,strike price)购买或者出售一定数量某种金额资产(又称标的资产)权利的合约。金融期权实质上是金融市场上的买卖双方签订合约并在合约中规定,由买方向卖方支付一定数量的权利金后,即赋予了买方在规定时间内按双方事先确定的价格购买或出售一定数量的某种金融资产的权利。对期权买方来说,合约赋予他的只有权利而无义务,在合约的有效期内,他既可到期行使这个权利,也可放弃这个权利,条件是在购买时必须支付一定数量的期权费给卖方。对于期权的卖方来讲,合约赋予他的只有义务而无权利,他在收取期权费后,有义务按买方行使权利提出的要求履约,当然,这种履约须按合约规定的时间和履约价格来进行。

期权合约包括以下基本要素:

1. 标的资产的种类及数量

每份期权合约应指明以何种金融资产作为标的资产,同时应规定买卖该种资产的数量。不同交易所对不同资产期货合约的数量作出明确的规定。

2. 协议价格

协议价格又称执行价格,或称敲定价格,是指期权合约中规定的履约价格,一旦敲定不易更改。

3. 合约有效期

合约的有效期一般不超过 9 个月,以 3 个月和 6 个月最为常见。

4.期权交易地点

标准化的期货合约一般在专门的期货交易所内进行。但由于金融期权的历史较短，种类繁多，一些期货交易所、商品交易所、证券交易所也会附设期货交易所，交易标准化期货合约。至于场外非标准期货合约，则一般由银行或投资公司安排，交易地点可由双方商定。

5.权利金

权利金是期权买方为购买选择权所付出的那笔金额。

6.合约格式

一般规定合约的交易单位、最小变动价格、每日最高波动幅度、合约月份、最后交易日、履约日、交割方式等。

一般而言，金融期权有下列主要分类：

按期权购买者是否提前执行合约来划分，金融期权可划分为欧式期权和美式期权。欧式期权的购买者只能在合约到期才能执行；而美式期权则允许在合约有效期的任何对他有利时间都可以执行权力。

期权也可分为看涨期权与看跌期权。凡是赋予期权购买者买进标的资产权利的合约就是看涨期权；而赋予期权购买者出售标的资产权利的合约就是看跌期权。

按期权合约的标的资产来划分，金融期权合约可划分为利率期权、外汇期权、股价指数期权、股票期权等现货期权以及金融期货期权。

二、金融期权交易的基本策略

一般来说，按期权购买者的权力划分，期权可分为看涨期权和看跌期权。投资者可分为购买者和出售者。将金融期权交易的基本类型与两类基本交易者进行组合，可形成金融期权交易的四种基本的策略，即买入看涨期权、卖出看涨期权、买入看跌期权、卖出看跌期权。如图7－2所示，横轴表示市场股票价格。

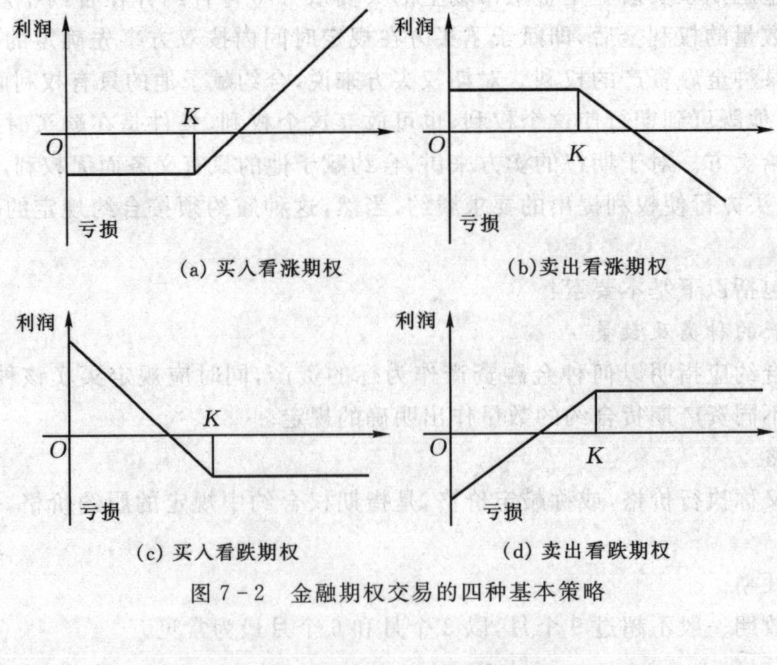

(a) 买入看涨期权　　(b)卖出看涨期权

(c) 买入看跌期权　　(d) 卖出看跌期权

图7－2　金融期权交易的四种基本策略

(一)买入看涨期权

当投资者预期未来某种标的资产的市场价格上涨时,它可按一定的协议价格买进该标的资产的看涨期权。日后,若市场价格果真上涨,即高于协议价格(敲定价 K),则投资者可执行期权,从而实现盈利或保本。反之,市场的价格下跌时,即市场价格低于协议价格,投资者则放弃执行期权,他的最大损失只是期权费。如图 7-2(a)所示。

[例 7-3]　某期权交易者在 2016 年 6 月 1 日预期标准普尔 500 指数将在未来 3 个月内上升,于是,他以 2 000 美元的期权费买进一张 9 月 15 日到期、协议价格为 350 的欧洲看涨期权,其标的物为 9 月份到期的标准普尔 500 指数期货合约。到期时,若标准普尔 500 指数升至 365 时,则期权购买者将执行该期权。这样,他可获得的净利润为(365－350)×500－2 000＝5 500(美元)。当然,若期权合约到期时,标准普尔 500 指数期货的市场价格低于 350 时,则该期权的购买者损失 2 000 美元的期权费并放弃执行期权。

一般而言,当标的资产的市场价格上升时,其看涨期权的期权费也将上升。因此,在标的资产的市场价格上升后,买进看涨期权的投资者既可通过履约而获利,也可通过转让期权合约而获利。

(二)卖出看涨期权

在期权合约交易中,既然有人买进,就一定有人卖出。买卖双方都希望自己能在交易中获利。就看涨期权而言,买进者之所以买进,是因为他预期未来的标的物的价格会上涨,希望通过履约或转让期权合约来获利。而卖出者之所以卖出,是因为他预期未来的标的物的价格会下降,他想收取期权费。合约到期,若市场的价格高于协议价格,期权的买方将执行合约,若低于协议价格,购买者损失期权费并放弃执行期权。因此,对看涨期权的卖出者来说,他的最大盈利就是赚取买方的期权费。而其最大的损失则随标的物的市场价格上涨幅度而定,从理论上说这种损失将是无限的。如图 7-2(b)所示。

(三)买入看跌期权

看跌期权是期权购买者所拥有的可在未来一定的时间亦以协议价格向期权出售者卖出一定数量的某种金融商品或金融期货合约的权利,投资者之所以买进这种期权,是因为他预期标的资产的市场价格将下跌。买进看跌期权后,若标的资产的市场价格果真下跌,且跌至协议价格(敲定价 K)之下,则该投资者可行使权利,以较高的协议价格卖出他所持有的标的资产,从而避免市场价格下跌的损失。期权购买者并不持有标的资产,而在标的资产的市场价格下跌时(低于敲定价 K),他可以较低的市场价格买进标的资产,并以较高的协议价格卖出标的资产从中获利,获利的幅度将视标的物的市场价格下跌的幅度而决定。反之,在买进看跌期权后,若标的资产的市场价格高于或等于协议价格,则投资者放弃期权而损失他所支付的期权费。如图 7-2(c)所示。

(四)卖出看跌期权

对投资者来说,尤其是对套利者与投机者来说,卖出期权的目的是通过期权费的收取来获得收益。在一般情况下,若投资者对市场价格看涨,他们就卖出看跌期权;而当投资者对市场的价格看跌时,则他们卖出看涨期权。由此可见,期权的看涨、看跌都是对期权购买者而言的,而对期权出售者而言,则情形正好相反。从获取利润的角度而言,投资者卖出看跌期权与卖出看涨期权一样,其最大利润是他们所收取的期权费。对于卖出看跌期权者,当市场价格高于或者

等于敲定价格 K 时，他就会净赚取期权费；当市场价格低于敲定价格 K 时，期权购买者要求执行权利，看跌期权的卖出者的收入必须从期权费中扣除向期权购买者的支付，结果期权卖出者的利润为零，或者负数，即亏损。如图 7－2(d)所示。

在期权交易中，看涨期权交易与看跌期权交易是截然不同的，相对于每一个看涨期权的买方，必然有一个看涨期权的卖方；相对于每一个看跌期权的买方，有一个看跌期权的卖方。即每一种期权形式都有一个买方和卖方。

三、金融期权价格的决定

(一)影响金融期权价格的因素

1. 标的资产的市场价格和敲定价格

由于看涨期权在未来某一特定时间执行，其损益为执行时标的资产的市场价格与敲定价格的差额，所以当标的资产价格上升时，看涨期权的价格上升；敲定价格是期权交易双方达成的未来时间的执行价格，当敲定价格高时，看涨期权的价格就低。而对于看跌期权来说，其损益为敲定价格与执行时标的资产的价格差额，因此，看跌期权的价格正好与看涨期权相反。

2. 期权合约的期限

由于美式期权的持有者在合约有效期对他有利的任何时间内都可执行，因此，一般而言，当期权合约的有效期限增加时，美式看跌期权和看涨期权的价格都会上升。

由于欧式期权只能在合约到期日执行，期限长的合约不一定包含比期限短的合约更多的执行机会，所以，随着有效期限的增加，欧式期权的价格并不一定上升。

3. 标的资产价格的波动率

标的资产价格的波动率反映了标的资产价格未来变动的不确定性。随着波动率的增加，标的资产价格上升到很高或下降到很低的机会也随之增加。看涨期权的持有者从资产价格上升中获利，他的盈利是市场价格减去敲定价格的差额乘以合约数量，最大盈利是无限的。而当标的资产价格下跌时，期权购买者必然放弃执行合约，其最大的损失就是期权费。同理，看跌期权的持有者从资产下跌中获利，他的盈利等于敲定价格减去市场价格差额乘以合约数量，而当资产价格上升时，损失是有限的，也就是期权费。因此，随着波动率的增加，看涨期权和看跌期权的价格都会上升。

4. 无风险利率

无风险利率对期权价格的影响不是很直接。当无风险利率增大时，会使期权标的资产的预期收益率增加；同时，作为贴现率的无风险利率上升，使期权持有者未来收益的现值减少。这两种效应都会使看跌期权的价格下降。而对于看涨期权来说，第一种效应将使期权的价格上升，第二种效应使期权的价格下降，究竟期权的价格是上升还是下降，取决于两种效应的比较。通常情况下，前者的影响将起主导作用，即随着无风险利率的增加，看涨期权的价格也会随之上升。

5. 期权有效期内预计发放的红利

在除息日后，发放红利将使标的资产的价格下降，因此看涨期权的价格将下降，看跌期权的价格将上升，所以看涨期权的价格与预期红利的大小反方向变动，看跌期权的价格与预期红利的大小正向变动。

(二)欧式期权与布莱克-斯科尔斯公式

所谓欧式期权是指期权的购买者必须在合约到期时才能执行合约的期权。欧式期权的定价一般根据1973年由美国著名金融学家布莱克与斯科尔斯得出的公式来计算。

1. 布莱克-斯科尔斯定价公式

1973年，布莱克和斯科尔斯成功地得出了他们期权定价的公式，从此欧式看涨期权与看跌期权定价的精确公式诞生了，在以后的20多年里，这一公式对期权的定价发挥着巨大的作用。这一公式包含以下假设：

(1)不存在交易成本与税收。

(2)股票交易连续进行，且股票具有可分割性(即可交易任何比例的股票)。

(3)无风险利率存在且对于所有的到期日都是相等的。

(4)可无限放空股票与利用放空得来的资金。

(5)股价变动过程可由Itô Process表示：$dS=\mu Sdt+\sigma Sdw$，其中S为股价，μ为股票在单位时间内以连续复利计算的期望收益率，σ为股票瞬间变动收益率的标准方差，dw代表布朗运动；$dw=\varepsilon\sqrt{dt}$，ε的均值为0，方差为1，则dw的均值为0，方差为dt。

(6)标的资产在合约有效期内不存在现金红利。

在风险中性的条件下，欧式看涨期权到期(时段为t)的期望值为：$E[\max(S_T-K,0)]$，其中，E表示风险中性条件下的期望值。根据风险中性定价原理，欧式看涨期权的价格c等于将此期望值按无风险利率进行贴现后的现值，即：$c=e^{-rt}E[\max(S_T-K,0)]$，$S_T$，$K$分别表示期权合约到期时标的资产的市场价格和敲定价格，t为合约有效期，r为无风险利率。$e=2.718\ 28\cdots\cdots$由于$\ln S_T$服从于正态分布，对上述等式右边求值是一个积分过程，当$S_T>K$时，期权购买者执行合约；当$S_T\leqslant K$时，期权购买者放弃执行合约。其结果为：

$$c=S_0N(d_1)-Ke^{-rt}N(d_2)$$

其中，$d_1=\dfrac{\ln\dfrac{S_0}{K}+(r+\dfrac{1}{2}\sigma^2)t}{\sigma\sqrt{t}}$，$d_2=\dfrac{\ln\dfrac{S_0}{K}+(r-\dfrac{1}{2}\sigma^2)t}{\sigma\sqrt{t}}=d_1-\sigma\sqrt{t}$。

式中：S_0表示标的资产目前的市场价格，K表示敲定价格，t表示期权合约的有效期，r表示无风险年利率，σ表示瞬间股票收益率的标准方差，$N(d)$表示标准正态分布变量的累计概率分布函数。$N(-d)=1-N(d)$。ln表示自然对数。

由于欧式看涨期权和看跌期权之间存在平价关系，因此我们可以得出无分红资产欧式看跌期权的定价公式：

$$p=Ke^{-rt}N(-d_2)-S_0N(-d_1)$$

其中，$d_1=\dfrac{\ln\dfrac{S_0}{K}+(r+\dfrac{1}{2}\sigma^2)t}{\sigma\sqrt{t}}$，$d_2=\dfrac{\ln\dfrac{S_0}{K}+(r-\dfrac{1}{2}\sigma^2)t}{\sigma\sqrt{t}}=d_1-\sigma\sqrt{t}$。

布莱克-斯科尔斯的期权定价公式同样适用货币期权和股票指数期权的定价。对于欧式期货期权的定价，布莱克也给出了以下的计算公式：

$$c=e^{-rt}[FN(d_1)-KN(d_2)],\quad p=e^{-rt}[KN(-d_2)-FN(-d_1)]$$

$$d_1=\frac{\ln\dfrac{F}{K}+\dfrac{1}{2}\sigma^2t}{\sigma\sqrt{t}},\quad d_2=\frac{\ln\dfrac{F}{K}-\dfrac{1}{2}\sigma^2t}{\sigma\sqrt{t}}=d_1-\sigma\sqrt{t}$$

其中，c,p 分别表示期货期权合约的买入价和卖出价，F,K 分别表示期货的现价和敲定价格。其他要素与以上公式中表示的含义相同。

［例 7－4］ 在股票市场上，A 只股票的现价为 45 美元，股票期权合约的有效期为半年(欧式期权)，敲定价格为 42 美元。无风险年利率为 10%，股价每年的波动率为 20%，问这只股票的买入看涨期权的价格和卖出看跌期权的价格分别是多少？

已知 $S_0=45, K=42, \sigma=0.2, t=0.5, r=0.1$

$$d_1=\frac{\ln\frac{S_0}{K}+(r+\frac{1}{2}\sigma^2)t}{\sigma\sqrt{t}}=\frac{\ln\frac{45}{42}+(0.1+0.5\times0.2^2)\times0.5}{0.2\times\sqrt{0.5}}=0.912\ 1$$

$$d_2=\frac{\ln\frac{S_0}{K}+(r-\frac{1}{2}\sigma^2)t}{\sigma\sqrt{t}}=\frac{\ln\frac{45}{42}+(0.1-0.5\times0.2^2)\times0.5}{0.2\times\sqrt{0.5}}=0.770\ 7$$

$$c=S_0N(d_1)-K\mathrm{e}^{-rt}N(d_2)$$
$$=45N(0.912\ 1)-42\mathrm{e}^{-0.1\times0.5}N(0.770\ 7)=5.716\ 8\ (\text{美元})$$

$$p=K\mathrm{e}^{-rt}N(-d_2)-S_0N(-d_1)$$
$$=42\mathrm{e}^{-0.1\times0.5}N(-0.770\ 7)-45N(-0.912\ 1)=0.668\ 4\ (\text{美元})$$

自然对数 ln 可在 EXCEL 中计算得出，$N(d)$ 可在 EXCEL 中 NORMSDIST(d)得出结果，e^{-rt} 可在 EXCEL 中 $EXP(-r\times t)$ 得出结果。

因此，买入看涨期权的价格为 5.716 8 美元，卖出看跌期权的价格为0.668 4美元。

2. 具有连续分红率的布莱克-斯科尔斯公式

由于布莱克-斯科尔斯的期权定价公式没有考虑标的资产在合约有效期内的分红情况，美国学者莫顿将标的资产的收益为 q(按连续复利计算的固定收益率)因素，加入布莱克-斯科尔斯的公式中，使欧式期权的定价公式得到了进一步的发展。因此，具有连续分红率的欧式看涨期权定价公式为：

$$c=S_0\mathrm{e}^{-qt}N(d_1)-K\mathrm{e}^{-rt}N(d_2)$$

其中，$d_1=\dfrac{\ln\frac{S_0}{K}+(r+\frac{1}{2}\sigma^2-q)t}{\sigma\sqrt{t}}$，$d_2=\dfrac{\ln\frac{S_0}{K}+(r-\frac{1}{2}\sigma^2-q)t}{\sigma\sqrt{t}}=d_1-\sigma\sqrt{t}$。

具有连续分红率的欧式看跌期权定价公式为：

$$p=K\mathrm{e}^{-rt}N(-d_2)-S_0\mathrm{e}^{-qt}N(-d_1)$$

其中，$d_1=\dfrac{\ln\frac{S_0}{K}+(r+\frac{1}{2}\sigma^2-q)t}{\sigma\sqrt{t}}$，$d_2=\dfrac{\ln\frac{S_0}{K}+(r-\frac{1}{2}\sigma^2-q)t}{\sigma\sqrt{t}}=d_1-\sigma\sqrt{t}$。

q 表示标的资产的收益率(按连续复利计算的固定收益率)，其他因素与布莱克-斯科尔斯定价公式相同。由于计算标的资产具有连续复利的固定收益率的期权价格比较容易，因此，我们只计算标的资产在不同时期分红的期权价格。

［例 7－5］ 有一个以股票为标的资产的欧式买入期权，股票的现价为 42 美元，敲定价格为 40 美元，期限为半年，股票价格的波动率为每年 30%，股票在今后 2 个月和 5 个月的分红分别为 0.6 美元和 0.8 美元。无风险年利率为 10%，该股票买入期权的价格是多少？

股票在合约期限内两次分红的现值之和为：$0.6\mathrm{e}^{-0.1\times0.166\ 67}+0.8\mathrm{e}^{-0.1\times0.416\ 7}=1.357\ 4$(美元)

则 $S_0=42-1.3574=40.6426, K=40, t=0.5, \sigma=0.3, r=0.1$

$$d_1=\frac{\ln\frac{40.6426}{40}+(0.1+\frac{1}{2}\times 0.3^2)\times 0.5}{0.3\sqrt{0.5}}=0.4169$$

$N(0.4169)=0.6616$

$$d_2=\frac{\ln\frac{40.6426}{40}+(0.1-\frac{1}{2}\times 0.3^2)\times 0.5}{0.3\sqrt{0.5}}=0.2048$$

$N(0.2048)=0.5811$

买入看涨期权的价格为：$c=40.6426\times 0.6616-40e^{-0.1\times 0.5}\times 0.5811=4.7788$(美元)。以上计算方法与[例 7-4]相同。

(三)美式期权与二叉树公式

所谓美式期权是指期权的购买者在合约有效期内可以选择任何时间进行交割的期权。美式期权可分为看涨期权与看跌期权。对于美式看涨期权的定价问题布莱克提出了一种近似的处理方法，即运用布莱克-斯科尔斯公式分别计算在时刻 T 和 t_n 到期的欧式看涨期权的价格，然后取其中的较大者，作为美式看涨期权价格的近似值。遗憾的是布莱克-斯科尔斯公式无法对美式看跌期权进行定价。但是，我们可以用美国学者 Cox、Ross 和 Rubinstein 于 1979 年提出的二叉树方法来计算美式看跌期权的价格。

1. 不支付红利的期权定价

假设市场上股票的初始价格为 S_0，在经过了时间 Δt 后，股票有上升和下降两种可能，上升的概率为 p，则下降的概率为$(1-p)$，如果股票的价格从 S_0 上升到 $S_0u(u>1)$或者下降到 $S_0d(d<1)$，如图 7-3 所示。

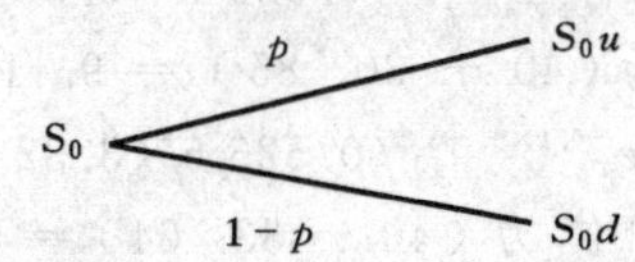

图 7-3　二叉树模型的价格运动

在风险中性的条件下，股票价格在时间 Δt 的期望值和股价变动的方差分别为：

$$S_0e^{r\Delta t}=pS_0u+(1-p)S_0d，即，e^{r\Delta t}=pu+(1-p)d \tag{7-1}$$

$$pu^2+(1-p)d^2-[pu+(1-p)d]^2=\sigma^2\Delta t \tag{7-2}$$

将式(7-1)代入式(7-2)可以得出：

$e^{r\Delta t}(u+d)-ud-e^{2r\Delta t}=\sigma^2\Delta t$，假设，$ud=1$，这样 $p=\frac{e^{r\Delta t}-d}{u-d}$，$u=e^{\sigma\sqrt{\Delta t}}$，$d=e^{-\sigma\sqrt{\Delta t}}$。因此，$f=e^{-r\Delta t}[p\times f_u+(1-p)\times f_d]$，其中，$r$ 表示无风险利率，f_u，f_d 分别为股票价格上升和下降时的期权价值。f 表示期权合约当前的价值(即连续复利贴现值)。

[例 7-6]　假设标的资产为不分红的股票，当前的市场价格为 40 美元，波动率为 30%，无风险利率为 10%，该股票 4 个月期限的美式看跌期权的敲定价格为 40 美元，问该期权的价值是多少？

为了方便，我们将期权有效期分为 4 段，每段 1 个月等于 0.0833 年，建立二叉树，如图 7-4所示，可以得出：$u=e^{\sigma\sqrt{\Delta t}}=e^{0.3\times\sqrt{0.0833}}=1.0904$，$d=e^{-\sigma\sqrt{\Delta t}}=e^{-0.3\times\sqrt{0.0833}}=0.9171$，$p=\frac{e^{r\Delta t}-d}{u-d}=0.5266$，$1-p=0.4734$。

上涨水平为 1.0904，而下跌水平为 0.9171，我们可以算出图 7-4 中各点的价格。B 点的价

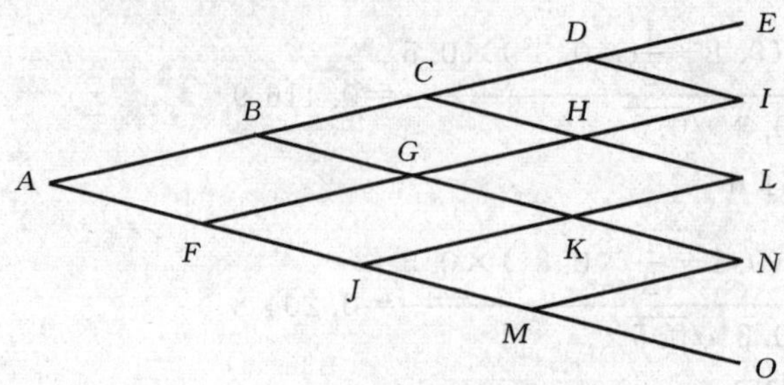

图 7-4　不付红利股票的美式看跌期权二叉树

格为 43.62(40×1.090 4)，C 点的价格为 47.56(40×1.090 4^2)，D 点的价格为 51.86，E 点的价格为 56.55，F 点的价格为 36.68(40×0.917 1)，J 点的价格为 33.64(40×0.917 1^2)，M 点的价格为 30.85，O 点的价格为 28.30，G 点的价格为 40，H 点的价格为 43.62，I 点的价格为 47.56，K 点的价格为 36.68，L 点的价格为 40，N 点的价格为 33.64。我们可以清楚地看出 E，I，L 三点处的期权价值为 0，因为这三点处的价格都高于协议价格 40，N 点的期权价值为 6.36(40－33.64)，O 点的期权价值为 11.70(40－28.30)，D 点、H 点的期权价值分别为 0，K 点的期权价值为$[e^{-0.1\times 0.0833}(0.5266\times 0+0.4734\times 6.36)]=2.99$，然而，如果在 K 点执行，则期权的价值为（40－36.68）＝3.32。显然提前执行合算。M 点的期权价值为$[e^{-0.1\times 0.0833}(0.5266\times 6.36+0.4734\times 11.7)]=8.8$。然而，如果在 M 点执行，则期权的价值为（40－30.85）＝9.15。显然在 M 点提前执行合算。J 点的期权价值为$[e^{-0.1\times 0.0833}(0.5266\times 3.32+0.4734\times 9.15)]=6.03$。然而，如果在 J 点提前执行，则期权的价值为（40－33.64）＝6.36，显然在 J 点提前执行合算。G 点的期权价值为$[e^{-0.1\times 0.0833}(0.5266\times 0+0.4734\times 3.32)]=1.56$。而在 G 点提前执行的期权价值为（40－40）＝0，显然，在 G 点不能执行，只能推后到下一期，所以 G 点的期权价值为 1.56。C 点的期权价值为 0，那么，B 点的期权价值为$[e^{-0.1\times 0.0833}(0.5266\times 0+0.4734\times 1.56)]=0.73$，$F$ 点的期权价值为$[e^{-0.1\times 0.0833}(0.5266\times 1.56+0.4734\times 6.36)]=3.80$。若在 F 点提前执行合约，则 F 点的期权价值为(40－36.68)＝3.32，显然是不合算的，必须持有下去，所以，F 点的期权价值为 3.80。因此，A 点的期权价值为$[e^{-0.1\times 0.0833}(0.5266\times 0.73+0.4734\times 3.80)]=2.17$。若将时间间隔 Δt 进一步缩小时，就会得出更精确的期权值。

2. 支付红利的期权定价

标的资产的红利支付方式不同导致其期权的定价模型不同。

(1)连续支付红利。如果期权的标的资产支付连续红利，红利率为 q，在风险中性的世界里，标的资产本身的收益率应该为$(r-q)$，所以公式(7-1)就变为：$e^{(r-q)\Delta t}=pu+(1-p)d$，$p=\dfrac{e^{(r-q)\Delta t}-d}{u-d}$，其他要素不变。

(2)已知红利率。所谓已知红利率是指在未来某一确定的时间按照股票价格的一定比率支付红利。设红利率为 δ，除息日为 $i\Delta t$，在除息日前的瞬间，股票价格为：$Su^{j}d^{i-j}(j=0,1,2,\cdots,i)$，而在除息日后的瞬间，股票的价格变为：$S(1-\delta)u^{j}d^{i-j}(j=0,1,2,\cdots,i)$，于是，$i\Delta t$ 以后各个节点的股票价格作相应的变化。采用倒推法可以对已知红利率股票为标的的期权进行定价。

四、利率期权与贷款承诺的定价

(一)利率期权

金融机构一般交易的是支付利息的资产和负债，因此更加关注的是利率期权，而非股票期权。未来不确定的利率与利率期权之间的关系就犹如未来不确定的股价对应股票期权的关系。像股票期权一样，决定利率期权价格的一个关键因素便是作为基础资产的债务证券价格的波动性。然而运用封闭式期权定价模型如布莱克-斯科尔斯模型给债券定价却是不可行的。

这主要因为债券有具体的期限，而股票可以假定是无限的。布莱克-斯科尔斯模型可以方便地假定基础股票的价格一直都在波动，而且现实中也是这样的；另一方面债券价格的波动程度会随着年限的增加而减少，因为这时的价格慢慢趋于到期价格或面值，例如一个 10 年期债券的波动性(或利率敏感性)被认为在它存续期内的早期比它离到期日只剩几个月的时候大。另外利率不像股票的回报率一样，它具有平均回报特征，也就是随着时间的流逝，它们倾向于回复到一个长期平均水平。

交易者已广泛运用利率模型来为在交易所内交易的期权和带有期权特征的固定收益证券进行定价。

[例 7-7]　我们考虑一个三期期限债券的两期看涨期权，如图 7-5 所示。假定债券不支付利息，只在 3 年后支付 100 美元，看涨期权的执行价格为 91.00 美元，可在 $t=1$ 或 $t=2$ 时执行，在 $t=2$ 时到期。债券的价格等于以即期的 3 年期利率作为贴现率对 100 进行贴现后的现值(以连续复利利率计息)。它在 D 点的贴现值等于 $100e^{-0.105\times1}=90.0325$(美元)。

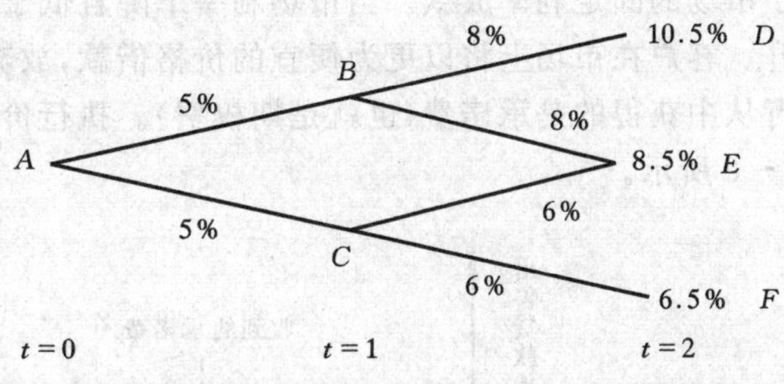

图 7-5　场内交易看涨期权的价格二叉树状图

E 点的贴现值为 $100e^{-0.085\times1}=91.8512$(美元)，$F$ 点的贴现值为 $100e^{-0.065\times1}=93.7067$(美元)。由于执行价格为 91.00 美元，因此，D 点的期权费为 0，即放弃。E 点的期权费为 $91.8512-91=0.8512$(美元)，F 点的期权费为 $93.7067-91=2.7067$(美元)。当上涨或下跌的概率分别为 0.5 时，那么 B 点的期权费为：$e^{-0.08\times1}[0.5\times(0+0.8512)]=0.3929$(美元)，$C$ 点的期权费为：$e^{-0.06\times1}[0.5\times(0.8512+2.7067)]=1.6754$(美元)，因此，$A$ 点的期权费为：$e^{-0.05\times1}[0.5\times(0.3929+1.6754)]=0.9837$(美元)。

1. 利率上限期权

当利率要上升时借款人喜欢利率上限协议，上限期权通过浮动利率贷款的利率限制在一个上限的水平以下而保护借款人免受利率大幅度上升的风险，银行可以以贷款协议中包含的利率上限保护或以单独上限期权的形式将这个期权授予借款人。利率上限期权是基于一个基础的参考利率，如 6 个月 LIBOR 利率的期权。在一个封顶的浮动利率贷款协议中，银行定期根据贷款的参考利率来重新定价贷款利率。当参考利率高于经保证的利率或执行利率时，借款人支付的利率就被封顶了，他不用支付高于保证利率的利息。如果利率下降，银行仍允许借款人执行相应的低利率并从中受益。上限期权的价格对协议的期限和上限利率水平较为敏感。协议期限越长，上限利率越低，参考利率超过上限利率的可能性就越大，期权的价格也就越高。

2. 利率下限期权

利率下限期权与利率上限期权正好相反。利率下限期权保护贷款免受贷款利率下跌至低于下限期权执行利率时的损失。当下限期权是浮动利率贷款中的一部分时，如果市场利率低于下限利率，贷款人可得到偿付。借款人卖出看跌期权，也就是放弃了利率下跌到低于下限利率这部分的利益。作为回报，银行得做出其他让步如减收贷款费用或降低借款利率，以便与借款人签订带有下限期权的贷款协议。

(二)贷款承诺的定价

期权合约类似于保险合约，期权费类似于保险费。贷款承诺是银行中很有价值的金融创新产品，对银行客户来说有着重要的保险功能，它保证客户在需要资金时可得到资金，因为它相当于银行向客户出售一个看跌期权，它赋予客户在未来向银行卖出债务的权利。考虑到固定利率贷款承诺的期权性，在市场利率上涨时，固定利率贷款承诺的价值比变动利率贷款承诺的价值高，因为它在将来的一段时间内锁定了借款利率。如果市场借款利率下降，潜在的借款人不具有执行期权去借款的义务。

作为固定利率贷款承诺的出售方(银行)，银行的损益状态图与一个看跌期权的空头相同。如果市场利率上升且超过承诺的利率(执行价)，客户会更急切地想借到款项，因为承诺的利率比市场利率更划算。另一方面，对于银行来说贷款承诺的潜在价值减少，因为银行不得不以低于市场的固定利率放款。当市场利率下降且低于承诺的利率时，银行贷款承诺的价值就会上升。客户在市场上将以更为便宜的价格借款，放弃按贷款承诺利率从银行借款的权利。而银行从中获得的是承诺费(也就是期权费)。执行价等于受保证的利率。固定利率贷款承诺如图 7-6 所示。

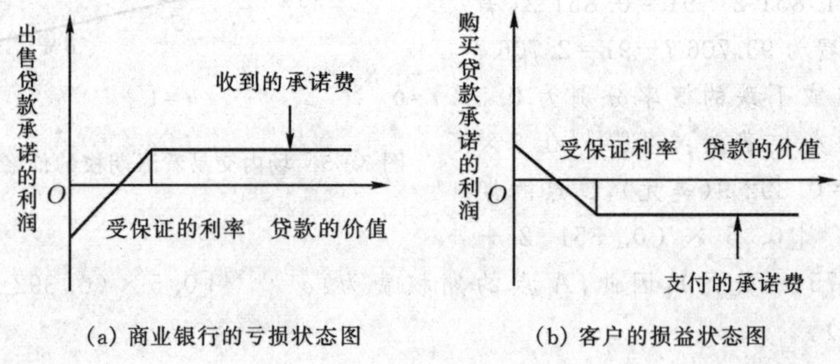

(a) 商业银行的亏损状态图　　(b) 客户的损益状态图

图 7-6　固定利率贷款承诺

如果利率上升，贷款的价值下降，贷款承诺期权呈溢价状态，因为客户可通过向银行出售被低估的债务来获利。如果市场的借款利率跌至低于银行保证的利率水平，客户就会让承诺自动到期，他们只损失承诺费。通过这种期权，风险被转移给银行，看跌期权的买方(客户)无利率下跌的风险。但实际上，如果利率下降，客户肯定要遭受一个适度的、公认的损失(贷款承诺费)。

我们用二叉树方法来计算贷款的承诺费。

［例 7-8］　假设某商业银行即期($t=0$)贷款利率为 $r=10\%$，该银行作出一个 1 年期的贷款承诺，允许在 $t=1$ 时点上发放固定贷款利率为 10%，金额 100 万美元的 1 年贷款，银行如果发放这笔贷款，将在到期日($t=2$)收回 110 万美元，市场借款利率起初为 10%，到年底市场利率上升或下跌 3%的概率为 0.5，如图 7-7 所示。

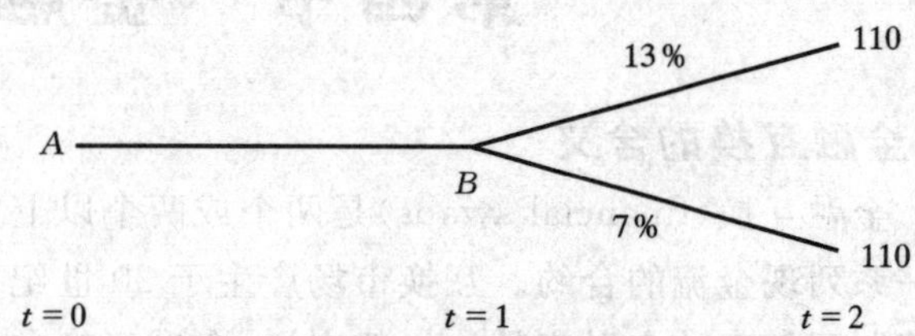

图 7-7　贷款承诺的价格和利率树状图

如果市场利率升至 13%，1 年内基础贷款的现值为 $110e^{-0.13\times1}=96.5905$(万美元)(按连续复利计算现值)。银行客户将执行借款的权利，因为 10%的承诺利率低于 13%的市场利率。这时 $t=1$ 时点上的承诺价值为$(100-96.5905)=3.4095$(万美元)；如果市场利率跌至 7%，贷款成本的现值为 $110e^{-0.07\times1}=102.5633$(万美元)，这时潜在的借款人将不愿以 10%的承诺利率向银行借款，因为它高于市场利率。借款人将不执行承诺而让其自动到期。在 $t=1$ 时点上承诺价值为零，因为客户可以找到利率更低的信贷来源而不愿执行承诺。$t=0$ 时点上承诺的价格最少为 $e^{-0.1\times1}[0.5\times3.4095+0.5\times0]=1.5425$(万美元)，对于可以在 $t=1$ 时被执行的、利率为 10%的 100 万美元贷款承诺，该商业银行将收取 1.542 5 万美元的承诺费。

五、金融期权与金融期货的比较

(一)标准化方面

期货合约都是标准化的，因为它是在交易所中交易的，而期权合约不一定。在美国，场外交易的现货期权是非标准化的，但在交易所交易的现货期权和所有的期货期权则是标准化的。

(二)保证金方面

期货交易的买卖双方都须交纳保证金。期权的买方则无须交保证金，因为他的亏损不会超过他已支付的期权费，而在交易所交易的期权卖者则要交纳保证金。场外交易的期权卖者是否需要交纳保证金则取决于当事人的意见。

(三)权利与义务方面

期货合约的双方被赋予相应的权利和义务(除非用相反的合约抵消)，这种权利与义务在到期日必须行使，也只能在到期日行使，期货的空方甚至还拥有在交割月选择在哪一天交割的权利。而期权合约只赋予买方权利，卖方则无任何权利，它只有在对方履约时进行对应买卖标的物的义务。特别是美式期权的买者可在合约期限内的任何时间执行权利，也可以不执行这个权利；期权卖者则须准备随时履行相应的义务。

(四)盈亏方面

期货交易双方所承担的盈亏都是无限的。而期权交易卖方的亏损可能是无限的(看涨期权)，也可能是有限的(看跌期权)，而盈利则是有限的(以期权费为限)；期权交易买方的亏损是有限的(以期权费为限)，盈利可能是无限的(看涨期权)，也可能是有限的(看跌期权)。

(五)买卖匹配方面

期货合约的买方到期必须买入标的资产，而期权合约的买方在到期日或到期前则有买入

(看涨期权)或卖出(看跌期权)标的资产的权利。期货合约的卖方到期必须卖出标的资产,而期权合约的卖方在到期日或到期前则有根据买方意愿相应卖出(看涨期权)或买入(看跌期权)标的资产的义务。

第四节　金融互换业务

一、金融互换的含义

金融互换(financial swaps)是两个或两个以上的当事人按照一定的条件和特定的时间交换一系列现金流的合约。互换市场产生于20世纪70年代末,货币交易商为了逃避英国的外汇管制而创新的金融产品。一般来说,金融互换主要包括利率互换和货币互换。金融互换是英国著名经济学家李嘉图的比较优势理论在金融市场中的具体运用。李嘉图认为,假设甲乙两国都生产小麦和汽车,已知甲国生产这两种商品均具有绝对优势,而乙国则处于不利地位。经过比较,甲国生产汽车的优势更大,而乙国生产小麦的劣势较其生产汽车较小,这样甲国主要生产汽车,乙国主要生产小麦,那么,甲乙两国通过专业化分工并进行国际贸易,双方都能从中获益。同样,在金融市场上,交易双方各自拥有的两种资产或负债只要存在比较优势,一方对另一方的资产或负债均有需求,这样就可以通过金融互换来实现各自的目标。

二、利率互换

利率互换(interest rate swaps)是指金融市场交易双方同意在未来的一定期限内根据同种货币的同样名义本金交换现金流,其中一方的现金流量按浮动利率计算,而另一方的现金流量按固定利率计算。一般而言,利率互换的期限在2年以上。交易双方进行利率互换的主要原因是双方在固定利率和浮动利率市场上具有比较优势。

由于利率互换只交换利息差额,因此信用风险很小。利率互换的具体业务操作将在第九章中论述。

三、货币互换

货币互换(currency swaps)是将一种货币的本金和固定利息与另一种货币的等价本金和固定利息进行交换。货币互换的主要原因是双方在各自国家中的金融市场上具有比较优势。

[例7-9] 假定英镑和美元汇率为1英镑=1.6美元。A公司想借入5年期的1 000万英镑,B公司想借入5年期的1 600万美元。但由于A公司的信用等级高于B公司,两国金融市场上A,B两公司的熟悉状况不同,因此市场向他们提供的固定利率也不同,如表7-1所示。

表7-1　市场向A,B公司提供的借款利率

	美元	英镑
A公司	8.0%	11.4%
B公司	10.0%	12.0%

从表7-1可以看出,A的借款利率均比B低,即A在两个市场上都具有绝对优势,但绝

对优势的大小不同。A在美元市场的绝对优势为2.0个百分点，在英镑市场上只有0.6个百分点。换言之，A在美元市场上具有比较优势，而B在英镑市场具有比较优势。因而，双方就可利用各自的比较优势借款，然后通过互换得到自己想要的资金，并通过分享互换收益(1.4百分点)降低筹资成本。

于是，A以8.0%的利率借入5年期的1 600万美元，B以12.0%的利率借入5年期的1 000万英镑。然后，双方先进行本金的交换，即A向B支付1 600万美元，B向A支付1 000万英镑。

假定A，B公司商定双方平分互换收益，则A，B公司各自的筹资成本均降低0.7个百分点，即双方最终实际筹资成本分别为：A为10.7%的英镑利率，B为9.3%的美元利率。

这样，双方就可根据借款成本与实际筹资的成本差异计算各自向对方支付的现金流，进行利息互换。即：A向B支付10.7%的英镑借款利息107万英镑，B向A支付8.0%的美元借款利率加1.3%英镑借款利率。若汇率水平不变，B最终实际筹资的成本相当于9.3%美元借款利率。若担心未来汇率水平变动，B可以通过购买美元远期或期货来规避汇率风险。

在贷款期满后，双方要再次进行借款本金的互换，即A向B支付1 000万英镑，B向A支付1 600万美元。到此，货币互换结束。若不考虑本金问题，货币互换的流程如图7-8所示。

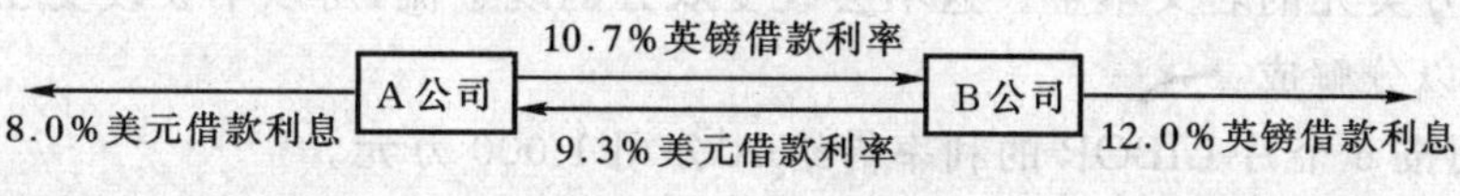

图7-8　货币互换流程图

由于货币互换涉及本金互换，因此当汇率变动很大时双方就将面临一定的信用风险。但这种风险仍比单纯的贷款风险小得多。

由于商业银行经常进行的是利率互换和货币互换，因此，更多的其他互换业务这里不再赘述。

四、互换的定价

(一)利率互换的定价

如果没有违约风险，利率互换可以通过分解成一个债券的多头与另一个债券的空头来定价，也可以通过分解成一个远期利率协议的组合来定价。

1. 贴现率

在给互换和其他柜台交易市场上的金融工具定价的时候，现金流量通常用LIBOR零息票利率贴现。这是因为LIBOR反映了金融机构的资金成本。这样做的隐含假设是被定价的衍生工具的现金流的风险和银行同业拆借市场的风险相同。

2. 运用债券组合对利率互换定价

我们考虑一个2016年3月1日生效的3年期的利率互换，名义本金是1 000万美元。在利率互换中，B公司同意支付给A公司的年利率为5%的利息，同时A公司同意支付给B公司6个月期LIBOR的利息，每半年支付一次利息，如图7-9所示。

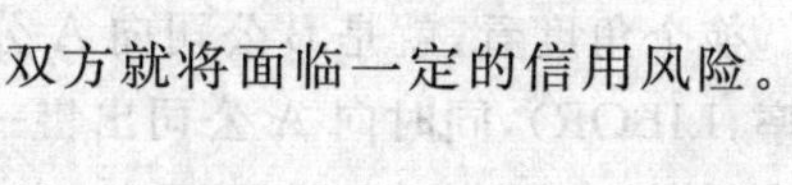

图7-9　A公司与B公司的利率互换

利率互换中B公司的现金流量如表7-2所示。

表7-2　利率互换中的B公司的现金流量表　　单位:万美元

日期	LIBOR(%)	收到的浮动利息	支付的固定利息	净现金流量
2016.3.1	4.2	—	—	—
2016.9.1	4.8	21	-25	-4
2017.3.1	5.3	24	-25	-1
2017.9.1	5.5	26.5	-25	1.5
2018.3.1	5.6	27.5	-25	2.5
2018.9.1	5.9	28	-25	3
2019.3.1	6.4	29.5	-25	4.5

上述利率互换可以看成是两个债券头寸的组合。虽然利率互换不涉及本金交换,我们可以假定在合约到期日,A公司支付给B公司1 000万美元的名义本金,同时,B公司也支付给A公司1 000万美元的名义本金。这不会改变双方的现金流,所以不会改变互换的价值。因此利率互换可以分解成:

(1)B公司按6个月LIBOR的利率借给A公司1 000万元。

(2)A公司按5%的年利率借给B公司1 000万元。

换个角度看,就是B公司向A公司购买一份1 000万美元的浮动利率债券(伦敦同业拆借利率,LIBOR),同时向A公司出售一份1 000万美元的固定利率(5%的年利率,每半年付息一次)债券。因此对B公司而言,这个利率互换的价值就是浮动利率债券与固定利率债券的价值差。

我们规定,V_{fix}:表示互换合约中分解出的固定利率债券的价值;B_{fl}:表示互换合约中分解出的浮动利率债券的价值。那么,对于B公司而言,这个合约的价值就是:$V_{互换}=B_{fl}-B_{fix}$,而$B_{fix}=\sum_{i=1}^{n}ke^{-r_it_i}+Le^{-r_nt_n}$,$B_{fl}=(L+k^*)e^{-r_1t_1}$。其中:$t_i$表示距第$i$次现金流交换的时间($1\leqslant i\leqslant n$),$L$表示利率互换合约中的名义本金,$r_i$表示到期日为$t_i$的LIBOR零息票利率,$k$表示支付日支付的固定利息额。在利率互换合约中,当一个公司收入固定利率,支付浮动利率时,则互换对该公司的价值为$V_{互换}=B_{fix}-B_{fl}$。

[例7-10]　假设在一笔互换合约中,某商业银行支付6个月期的LIBOR,同时收取9%的年利率(每半年复利一次),名义本金为1 000万美元。互换的期限为1年3个月。3个月、9个月和15个月的LIBOR(连续复利率)分别为11%,11.5%和12%。上一次利息支付日的6个月LIBOR为11.2%(每半年复利一次)。则$k=1\,000\times4.5\%=45$(万美元),$k^*=1\,000\times5.6\%=56$(万美元)。因此:$B_{fix}=45e^{-0.11\times0.25}+45e^{-0.115\times0.75}+1\,045e^{-0.12\times1.25}=984.5$(万美元),$B_{fl}=(L+k^*)e^{-r_1t_1}=(1\,000+56)e^{-0.11\times0.25}=1\,027.4$(万美元)。因此这笔利率互换的价值为$V_{互换}=B_{fix}-V_{fl}=984.5-1\,027.4=-42.9$(万美元)

如果这家商业银行持有相反的头寸,也就是收入浮动利息、支付固定利息,那么利率互换对这家银行的价值就变为42.9万美元。

(二)货币互换的定价

我们同样可以运用债券组合对货币互换定价。在没有违约风险的条件下,货币互换一样也可以分解成债券的组合,这时它已由利率互换时的浮动利率债券和固定利率债券的组合变为一份外币债券和一份本币债券的组合。

假设A公司和B公司在2016年10月1日签订了6年期的货币互换合约。合约规定A公司每年向B公司支付11%的英镑利息,并向B公司收取8%的美元利息。本金分别是1 500万美元和1 000万英镑。A公司持有的头寸可以看做是一份年利率为8%的美元债券多头头寸和一份年利率为11%的英镑债券空头头寸的组合。如图7-10所示。

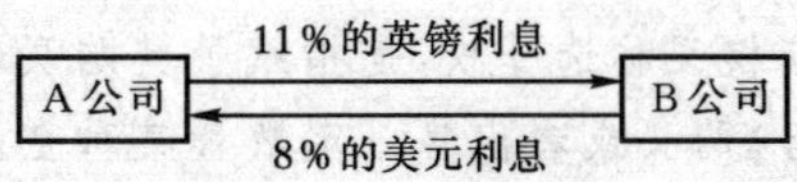

图7-10　A公司和B公司的货币互换流程图

货币互换中A公司的现金流量如表7-3所示。

表7-3　货币互换中A公司的现金流量表　　单位:百万

日期	美元现金流	英镑现金流
2016.10.1	−15.00	+10.00
2017.10.1	+1.20	−1.10
2018.10.1	+1.20	−1.10
2019.10.1	+1.20	−1.10
2020.10.1	+1.20	−1.10
2021.10.1	+1.20	−1.10
2022.10.1	+16.20	−11.10

如果我们用$V_{互换}$表示货币互换的价值,那么对于收入本币,付出外币的交易一方:$V_{互换}=B_D-S_0B_F$。其中,B_F是用外币表示的从互换中分解出来的外币债券的价值;B_D是从互换中分解出来的本币债券的价值;S_0是即期汇率。而对于收入外币,付出本币的交易的另一方:$V_{互换}=S_0B_F-B_D$。

[例7-11]　假定在美国和日本LIBOR利率的期限结构是平的,在日本是5%而在美国是10%(分别为连续复利),某一商业银行在一笔货币互换中每年收入日元,利率为6%,同时付出美元,利率为10%。两种货币的本金分别为1 000万美元和130 000万日元。这笔互换的期限为3年,即期汇率为1美元等于120日元。如果该商业银行以美元为本币,那么,

$$B_D=100e^{-0.10\times1}+100e^{-0.10\times2}+1\,100e^{-0.10\times3}=987.256\,9(万美元)$$

$$B_F=7\,800e^{-0.05\times1}+7\,800e^{-0.05\times2}+137\,800e^{-0.05\times3}=133\,082.880\,5(万日元)$$

那么,货币互换的价值为:$V_{互换}=S_0B_F-B_D=\dfrac{133\,082.880\,5}{120}-987.256\,9=121.767(万美元)$

如果该商业银行支付日元、收入美元,则该货币互换对它的价值为−121.767万美元。

本章小结

1.金融远期合约是指金融市场交易双方约定在未来某一确定时间,按照事先商定的价格

(如汇率、利率等),以预先确定的方式买卖一定数量的某种金融资产的合约。金融远期交易合约主要有远期外汇合约、远期利率协议。

2. 金融期货合约是指协议双方约定在将来某一特定的时间按约定的条件(包括价格、交割方式、交割地点)买入或卖出一定标准数量的某种特定金融工具(如外汇、债券、股价指数等)的标准化协议。

3. 期权又称选择权,是指赋予其购买者在规定期限内按双方约定的价格(简称执行价格或敲定价格)购买或者出售一定数量某种金融资产(又称标的资产)的权利的合约。金融期权实质上是金融市场上的买卖双方签订合约并在合约中规定,由买方向卖方支付一定数量的权利金后,即赋予了买方在规定时间内按双方事先确定的价格购买或出售一定数量的某种金融资产的权利。欧式期权必须到期才能交割;美式期权在合约期内的任何时点都可以交割。

4. 利率互换是指金融市场交易双方同意在未来的一定期限内根据同种货币的同样名义本金交换现金流,其中一方的现金流量按浮动利率计算,而另一方的现金流量按固定利率计算。

5. 货币互换是将一种货币的本金和固定利息与另一种货币的等价本金和固定利息进行交换。货币互换的主要原因是双方在各自国家中的金融市场上具有比较优势。

6. 在金融全球化的信息时代里,商业银行开展金融衍生品交易业务可以在一定程度上提高银行的流动性,防范和化解银行的风险。但是,金融衍生品业务是一把“双刃”剑,因此,商业银行在谨慎开展金融衍生品交易业务的同时,必须有效防范金融衍生品业务带来的新风险,这将是现代商业银行面临的一项重大而艰巨的课题。

关键术语

金融远期合约　金融期货合约　金融期权合约　买入期权　卖出期权　欧式期权定价　美式期权定价　货币互换

思考与练习

1. 简述金融远期合约与金融期货合约的区别。
2. 简述远期利率协议。
3. 简述金融期权交易的基本策略(画图说明)。
4. 简述金融期货业务与金融期权业务的区别。
5. 简述欧式期权与美式期权的区别。
6. 简述货币互换业务的操作过程(画图说明)。
7. 假设标的资产为不付红利的股票,目前的市场价为 50 元,波动率为 30%,无风险连续复利年利率为 9%,该股票 4 个月期限的美式看跌期权协议价格为 50 元。求该期权的价值是多少?若期权的协议价格和其他条件不变,但是,期权合约必须到期执行,求该股票的欧式看跌期权的价值是多少?
8. 已知有一个以股票为标的资产的欧式买入期权,股票的现价为 45 美元,敲定价格为 42 美元,期限为 9 个月,股票价格的波动率为每年 30%,每只股票在今后 3 个月和 6 个月的分红分别为 0.9 美元和 1.2 美元,无风险年利率为 9%。请计算该种股票买入期权的价格是多少。

第八章　商业银行国际业务

本章要点

1. 商业银行外汇买卖业务的主要内容
2. 国际贸易融资业务的种类
3. 离岸债券市场的特点
4. 国际银团贷款的要素

第一节　商业银行外汇买卖业务

国际性的大商业银行是外汇市场上主要的交易者。商业银行进行外汇交易的主要原因是为了向其个人和企业提供外汇服务，包括进出口企业支付货款、购买原材料、投资者输出（入）资本；个人在国外旅游等对外汇的需求。商业银行进行外汇交易的另一个目的是根据汇率的变动进行投机，以获取利润。以下介绍几种重要的外汇市场业务。

一、*即期外汇交易*

即期外汇交易（spot exchange transaction）是指以双方约定的汇率交换两种不同的货币，并在成交日后第二个工作日内结算的外汇交易。即期外汇交易的最基本功能是实现不同货币之间的即时交换，满足客户从事国际贸易、投资、筹资等经营活动的结算需要。例如，在2016年7月2日，纽约花旗银行与中国银行通过电话达成一项外汇买卖交易，花旗银行愿意按1美元兑6.65人民币的汇率卖出100万美元，买入665万人民币；而中国银行也愿意按同样汇率卖出665万人民币，买入100万美元。7月2日，两家银行分别按对方的要求，将卖出的货币解入对方指定的账户内，从而完成这笔买卖。即期外汇交易是外汇市场上最常见的买卖形式，其交易量居各类外汇交易之首。

1. 交割日

进行资金交割的日期称为交割日或起息日，即期外汇交易根据交割日的不同分为：即日交割（value today）、明日交割（value tomorrow）、即期交割（value spot）。商业银行之间的外汇交易的交割日主要根据买卖货币类别所需的交收付款时间而定。至于银行与客户间的外汇交易，银行会根据客户需求来订立交割日期，但外币存款一般以即日交割居多。在世界一些主要的外汇市场上，如伦敦、纽约、东京、新加坡等实行的是明日交割。在我国香港外汇市场上，港元对日元、新加坡元、马来西亚林吉特是明日交割，但港元对美元和其他货币是即期交割。

2. 报价

在即期外汇市场上，一般把提供交易价格(汇价)的机构称为报价者，通常由商业银行充当这一角色；与此相对，外汇市场把向报价者索价并在报价者所提供的即期汇价上与报价者成交的其他商业银行、外汇经纪、个人和中央银行等称为询价者。即期外汇交易中，表示汇率的基本单位是基本点。一般情况下，一个基本点是指万分之一，但在日元报价中，是指小数点后的第二个单位，这是外汇价格变动的最小单位。

在外汇市场上，报价银行在报出外汇交易价格时一向采用双向报价法，即同时报出银行买价与卖价，在直接标价法和间接标价法下，报价是不相同的。直接标价法下，银行报出的外汇交易价格是买价在前，卖价在后。如，2016 年 7 月 1 日，日本东京银行报出美元对日元的开市价为：US＄＝JY101. 53—101. 56，其中前面这个数表示报价银行买入美元(外汇)付出日元的价格，后面的数(JY122. 72)表示报价银行卖出美元收回日元的价格。

在间接标价法下，银行报出的即期外汇交易价格是卖价在前，买价在后。如，2016 年 7 月 1 日，德国某银行报出欧元对美元的开市价为：1EUR＝USD1. 097 0—10. 970 2，前面这个数表示 1 美元的卖出价为 1/1. 097 0 欧元，后面这个数表示 1 美元的买入价为 1. 097 2 欧元。

3. 营业日

营业日指两个清算国银行都开门营业的日期，一国若遇节假日，交割日按节假日天数顺延。

二、远期外汇交易

远期外汇交易又称期汇交易(forward exchange contract)，是指外汇买卖双方预先签订远期外汇买卖合同，规定买卖的币种、金额、汇率及未来交割的时间，在约定的到期日由买卖双方按约定的汇率办理收付交割的外汇交易。一般来说，凡是交割日在成交两个营业日以后的外汇交易均属于远期外汇交易。远期外汇交易具有“先定价将来交割”的特色，即在成交时，交易双方先订立价格，然后按价格在指定的未来时间交割。远期外汇交易的期限有 1 个月、2 个月、3 个月、6 个月及 1 年，其中最常见的是 3 个月期的远期外汇交易。

在外汇市场上，购买远期外汇的主要是：有远期外汇支出的进口商、负有即将到期的外币债务的债务人、输入短期资本的牟利者，以及对于远期汇率看涨的投机商等。卖出远期外汇的主要是：有远期外汇收入的出口商、持有即将到期的外币债权的债权人、输出短期资本的牟利者，以及对于远期汇率看跌的投机者等。其目的主要是避免汇率变动的风险和获取投机利润。此外，外汇银行为平衡其远期业务头寸也开展远期外汇业务买卖。

远期汇率(forward exchange rate)，也称期汇汇率，是指买卖双方成交时，约定在未来某一时间进行交割所使用的汇率。在一般情况下，远期汇率主要受所交易的两种货币的利率水平的影响。在报价方式上，主要用远期汇水(forward spread)或掉期点报价，即报出远期汇率偏离即期汇率的值或点数。其中升水(at premium)表示远期汇率比即期汇率贵；贴水(at discount)表示远期汇率比即期汇率便宜；平价(at par)表示两者相等。银行报出的远期汇水值在实务中常用点数表示，每点(point)为万分之一，即 0. 000 1。

形成汇水的原因是两种货币的利率水平的差异，利率高的贴水，反之则升水。二者的关系可以表示为：

远期汇水＝即期汇率×两种货币(年)利率差×远期天数÷360

一般来说，如果单位货币利率比计价货币利率低，则单位货币远期应升水，远期汇率为即期汇率加汇水；相反，如果单位货币利率比计价货币利率高，则单位货币远期应贴水，远期汇率为即期汇率减去汇水。

三、掉期交易

1. 掉期交易的概念

掉期交易(swap transaction)是指交易者在买入或卖出某种货币的同时，再卖出或买进同等金额的同种货币，但两者的交割日不同。由此可知掉期交易实际是即期交易和远期交易或者是远期与远期交易的综合，其特点是：与同一个交易对手同时进行买和卖某种货币；买和卖该种货币的数额相同；交割的期限不同。

掉期交易不会改变交易者的外汇持有额，但是，所买进的和所卖出的货币，在期限上有所不同，这也正是“掉期”的含义所在。掉期交易最常见的是即期交易对远期交易。也有远期对远期(forward against forward)的掉期，即同时买进并卖出两笔金额相同但交割日不同的远期外汇：可先买期限短的(如 90 天)同时卖出期限长的(如 180 天)；也可先卖期限短的后买期限长的远期。

2. 掉期交易的作用

(1)套期保值。交易者手中原持有货币 A，因为需要转换成另一种货币 B，为了避免 B 货币贬值风险，同时在远期又将 B 货币换回成原货币 A。例如，客户想借 B 货币(假如是欧元)6 个月，而银行难以从货币市场拆借到欧元，但银行可以很容易借到 A 货币(假如是美元)，于是银行可以用在货币市场和外汇市场上的两步操作满足客户要求：先借美元 6 个月，在外汇市场卖出美元买入欧元，为了防止贷放 6 个月期后欧元贬值从而造成换回的美元减少使银行蒙受损失，在贷出欧元的同时做一个 6 个月远期买美元卖欧元的反向交易。银行即期卖 A 货币远期买 A 货币就构成掉期交易，使原先所借的 A 货币转换成 B 货币满足客户了要求，同时又防止了 B 货币贬值风险。

(2)调整资金期限结构。所谓资金期限结构是指支付外汇与收到外汇的期限分布。所谓调整就是当外汇收付时间不匹配时将所持有的即期外汇变成远期或将远期变即期(或是比原来期限短的远期)使得外汇收付时间一致。例如银行从客户手中买进 100 万 6 个月期远期英镑，银行应如何避免英镑贬值风险？银行在买入这 100 万远期英镑之后，立即在同业市场售出 100 万即期英镑，同时进行买/卖 6 个月远期 100 万英镑的掉期交易。这样既可避免英镑贬值风险，同时又使银行英镑资金期限结构不匹配的情况得到调整。

四、套汇交易

套汇交易指套汇者同一时间点利用两个或两个以上地区性外汇市场某些货币在即期汇率上的差异进行外汇买卖，在汇率低的市场买进，同时在汇率高的市场卖出，从中套取汇率差价获得利润的行为。套汇交易按交易地点多少可以分为直接套汇和间接套汇两种。

1. 直接套汇

直接套汇也称两角套汇(two points arbitrage)，指套汇者直接利用两国之间或两地(外汇市场)之间某种货币汇率差异同时贱买贵卖这种货币。假定，在同一时间内，出现下列情况：

伦敦市场：　　£1＝US＄1.481 5/1.482 5

纽约市场： £1＝US＄1.484 5/1.485 5

若某一套汇者在伦敦市场上以£1＝US＄1.482 5的价格卖出美元，买进英镑，同时在纽约市场上以£1＝US＄1.484 5的价格买进美元，卖出英镑，则每英镑可获得0.002 0美元的套汇利润。如以100万英镑进行套汇，则可获得2 000美元（未扣除各项费用）。

2.间接套汇

间接套汇又称三角套汇（three points arbitrage），指套汇者利用三个不同外汇市场之间相关的货币汇率差异，同时在这三个外汇市场上进行贱买贵卖，从中赚取汇率差额利润。间接套汇相对于直接套汇比较复杂。其中一点是投资者在进行间接套汇时，必须先判断一下是否有套汇的机会。其方法是：把三地汇率改成相同的标价法，然后用三个卖出价或三个买入价相乘，若乘积等于1，说明市场之间的货币汇率关系处于均衡状态，没有汇差，套汇将无利可图，若乘积不等于1，说明存有汇率差异，此时套汇有利可图。

[例8-1] 假定某天三个外汇市场出现如下情况：

新加坡外汇市场：GBP/USD＝1.448 5；伦敦外汇市场：EUR/GBP＝0.625 5；纽约外汇市场：USD/EUR＝1.099 9。由于1.448 5×0.625 5×1.099 9＝0.996 6，不等于1，因此存在套汇机会。假如某投资者在纽约外汇市场上投资100万美元，换得109.99万欧元；接着在伦敦外汇市场用109.99万欧元换得175.843 3万新加坡元，最后该投资者将175.843 3万新加坡元在新加坡外汇市场买掉换回121.396 8万元美元。投资者获利为21.396 8万美元，投资收益率为21.396 8%。

五、套利交易

套利（interest arbitrage）是指在两国短期利率出现差异的情况下，将低利率的国家的货币兑换为高利率的国家的货币，赚取利息差额的行为。套利分为抛补套利（covered interest arbitrage）和非抛补套利（uncovered interest arbitrage）。所谓抛补套利是指在即期外汇市场上卖出低利率货币资产，买入高利率货币资产的同时，在远期外汇市场上卖出与前面所购高利率货币资产币种与金额相同的远期外汇的行为。非抛补套利只是将低利率货币资产卖出，买入高利率货币资产，从而赚取利差。

非抛补套利与抛补套利的区别就在于是否通过远期交易将未来的外汇头寸予以抵补从而规避汇率风险和获得稳定的套利收益。下面通过一个例子说明抛补套利是如何进行的。

[例8-2] 一个美国投资者有80 000美元，他计划投资于90天的大额存单，市场上英镑大额存单的利率为4%，而美元大额存单的利率为2%。他还了解到英镑的即期汇率为1英镑＝1.600 0美元，90天远期汇率也为1英镑＝1.600 0美元；该投资者于是决定进行抛补套利。具体做法如下：第一步，将80 000美元兑换成50 000英镑（＄80 000/1.60），购买90天的英镑大额存单。第二步，在同一天与银行签订一份远期合约，出售90天的远期英镑，英镑数额为大额存单到期的本利和52 000英镑[£50 000×(1＋4%)]。第三步，在90天后，按照远期合同规定的汇率把英镑兑换成美元，得到83 200美元（£52 000×1.60）。第四步，确定套利的比较收益。如果投资者购买美元大额存单，其本利和为81 600美元[＄80 000×(1＋2%)]，选择高利率的英镑大额存单获得的利差收入为1 600美元（＄83 200－＄81 600），即2%的套利收入。

由此可以看出，投资者在做套利交易的同时再做一笔远期外汇交易，可以防止汇率变动的风险，获得利差收入。

第二节　商业银行国际贸易融资业务

一、国际贸易融资业务概述

国际贸易融资(finance of international trade)是指商业银行为满足客户在进出口贸易中所发生的融资需求而提供的服务，又称为进出口融资。在进出口商品的各个环节中，进出口商都可能得到银行的资金融通，通过商业银行融通的资金占到全部进出口融资的80%以上。

国际贸易融资是促进进出口贸易的一种金融支持手段。随着国际贸易迅猛发展，国际贸易融资的种类也随着国际贸易和金融业的发展不断推陈出新。国际贸易融资作为促进进出口贸易的一种金融支持，属于在信用基础上的借贷行为。短期和中期国际贸易融资相对于一般流动资金贷款来说，是一种安全性好、流动性强、盈利性高的信贷行为；长期国际贸易融资同一般商业贷款相比，它的信贷条件优惠，且能实现还款双保险。

二、国际贸易融资业务的种类

(一)押汇业务

1. 进口押汇

进出口双方签订买卖合同之后，进口方请求进口地某个银行(一般为自己的往来银行)向出口方开立保证付款文件，大多数为信用证。然后，开证行将此文件寄送给出口商，出口商见证后，将货物发送给进口商。商业银行为进口商开立信用保证文件的这一过程，称为进口押汇。因为进口商通过信用保证文件的开立，可以延长付款期限，不必在出口商发货之前支付货款，即使在出口商发货后，也要等到单据到达自己手中才履行付款义务。这样，进口商减少了资金占用的时间。同时，出口商愿意接受这种延长付款期限，是以开证行保证到期付款为条件的。因此，进口押汇是开证行为进口商提供的一种资金融通。

2. 出口押汇

出口商根据买卖合同的规定向进口商发出货物后，取得各种单据，同时，根据有关条款，向进口商开立汇票。这时，进口商不能立即支付汇票票款，出口商为尽快收回货款，将汇票和单据持往出口地某个银行，请求该银行对汇票进行贴现。如果该银行进行审查后，同意贴现，即收下汇票和单据，然后把汇票票款扣除贴现利息后，支付给出口商。这种出口地银行对出口商提供的资金融通，称为出口押汇。出口地银行收下汇票和单据后，在汇票到期时提交给进口商，请其付款，进口商付款后，银行收回垫付资金，如果进口商拒绝支付票款，则出口地银行有权要求出口商归还票款。

(二)打包放款业务

打包放款业务是指出口商与国外进口商签订买卖合同后在组织货物出口的过程中，当出口商出现资金周转困难的情况时，出口商用进口地银行向其开发的信用证或其他保证文件，连同出口商品或半成品一起，交付出口地银行作为抵押，借入款项。出口地银行在此种情况下向出口商提供的贷款就称为打包放款。打包放款的期限一般很短，出口商借入打包放款后，很快将货物装船运出。在取得各种单据并向进口商开发汇票后，出口商通常前往放款银行，请其提供出口押汇贷款，该银行收下汇票和单据后，将以前的打包放款改为出口押汇，这时的打包放款即告结束。在打包放款中，如果出口商不按规定履行职责，贷款银行有权处理抵押品，以收回贷款款项。打包放款的数额一般为出口货物总价值的50%～70%。打包放款是一种装船前短期融资，使出口商在自有资金不足的情况下仍然可以办理采购、备料、加工，顺利开展贸易。

(三)保理业务

保理业务是一种当今国际贸易中的结算方式，它是指出口商利用商业信用(如托收方式)出卖商品，在货物装船后，将发票、汇票、提单等有关单据无追索权地卖断给承购应收账款的银行、财务公司和其他的专门组织，立即或远期收进全部或部分货款，从而取得资金融通的一种方式。在保理业务中，出口商可任意选择使用托收或电汇等支付方式。在交易前先从银行那里取得一定的信用额度，进出口双方再在这个信用额度内按正常的业务进行交货付款。只要进口商按原定合同及时付清了货款，这单保理业务就告完成。信用额度在保理合同规定的期限可循环使用。否则，如果进口商拒付或破产，银行须于出口合同规定的付款到期日后90天内，在所批准的信用额度内100%赔付给出口商。银行对付给出口商的全部款项没有追索权。

对国际贸易的交易双方而言，保理业务能够提供许多便利：保理商提供的商业信用和资金融通，能够使出口商放心采用赊销方式来促进出口，而把售后的账款管理、货款回收甚至会计处理都交给保理商；对进口商来说，保理业务的发展意味着他们有更多机会获得以赊销方式成交的业务，从而大大降低业务成本。另外，由保理商这种专业机构来处理账款回收、财务管理、资信调查等业务，有利于进出口商集中精力于生产和销售，符合社会经济向专业化、分工化发展的趋势，因此有利于提高经济的整体运行效率，促进国际贸易的开展。

保理业务的一般操作流程是：出口商在决定以托收或赊销方式成交前，把合同内容和进口人名称通知本国的银行。出口地银行将有关资料通知进口地的银行，由其对进口商进行资信调查，并及时将调查结果通知出口地的银行。出口地银行对可以认可的交易与出口商签订保理协议，协议内明确规定信用额度。出口商在保理协议规定的额度内与进口商签订买卖合同。出口商按合同规定发货，取得运输单据和其他商业单据，并在单据上注明应收账款转让出口地银行。出口地银行收到全套单据后，将单据转交进口地银行。由进口地银行负责向进口商收款，并将款项拨交出口地银行。出口地银行将收到的货款扣除手续费后交付出口商。若按协议规定，在出口商交单后已预支部分货款(一般为50%～90%)，则应在付款时扣除预付款的本息。如进口商不能按时付款或拒付，银行应负责追偿和索赔，并按协议规定的时间向出口人付款。

(四)福费廷业务

福费廷业务是一种为出口商贴现已经承兑的、通常由进口商方面的银行担保的远期票据的金融服务。它通过以无追索权的方式买断出口商的远期债权，使出口商不仅获得出口融资，而且消除了出口商远期收汇风险以及汇率和利率等风险。在国内也将这种方式称为包买票据业务，而融资商通常被称为包买商。

福费廷业务有以下特点：①福费廷业务中的远期票据产生于销售货物或提供技术服务的正当贸易，包括一般贸易和技术贸易。②福费廷业务中的出口商必须放弃对所出售债权凭证的一切权益，做包买票据业务后，将收取债款的权利、风险和责任转嫁给包买商，而银行作为包买商也必须放弃对出口商的追索权。③出口商在背书转让债权凭证的票据时均加注“无追索权"(without recourse)字样，从而将收取债款的权利、风险和责任转嫁给包买商。包买商对出口商、背书人无追索权。④传统的福费廷业务，其票据的期限一般在1～5年，属中期贸易融资。但随着福费廷业务的发展，其融资期限扩充到1个月至10年不等，时间跨度很大。⑤传统的福费廷业务属批发性融资工具，融资金额由10万美元至2亿美元。可融资币种为主要交易货币。⑥包买商为出口商承做的福费廷业务，大多需要进口商的银行做担保。⑦出口商支付承担费(commitment fee)。在承担期内，包买商因为对该项交易承担了融资责任而相应限制了他承做其他交易的能力，以及承担了利率风险和汇率风险，所以要收取一定的费用。

(五)出口信贷

出口信贷是指出口国为支持本国产品的出口，增强国际竞争力，在政府的支持下，由本国专业银行或商业银行向本国出口商或外国进口商(或银行)提供较市场利率略低的贷款，以解决买方支付进口商品资金的需要。根据贷款对象，出口信贷可以分为买方信贷和卖方信贷。通常将1～5年期限的出口信贷列为中期，将5年以上者列为长期。中、长期出口信贷大多用于金额大、生产周期长的资本货物，主要包括机器、船舶、飞机、成套设备等。

买方信贷是指出口国银行把资金贷款给进口方的进口商或银行，对进口商进行融资的一种贷款方法。如果出口地银行把资金直接贷款给进口商，称为企业买方信贷，这种买方信贷通常需要银行担保；如果出口地银行把资金直接贷款给进口地银行，然后由银行再把资金贷款给进口商，称为银行买方信贷。主要用于支持本国机电产品、大型成套设备等资本性货物以及船舶、高新技术产品和服务的出口。商业银行开展卖方信贷业务通常采取两种做法：一是由出口方银行与进口方银行提供一个总的卖方信贷额度，签一个买方信贷总协议，规定一些总的信贷原则，到项目落实，需要使用时再分别由使用单位向银行申请贷款；二是事先没有卖方信贷协议，而是在办理进口手续、签订进口商务合同时，由出口国银行和进口国银行签订相应的信贷协议。两种形式中以第一种最为常见。

卖方信贷主要指出口商所在国的银行对出口商提供融资，以使得进口商可以在贸易合同中采用延期付款的方式，从而解决出口商资金周转的困难。卖方信贷的一般做法是，卖方与买方签订一项延期付款的交易合同，进口商先付货款的15%～20%作为订金，其余80%～85%的货款按合同规定在交货后一段时间内分期陆续偿还。出口商凭出口单据和国外进口商开出的汇票向本国专业银行申请取得中长期贷款，作为生产的垫付资金，以便周转。待国外进口商归还货款后，出口商再向本国专业银行还款付息。

第三节　商业银行离岸金融市场业务

一、离岸金融市场概述

离岸金融市场(off-shore financial market)亦称"境外金融中心"，是非居民间从事国际性金融业务的市场。离岸市场以非居民为市场交易主体，资金必须来源于银行所在国的非居民和其他国际来源的外币资金。离岸金融市场是一种无形市场，从广义看，它只存在于某一城市或地区而不存在于某一固定的交易场所，它是通过所在地各金融机构与国际金融市场上的业务交往而存在。近30年来，纽约、伦敦、卢森堡、瑞士、列支敦士登、摩洛哥、奎因西岛、新加坡、香港、东京、菲律宾、百慕大、巴哈马、巴林、巴拿马、开曼群岛等相继成为著名离岸金融市场。

促使离岸金融市场形成的原因较复杂。第一,20 世纪 50 年代以后许多国家获得了政治独立,并渴望有一个能为它们提供不受任何一国管辖与影响的、资金可自由借贷的国际金融市场。第二,跨国公司获得了巨大发展。它们不仅以对外直接投资为特点促使生产国际化,而且资本也国际化,迫切要求有一个灵活自由的资金贷放市场,以满足国际业务迅速发展和资金频繁调动的需要。第三,一些短期资本持有者,鉴于美元总的地位相对下降和资本逃避的需要,也要求有一个不受各国法令管制的资金"避难所"。第四,美国自从 20 世纪 50 年代开始,就连续发生国际收支逆差,大量美元流往境外,形成了"欧洲美元市场",即境外美元市场。20 世纪 60 年代美国一系列法令的出台,如利息平衡法令、"Q 条令"使得美国银行为了扩大海外贷款纷纷在海外开设分支机构或分行,这一时期,美国银行的海外分支迅速膨胀。离岸金融市场就这样由最初的欧洲美元市场发展到今天的以美元、日元、英镑等主要货币为主要交易对象的多个离岸中心,如新加坡、中国香港、巴哈马等国家和地区。

离岸金融市场的特点有:①业务活动很少受法规的管制,手续简便,低税或免税,效率较高。②离岸金融市场借贷货币是境外货币,借款人可以自由挑选货币种类。该市场上的借贷关系是外国放款人与外国借款人的关系,这种借贷关系几乎涉及世界上所有国家。③一般来说,离岸金融市场的存款利率略高于国内金融市场,利差很小,更富有吸引力和竞争性。④使用先进的交易技术,通过电子化的先进设备,使业务处理既安全又高效。

二、商业银行离岸金融业务的种类

(一)离岸货币市场业务

1. 离岸货币短期信贷市场业务

该市场主要进行 1 年以内的短期资金拆放,最短的为日拆。但随着国际金融业务的不断拓展,有的期限也延至 1~5 年。该市场借贷业务主要靠信用,无需担保,一般通过电话或电传即可成交,成交额以百万或千万美元以上为单位。这个市场的存款大多数是企业、银行、机关团体和个人在短期内的闲置资金;这些资金又通过银行提供给另一些国家的企业、银行、私人和官方机构作短期周转。如英国政府多年来就是从该市场借入欧洲货币,换成英镑,用于正常开支。

离岸货币短期信贷市场业务有下列特点:

(1)期限短,一般多为 3 个月以内。

(2)批发性质,一般借贷额都比较大,有的年份有 1 亿美元甚至更大的交易。

(3)灵活方便,即在借款期限、借款货币种类和借款地点等方面都有较大的选择余地。

(4)利率由双方具体商定,一般低于各国专业银行对国内大客户的优惠放款利率,但比伦敦银行同业拆放利率(LIBOR)高。

2. 离岸货币中长期信贷市场业务

该市场信贷期限都在 1 年以上。筹资者主要是世界各地私营或国有企业、社会团体、政府以及国际性机构。资金绝大部分来自短期存款,少部分来自长期存款。该市场贷款额多在 1 亿美元以上,往往由几家或十几家不同国家的银行组成银团,通过一家或几家信誉卓著的大银行牵头贷款,即辛迪加贷款。由于这类贷款期限较长,贷款人与借款人都不愿承担利率变动的风险,因此,该种贷款利率多为浮动利率,并根据市场利率变化每 3 个月或半年调整一次。利率一般以伦敦银行同业拆放利率为基础，再根据贷款金额大小、时间长短以及借款人的资信，再加上不同幅度的附加利息（一般为0.25‰～0.5‰）。由于中长期信贷金额大、期限长，因此，借贷双方都需签订合同，有的合同还需经借款方的官方机构或政府方面担保。

离岸货币中长期信贷市场业务有下列特点：

(1)期限长，数额大，一般为1～3年，有的是5年或更长，最长的可达10年以上。

(2)以辛迪加贷款为主，分散了中长期贷款的风险。

(3)吸引力强，它对贷款人和借款人都非常方便从而极具吸引力。

(4)必须签订贷款协定，有的还须政府担保，协定主要包括币种、期限、数量、利率、货币选择权条款、违约和保证条款等。

（二）离岸债券市场业务

1. 离岸债券市场的概念

离岸债券市场是指发行欧洲债券进行筹资而形成的一种长期资金市场。它是国际中长期资金市场的重要组成部分，也是离岸金融市场的重要组成部分。1961年2月1日在卢森堡发行了第一笔欧洲债券，1963年正式形成市场。20世纪70年代后，各国对中长期资金的需求日益增加，以债券形式出现的借贷活动迅速发展。在欧洲债券结构中，主要有欧洲美元债券、欧洲日元债券等。

目前，离岸债券市场上的债券种类主要有：

(1)普通固定利率债券。其特点是债券发行时，利率和到期日已作明确规定。

(2)浮动利率债券。其特点是利率可以调整，多为半年调整一次，以6个月期的伦敦银行同业拆放利率为基础。

(3)可转换债券。其特点是购买者可按发行时规定的兑换价格，将其换成相应数量的股票。

(4)授权证债券。其特点是购买者可获得一种权利（而非义务），并据此按协定条件购买某些其他资产，类似有关资产的买入期权。

(5)合成债券。其具有固定利率债券和利率互换合同的特点。

2. 离岸债券市场的特点

(1)债券的发行者、债券面值和债券发行地点分属于不同的国家。例如，A国的机构在B国和C国的债券市场上以D国货币为面值发行的债券，即为欧洲债券。这个债券的主要发行人是各国政府、跨国公司和商业银行。

(2)债券发行方式以辛迪加为主。债券的发行方式，一般由一家大专业银行或大商人银行或投资银行牵头，联合十几家或数十家不同国家的大银行代为发行，大部分债券是由这些银行买进，然后转到销售证券的二级市场或本国市场卖出。

(3)高度自由。债券发行一般不需经过有关国家政府的批准，不受各国金融法规的约束，所以比较自由灵活。

(4)不影响发行地国家的货币流通。发行债券所筹措的是欧洲货币资金，而非发行地国家的货币资金，故这个债券的发行，对债券发行地国家的货币资金流动影响不太大。

(5)货币选择性强。发行欧洲债券，既可在世界范围内筹资，同时也可安排在许多国家出售，而且还可以任意选择发行市场和债券面值货币，筹资潜力很大。如借款人可以根据各种货币的汇率、利率和其他需要，选择发行欧洲美元、英镑、日元等任何一种或几种货币的债券，投资者亦可选择购买任何一种债券。

(6)债券的发行条件比较优惠。其利息通常免除所得税或者不预先扣除借款国家的税款。此外,它的不记名发行方式还可使投资者逃避国内所得税。因此,该债券对投资者极具吸引力,也使筹资者得以较低的利息成本筹到资金。

(7)安全性较高,流动性强。欧洲债券市场的主要借款人是跨国公司、各国政府和国际组织。这些借款机构资信较高,故对投资者来说比较安全。同时该市场是一个有效的和极富有活力的二级市场,持券人可转让债券取得现金。

(8)市场反应灵敏,交易成本低。欧洲债券市场拥有 Euroclear Clearance System Ltd 及 Cedel S. A. 两大清算系统,从而使该市场能够准确、迅速、及时地提供国际资本市场现时的资金供求和利率汇率的动向,缩小债券交割时间,减少交割手续。世界各地的交易者可据此快速进行交易,极大地降低了交易成本。

(9)金融创新持续不断。欧洲债券市场是最具有活力的市场之一,它可以根据供求情况,不断推出新的或组合产品,并以此把国际股票市场、票据市场、外汇市场和黄金市场紧密地联系在一起,有力地推动了国际金融一体化与世界经济一体化。

第四节　商业银行国际信贷业务

一、国际信贷业务概述

国际信贷(international credit)是指不同国家和地区的借贷双方之间的资金融通活动。商业银行国际信贷是一个国家或地区的商业银行在国际金融市场上向另一个国家或地区的借款人进行贷款活动,或一个国家或地区的借款人在国际金融市场上向国外商业银行进行的借款活动。商业银行国际信贷包含三层含义:

第一,商业银行国际信贷是在国际金融市场上进行的。国际金融市场有传统的国际金融市场和新型的国际金融市场两种。新型的国际金融市场是指在 20 世纪末期在西欧各国形成的欧洲货币市场。目前,欧洲货币市场已发展成为世界上规模最大的国际金融市场。

第二,商业银行国际信贷是在一国借款人与外国贷款银行之间进行的。银行信贷的当事人有债务人与债权人两方面。债务人是世界各国的借款人,包括银行、政府机构、公司、国际机构;债权人则是外国的大商业银行。贷款银行可以是独家的,也可以是由多家银行组成的贷款银团。

第三,商业银行国际信贷是采取货币资本(借贷资本)形态的一种信贷关系。无论是最初的贷放或最终的收回,银行信贷均采取货币资本形式。目前,世界上有 150 多种货币(纸币),但大约仅有 40 多个国家的货币可自由兑换,大多数国家的货币不能自由兑换,因而不能充当国际信贷使用的货币。现在,在国际经济中经常使用的只有十几种货币,它们既充当国际间计价、结算与支付货币,同时也充当世界各国的官方储备资产,事实上发挥着世界货币符号的作用。国际商业银行信贷所采用的货币资本形式,也仅以能发挥世界货币符号职能的这十几种货币为限,其中主要有美元、日元、英镑、欧元等。

二、国际银团贷款

在国际信贷业务中,目前国际上通用的贷款形式主要有三种:双边贷款、联合贷款、国际银团贷款。其中,国际银团贷款是商业银行中长期国际贷款的主要形式。

1. 国际银团贷款的特点

国际银团贷款是由一家或几家银行牵头、多家银行参加而组成的银团按照内部的分工和比例向某一借款人发放的贷款,又称为辛迪加贷款(Syndicated loan / Syndication loan)。其主要特点有以下几点:

(1)贷款金额大,收取的费用较高。国际银团贷款的每笔交易,一般都是数千万美元到数亿甚至十数亿美元。由于参加银行多,各家银行往往是从欧洲货币市场或亚洲货币市场拆进资金,再放给借款者。因此,银团贷款收取的费用高于一般中期银行双边贷款。

(2)贷款期限长。银团贷款一般是中长期贷款,贷款期限最长可达15年,一般为5～10年。

(3)贷款相对风险较小。若各国商业银行对外国一家商业银行贷款,受本国中央银行的约束,有额度限制。而一家商业银行独立提供大额中长期贷款,风险又很大,一旦借款人出现资金偿还困难,必须使贷款行受到牵连。而银团由多家银行组成,各贷款行只承担一笔贷款中的一定额度,分散了风险;同时,各贷款行在风险评估及风险规避方面各有千秋,从而有效地降低贷款行的风险。

(4)避免同业竞争,促进相互之间合作。

2. 国际银团贷款的类型

国际银团贷款根据参与行在银团中承担的权利和义务的不同,可分为直接型银团贷款和间接型银团贷款。

(1)直接型银团贷款。直接型银团贷款是在牵头行的统一组织下,由借款人与各参加行直接签订同一个贷款协议,根据贷款协议规定的条件,按照各自事先承诺参加的份额,通过委托代理行向借款人发放,收回和统一管理的银团贷款。其特点是:①牵头行的有限代理作用。直接银团贷款牵头行的确立仅仅是为了组织银团的目的,一旦贷款协议签订,即银团组成,牵头行即失去了代理作用,与其他行处于平等地位。②参与行权利与义务相对独立。直接银团贷款的每个参与行所承担的权利与义务是独立的,没有连带关系,即每个参与行只享受按其在银团贷款中参与的份额所确立的权利,按比例取得费用,如利息、本金等。同时,也只承担事先承诺部分的贷款义务,一旦某一参与行无法履行贷款义务时,其他参与行没有义务追加贷款额以弥补贷款总额的空缺。③银团参与行的相对稳定性。直接型银团贷款协议中尽管规定贷款行有权转让其在贷款中所享受的权利,但对这种转让又作出明确的限制,因而使得贷款人组成相对稳定,也是债务在借款人所熟悉的债权人之间进行变动。④代理行责任明确。由于这种类型的银团贷款是由代理行统一发放、收回和管理贷款的,因而协议中对代理行的权利、义务都有非常明确的规定,代理行的责任非常明确。

(2)间接型银团贷款。间接型银团贷款是指由牵头银行直接与借款人签订贷款协议,向借款人单独发放贷款,然后再将参与的贷款权分别转售给其他愿意提供贷款的银行,事先不必经借款人的同意,全部贷款的管理工作均由牵头行负责。其贷款特点是:①牵头行既是银团贷款的组织者,又是贷款的代理人,其身份具有多重性。②参与行与借款人之间不存在直接的债权债务关系,对债务人不享有直接的请求权,借款人即使发生违约现象,参与行也不能直接行使抵消权来进行损失补偿,所以,参与行与借款人的债权债务关系是间接的,参与行承担着来自借款人和牵头银行的双重风险。③操作相对简单,工作量较少。由于借款人只和牵头行有直接关系，因而较容易达成共识，有利于缩短时间，节省费用。同时，在法律上相对简单，所需成本也较低。

3. 国际银团贷款的当事人

一般来说，银团贷款的当事人包括借款人、牵头行、代理行、参加行和担保人，有的银团为了吸引更多银行参与贷款，还常常设有副牵头行、安排行等。

(1)借款人。国际银团贷款中的借款人主要有各国政府、中央银行、国家机构、具有法人资格的企业、国际金融组织等。借款人通过委托牵头行组织银团，配合牵头行起草资料备忘录；向牵头行披露充足的信息资料，接受牵头行和潜在贷款人的信用调查和审查，依据贷款协议合法取得贷款并按协议规定条款使用贷款，按时还本付息，按时依据贷款协议条款规定向各参加行提供自身的财务资料和其他与贷款使用有关的基本资料，接受因违约而承担相应的处罚。

(2)牵头行(leading bank)。牵头行有时又称经理行、主干事行等，是银团贷款的组织者。牵头行通常是由借款人根据贷款需要物色实力雄厚、在金融界享有较高威望、和其他行有广泛联系的、和借款人自身关系密切的大银行或大银行的分支机构。在银团贷款的组织阶段，牵头行是沟通借贷双方的桥梁，并由此承担相应的权利和义务。

在银团未组成之前，牵头行首先接受借款人的委托，以承诺书的形式承诺为借款人物色贷款银行，并向借款人提供贷款的基本条件，准备资料备忘录；在市场调查的基础上，向潜在的贷款人发送资料备忘录和邀请函，应贷款银行的要求负责介绍借款人的资信状况并及时将各贷款银行的贷款条件转达借款人；物色起草贷款协议及其他相关文件的律师事务所，并主持借款人、贷款人、担保人三方对贷款文本协议条款的谈判工作及最后文本的签字；协助借款人准备首次提款的基本文件并监督各贷款人首期贷款的到位。国际银团贷款根据贷款金额的大小和组织银团的需要，可以有一个牵头行，也可以有多个牵头行。但是不管一个还是多个牵头行，如果不兼任代理行，那么在银团贷款协议签订后，牵头行就成为普通的贷款银行，和其他贷款人处于平等地位，和借款人也仅仅只是普通债权人和债务人的关系，贷款的管理工作由代理行负责。

(3)代理行(agent bank)。代理行是全体银团贷款参加行的代理人，是代表银团负责与债款人的日常业务联系，担任贷款管理人角色的一家银行。在银团贷款协议签订后，按照贷款协议的规定，负责对借款人发放和收回贷款，承担贷款的贷后管理工作；协调贷款人之间、贷款人和借款人之间的关系；负责违约事件的处理等。

(4)参加行(participants)。参加行是指参加银团并按各自的承诺份额提供贷款的银行。按照贷款协议规定，参加行可以通过代理行了解借款人的资信状况，并且通过代理行取得一切与贷款有关的文件，按照其参与贷款的份额取得贷款的利息及费用，独立地向借款人提出索赔的要求，可以建议撤换代理行。参加行在银团贷款中的义务是按照其承诺的贷款份额及贷款协议有关规定向借款人按期发放贷款。

(5)担保人。担保人是指以自己的资信向债权人保证对债务人履行债务承担责任的法人。担保人可以是公司，也可以是政府。担保人在银团贷款中的责任是在借款人发生违约时代替借款人履行合同及相关文件所规定的义务，同时可以享受一定的权利。

(6)安排行(arranger)。安排行承担组织和协调工作，协助代理行作一些事务性的工作，有时候也对借款人作出包销银团贷款的承诺。目前，借款人越来越喜欢选用安排行联合包销的形式组织银团贷款，因此，安排行的作用更大。

4. 国际银团贷款要素

(1)贷款金额和币种。贷款金额是借款人根据借款用途需要在委托牵头行组织银团、经牵头行承诺后确定的借款金额。它表明在银团中各参加行对借款人承担义务的上限,也是银团对借款人承担义务的上限。贷款金额一经借款人和牵头行商定,未经双方同意,不得改变。对于牵头行来说,贷款金额是其组织银团的基础之一。贷款金额是通过货币来表示的。在国际银团贷款中,可用于借贷的货币种类很多,但并不是每一种货币均适合不同借款人和贷款人的需要。长期以来,美元一直作为银团贷款主要选择币种,其次有英镑、日元及欧元等。

(2)利率。利率是利息和本金的比率。在国际银团贷款中,通常采用的利率有两种:一是固定利率,它是银团与借款人双方商定,在贷款协议中规定整个贷款期间固定不变的利率;二是浮动利率,它由基本利率加利差两部分构成,其中利差一般是固定的,而基础利率是随着时间的变动而变化的。目前,被较多选择为基础利率的利率有 LIBOR,HIBOR,SIBOR 及美国优惠利率等。

(3)贷款期限。贷款期限是指贷款合同生效之日至贷款本金利息全部还清为止的期限。国际银团贷款的期限比较灵活,短则 3～5 年,长则 10～20 年,但一般常见的是 3～10 年。根据不同时期内贷款本金的流向不同,可将贷款期限划分为三个时期,即提款期、宽限期和还款期。①提款期,也称承诺期,是指借款人可以提取贷款的有效期限,一般从合同生效日始,至一个规定的日期终止,如 30 个银行营业日或 60 个银行营业日或更长。在这期限内,借款人可以一次提取全部贷款或分次提取贷款。如果在提款期到期日没有提取全部贷款,则未提取部分金额自动取消,借款人今后在该合同项下不得再次提取贷款,这一时期的特点是贷款本金由贷款人流向借款人。②宽限期,是指从提款期结束日起至第一次贷款归还日所构成的时段。在这期间,借款人只要按合同规定通过代理行向各贷款人支付利息,而贷款本金则无须偿还。③还款期,是指从合同规定的第一次还本日起至全部贷款本息清偿完毕为止。在整个还款期内,贷款本金可以分若干次在每个付息日偿还。

(4)贷款费用。贷款费用一般包括:①承诺费。这是一般银团贷款中均存在的费用。由于贷款协议签订日和借款人实际用款日期具有一定的间隔,而且大多数银团贷款可以分次提取,贷款协议中对具体的提款日也不作明确的规定,因此,在允许提款的期限内,贷款人要准备一定的头寸以备借款人提款,而这备用头寸对贷款人是没有利息收入的。因此借款人必须补偿贷款人因准备头寸而放弃的利息收入。承诺费通常是从合同签字日或从首次提款日起算,至提款期结束,根据贷款未提款余款部分按事先双方约定的费率计算,承诺费的费率一般在 0.125%～0.5%之间。但是,如果根据银团贷款协议规定,借款人在较短期限内,如 1 个月,一次提取全部贷款或者提款期限虽较长,但提款是按计划进行的,则借款人可以免付承诺费。②管理费。这是一般银团贷款中均收取的一种费用。起先,管理费是由借款人支付给牵头行用于补偿其在组织银团中所作的特殊贡献,但是后来逐步演变成借款人在利息以外对各贷款人融资成本的一种补偿。管理费一般由借款人一次性向银团按贷款金额的一定比率支付,然后由代理行按各贷款人在银团中的参加份额分付给各贷款人。管理费的费率一般在 0.25%～0.5%之间。③代理费。在银团贷款中,由于代理行承担着沟通借贷双方的桥梁作用,负责银团贷款的管理工作,因此他和其他银行一样取得借款人同样的补偿外,还必须从借款人处取得特殊的补偿。这种补偿就是通过借款人向代理行支付代理费实现的。一般情况下,代理费的多少取决代理行的工作量的大小,如果银团的参加行多、提款次数多、还款次数多,则代理费就高，代理费的费率一般在0.125%～0.5%之间，由代理行和借款人协商而定，一年一付。④杂费。这也是银团贷款中普遍存在的一种费用，由借款人向牵头行支付，用于补偿其在组织银团、安排签字仪式等工作中所发生的费用支出，一般包括（但不限于）律师费、通信费、印刷费、交通费等费用。杂费的支付方式一般有两种：一是由牵头行向借款人实报实销；另一种方式是按贷款金额的一定比率收取。在实际中以第一种方式为多。在国际银团贷款中，除了上述四种常见费用外，由于银团贷款形式的不同或银团内部组织的不同，可能还有安排费、包销费等费用形式。

本章小结

1. 商业银行进行外汇交易的主要原因是为了向其个人客户和企业客户提供外汇服务，同时也是为了规避外汇风险。商业银行外汇买卖业务主要包括即期外汇买卖业务、远期外汇买卖业务、掉期业务、套汇和套利业务。

2. 商业银行国际贸易融资业务是促进进出口贸易的一种金融支持手段。商业银行通过开展国际贸易融资业务可以增加利润，提高国际业务经营收益，是整个商业银行国际业务的核心。国际贸易融资业务包括押汇业务、打包放款业务、保理业务、福费廷业务、进出口信贷业务。

3. 商业银行离岸金融业务是商业银行国际业务中重要的组成部分。业务种类主要有离岸货币市场业务、离岸债券市场业务。离岸金融业务在我国的发展较为曲折，未来随着我国上海等地作为国际金融中心地位的确立，商业银行离岸金融业务必将会有一个大的发展。

4. 商业银行国际信贷业务包括双边贷款、联合贷款、国际银团贷款。其中国际银团贷款的发展十分迅速。国际银团贷款的类型可分为直接型银团贷款和间接型银团贷款。

关键术语

即期外汇交易　远期外汇交易　掉期交易　套汇　套利　进口押汇　出口押汇　打包放款　保理业务　福费廷　进口信贷　出口信贷　离岸货币短期信贷　离岸货币中长期信贷　欧洲债券市场　国际银团贷款

思考与练习

1. 当前国际上商业银行的外汇买卖业务主要有哪些类型？
2. 商业银行国际贸易融资业务主要有哪些类型？
3. 福费廷业务的主要特点是什么？如何操作？
4. 什么叫做离岸金融市场？离岸债券市场具有什么特点？
5. 国际银团贷款的组织要素包括什么？

第九章 商业银行资产负债管理

本章要点

1. 商业银行资产负债管理理论
2. 商业银行资产负债管理方法
3. 利率敏感性缺口管理
4. 持续期缺口管理
5. 衍生金融工具管理

第一节 商业银行资产负债管理理论与方法

一、商业银行资产负债管理理论

银行资产负债管理理论是随着银行经营管理实践的不断发展而逐步形成的。纵观商业银行300多年的发展史,由于受经济金融环境变化的影响,其经营管理理论经历了资产管理理论—负债管理理论—资产负债综合管理理论—资产负债外管理理论的演进过程。

(一)资产管理理论(asset management theory)

所谓资产管理,就是通过安排商业银行资产负债表中资产方的各个项目所进行的管理,即对现金、证券和贷款等资产进行最佳组合,以增加资产的流动性、安全性和盈利性。这是西方商业银行对资金管理的传统方法。由于商业银行产生以后的相当长一段时期内,它的资金来源主要是存款,资金运用主要是对企业发放贷款,加上金融市场发育程度的限制,使商业银行经营管理的重点,主要放在资产方面,通过对资产结构的合理安排,来实现银行的经营目标,由此形成了资产管理理论。随着经济环境的变化,银行业务经营的发展,资产管理理论也经历了不同的发展阶段。

1. 商业贷款理论(commercial-loan theory)

这是一种确定银行资金运用方向的理论,产生于商业银行发展初期。1776年英国著名经济学家亚当·斯密在其代表作《国民财富的性质和原因的研究》中最早对商业贷款理论进行了表述。该理论是从银行吸收的存款大多数是活期存款这一客观事实出发,从保持资金的流动性和安全性考虑,认为商业银行的业务应集中于短期自偿性贷款,即基于商业行为而能自动清偿的短期流动资金贷款。因为这种贷款能随着商品周转、产销过程的完成,从销售收入中得到偿还,这种理论还强调,办理短期贷款一定要以真实交易作基础,要用真实商业票据作抵押,一旦借款人不能偿还贷款时,银行还可以通过处理抵押品而收回资金。因此,该理论又称真实票据说(the real bill doctrine)。

商业贷款理论对银行经营发挥了积极作用。首先，为商业银行保持流动性和安全性提供了依据，从而避免和减少了银行因流动性不足或安全性不够带来的风险。其次，适应了商品交易对银行信贷的需求，当社会生产扩大，商品交易增加时，银行信贷自动扩张；而当社会生产缩小，商品交易减少时，银行信贷自动缩减，避免了通货膨胀或通货紧缩。但随着商品经济的发展，这种理论的缺陷也随之暴露出来。一是该理论侧重流通而忽略生产特别是扩大再生产的需要，不能适应商品经济不断发展的需求。二是该理论没有认识到银行存款的相对稳定性。因为即使是活期存款，你存我取，也总会形成一部分稳定的余额，且这部分余额还会随着银行业务的发展而不断扩大，用这部分余额发放长期贷款，不仅不会影响银行的流动性，反而会给银行带来一定的收益。三是这种理论有可能助长经济波动，与中央银行反循环逆风向的货币政策相悖。如果银行贷款完全按照商业需要而自动伸缩，就会自发地加剧商业循环的波动幅度。即在经济繁荣时，银行贷款自动扩张，刺激物价上涨；反之，在经济衰退时，银行信贷自动收缩，则加速物价下跌，进一步恶化经济衰退。

2. 转换理论(shift-ability theory)

这种理论最早是由美国的莫尔顿于 1918 年在美国的《政治经济学杂志》发表的《商业银行及资本形式》一文提出的。该理论认为，保持银行资金流动性的最好办法是银行购买随时能在市场上变现的资产，即能够转移出售给第三者的资产。这类资产一般具有信誉好、期限短、容易出售的特点，从而能保证银行的流动性。如果资金不足，商业银行也可把这类资产转让给中央银行，只要中央银行随时准备购买商业银行提出转让的资产，商业银行体系就能保持流动性。

转换理论的出现，为商业银行保持流动性提供了新的方法。一方面消除了商业银行通过贷款保持流动性的压力，使商业银行的资产业务范围迅速扩大，业务经营更加灵活多样；另一方面又可减少持有的非盈利现金资产，将一部分现金转化为有价证券，既保持了流动性，又增加了银行收益，也加速了证券市场的发展。正因为如此，转换理论得到了广泛推行，比商业贷款理论前进了一步。但这种理论也存在一定的缺陷，主要是银行资产能否变现，证券转移能否顺利实现，要取决于银行之外的市场。如果在经济衰退或出现危机时所有的商业银行都需要资金而出售证券资产，或证券市场的需求不旺，商业银行的资产转换就很困难，即使中央银行运用再贴现或公开市场操作予以支持，也不能完全保证商业银行资产的流动性。

3. 预期收入理论(anticipated-income theory)

预期收入理论是一种关于商业银行资产投向选择的理论。第二次世界大战结束以后，经济的恢复和发展成为首要任务，商业银行的贷款投向主要是设备和投资贷款。随着经济的恢复和发展，增加了消费贷款需求，贷款投向由商业转向工业，预期收入理论也应运而生。它最早由美国的普鲁克诺于 1949 年在《定期放款与银行流动性理论》一书中提出。该理论认为，无论短期商业贷款还是可转让的证券，其偿还能力或变现能力都以未来收入为基础。贷款的偿还有赖于借款人将来的或预期的收入和银行对贷款的有计划安排。这样，银行就可根据借款人的预期收入来安排贷款的期限和方式，保持银行资金流动性和安全性。如果一项贷款的预期收入有保证，即使是长期贷款，银行资金的流动性和安全性也不至于受到影响；反之，如果一项贷款的预期收入不可靠，即使是期限较短的贷款，也有发生坏账或到期不能收回的风险。因此，商业银行除了发放短期贷款和购买短期债券来保持银行流动性以外，还可对一些有未来收入的项目发放中、长期贷款。

预期收入理论是对商业贷款理论和转换理论的发展和创新。其积极意义在于:第一,深化了对贷款清偿的认识,明确提出贷款清偿来源于借款人的预期收入。第二,为银行资产结构的调整提供了科学依据,促进了贷款形式多样化。由于银行发放中长期设备贷款,使商业银行从生产领域的局外人成为企业生产经营活动与扩大再生产的积极参与者,加深了对经济的渗透。第三,刺激了消费品生产的扩大和消费市场的繁荣。商业银行的资产业务从传统的商业性、生产性领域扩大到了消费领域。既满足了消费者的消费欲望,又促进了消费品市场的发展。但这种理论也存在着一个致命的缺陷,即预期收入难以把握,因为预期收入本身就是一个难以测定的变量。若按此理论来贷款,特别是长期贷款由于期限较长,借款人的经营情况随时可能发生变化,届时并不一定能归还贷款,这样就增加了商业银行的经营风险,同时也不能完全保证银行资产的流动性。

上述三种资产管理理论,反映了商业银行在不同发展阶段经营管理的特点,在保证银行资产流动性和安全性方面各有侧重。商业贷款理论强调贷款的用途,主张通过发放短期、自偿性贷款以保证流动性;资产转换理论强调资产的期限和变现性,主张以一定程度发展的金融市场和金融交易为条件,通过资产的转换来保证流动性;预期收入理论强调银行资产投向的选择,从贷款和投资的健全性方面考虑资产的安全与流动。可见它们之间存在着互补的关系,每一种理论的产生都为银行资产管理提供了一种新思想,促进银行资产管理的进一步发展,是资产管理理论不断完善和发展的现实反映。

(二)负债管理理论(liability management theory)

负债管理理论产生于 20 世纪 60 年代,也是一种关于银行流动性的理论。它认为银行的流动性不仅可以通过加强资产管理,建立各级准备资产来获得,而且也可以由负债管理即向外借款来提供,只要银行的借款市场扩大,资金的流动性就有保证。因此,商业银行可以处于准备不足的状态,没有必要在资产方保持大量的流动性资产,而应将它们投入到高收益的贷款和投资中去,甚至可以通过借款来扩大贷款规模,增加银行收益。

负债管理的理论模型有两种。

模型 1:商业银行在面临清偿能力不足时,可用短期借入款来弥补提取的存款。这样在负债方一增一减,正好轧平。

资　产	负　债
贷　款	存款提取}— 存　　款
投　资	借　入　款 短期借入款}+

模型 2:商业银行在发生可贷资金不足时,可通过借入款来应付增加的借款需求。这样,银行的负债和资产同时增加,并会因资产扩大而带来额外收益。

资 产	负 债
贷 款	存 款
投 资	借入款
+{增加贷款	增加借入款}+

根据这种理论,西方商业银行一般通过发行可转让大面额存单、向中央银行借款、同业拆借、回购协议借款、借入欧洲美元等途径来扩大负债,解决银行的流动性和盈利性问题。

负债管理理论使西方商业银行更富进取精神,也深化了对银行流动性的认识,把银行流动性管理从单一资产管理转变为负债管理,重视负债结构的合理化,扩展了金融产品,开拓了金融服务领域,为银行提供了更多盈利机会,大大增强了银行资金的流动性,也为银行扩大资产负债规模创造了条件。过去,银行的资产规模受负债制约,有了负债管理理论后,商业银行则对负债进行主动管理,即根据资产的需要来安排和组织负债来源,并以此扩大信贷规模。但负债管理也有一定的局限性:一是它增加了银行经营风险。追求盈利是商业银行的最终目标,但如果银行片面追求盈利,在货币市场上通过大量举债放款,就容易引起过度借入短期资金,贷出长期资金,造成资产负债失衡,一旦货币市场紧缩,银行很难向外借到资金时,就会面临流动性风险。二是提高了银行负债成本。一般来讲,借款利率要高于存款利率,如果商业银行大量通过借款的方式筹措资金,借款增加必然导致银行负债成本上升。三是在高负债成本下,银行为实现利润目标,必然将资金投放到高盈利的贷款和投资,这又伴随着更大的经营风险。

(三)资产负债综合管理理论(assets and liabilities management theory)

资产负债综合管理理论产生于20世纪80年代,它是一种协调银行各种业务职能以达到其政策目标的全面性、综合性管理理论。这种理论认为,商业银行单靠资产管理或单靠负债管理都难以形成流动性、安全性和盈利性的均衡。只有在业务营运过程中,按照客观经济规律的要求,运用科学的管理体系和管理方法,对其经营的各类资产和负债进行计划、控制与协调,使之在总量上均衡,结构上对应,保持流动性、安全性和盈利性的统一,才能达到自我调控、自我约束、自我发展的目的。资产负债综合管理理论的产生,有其深刻的背景。20世纪70年代以后,主要的资本主义国家在相当长的一段时期里陷入"滞胀"状态,稳定通货、促进经济发展成为各国政府的主要课题。在这种形势下,银行必须在严格控制的信贷规模下,通过有效地运用资金,提高资金使用效益,促进经济增长。与此同时,银行业内部竞争的加剧,要求银行在争取资金来源方面必须提供更优惠的条件,更方便的服务,这就要付出更高的代价,致使银行资金成本上升,也就必然对银行的经营管理提出更高的要求,客观上产生了对资产负债全面管理的需要。在复杂多变的市场环境下,银行既要有充分的流动性来保证其安全,还要在激烈的竞争中生存和发展,必须追求较高的盈利。流动性、安全性和盈利性的内在矛盾十分突出,要解决和协调它们之间的矛盾,就必须对资产和负债进行全面的而非片面的管理。

资产负债综合管理理论的基本原则是:

1. 规模对称原则

规模对称也叫做总量对称,它要求银行的资产规模和负债规模相互对称,统一平衡。这种对称是一种建立在合理经济增长基础之上的动态平衡。总的原则是,资金的来源制约资金运用，也就是根据存款和其他负债增长的客观可能性，合理确定资产规模，以供给制约需求。

2. 结构对称原则

它要求资产各项目与负债各项目之间的相互对称和统一平衡。长期资产主要由长期负债和资本金支持，短期负债主要用于短期资产，其中的稳定余额部分也可用于长期资产。

3. 偿还期对称原则

它也称速度对等原则，指银行的资金运用应由资金来源的流通速度所决定，即银行资产和负债的偿还期应保持一定程度的对称关系。

4. 目标替代原则

它也称目标互补原则，是指流动性、安全性、盈利性三大基本目标的均衡协调，不是各占一定比例的绝对平衡，而是可以相互替代和补充的。因此，商业银行在经营实践中就不必固守某一目标，单纯根据某一目标（如利润）来考虑资产分配，而应将基本目标结合起来进行综合平衡，以保证银行经营目标的实现，达到总效用的最大化。

5. 资产分散化原则

资产分散化原则是指银行进行资金分配时，应尽量将资金投放在贷款和证券等不同的资产形态上，同时贷款和证券的种类、对象也要尽可能的分散，以避免集中投放在某一种贷款或证券上，同时也要尽量避免集中投放于某一行业或某一企业。其目的在于分散银行资产的风险，提高资金使用的安全性，减少坏账损失。

资产负债综合管理的主要内容是：在流动性方面，根据经济和金融发展趋势预测某一时期的流动性需求，并据此制订获取流动性的计划（资产流动性或负债流动性）并付诸实施。在安全性方面，一是对借款人进行信用分析和对借款项目进行可行性研究，以减少或避免风险；二是对借款进行检查，发现问题及时解决，避免损失发生；三是增加抵押贷款和担保贷款，减少信用贷款；四是实行资产分散化，以分散银行风险；五是运用市场手段，转移风险资产。在盈利性方面，通过预测市场利率，对利率敏感性资产和负债的缺口进行调整，以获取较大利差，增加银行利润。

资产负债综合管理理论是银行资产负债管理理论的重大发展。首先，它吸取了资产管理和负债管理的精华，使银行业务管理日臻完善。其次，它增强了银行抵御外界经济动荡的能力，使银行可根据市场变化，随时对其资产负债结构进行调整。再次，资产负债业务的发展使银行提供的金融工具和金融服务日益多样化。但这种理论也有一定的弊端：一是金融工具的不断增加和创新使银行间的竞争更加激烈；二是对利率风险的过分强调，增大了银行的其他风险；三是加大了金融监管的难度。

（四）资产负债外管理理论

20 世纪 80 年代末 90 年代初，随着世界经济的发展，金融管制的放松和金融自由化的出现，银行间的竞争越来越激烈，银行经营风险进一步增大，特别是一些发展中国家因无力还贷或要求延期偿债，使得西方债权银行遭受不同程度的损失，银行利润有所减少。在这种情况下，西方商业银行不得不重新考虑其经营策略，从资产负债外去寻找新的业务领域，开辟新的盈利源泉，银行业务范围迅速扩大，表外业务成了银行发展和利润扩大的重要手段。资产负债外管理理论悄然而起。

这种理论认为，存贷款业务只是银行经营的一根主轴，在其旁侧，可以延伸发展起多样化的金融服务，通过服务种类的增加、服务质量的提高来吸引客户，增加收费收入。同时，这种理论也提倡将资产负债表内业务转换为表外业务，如将贷款转让给第三者，将存款转售给急需资金的单位，这种转售都只单纯地在资产和负债上分别销账，使表内经营规模缩减或维持现状，而银行仅收取转让的价格差额。表外业务的发展使银行业务规模扩大，收入渠道增加，但表外业务的潜在风险也开始引起了人们的重视。目前，这种资产负债外管理理论正在建立和发展中，其优劣还有待于实践和检验。

二、商业银行资产负债管理方法

(一)资金总库法

资金总库法(pool of fund approach)是早期商业银行资产管理的一种方法。其起源可追溯至商业银行发展初期，但到 20 世纪 30 年代的经济大危机之后才开始普遍使用。资金总库法的主导思想是以保证安全为主，以盈利为辅，强调经营的安全性，重视资金来源与资金运用的关系。

其主要内容是：银行将来自于不同渠道的资金汇集起来，形成一个资金池(pool of fund)或称资金总库，资金池中的资金被无差别地视为同质的单一来源，然后再将资金池中的资金分配到各种不同资产上去，如图 9-1 所示。

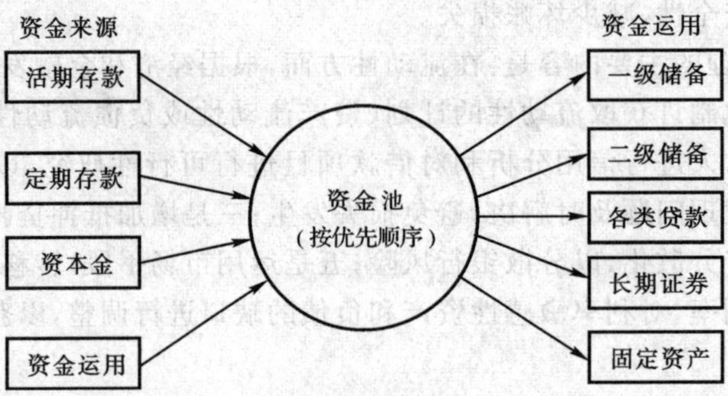

图 9-1　资金总库法示意图

采用资金总库法进行管理，首先要制定出银行资产负债业务盈利性和流动性标准，然后再根据上述标准分配资金。资金分配按下列顺序进行：

(1)保证充分的一级储备(primary reserves)。在这里，一级储备是一个经济概念，而非账户概念，包括库存现金、在中央银行的存款、在其他存款机构的存款余额和托收中现金。一级储备之所以在银行的资产分配中具有高度优先的地位，是因为需遵守法律有关保持一级储备的规定，以及满足银行日常支付和支票清算的需要，同时也是作为应付意外提存和意外信贷需求的第一道防线。

(2)保证二级储备(secondary reserves)，以应付近期内的现金需求和其他资金需求。二级储备包括短期公开市场债券，如国库券、政府机构债券、银行承兑汇票等。二级储备有一定的收益，可随时转换成现金而不损失本息，一般不超过 1 年。此外，作为二级储备的债券，还必须具有易销售、信誉高、受利率变动的影响小等特点。

(3)满足客户的信贷需求。这需要商业银行深入了解本地市场，了解客户的经营状况和资金需要，由市场力量决定信贷资金的投向和构成。由于资金总库法没有把贷款结构看做是银行保持流动性的一个重要方面，所以没有强调银行贷款的结构问题。

(4)如果前三项资产分配满足后还有剩余，银行可在金融市场购买长期债券或股票等有价证券以增加盈利。

资金总库法作为一种资产负债管理方法是相当粗略的，对资金运用与资金来源的简单划分并未抓住资产与负债在银行三大基本目标中的本质作用，强调的仅仅是单一的资产管理。这种方法的好处是简单易懂，管理成本低。主要缺陷在于：第一，没有提供评价流动性的标准，没有从资产、负债两个方面满足流动性的需要；第二，仅仅注重银行安全性的需要，没有提供盈利性的机制，过分看重银行流动性的需要而在某种程度上牺牲了银行的赢利。

(二)资金分配法

资金分配法(the fund allocative approach)是资金总库法的进一步发展，也体现了资产管理的思想。其主要内容是：商业银行在把现有的资金分配到各类资产上时，应使各类资金来源的流动速度或周转率与相应的资产期限相适应，即银行资产与负债的偿还期应保持高度的对应关系，所以也称为期限对称法。那些具有较低周转率或相对稳定的资金来源应分配到期限相对较长和收益较高的资产上。反之，周转率较高的不稳定性存款则主要应分配到短期的、流动性较高的资产项目上。例如活期存款具有较高的周转率，其偿还期近似为零，从资产负债对称的原则出发，应主要分配到充当一级储备和二级储备的资产上，只有少量的“稳定余额”可用于发放短期贷款。储蓄存款和定期存款稳定性较高，则主要运用于各类贷款和中长期证券投资，也可少量用于二级储备。资本金无到期偿付的要求，是最稳定的资金来源，可被用于各类贷款和长期投资以及购置各类固定资产。资产和负债的具体对应关系可用图 9-2 表示。

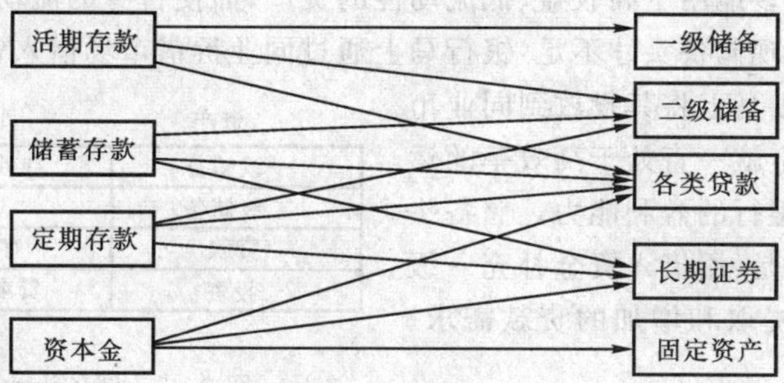

图 9-2　资金分配法示意图

(三)线性规划法

为了使资产分配方法更为精确，许多商业银行使用了复杂的数学模型，其中运用最广泛的是线性规划法(liner programming approach)。这种方法是先选择一些目标变量的值，在一定的约束条件下，使某目标函数最大(或最小)。运用于银行管理，则是决定一组资产负债的量，在一定的流动性和管理限制等约束条件下，使利润最大。

现举例说明商业银行经营管理中线性规划法的基本原理。

[**例 9-1**]　假定某商业银行资产负债状况如下：资产方只有贷款和证券两项，负债方有活期存款、定期存款和自有资本三项。若贷款年利率为 8%，且年内不可变现，证券投资的年

利率为 4%,年内可随时变现以应付流动性需求,且不产生资本金损失。资金来源共有 100 万美元,其中活期存款 40 万,定期存款 40 万,自有资本 20 万。根据以往经验,商业银行持有占总资产 20%的证券才能满足存户的提款。此外,商业银行主要客户的贷款需求为 25 万,商业银行必须满足这部分需求。如用 X_1 表示贷款的数额,X_2 表示证券投资的数额,P 表示所实现的利润,商业银行的线性规划模型则为:

$P=0.08X_1+0.04X_2$ (目标函数)

$X_1+X_2\leqslant 100$ (资产总额受资金来源总额的限制)

$X_2\geqslant 0.2(X_1+X_2)$ (流动性的限制)

$X_1\geqslant 25$ (贷款数额的限制)

解上式,得:$X_1=80$,$X_2=20$

$P=0.08\times 80+0.04\times 20=7.2$

结果表明,在上述限制条件下,商业银行将全部资产的 80 万投放于贷款,20 万投放于证券,可实现最大利润 7.2 万美元。

线性规划法在银行资产负债管理中的成功案例是 1960 年美国纽约银行家信托投资公司(Bankers Trust Co.)高级顾问卡尔曼·考亨(Kalman J. Cohen)所主持的"动态资产负债表管理计划"。该计划为这家银行制定了 1962—1965 年资产负债结构的详尽规划,大大提高了银行的管理效率和盈利水平。为此,考亨成为银行管理线性规划法的代表性人物。

(四)负债管理方法

1. 储备头寸管理法

储备头寸管理方法是银行运用短期借入资金满足其流动性的一种方法。采用这种方法,银行可将资金尽可能多地用于高收益、低流动性的资产,而使自身的流动性经常保持在比较紧张的状态下。一旦出现储备头寸不足,银行马上通过同业拆借市场借入资金补足自己的头寸;如果有多余的头寸,则马上将其投放到同业市场。这样,银行的资金就一直处于高效率的运转过程中,从而提高银行的盈利能力。储备头寸管理法的一般做法是:用借入资金补充一级储备,以满足存款的提取和增加的贷款需求。如图 9-3 所示。

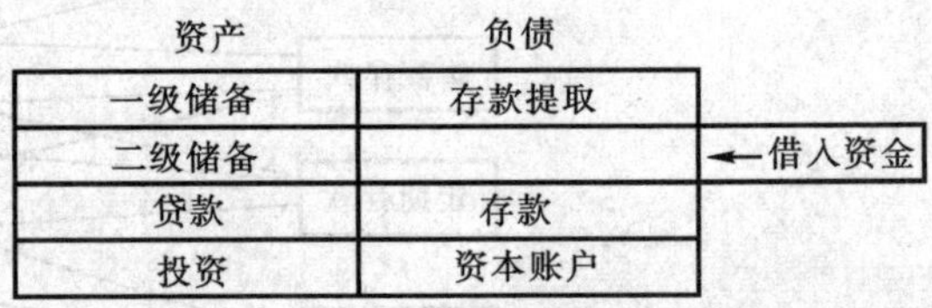

图 9-3 储备头寸管理法示意图

与其他方法相比较,储备头寸管理法使银行可以持有较高比例的盈利资产,并使银行资金能得以充分利用。因此,预期收入提高。但这种方法也有风险:一是借入资金的成本不能确定;二是有时借不到资金。

2. 全面负债管理法

全面负债管理法也叫纯负债管理法。这种方法是商业银行直接从市场上借入短期资金以扩大银行贷款,或是通过增加银行负债的平均期限以减少存款的可变性。其一般做法如图 9-4 所示。

全面负债管理法以借入资金具有较大的供应弹性为前提,其条件是市场有足够的参与者和足够的资金,单个银行的活动并不影响整个市场利率水平。因此,实行全面负债管理的最大风险,在于得不到足够的资金来源,如果中央银行采取紧缩货币的政策,有些小银行的负债管理结构就会崩溃。

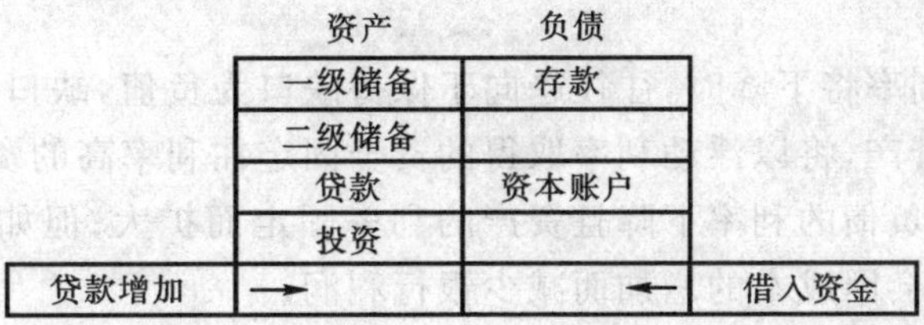

图 9-4　全面负债管理法示意图

第二节　商业银行资产负债管理技术

一、利率敏感性缺口管理

利率敏感性缺口管理是指管理人员根据对利率变化的预测，积极调整资产负债结构，扩大或缩小利率敏感性资产和利率敏感性负债的差额，即“利率敏感性缺口”，从而保证银行收益的稳定或增长。银行调整资产负债结构所运用的工具主要是在短期内有主动利率控制权的资产和负债，如浮动利率资产和负债，即将到期的资产和负债等。这些资产和负债对市场利率的变化都十分敏感，因此，是银行资产负债管理的重点。利率敏感性缺口包括绝对缺口、缺口比率和相对缺口比率。

绝对缺口是一个利率敏感性期间重定利率的资产与在同一期间重定利率的负债之间的差额。缺口分析就是通过计算每个利率敏感性期间的缺口来测量商业银行的利率风险，一般来说，绝对缺口越大，商业银行利差对市场利率变动就越敏感，利率风险就越大。

绝对缺口＝利率敏感性资产－利率敏感性负债

由于各商业银行的规模不同，如果只使用绝对缺口无法比较不同金融机构的利率敏感性，从而很难制定出减小利率风险的管理策略。而缺口比率有利于不同规模的商业银行之间的比较，也有利于统一商业银行不同时期的比较，因此，缺口比率对于缺口分析是很重要的。

缺口比率也称利率敏感性比率，即某一利率敏感性期间重定利率的资产与同一期间重定利率的负债之比，用公式表示如下：

利率敏感性比率＝利率敏感性资产/利率敏感性负债

相对缺口比率是缺口分析中的另一个重要比率，它等于利率敏感性期间的绝对缺口与该银行总资产之比，用公式表示如下：

相对缺口比率＝绝对缺口/总资产

相对缺口比率越接近于0，就某商业银行的规模而言，缺口就越不重要；而相对缺口比率绝对值越接近于100%，该商业银行利率敏感性越强。

利率敏感性缺口管理主要有三种模式。

(一)正缺口策略

当银行预测市场利率将上升时，往往采取此策略保持缺口为正值，缺口率(利率敏感性资产/利率敏感性负债)大于1。即以固定利率的负债支持浮动利率的资产，使银行利差在利率上升中随利率敏感性资产利率的上升而扩大。如果对利率变化的预测有误，保持较大的利率敏感性资产，银行利润就会减少。

(二)负缺口策略

当银行预测市场利率将下降时,往往趋向于保持缺口为负值,缺口率小于1。即以浮动利率负债支持固定利率资产,将以浮动利率取得的资金固定在利率高的资产上。这样,在利率下降时,银行利差就会因负债的利率下降且资产的利率固定而扩大;但如果利率上升,银行保持较大浮动利率负债,则会因成本的增加而减少银行利润。

(三)零缺口策略

这种策略是努力使缺口为0,缺口率等于1。即保持银行资产与负债的期限对应,浮动利率资产与浮动利率负债完全相等,并且固定利率资产也全部以固定利率负债支撑,从而把利率风险降至最低限度,保持银行收益的稳定。许多地区性小银行就一直想达到这样的平衡状态。但是这种策略并不能完全消除利率变动的风险,因为资产利率的变化和负债利率的变化不可能完全一致。如贷款利率的变化,由于管理上的缘故,往往要滞后于市场利率的变化。此外,随着市场利率周期的不同变化而发生的资产负债数量和结构的变化也难以使银行保持零缺口。

有效的缺口管理能够测量一家商业银行资产和负债的利率敏感性,鉴定银行的利率风险,能够找出造成商业银行利率风险的各个项目。但缺口管理仍然存在某些不足之处,缺口管理不能精确地表明商业银行面临的利率风险,即市场利率变动能够引起盈利水平和市场价值的变动状况。由于利率敏感性缺口不能标示出缺口所处的利率水平,因此,就不能计算出重定利率时缺口的利率水平的变动程度,从而也就不能计算出利润的变化情况和精确评估市场利率变动导致的市场价值的变化情况。

二、持续期缺口管理

在利率波动的环境中,对于浮动利率资产和浮动利率负债不匹配所带来的利率敞口风险,利率敏感性缺口模型可以对其进行控制和管理。然而,固定利率的资产和负债并非没有风险,其市场价值会随市场利率发生波动,这或者使银行资产在变现时产生损失,或者导致银行的权益净值发生变化,使股东财富受损。持续期缺口管理就是通过对银行资产和负债持续期缺口进行调整的方式,以控制和管理在利率波动中由总体资产负债匹配不当给银行带来的风险。

(一)持续期的概念和计算方法

持续期(duration)也称久期,最初由美国经济学家弗雷德里·麦克莱(Frederick Macaulay)于1938年提出。持续期作为一种全新的概念在当时出现,使人们对固定收入金融工具的实际偿还期和利率风险有了更深入的了解,同时被广泛地用于预测由于市场利率变动所引起的债券价格的变动。20世纪80年代以来,持续期又被金融机构运用于资产负债管理中。从经济涵义上讲,持续期是固定收入金融工具现金流的加权平均时间,也可以理解为金融工具各期现金流抵补最初投入的平均时间。在计算中,持续期等于金融工具各期现金流发生的相应时间乘以各期现金流现值除以该金融工具市场价格。

$$D=\sum_{t=1}^{n}\frac{C_t\times t}{(1+r)^t}\Big/\sum_{t=1}^{n}\frac{C_t}{(1+r)^t} \tag{9-1}$$

式中:D=持续期;t=各现金流发生时间;C_t=金融工具第t期现金流;r=市场利率。设

$\frac{C_t}{(1+r)^t}=pv_t$,则有：$\sum_{t=1}^{n}\frac{C_t}{(1+r)^t}=\sum_{t=1}^{n}pv_t=p_0$

公式 9-1 可写成：$D=\sum_{t=1}^{n}\frac{C_t\times t}{(1+r)^t}/p_0$

$$D=\sum_{t=1}^{n}pv_t\times t/p_0=\sum_{t=1}^{n}\left[\frac{pv_t}{p_0}\times t\right] \tag{9-2}$$

公式 9-2 把各期现金流的现值(pv_t)表示为金融工具市场价格 p_0 的一部分，即各期现金流占该金融工具现值的比例，其和等于 1。把这些比率作为权重分别乘以各期现金流发生的时间，就得到该项金融工具的持续期，或理解为该项金融工具各期现金流抵补最初投入的平均时间。

［**例 9-2**］　下面举例说明持续期的计算。假定某固定收入债券的息票利率为 8%，偿还期为 3 年，面值为 1 000 美元。另一零息债券的面值也为 1 000 美元，偿还期为 3 年，我们假定两个金融工具的实际收益率(市场贴现利率)为 10%，求以上两种债券的持续期。在持续期的计算中，先计算每期现金流的现值，然后每个现值乘以相应的发生时间，再把各项乘积相加，把各个现值相加，并以各项乘积之和除以各个现值之和，就得到该债券的持续期，如表 9-1 所示。

表 9-1　两种债券的持续期计算过程

	(1) 至支付日的时间(年)	(2) 支付金额(美元)	(3) 10%的贴现率(美元)	(4) 权重	(5) (1)×(4)
A. 息票利率为 8%的债券	1	80	72.727	0.0727 27	0.076 5
	2	80	66.116	0.066 116	0.139 2
	3	1 080	811.420	0.811 42	2.561 7
持续期					2.639 2
B. 零息债券	1	0	0	0	0
	2	0	0	0	0
	3	1 000	751.315	1.0	3
持续期					3

权重＝每个现金流的现值(包括本金面值)除以债券价格。

第 5 列数字是支付时间同支付权重的乘积。我们将第 5 列的数字加起来就计算出每种债券的持续期。

零息债券的持续期正好是它的到期时间，即 3 年。3 年期息票债券的持续期为 2.639 2年。

(二)持续期缺口管理模型及其运用

由于银行的净值(亦即资本)等于资产总值减去负债总值，如果利率变化，银行资产和负债的总值也会变化，净值也发生变化，用公式表示如下：

$$\Delta NW=\Delta A-\Delta L$$

式中：ΔNW 代表净值变化，ΔA 代表资产总值变化，ΔL 代表负债总值变化。

此外，由于市场利率上升会造成银行固定利率资产和固定利率负债的市场价格下降，银行资产和负债的到期日越长，利率上升后，这些长期资产负债的市场价格下降的幅度也越大。因此，由于利率变化引起的银行净值变化取决于其资产和负债的相对期限。由于持续期是计算平均到期日，如果某银行的资产持续期比其负债持续期长，当利率上升时，其净值下降的幅度将大于资产持续期相对较短的银行，也大于资产和负债的持续期相等的银行。通过使资产和负债的持续期相等，银行可以平衡来自资产的现金流入和伴随负债的现金流出的平均到期日。因此，平均期限分析可以用来稳定银行净值的市场价格。

从风险管理的角度来看，持续期的重要性在于其计算金融工具对利率变化的敏感性。某项资产或某项负债的市场价格变化幅度等于该项资产或负债的持续期与利率相对变化的乘积，即：

$$\Delta P/P = -D \times \Delta i/(1+i) \tag{9-3}$$

式中：$\Delta P/P$ 代表市场价格的变化百分比；$\Delta i/(1+i)$ 代表资产或负债利率的相对变化；D 代表持续期；负号代表金融工具市场价格和利率的变化方向相反。公式(9-3)是通过 $P=\sum_{t=1}^{n}\frac{C_t}{(1+i)^t}$ 对 i 求导数，两边同时除以 P，利用上面持续期的定义公式(9-1)而得出的，本章公式中字母表示的含义相同。

上述等式说明，金融工具的利率敏感性与其持续期是直接成比例的，如果某种金融工具的持续期为 5 年，那么它就是持续期为 1 年的金融工具的 5 倍。例如，某银行持有一债券，持续期为 5 年，目前市场价格 1 000 元，利率目前为 10%，如果利率下降至 9%，则该债券市场价格变化的百分比为：

$$\Delta P/P = -[5\times(-0.01)]/(1+0.10) = 0.045\,5 = 4.55\%$$

而平均期限为 1 年的同样利率的债券价格变化就为 0.91%。银行如果想完全对冲利率波动，可以选择将资产组合价格加权持续期等于负债组合的价格加权持续期，使持续期缺口尽可能接近于零。当银行资产偿还期限不对等时，如果银行来自于资产的现金流入先于负债现金支付发生，银行可能面临必须按照下降的利率进行投资的风险。如果银行的债务现金流入先于资产现金流入产生，它又可能面临借入资金成本上升的风险。因此银行关心来自于全部资产和负债的总风险暴露。持续期缺口管理就是通过相机调整资产和负债结构，使银行实现一个正的权益净值以及降低重投资或融资的利率风险。持续期缺口(duration gap)定义为：

$$D_{Gap} = D_A - \sigma D_L$$

式中：D_{Gap}=持续期缺口；D_A=总资产持续期；D_L=总负债持续期；σ=资产负债率即 L/A。

商业银行的总资产持续期是由它各项资产持续期加权总和构成，于是有：

$$D_A = \sum_{i=1}^{m} W_i^A D_{Ai}$$

式中：W_i^A 表示某项资产的权重，即 $W_i^A = A_i/A, i=1,2,\cdots,m$。同理，银行负债的持续期是由它各项负债持续期加权总和构成，则有：

$$D_L = \sum_{j=1}^{n} W_j^L D_{Lj}$$

式中：W_j^L 表示某项负债的权重，即 $W_j^L = L_j/L, j=1,2,\cdots,n$。

因为银行的资产总额总是大于负债总额，所以要使持续期缺口为零，消除利率风险，银行必须使得总负债持续期大于总资产持续期。否则,持续期缺口越大,银行净值对市场利率变化越敏感。如果资产持续期超过负债持续期,就出现持续期正缺口,如果所有的利率同等变化,会使银行负债价格的变化小于银行资产价格的变化。在这种情况下,利率上升会使银行资产价格的降幅大于负债价格的降幅,银行净值的市场价格就会降低。另一方面,如果资产持续期小于负债持续期,就会出现持续期负缺口,所有利率同等变化会引起负债价格变化的幅度大于资产价格变化的幅度。如果利率下降,银行负债价格上升的幅度会大于资产价格的上升幅度,银行净值会下降。如果利率上升,负债价格下降幅度会大于资产价格下降幅度,银行净值会上升。

下面举例说明如何运用持续期缺口管理银行的资产组合和负债组合。

[**例 9-3**]　表 9-2 是某商业银行的资产负债表、利率和持续期。计算商业银行的总资产和总负债的持续期以及商业银行的持续期缺口,进一步讨论市场利率变动对商业银行净值的影响。

表 9-2　某商业银行资产负债表(利率、持续期)

资产	市场价值(亿元)	利率(%)	持续期(年)	股本和负债	市场价值(亿元)	利率(%)	持续期(年)
现金	50						
工商贷款	110	12	0.6	大额定期存单	110	7	1.5
消费贷款	60	15	1.2	其他定期存款	135	8	2.5
不动产贷款	40	13	2.3	其他债务工具	65	9	3.5
中短期贷款	30	6	1.5	股本	70		
长期债券	90	10	7.5				
合计	380			合计	380		

该商业银行总资产的持续期:

$$D_A = \frac{50\times 0 + 110\times 0.6 + 60\times 1.2 + 40\times 2.3 + 30\times 1.5 + 90\times 7.5}{50 + 110 + 60 + 40 + 30 + 90} = 2.5\ (年)$$

总负债的持续期:$D_L = \dfrac{110\times 1.5 + 135\times 2.5 + 65\times 3.5}{110 + 135 + 65} = 2.354\,8\ (年)$

该商业银行持续期的缺口:$D_{\text{Gap}} = D_A - \dfrac{L}{A}D_L = 2.5 - \dfrac{310}{380}\times 2.354\,8 = 0.579\,0\ (年)$

下面讨论市场利率的变化对商业银行的资产、负债及净值变化的影响:

(1)假定目前市场的利率上升 2 个百分点,即商业银行的资产、负债及股本的价值变动情况为:根据公式(9-3),商业银行的资产和负债价值的变动额分别为:

$$\Delta A = -D_A\times\frac{\Delta r}{1+r_A}\times A,\quad \Delta L = -D_L\times\frac{\Delta r}{1+r_L}\times L$$

该商业银行资产价值的变动额:

$$\Delta A = -2\%\times 50 - 2\%\times 0.6\times 110/(1+12\%) - 2\%\times 1.2\times 60/(1+15\%) -$$
$$2\%\times 2.3\times 40/(1+13\%) - 2\%\times 1.5\times 30/(1+6\%) -$$

$2\% \times 7.5 \times 90/(1+10\%) = -18.1808$(亿元)

需要说明的是,由于利率上升了2个百分点,同样导致商业银行的现金资产价值减少了$50 \times 2\% = 1$(亿元)。该商业银行负债价值的变动额$\Delta L = -2\% \times 1.5 \times 110/(1+7\%) - 2\% \times 2.5 \times 135/(1+8\%) - 2\% \times 3.5 \times 65/(1+9\%) = -13.5084$(亿元)由于市场利率上升2个百分点,该商业银行的股本价值下降了$70 \times 2\% = 1.4$(亿元)。

因此,该商业银行的净价值变化额为:$\Delta NW = -18.1808 - (-13.5084 - 1.4) = -3.2724$(亿元)。即由于市场利率上升了2个百分点导致该商业银行的净值减少了3.2724亿元。

(2)假定目前市场利率下降了1个百分点,即商业银行的资产、负债及股本的价值变动情况为:

该商业银行资产价值的变动:

$$\Delta A = 1\% \times 50 + 1\% \times 0.6 \times 110/(1+12\%) + 1\% \times 1.2 \times 60/(1+15\%) + 1\% \times 2.3 \times 40/(1+13\%) + 1\% \times 1.5 \times 30/(1+6\%) + 1\% \times 7.5 \times 90/(1+10\%) = 9.0904(\text{亿元})$$

需要说明的是,由于市场利率下降了1个百分点,因此导致现金资产价值增加了$50 \times 1\% = 0.5$(亿元),该商业银行负债价值的变动$\Delta L = 1\% \times 1.5 \times 110/(1+7\%) + 1\% \times 2.5 \times 135/(1+8\%) + 1\% \times 3.5 \times 65/(1+9\%) = 6.7542$(亿元)。

由于市场利率下降了1个百分点,股本价值增值了$70 \times 1\% = 0.7$(亿元)。因此,该商业银行的净价值变化为:$\Delta NW = 9.0904 - 6.7542 - 0.7 = 1.6362$(亿元)。即由于市场利率下降了1个百分点,导致该商业银行的净值增加了1.6362亿元。

(三)持续期缺口管理的局限性

尽管持续期模型能够较为准确地衡量商业银行的利率敏感度,并且通过持续期缺口的管理有可能使商业银行的净资产对利率波动具有免疫特性,但它仍然存在着一些不足之处:

(1)持续期期限模型实际上暗含了一个假定:市场的收益率曲线是水平的,也就是说,不存在长短期利率的差异,而且利率变化时,收益率曲线是平行移动的,即假定长短期利率变化的幅度和大小是一致的。但实际上,市场上的收益率曲线呈现出各种形状,可以是上升的,也可以是下降的,也可以是先升后降等不规则形状。因此,当收益率曲线不是水平时,使用持续期限来分析商业银行资产、负债和净值的利率敏感性就可能会发生偏差。

(2)当利率迅速下降时,借款者往往会提前偿还贷款;而当利率迅速上升时,活期存款者会加速提款。持续期的计算没有考虑到这些因素。

(3)持续期衡量的是利率的微小变化对商业银行资产、负债净值的利率敏感度,使得在利率变化很小时资产净值可以获得很好的利率免疫效果,一旦当利率发生大幅度变化时,这种衡量就会高估或低估资产、负债和净资产市场价值的变化量。

三、衍生金融工具管理

(一)利率互换

利率互换产生于1980年的欧洲债券市场,是商业银行资产负债管理中规避风险的最新方法。目前,这种方法发展迅速,成为深受金融机构和企业喜爱的一种避险保值工具。

利率互换又称息票互换，是由交易的甲乙双方，按照商定的条件以同一货币、同一金额的本金作为计算的基础，甲方以固定利率换取乙方的浮动利率，乙方以浮动利率换取甲方的固定利率，借以改善双方的资产负债结构，达到降低资金成本和利率风险的目的。

利率互换交易只涉及双方利息的收付，即甲方代乙方支付浮动利率，乙方代甲方支付固定利率，且仅仅是支付固定利率和浮动利率之间的差额，而不发生本金的转移。利率互换的所有交易都以伦敦同业拆借利率(LIBOR)为基础标价，一般都通过中介机构来安排。交易双方的信用等级必定不相同，因为信用等级不同，筹资成本有差异，才有利率互换的必要和可能。

[例 9-4] 有甲乙两家银行。甲银行的信用等级低于乙银行，想获取固定利率资金，以便与其利率敏感性负差额相匹配；而乙银行的信用等级高于甲银行，希望获得浮动利率资金与其利率敏感性正差额相匹配，但它在获取固定利率资金方面成本相对较低。其差异如表 9-3 所示。

表 9-3 银行的信用等级和筹资成本

	信用等级	浮动利率(短期)	固定利率(长期)
甲银行	BBB	LIBOR+1%	14%
乙银行	AAA	LIBOR+0.5%	12%

假如甲银行准备筹集一笔固定利率的长期资金，需支付 14%的利率；乙银行准备筹集一笔浮动利率短期资金，但与甲银行相比，它在吸收固定利率长期资金方面有更大的优势，若借入短期资金，比甲银行节约 0.5%的成本，若借入长期资金，则可以节约 2%的成本。相对来讲，甲银行在筹集短期资金方面有优势，尽管其筹资成本都高于乙银行，但在短期资金上只高 0.5%，长期资金上则高 2%。于是可通过一家中介银行来安排，甲乙双方分别与中介银行签订一个合约。双方各自按具有相对优势的方式筹集资金，然后进行利率互换。假定甲银行以 LIBOR+1%的利率发行大额可转让定期存单，乙银行按照 12%的利率在市场上发行同额的长期债券。在中介银行的安排下，甲向乙支付长期债券利率，乙向甲支付 LIBOR 利率。如图 9-5 所示。

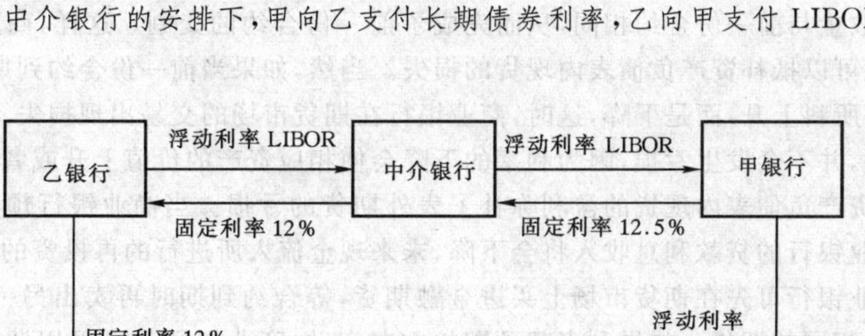

图 9-5 利率互换示意图

通过该过程，甲银行相当于取得了一笔固定利率长期资金，利率为 13.5%(12.5%+1%)，乙银行相当于取得了一笔浮动利率短期资金，支付利率 LIBOR，与没有互换交易直接筹资相比，双方都节约成本 0.5%(中介银行取得 0.5%)，三方获益，既达到了预期目的，又降低了成本费用。

利率互换法之所以得到迅速发展，在于它有一定的优点：第一，风险小。由于利率互换交易不涉及本金的转移，双方所承担的风险仅仅是利息收入（或成本）的差异，因此信用风险有限。第二，灵活性大。由于风险有限，具有相对优势的银行也愿意与不具有优势的银行进行利率互换，双方容易达成协议，成交金额、到期日都可以协商安排，这种交易在任何时期内都可进行。第三，有利于降低成本，增加收益。利率调整在不改变银行现有的资产负债结构的同时，可调整利率敏感性资产和负债的差额。第四，简单易行，不需要银行每天进行监控。

这种方法也有不足之处，主要表现在：第一，利率互换不同于金融期货交易，它是不可撤销的。第二，利率互换没有标准化的合约，通常是通过经纪人安排的。因此，确定协议的法律费用较高，这些成本有时可能吞掉利率的相对优势。第三，利率互换的成交金额很大，限制了资金较少的小银行参加。

（二）期货套期保值管理

期货管理是指商业银行利用金融期货合约对其资产负债进行套期保值，以规避其利率风险。期货合约是买卖双方达成的一种协议，同意在未来的某一时间，按事先商定的价格买入或者卖出一定数量的金融产品，且这种交易通常是在期货交易所内进行的。商业银行从事金融期货交易主要是想将利率波动的风险转移给市场中其他喜好风险的投机者，从而保护其资产或负债的市场价值，或者是保护其贷款、存款和货币市场借款的成本和收益。要达到这一目的，商业银行可以在市场上进行期货的空头（卖出）套期保值交易或者是期货的多头（买进）套期保值交易。当预期市场利率会上升时，将会使商业银行持有证券的市场价值以及固定利率贷款的市场价值下降，而且利率的上升会使商业银行未来筹资的成本升高，在这种情况下，商业银行可以在期货市场上卖出期货保值。也就是说，在期货交易所里签订一份合约，合约规定商业银行在未来的某一时间以一定的价格出售一定数量的金融产品。当合约到期时，如果市场利率上升，金融期货的价格也将下降，此时，商业银行可以按照下降的期货价格买入另一份期货合约，其数量与前一份合约相同，从而完成了前一份合约的交割。这样，商业银行在期货市场的盈利就可以抵补资产负债表内现货的损失。当然，如果当前一份合约到期时，市场利率并没有如预期所料上升，而是下降，这时，商业银行在期货市场的交易出现损失。但是，从整个商业银行来看，并不会发生亏损，因为利率的下降会使相应资产的价值上升或者是使新筹资的成本降低，即资产负债表内现货的盈利弥补了表外期货的亏损。当商业银行预期市场利率将会下降时，商业银行的贷款利息收入将会下降，未来现金流入所进行的再投资的收益率也会降低。因此，商业银行可先在期货市场上买进金融期货，等合约到期时再卖出另一份数量、品种与前一份合约相同的期货。如果利率朝预期的方向变动，商业银行就可以用期货上的盈利来弥补资产负债表内现货的亏损。如果利率不降反升，虽然期货会发生亏损，但现货却是盈利的。这样就起到了保值的目的。

持续期分析使银行可以计算出利率风险的量，而从上面分析得知，商业银行可以通过持有期获得空头或者多头，对冲一定量的利率风险。要运用期货对冲利率风险，需要计算相应的期货合约量。公式如下：

$$所需期货合约数量=\frac{(D_A-\delta\times D_L)\times A}{D_F\times P_F}$$

式中：D_A 代表银行资产的持续期，D_L 代表银行负债的持续期，δ 代表资产负债率，A 为总资产，D_F 为期货合约中基础债券的持续期，P_F 为期货合约价格。

[例9-5] 假定某银行的资产持续期为5年，负债持续期为2年，总资产为2亿美元，总负债为1.8亿美元，银行计划运用美国政府债券期货合约来对冲利率风险，该债券的持续期为8年，10万美元面值合约的价格为9.95万美元，则该银行需要购买804份合约，即：

$$\text{所需期货合约数量} = \frac{\left[5-\frac{1.8}{2}\times 2\right]\times 2}{8\times 9.95\times 10^{-4}} \approx 804(\text{份合约})$$

该行的持续期缺口为3.2年，如果利率上升，该行的资产净值就会下降，该行可以先卖出804份政府债券合约，3年后再买进相同数量的政府债券合约来对冲利率风险。

(三)期权管理

期权管理是指利用期权合约对商业银行的利率风险头寸进行管理的一种技术。期权合约与期货合约的最大区别在于，它赋予期权买方到期是否按预先约定的价格交割一定数量的金融期货的权利，而非义务。也就是说，如果利率朝着买方预期的方向变动时，期权的买方就愿意执行期权，但是如果利率背离买方预期的方向时，期权的买方就可以不执行期权，买方损失的只是向卖方支付的一笔期权费。因此，商业银行通过购买期权合同对利率风险进行管理，不仅可以规避利率风险，而且也不会丧失利率有利的波动可能给商业银行带来的盈利。也就是说，期权合约的买方的潜在收益是无限的，而亏损是有限的(仅限于期权费)。所以，商业银行主要是期权合约的购买者，而较少作为期权合约的出售者(其收益是有限的，而潜在的损失是无限的)。针对资产负债利率风险管理的期权合约主要有：看涨期权、看跌期权、利率上限以及利率下限期权。这部分内容的详细阐述参见第七章第三节的内容。

第三节　我国商业银行的资产负债管理

一、我国银行资产负债管理的发展历程

我国商业银行的资产负债管理经历了以下几个发展阶段：

第一阶段，新中国成立后到改革开放前。当时“大一统”的国有银行体系决定了银行管理主要是通过考核经济计划指标来进行。因此，这并不是真正的商业银行资产负债管理，而是一种与当时计划经济下把资金集中起来，再统一分配的资金管理体制相适应的银行业务的简易管理。

第二阶段，1978年到1992年。国家陆续新建、恢复了一批银行、非银行金融组织，明确了由中国人民银行专门行使中央银行职能，“大一统”的银行体系转变为二级银行体制。国家专业银行在资产负债管理方面进行了有益的探索，但由于其具有商业性和政策性双重职能，因而不能像商业银行那样实行真正的资产负债管理。从1986年起，交通银行等商业银行相继组建，这些银行产权上实行股份制，业务上实行多元化经营，逐步向现代商业银行经营模式转变，初步建立起与国际惯例接近的资产负债管理体系。

第三阶段，1992年到1997年末。随着社会主义市场经济体制的建立，明确了我国金融体制改革的目标是建立以中央银行为领导，国有商业银行为主体，各种金融机构并存的金融体系。中国人民银行制定了新的资金管理办法，初步形成了关于资产负债比例管理的政策性文件。原国家专业银行也分别制定了资产负债比例管理的细则，以交通银行为代表的九家商业

银行，在资产负债比例管理方面则取得了明显的成效。

第四阶段，1998 年至今。中国人民银行取消了对国有商业银行贷款限额的控制，我国商业银行开始实行没有指令性指标限制的资产负债比例管理和风险管理。从此，我国商业银行的资产负债管理走向了一个新的阶段。

二、我国商业银行的资产负债比例管理

由于我国正处于向社会主义市场经济转型时期，金融市场发育迟缓、银行受行政干预严重、利率非市场化、资产质量差、资本充足率低、人员素质不高等制约条件决定了我国目前尚不能按国际标准全面推行商业银行资产负债管理，而只能在引入和借鉴西方商业银行资产负债管理时，充分考虑我国实际，实行资产负债比例管理。即根据“三性”原则，在资金资源配置过程中，对银行的资产和负债规定出一系列比率，从而实施预测、监控、约束和能动安排的资产负债比例管理机制。

为了切实加强对银行业的管理，督促商业银行稳健经营，根据我国商业银行的实际情况，并参照国际惯例，中国人民银行于 1994 年制定了商业银行资产负债比例管理指标及有关规定，又鉴于运行中出现的问题，于 1996 年底制定了新的指标体系。新的指标体系分为监控性指标和监测性指标两大类，并把外币业务、表外业务纳入考核体系中。监控性指标是要求各商业银行必须达到的指令性指标；监测性指标是参考性指标，是监控性指标的必要补充。对商业银行来说，两类指标都必须认真执行。

（一）监控性指标

1. 资本充足率指标（本外币合并考核）

(1)资本总额期末平均余额/加权风险资产期末平均余额≥8%；

(2)核心资本期末平均余额/加权风险资产期末平均余额≥4%。

这个指标是衡量银行资本实力和防御银行经营风险能力的指标，其指标值越高，说明银行承受和弥补资产损失的能力越强，营运资金的安全性越有保障；相反，则说明银行抗风险能力越弱。

2. 贷款质量指标（对人民币、外汇、本外币合并考核）

(1)逾期贷款期末余额/各项贷款期末余额≤8%；

(2)呆滞贷款期末余额/各项贷款期末余额≤5%；

(3)呆账贷款期末余额/各项贷款期末余额≤2%。

这是反映贷款资产质量的指标。其指标值越小，表明贷款资产质量越高，贷款资产的安全性越强；反之贷款资产质量越差，安全性越弱。这个指标将银行有问题贷款划分为“一逾两呆”，并规定了不同的指标值。目前我们对银行贷款采取了新的五级分类法，因此，对贷款质量指标应有新的改进。

3. 单个贷款比例指标（本外币合并考核）

(1)对同一借款客户贷款余额/资本净额≤10%；

(2)对最大 10 家客户发放的贷款余额/资本净额≤50%。

这个指标主要反映银行资产风险分散程度，指标值越低，银行资产风险分散程度越高，安全系数越大；反之安全系数越小。

4. 备付金比例指标

(1)人民币指标:(在人民银行备付金存款＋库存现金)期末余额/各项存款期末余额≥5%。

(2)外汇指标:外汇存放同业存款加库存现金的期末余额/各项外汇存款期末余额≥5%。

这个指标反映银行随时支付的准备能力。低于规定指标值说明支付能力不足,高于规定指标值说明存在闲置资金。1998 年商业银行在人民银行的存款准备金账户合二为一,备付金指标已不再单独考核。

5. 拆借资金比例指标(仅对人民币考核)

(1)拆入资金期末余额/各项存款期末余额≤4%;

(2)拆出资金期末余额/各项存款期末余额≤8%。

这是一个总量管理指标,用来控制利用拆借资金扩大贷款的行为,防止过度拆借对总量平衡的冲击。

6. 境外资金运用比例指标(仅对外汇考核)

(境外贷款＋境外投资＋存放境外)等资金运用期末余额/外汇资产期末余额≤30%。

这是一个安全性指标,主要是避免国际金融市场的风险,实现商业银行外汇资产的平衡摆布,同时促使商业银行外汇资产更好地为本国经济服务。

7. 国际商业借款指标(仅对外汇考核)

(自借国际商业贷款＋境外发行债券)期末余额/资本净额≤100%。

这个指标主要是用来控制商业银行过度的对外负债所带来的风险。

8. 存贷款比例指标

(1)人民币、本外币合并指标:各项贷款期末余额/各项存款期末余额≤75%。

(2)外汇指标:各项贷款期末余额/各项存款期末余额≤85%。

这是反映银行营运资金活化能力的总量控制指标,也是总量控制的核心。超过核定的指标值为超负荷经营,在核定的指标值内,愈趋近指标值说明资金利用率愈高,资金运用水平愈好。

9. 中长期贷款比例指标

(1)人民币指标:余期 1 年以上(不含 1 年期)中长期贷款期末余额/余期 1 年以上(不含 1 年期)存款期末余额≤120%。

(2)外汇指标:余期 1 年以上(不含 1 年期)中长期贷款期末余额/外汇贷款期末余额≤60%。

这个指标主要是控制银行资金来源和资金运用的期限结构,防止过度短借长用,使主要中长期资产与主要中长期负债的期限搭配趋于合理,它反映商业银行资金的流动性强弱。指标值越低,流动性越强;反之,流动性越弱。

10. 资产流动性指标

(1)人民币、本外币合并指标:流动性资产期末余额/流动性负债期末余额≥25%。

(2)外币指标:流动性资产期末余额/流动性负债期末余额≥60%。

流动性资产是指 1 个月内(含 1 个月)可变现资产,包括库存现金、在中央银行存款、存放同业款、国库券、1 月内到期的同业净拆出款、1 个月内到期的贷款、1 个月内到期的银行承兑汇票及其他经中国人民银行核准的证券。

这是一个流动性指标，反映银行资产满足客户随时提现的能力。指标值越高，银行的流动性和支付能力越强；反之越弱。

(二)监测性指标

1. 风险加权资产比例指标

表内外风险加权资产期末总额/资产期末总额×100%

这个指标是将风险加权后的资产与未经风险加权的资产相比，可得出一家银行资产总的风险程度。一般认为超过60%属高风险经营，此时银行应进行资产调整，减少风险权数大的资产，增加风险权数小的资产，以保证银行资产经营的安全。

2. 股东贷款比例

对股东贷款余额/该股东已缴纳股金总额×100%

这里的股东指：对银行股本(资本金)出资的单位和个人。银行经营的是公众资产，股东认缴的股金是对银行经营公众资产的保证，如果股东贷款比例过大，股东经营的风险会直接转移给银行，影响银行客户的利益。因此，为保障公众利益，对股东贷款一是要控制在一定比例之内，二是贷款条件也不得优于其他客户的同类条件。

3. 外汇资产比例指标

外汇资产期末总额/资产期末总额×100%

这是一个安全性指标，不同银行的指标值有所不同，关键要看一家银行资产经营的侧重点以及它在经营外汇业务方面是否有优势，同时还要注意回落变化对外汇业务的影响。

4. 利息回收率指标

本期实收利息总额/到期应收利息总额×100%

5. 资本利润率指标

利润期末总额/资本期末总额×100%

6. 资产利润率指标

利润期末总额/资产期末总额×100%

以上4,5,6三项指标都是反映商业银行盈利能力的指标。指标值越高越好，若较低，则需查找原因，采取措施，加以改进。

三、资产负债比例管理对我国商业银行的影响

从以上分析，我们不难发现资产负债比例管理试图通过各项比例指标对商业银行经营管理进行有效控制，达到防范银行经营风险，维护金融稳定的目的。实行资产负债比例管理无疑对我国商业银行经营产生了积极影响。

(一)有利于我国商业银行实行企业化经营

长期以来，我国银行以信贷规模控制和行政手段管理为主，不仅专业银行无法实行企业化经营，一些新建立的区域性、股份制商业银行也无法真正按企业的要求来经营。资金运用上的“大锅饭”体制没能打破，银行自担风险、自求平衡、自我发展、自我约束机制不能真正建立。实行资产负债比例管理有利于我国商业银行实行企业化经营，因为它有许多明显的优点：

(1)全面性。资产负债比例管理涉及银行资产、负债和中间业务的各个方面，是对银行全部业务的统筹兼顾和全面管理。

(2)关联性。银行根据资产规模和种类来确定相应的负债规模和种类;同理,负债规模和种类反过来也决定相应的资产规模和种类,资产和负债相辅相成,有利于资产、负债的优化组合。

(3)自主性。实行资产负债比例管理后,各银行根据自己的资本实力,在满足资本充足率标准的前提下,就可以自主营运资金,向真正企业化的商业银行迈进。

(4)可操作性。资产负债比例管理的关键在于掌握资产与负债之间的结构和对称关系,利用资产负债之间的比例指标分析,这些因素都是可以量化的,因此它便于操作。

(二)有利于商业银行经营方式的转变

长期以来,我国银行贷款总量主要受中央银行的贷款规模控制,再加上缺乏有效的约束机制,商业银行资产规模基本处于无序扩张状态。实行资产负债比例管理以后,银行资产规模的扩张直接与资本金和资产质量挂钩。如果资本金不够充分或者资产质量不高,银行将不得不对资产规模进行相应调整,来适应资产负债比例管理的要求,这无疑将会有效抑制商业银行资产的盲目扩张,促使其经营方式由“粗放式”经营向“集约式”经营转变。

(三)有利于我国银行业与国际惯例接轨

尽管我国商业银行的经营理念与国际惯例还有较大差距,但按照国际规范对现有银行体系和业务经营环节进行改进和完善是毋庸置疑的。事实上,我国资产负债比例管理的核心内容——各类比例关系——就是以《巴塞尔协议》为基础制定的,体现了当前国际银行业的先进管理思想。可以说,资产负债比例管理的实施是我国银行业走向国际化的开端。实施资产负债比例管理,能够促使我国商业银行按市场机制运营资金,加快实现我国银行业的业务技术和管理方式的现代化和国际化,提高在国际金融市场上的竞争能力。

(四)有利于增强银行的资本金意识

在资产负债比例框架内,银行资产规模的扩张直接受制于资本金的多少。没有符合比例要求的资本金,即使有再多的存款也不能转化为贷款,实现盈利。因此,商业银行只有不断补充资本金和优化资产质量才能扩大资产规模,提高盈利水平。

(五)有利于增强银行的流动性

流动性是商业银行经营的核心内容,任何短期的支付困难,都可能演化为挤兑风波,威胁商业银行的生存。资产负债比例管理通过对银行流动资产占总资产比例的明确要求,使得银行不能过度将自己的资金投放到期限较长、风险较大的投资领域,确保银行能在经营中保持合理的流动性头寸,实现经营的“三性”平衡。

四、目前银监会实施的商业银行风险监管核心指标

中国银监会颁布的《商业银行风险监管核心指标》自2006年1月1日起试行。中国人民银行1996年颁布的《商业银行资产负债比例管理监控、监测指标和考核办法》同时废止。目前《商业银行风险监管核心指标》的核心内容如下:

(一)商业银行风险监管核心指标

商业银行风险监管核心指标分为三个层次,即风险水平、风险迁徙和风险抵补。风险水平类指标包括流动性风险指标、信用风险指标、市场风险指标和操作风险指标,以时点数据为基

础，属于静态指标。

(二)流动性风险指标

流动性风险指标衡量商业银行流动性状况及其波动性，包括流动性比例、核心负债比例和流动性缺口率，按照本币和外币分别计算。

1. 流动性比例

流动性比例为流动性资产余额与流动性负债余额之比，衡量商业银行流动性的总体水平，不应低于25%。

流动性比例＝流动性资产/流动性负债×100%

流动性资产包括：现金、黄金、超额准备金存款、一个月内到期的同业往来款项轧差后资产方净额、一个月内到期的应收利息及其他应收款、一个月内到期的合格贷款、一个月内到期的债券投资、在国内外二级市场上可随时变现的债券投资、其他一个月内到期可变现的资产(剔除其中的不良资产)。流动性负债包括：活期存款(不含财政性存款)、一个月内到期的定期存款(不含财政性存款)、一个月内到期的同业往来款项轧差后负债方净额、一个月内到期的已发行的债券、一个月内到期的应付利息及各项应付款、一个月内到期的中央银行借款、其他一个月内到期的负债。

2. 核心负债比例

核心负债比例为核心负债与负债总额之比，不应低于60%。

核心负债依存度＝核心负债/总负债×100%

核心负债包括距到期日三个月以上(含)定期存款和发行债券以及活期存款的50%。总负债是指按照金融企业会计制度编制的资产负债表中负债总计的余额。

3. 流动性缺口率

流动性缺口率为90天内表内外流动性缺口与90天内到期表内外流动性资产之比，不应低于－10%。

流动性缺口率＝流动性缺口/90天内到期表内外资产×100%

流动性缺口为90天内到期的表内外资产减去90天内到期的表内外负债的差额。本指标计算本外币口径数据。

(三)信用风险指标

信用风险指标包括不良资产率、单一集团客户授信集中度、全部关联度三类指标。

1. 不良资产率

不良资产率为不良资产与资产总额之比，不应高于4%。该项指标为一级指标，包括不良贷款率一个二级指标；不良贷款率为不良贷款与贷款总额之比，不应高于5%。

不良资产率＝不良信用风险资产/信用风险资产×100%

信用风险资产是指银行资产负债表表内及表外承担信用风险的资产，主要包括各项贷款、存放同业、拆放同业及买入返售资产、银行账户的债券投资、应收利息、其他应收款、承诺及或有负债等。不良信用风险资产是指信用风险资产中分类为不良资产类别的部分。不良贷款为不良信用风险资产的一部分，定义与“不良贷款率”指标定义一致；贷款以外的信用风险资产的分类标准将由中国银行业监督管理委员会(简称银监会，下同)另行制定。

本指标计算本外币口径数据。

不良贷款率＝(次级类贷款＋可疑类贷款＋损失类贷款)/各项贷款×100％

贷款五级分类标准如下：正常类贷款定义为借款人能够履行合同，没有足够理由怀疑贷款本息不能按时足额偿还。关注类贷款定义为尽管借款人目前有能力偿还贷款本息，但存在一些可能对偿还产生不利影响的因素。次级类贷款定义为借款人的还款能力出现明显问题，完全依靠其正常营业收入无法足额偿还贷款本息，即使执行担保，也可能会造成一定损失。可疑类贷款的定义为借款人无法足额偿还贷款本息，即使执行担保，也肯定要造成较大损失。损失类贷款定义为在采取所有可能的措施或一切必要的法律程序之后，本息仍然无法收回，或只能收回极少部分。对各项贷款进行分类后，其后三类贷款合计为不良贷款。各项贷款指银行业金融机构对借款人融出货币资金形成的资产，主要包括贷款、贸易融资、票据融资、融资租赁、从非金融机构买入返售资产、透支、各项垫款等。

2. 单一集团客户授信集中度

单一集团客户授信集中度为最大一家集团客户授信总额与资本净额之比，不应高于15％。该项指标为一级指标，包括单一客户贷款集中度一个二级指标；单一客户贷款集中度为最大一家客户贷款总额与资本净额之比，不应高于10％。本指标计算本外币口径数据。

单一集团客户授信集中度＝最大一家集团客户授信总额/资本净额×100％

最大一家集团客户授信总额是指报告期末授信总额最高的一家集团客户的授信总额。

授信是指商业银行向非金融机构客户直接提供的资金，或者对客户在有关经济活动中可能产生的赔偿、支付责任做出的保证，包括贷款、贸易融资、票据融资、融资租赁、透支、各项垫款等表内业务，以及票据承兑、开出信用证、保函、备用信用证、信用证保兑、债券发行担保、借款担保、有追索权的资产销售、未使用的不可撤销的贷款承诺等表外业务。

3. 全部关联度

全部关联度为全部关联授信与资本净额之比，不应高于50％。

全部关联度＝全部关联方授信总额/资本净额×100％

全部关联方授信总额是指商业银行全部关联方的授信余额，扣除授信时关联方提供的保证金存款以及质押的银行存单和国债金额。本指标中关联方定义按照《商业银行与内部人和股东关联交易管理办法》(中国银行业监督管理委员会 2004 年第 3 号令)及相关法规要求执行。关联方包括关联自然人、法人或其他组织。授信定义及集团客户定义均与单一客户授信集中度中定义一致。资本净额定义与资本充足率指标中定义一致。

(四)市场风险指标

市场风险指标衡量商业银行因汇率和利率变化而面临的风险，包括累计外汇敞口头寸比例和利率风险敏感度。

1. 累计外汇敞口头寸比例

累计外汇敞口头寸比例为累计外汇敞口头寸与资本净额之比，不应高于20％。具备条件的商业银行可同时采用其他方法(比如在险价值法和基本点现值法)计量外汇风险。

累计外汇敞口头寸比例＝累计外汇敞口头寸/资本净额×100％

累计外汇敞口头寸为银行汇率敏感性外汇资产减去汇率敏感性外汇负债的余额。资本净额定义与资本充足率指标中定义一致。

2. 利率风险敏感度

利率风险敏感度为利率上升 200 个基点对银行净值的影响与资本净额之比，指标值将在相关政策出台后根据风险监管实际需要另行制定。

利率风险敏感度＝利率上升200个基点对银行净值影响/资本净额×100%

本指标在假定利率平行上升200个基点情况下，计量利率变化对银行经济价值的影响。指标计量基于久期分析，将银行的所有生息资产和付息负债按照重新定价的期限划分到不同的时间段，在每个时间段内，将利率敏感性资产减去利率敏感性负债，再加上表外业务头寸，得到该时间段内的重新定价"缺口"。对各时段的缺口赋予相应的敏感性权重，得到加权缺口后，对所有时段的加权缺口进行汇总，以此估算给定的利率变动可能会对银行经济价值产生的影响。利率上升200个基点对银行净值影响是指在给定利率变动为上升200个基点的条件下，计算得到的对经济价值产生的影响。其中，时段的划分及各个时段的敏感性权重参照巴塞尔委员会《利率风险管理与监管原则》标准框架确定。资本净额定义与资本充足率指标中定义一致(1个基点等于万分之一)。

(五)操作风险指标

操作风险指标衡量由于内部程序不完善、操作人员差错或舞弊以及外部事件造成的风险，表示为操作风险损失率，即操作造成的损失与前三期净利息收入加上非利息收入平均值之比。银监会将在相关政策出台后另行确定有关操作风险的指标值。

(六)风险迁徙类指标

风险迁徙类指标衡量商业银行风险变化的程度，表示为资产质量从前期到本期变化的比率，属于动态指标。风险迁徙类指标包括正常贷款迁徙率和不良贷款迁徙率。

1.正常贷款迁徙率

正常贷款迁徙率为正常贷款中变为不良贷款的金额与正常贷款之比，正常贷款包括正常类和关注类贷款。该项指标为一级指标，包括正常类贷款迁徙率和关注类贷款迁徙率两个二级指标。正常类贷款迁徙率为正常类贷款中变为后四类贷款的金额与正常类贷款之比，关注类贷款迁徙率为关注类贷款中变为不良贷款的金额与关注类贷款之比。

正常贷款迁徙率＝(期初正常类贷款中转为不良贷款的金额＋期初关注类贷款中转为不良贷款的金额)/(期初正常类贷款余额－期初正常类贷款期间减少金额＋期初关注类贷款余额－期初关注类贷款期间减少金额)×100%

期初正常类贷款中转为不良贷款的金额，是指期初正常类贷款中，在报告期末分类为次级类/可疑类/损失类的贷款余额之和。

期初关注类贷款中转为不良贷款的金额，是指期初关注类贷款中，在报告期末分类为次级/可疑类/损失类的贷款余额之和。

期初正常类贷款期间减少金额，是指期初正常类贷款中，在报告期内，由于贷款正常收回、不良贷款处置或贷款核销等原因而减少的贷款。期初关注类贷款期间减少金额，是指期初关注类贷款中，在报告期内，由于贷款正常收回、不良贷款处置或贷款核销等原因而减少的贷款。正常类贷款、关注类贷款和不良贷款的定义与不良贷款率指标中定义一致。

正常类贷款迁徙率＝期初正常类贷款向下迁徙金额/(期初正常类贷款余额－期初正常类贷款期间减少金额)×100%

期初正常类贷款向下迁徙金额，是指期初正常类贷款中，在报告期末分类为关注类/次级类/可疑类/损失类的贷款余额之和。期初正常类贷款期间减少金额定义与正常贷款迁徙率指标中定义一致。正常类贷款的定义与不良贷款率指标中定义一致。

2. 不良贷款迁徙率

不良贷款迁徙率包括次级类贷款迁徙率和可疑类贷款迁徙率。次级类贷款迁徙率为次级类贷款中变为可疑类贷款和损失类贷款的金额与次级类贷款之比，可疑类贷款迁徙率为可疑类贷款中变为损失类贷款的金额与可疑类贷款之比。

关注类贷款迁徙率＝期初关注类贷款向下迁徙金额/(期初关注类贷款余额－期初关注类贷款期间减少金额)×100％

期初关注类贷款向下迁徙金额，是指期初关注类贷款中，在报告期末分类为次级类/可疑类/损失类的贷款余额之和。期初关注类贷款期间减少金额定义与正常贷款迁徙率指标中定义一致。关注类贷款定义与不良贷款率指标中定义一致。

次级类贷款迁徙率＝期初次级类贷款向下迁徙金额/(期初次级类贷款余额－期初次级类贷款期间减少金额)×100％

期初次级类贷款向下迁徙金额，是指期初次级类贷款中，在报告期末分类为可疑类/损失类的贷款余额之和。期初次级类贷款期间减少金额，是指期初次级类贷款中，在报告期内，由于贷款正常收回、不良贷款处置或贷款核销等原因而减少的贷款。次级类贷款的定义与不良贷款率指标中定义一致。

可疑类贷款迁徙率＝期初可疑类贷款向下迁徙金额/(期初可疑类贷款余额－期初可疑类贷款期间减少金额)×100％

期初可疑类贷款向下迁徙金额，是指期初可疑类贷款中，在报告期末分类为损失类的贷款余额。期初可疑类贷款期间减少金额，是指期初可疑类贷款中，在报告期内，由于贷款正常收回、不良贷款处置或贷款核销等原因而减少的贷款。可疑类贷款的定义与不良贷款率指标中定义一致。

(七)风险抵补类指标

风险抵补类指标衡量商业银行抵补风险损失的能力，包括盈利能力、准备金充足程度和资本充足程度三个方面。

1. 盈利能力指标

盈利能力指标包括成本收入比、资产利润率和资本利润率。成本收入比为营业费用加折旧与营业收入之比，不应高于45％；资产利润率为税后净利润与平均资产总额之比，不应低于0.6％；资本利润率为税后净利润与平均净资产之比，不应低于11％。

成本收入比率＝营业费用/营业收入×100％

营业费用是指按金融企业会计制度要求编制的损益表中营业费用。营业收入是指按金融企业会计制度要求编制的损益表中利息净收入与其他各项营业收入之和。

资产利润率＝净利润/资产平均余额×100％

净利润是指按照金融企业会计制度编制损益表中净利润。资产是指按照金融企业会计制度编制的资产负债表中资产总计余额。

资本利润率＝净利润/所有者权益平均余额×100％

所有者权益是指按照金融企业会计制度编制的资产负债表中所有者权益余额。净利润定义与资产利润率指标中定义一致。

2. 准备金充足程度指标

准备金充足程度指标包括资产损失准备充足率和贷款损失准备充足率。资产损失准备充足率为一级指标，为信用风险资产实际计提准备与应提准备之比，不应低于100%；贷款损失准备充足率为贷款实际计提准备与应提准备之比，不应低于100%，属二级指标。

资产损失准备充足率＝信用风险资产实际计提准备/信用风险资产应提准备×100%

信用风险资产实际计提准备指银行根据信用风险资产预计损失而实际计提的准备。信用风险资产应提准备是指依据信用风险资产的风险分类情况应提取准备的金额。其中，贷款应提准备依据《银行贷款损失准备计提指引》(银发[2002]98号)及相关法规确定；贷款以外信用风险资产的应提准备标准将由银监会另行制定。信用风险资产定义与不良资产率指标中定义一致。

贷款损失准备充足率＝贷款实际计提准备/贷款应提准备×100%

贷款实际计提准备指银行根据贷款预计损失而实际计提的准备。

贷款应提准备按照《贷款损失准备计提指引》(银发〔2002〕98号)及相关法规确定。

3. 资本充足程度指标

资本充足程度指标包括核心资本充足率和资本充足率，核心资本充足率为核心资本与风险加权资产之比，不应低于4%；资本充足率为核心资本加附属资本与风险加权资产之比，不应低于8%。

资本充足率＝资本净额/(风险加权资产＋12.5倍的市场风险资本)×100%

资本净额等于商业银行的核心资本加附属资本之后再减去扣减项的值。核心资本、附属资本、扣减项、风险加权资产和市场风险资本的定义和计算方法按照《商业银行资本充足率管理办法》(中国银行业监督管理委员会2004年第2号令)及相关法规要求执行。

核心资本充足率＝核心资本净额/(风险加权资产＋12.5倍的市场风险资本)×100%

核心资本净额等于商业银行的核心资本减去核心资本扣减项的值。核心资本、核心资本扣减项、风险加权资产和市场风险资本的定义和计算方法按照《商业银行资本充率管理办法》(中国银行业监督管理委员会2004年第2号令)及相关法规要求执行。

关于资本充足程度指标应按照2013年1月1日实施的《商业银行资本管理办法(试行)》执行。

本章小结

1. 商业银行资产负债管理理论是随着银行经营管理实践的不断发展而逐步形成的。由于受经济金融环境变化的影响，商业银行的经营管理理论经历了资产管理理论—负债管理理论—资产负债综合管理理论—资产负债外管理理论的演进过程。

2. 资产管理理论认为，商业银行主要通过资产项目的管理，即对现金、证券和贷款等资产进行最佳组合，来实现银行的经营目标。这是西方商业银行流动性管理的传统方法。资产管理理论主要包括商业贷款理论、转换理论和预期收入理论。

3. 负债管理理论认为，银行的流动性不仅可以通过其资产管理获得，而且可以由负债管理来提供，只要银行的借款市场扩大，资金的流动性就有保证。负债管理的理论模型有两种，即可用短期借款来弥补提取的存款，也可通过借款来应付增加的贷款需求。

4. 资产负债综合管理理论是一种协调银行各种业务职能以达到其政策目标的全面性、综合性管理理论。这种理论认为，商业银行应在日常营运中对其各类资产和负债进行计划、控制与协调，使之在总量上均衡，结构上对应，保持流动性、安全性和盈利性的统一，才能达到自我控制、自我约束、自我发展的目的。

5. 资产负债外管理理论是随着金融管制的放松和金融自由化的出现而发展起来的，这种理论仍在发展和完善中。

6. 商业银行资产负债管理方法主要包括资金总库法、资金转换法、线性规划法和负债管理方法。

7. 商业银行资产负债综合管理技术主要包括：利率敏感性缺口管理与持续期缺口管理。利率敏感性缺口管理有三种模式：正缺口策略、负缺口策略和零缺口策略。

8. 我国银行资产负债管理经历了四个发展阶段。资产负债比例管理方法的实施对我国商业银行有着深远的影响，但需进一步改革与完善。

关键术语

资产管理理论　负债管理理论　资产负债综合管理理论　资金总库法　资金转换法　线性规划法　负债管理法　一级储备　二级储备　利率敏感性缺口　持续期缺口　利率互换　资产负债比例管理

思考与练习

1. 试述商业银行经营管理理论的发展进程及其主要内容。

2. 资产负债综合管理理论的原则是什么？

3. 简述资金总库法的主要内容及其优缺点。

4. 什么是利率敏感性缺口？缺口管理的模式有哪几种？

5. 什么是持续期缺口管理？它有什么局限性？

6. 我国商业银行资产负债比例管理指标体系分为哪几类？监控性指标有哪些？

7. 已知 A，B 两银行面临的筹资利率如下：

	A 银行	B 银行
浮动利率	LIBOR＋0.5％	LIBOR＋1.0％
固定利率	5.0％	6.5％

假设 A 银行需用浮动利率筹资而 B 银行需用固定利率筹资，某金融中介机构提出为他们安排互换以降低双方筹资成本，同时，要求赚取 0.5％的差价。如果使该项互换对 A 银行和 B 银行具有同样的吸引力，那么 A 银行和 B 银行应承担的筹资利率各是多少？

8. 已知某商业银行的资产负债表、利率以及持续期如下：

银行资产负债表、利率及持续期

资产	市场价值（亿元）	利率（%）	持续期（年）	股本和负债	市场价值（亿元）	利率（%）	持续期（年）
现金	100			股本	50		
商业贷款	650	13	2.56	定期存款	500	9	1
国库券	150	11	4.86	大面额可转让存单	350	12	3.5
合计	900			合计	900		

请计算：

(1)该商业银行总资产的持续期，总负债的持续期；

(2)该商业银行的持续期缺口；

(3)假设目前市场利率上升1个百分点，该商业银行的净值变动额；

(4)假设目前市场利率下降2个百分点，该商业银行的净值变动额。

第十章 商业银行内部控制

本章要点

1. 商业银行内部控制的要素
2. 商业银行内部控制的目标
3. 商业银行内部控制的原则
4. 商业银行内部控制活动
5. 商业银行内部控制评价

第一节 商业银行内部控制概述

内部控制(internal control)是公司企业最高管理层为保证经营目标的充分实现而制定并组织实施的,对内部各部门和人员进行相互制约和相互协调的一系列制度、措施、程序和方法。内部控制属于管理范畴,是企业为了稳健经营而采取的一种自律行为。商业银行内部控制是银行的一种自律行为,是银行管理的重要职能之一。

一、商业银行内部控制的定义

不同国家和不同机构的内部控制有不同的定义和标准,世界上关于内部控制比较重要的规则有:美国 COSO 委员会制定的《内部控制整体框架》、英国特许会计师公会制定的《内部控制:综合守则》、加拿大特许会计师公会制定的《内部控制指引》和巴塞尔委员会制定的《银行组织内部控制系统框架》等,其中尤其以 COSO 和巴塞尔的框架最负盛名。

COSO 将内部控制定义为:由企业的管理人员设计的,为实现营业的效果和效率、财务报告的可靠及合法合规目标提供合理保证,且通过董事会、管理人员和其他职员实施的一种过程。巴塞尔委员会将内部控制定义为:由董事会、高级管理人员以及其他人员实施的一个过程,其目的是为了实现经营的效果与效率、会计与管理信息的可靠、完整与及时以及经营活动符合现行法律、法规的要求。COSO 和巴塞尔委员会都将内部控制定义为“一种过程”,我国的监管当局在借鉴的基础上将其定义拓展为“动态过程和机制”。按照中国银行业监督管理委员会令 2007 年第 6 号《商业银行内部控制指引》的定义,商业银行内部控制是银行为实现经营目标,通过制定和实施一系列制度、程序和方法,对风险进行事前防范、事中控制、事后监督和纠正的动态过程和机制。

从上述的定义看,仍存在一些不足。“过程”强调内部控制的活动;“动态过程”只不过是对过程动态性的强化,没有增加内部控制实质性内容;“框架”、“结构”强调的是内部控制的要素组成及其关系;“制度、程序和方法”主要说明内部控制的外在形式,主要是从静态的角度描述内部控制。实际上,商业银行内部控制包括更广泛的内容,它是由一系列制度、程序和控制过程及机制组成的有机整体,或者将其定义为系统更为恰当。内部控制系统是商业银行为实现经营管理目标,通过制定并实施系统化的政策、程序和方案,对风险进行有效识别、评估、控制、监测和改进的动态过程和机制的活动集,它是一个开放系统和动态系统。

商业银行内部控制的内涵应该从以下几个方面把握:①商业银行内部控制属于管理范畴,是商业银行的自律行为,以防范和化解运营风险为内部控制的出发点。②商业银行内部控制是一个风险管理的动态过程,这个过程主要是由事前防范、事中控制、事后监督和纠正等环节构成。③商业银行内部控制是通过制定和实施一系列的制度、程序和方法来建立促进银行健康发展的运行机制,各种规章制度只是内部控制的形式和表现。④商业银行内部控制是一个系统工程,具有动态和开放的特征。

二、商业银行内部控制的目标和原则

(一)商业银行内部控制的目标

对于内部控制目标,COSO和巴塞尔委员会提出“三元目标”:一个强有力的内部控制将有利于银行实现三大目标——业绩目标、信息目标、合规性目标,即有效的内部控制将帮助银行达到长期盈利,保证财务报表与管理报告的可靠性、完整性和及时性,并确保银行遵守相关的法律、管理条例、政策、计划以及内部管理制度及程序等,从而降低发生损失或损害银行信誉的风险。我国监管当局确立了“四元目标”,即在三元目标的基础上增加了“风险管理有效性目标”。具体内容如下:

1. 确保国家法律规定和商业银行内部规章制度的贯彻执行

这既是商业银行内部控制要达到的一个宏观目标,也是具体业务执行过程中要贯彻实施的具体目标。国家法律、法规和监管规章都是为了保障银行业稳健运行而制定的,商业银行执行这些法律规章,不仅使自身的业务经营有了法律保障,同时避免了违章经营带来的资金风险,减少了遭到监管当局稽核处罚的风险。

2. 确保商业银行发展战略和经营目标的全面实施和充分实现

这是商业银行内部控制的直接目标。商业银行自身的发展战略和经营目标,是根据自身的实际和现实经济状况而制订的,在一定时期内能够达到的目标。它必须切实可行,有针对性。内部控制则是实现这一目标的基础,是为这一目标服务的。

3. 确保风险控制体系的有效性

风险无处不在,无时不有,控制风险是商业银行经营的关键环节,也是内部控制的核心目标。确保整个风险控制体系的有效,才能把风险控制在适当的范围之内,能够保障银行的资金安全,减少或避免损失,增加利润,从而增强资金实力,为稳健经营打下坚实的基础。

4. 确保业务记录、财务信息和其他管理信息的及时、真实和完整

这是商业银行内部控制的微观目标。业务记录是对业务过程的全面记载,财务信息是银行经营活动过程和成果的反映,管理信息是银行经营决策的直接依据,所以确保业务记录、财务信息和管理信息的及时、准确、完整是银行发展的基础。

商业银行内控目标的实现,首先要做到风险内控有标准、部门岗位有制约、操作有制度、岗

位有职责、过程有监控、风险有监测、工作有评价、事后有考核。

(二)商业银行内部控制的原则

按照什么样的原则来建立内部控制，是关系到内部控制能否真正发挥控制作用的关键。一般来说，商业银行内部控制应当贯彻全面、审慎、有效、独立的原则。

1. 全面性

内部控制应当渗透到商业银行的各项业务过程和各个操作环节，覆盖所有的部门和岗位，并由全体人员参与，任何决策或操作均应当有案可查。

2. 审慎性

内部控制应当以防范风险、审慎经营为出发点，商业银行的经营管理，尤其是设立新的机构或开办新的业务，均应当体现“内控优先”的要求。

3. 有效性

内部控制应当具有高度的权威性，任何人不得拥有不受内部控制约束的权力，内部控制存在的问题应当能够得到及时反馈和纠正。

4. 独立性

内部控制的监督、评价部门应当独立于内部控制的建设、执行部门，并有直接向董事会、监事会和高级管理层报告的渠道。

三、正确理解和把握商业银行内部控制

理解商业银行内部控制，首先要把握发展与内控的关系。过去，我国商业银行一直存在认识上的误区，甚至将内部控制和发展对立起来，普遍存在发展的导向上以存款、贷款规模为核心，出现重发展轻内控、指标至上而无视风险的现象，为银行的健康发展埋下隐患，这几年银行巨额不良资产已开始浮出水面，轻视内部控制的后果不断暴露。实践证明，没有内控的发展，发展越快，损失越大；没有发展的内控，无异于慢性自杀。其次，内部控制应当与商业银行的经营规模、业务范围和风险特点相适应，以合理的成本实现内部控制的目标。再次，商业银行内部控制不是我们一般理解的一些规章制度、条例、手册，也不是简单的规章制度的叠加或总和。内部各种规章制度仅仅是内部控制的一个层面或一个具体的体现而不是内部控制的全部。商业银行内控制度从本质上说应是一整套动态均衡制约机制，贯穿于商业银行经营管理的每一个环节，每一种业务之中。最后，内部控制不是事无巨细什么都控制，而是有选择地控制存在风险或风险隐患的业务关节。

在商业银行实际工作中，应注重以下四个方面：一是任何工作和业务制度的建立，都要从该项工作和业务的控制目的出发，针对其中的主要环节，做出相应的规定。二是建立内部控制制度，要注重程序牵制。按照内部控制的原则，任何业务的处理，都应有授权、批准、执行、记录、检查等程序，并且这些程序不能由一个人或一个部门去完成，特别是不相容的职务一定要分离。三是内部控制制度一定要做到权责明确。即不仅要规定各职能部门和岗位人员处理业务的权限，更要明确规定其应承担的责任，并且各职能部门和岗位人员的权责要相适应。四是内部控制一定要做到奖惩分明。要对任何不执行制度、不履行职责的行为，制定相应的追究、查处责任的措施和惩罚办法。

第二节 商业银行内部控制的要素

一、商业银行内部控制要素的比较

商业银行内部控制的实质是风险管理，内部控制体系即为全面风险管理体系。COSO、巴塞尔委员会和中国银行业监督管理委员会对内部控制要素界定的基本原则是一致的。具体比较如表 10－1 所示。

表 10－1 COSO、巴塞尔委员会和银监会关于内部控制要素的比较

要素	COSO	巴塞尔委员会	银监会
1	控制环境	管理层监察与控制文化	内部控制环境
2	风险评估	风险识别与评估	风险识别与评估
3	控制活动	控制活动与职责分离	内部控制措施
4	信息与交流	信息与交流	信息交流与反馈
5	监控	监控活动与缺陷纠正	监督评价与纠正

COSO 将内部控制要素定位为控制环境、风险评估、控制活动、信息交流和监控五个要素。巴塞尔委员会 1998 年的《银行组织内部控制系统框架》与 COSO 的不同之处是：在控制环境中强调了管理层的监察和控制文化；在风险评估方面将风险的识别和风险的评估并举；在控制活动方面又突出了职责分离的重要性；除了监督评审活动之外，把缺陷的纠正这种 COSO 认为非内部控制活动也归并为内控范畴。另外，巴塞尔委员会还特意强调监管当局对内控的检查与评价作为三大支柱中的重要内容。

《商业银行内部控制指引》结合了 COSO 和巴塞尔框架，重点关注内部控制的五大要素：一是内部控制环境，银行机构要建立完善的公司治理结构，使各层次工作人员了解内部控制的重要性及自身在内部控制过程中的作用，并形成银行内部控制文化；二是风险认定与评估，银行机构必须能够认定影响银行实现其目标的重大风险，并对之进行持续监控；三是控制措施与职责分工，银行机构应建立适当的控制结构，明确每一业务层次上的控制措施，实行适当的职责分离；四是信息与交流，银行机构应确保内部财务数据、经营与合规性数据的可靠性、及时性，并建立能覆盖银行所有重大业务活动的管理信息系统，同时保证信息的充分交流；五是监督与纠正，银行机构应当由独立、受过良好训练并具有合格工作能力的人员对内部控制制度进行有效而全面的内部审计，内部审计部门应直接向董事会及其审计委员会和高级管理层报告。

二、我国商业银行内部控制要素的内容

（一）内部控制环境

控制环境是指对建立、加强或削弱特定政策和程序效率发生影响的各种因素。控制环境是银行内部控制的核心，它直接影响到银行内部控制的贯彻、执行以及内部控制目标的实现。控制环境主要包括制度环境和文化环境。具体包括：

1. 产权制度

商业银行产权制度是由商业银行的所有权结构和界定产权的规则结合，对商业银行产权关系实行有效组合、调节和保护的制度安排。合理的产权制度具有明确界定交易界限、规范交易行为、形成稳定预期、发挥激励约束和提高资源配置效率等作用。

2. 公司治理结构

公司治理（corporate governance，又译为“公司治理结构”、“法人治理结构”或“公司督导机制”）是现代企业制度中最重要的架构。一个现代公司能不能搞好，在很大程度上取决于它的治理结构是否有效。现代企业区别于传统企业的特点，在于所有权和经营权的分离（西方称之为所有权与控制权的分离）。这样，就需要在所有者与经营者之间形成一种相互制衡的制度，依靠这一制度对企业进行管理和控制。现代企业中的公司治理结构正是这样一种制度安排。商业银行公司治理结构是关于商业银行所有者（股东）与经营者之间关系的一套制度安排，是商业银行的内部组织架构和权利分配体系，其要旨在于明确划分股东、董事会和经理人员各自权利、责任和利益，形成三者之间的制衡机制。

3. 组织机构

商业银行应当建立分工合理、职责明确、报告关系清晰的组织结构，组织机构是发挥内部控制有效性必要的前提条件。商业银行应按决策系统、执行系统、监督反馈系统相互制衡的原则进行内部控制组织机构的设计，设置独立于业务运作的、垂直于董事会的内部控制委员会和内部稽核审计部门。

4. 经营机制

商业银行经营机制体现了商业银行的经营模式和运行体制：既有混业经营制度下的全能银行模式，也有分业经营制度下的单一银行模式；银行经营中既有侧重公司银行业务的，也有侧重零售业务的，还有侧重网络银行业务的，各不尽同。

5. 企业文化

企业文化是商业银行制度中一种“非正式制度”，它包括企业价值观、企业精神和职业道德等，这些内容决定了商业银行的经营理念、价值取向、行为约束和道德水准，影响到商业银行内部控制措施的有效性。

商业银行要建立完善的公司治理结构和组织机构，使各层次工作人员了解内部控制的重要性及自身在内部控制过程中的作用，并形成银行内部控制文化。

（二）风险识别与评估

风险识别与评估是识别、评价和计量商业银行经营管理目标实现因素的过程，对风险的识别与评估是风险控制的前提，也是内部控制措施的基础，它包括风险识别和风险估价两部分。

1. 风险识别

商业银行应当建立涵盖各项业务、全行范围的风险管理系统，开发和运用风险量化评估的方法和模型，对信用风险、市场风险、流动性风险、操作风险等各类风险进行持续的监控，及时发现业务运行中可能带来损失的不安全因素以及以前忽略或未重视的隐性因素。

2. 风险评估

商业银行对识别出的风险可能造成的损失进行估量，判断风险的危害程度，分门别类地采取转移、调整、分解、对冲、增加损失准备等措施。在设立新的机构或开办新的业务时，应当事先制定有关的政策、制度和程序，对潜在的风险进行计量和评估，并提出风险防范措施。

通过风险识别和评估，商业银行必须能够认定影响银行实现其目标的重大风险，并对之进行持续监控。

(三)内部控制措施

商业银行应建立适当的控制结构，明确每一业务层次上的控制措施，实行适当的职责分离，落实授权管理，采取内部稽核和外部审计。

1. 强化业务过程的控制

对重要业务事项的处理过程必须进行双人复核，如对现金、有价证券的保管和账务处理，重要空白凭证的保管与使用，印鉴的保管与使用，贷款等的审查与发放，业务活动的授权与经办，业务主管与会计主管；业务、会计主管与审计主管；交易业务的前台交易与后台结算，损失的确认与核销；等等。

2. 恰当的职责分离

要明确划分商业银行机构内部各部门的职责和权限，建立对业务经营活动计划、执行和控制的适当机构。在管理人员和操作人员之间要设定明确的辖属和报告关系，保证各项业务指令能够正确传达并得到及时报告。要制定出各项业务操作手册、行为规则和纪律守则。

3. 严格的授权和审批制度

实行逐级有限授权制度，并根据被授权人的实际情况实行区别授权或及时调整授权。重要、重大金融业务活动必须经两人以上审批签署方可生效，行使审批权力必须承担相应的责任。各项业务活动的发生、进展和变化情况要有明确的报告渠道和程序。

4. 内部稽核审计

建立健全内部稽核制度，设立专门的内部稽核部门，配备与自身业务经营规模相适应的内部稽核人员。内部稽核部门应直接向董事会或法人代表负责，分支机构的内部稽核部门在业务上由总行或总公司内部稽核部门统一垂直领导，从组织上保证内部稽核的独立性和超脱性。

(四)信息交流与反馈

银行机构应确保内部财务数据、经营与合规性数据的可靠性、及时性，并建立能覆盖银行所有重大业务活动的管理信息系统，同时保证信息的充分交流。

1. 充分和全面的信息

一个有效的银行内部控制系统发挥作用首先基于充分而全面的财务、经营和市场等各方面的数据，以供银行正确决策和稳健经营。这些数据信息应当与银行内部控制相关、可靠、准确、及时、可获取，并能以前后一致的形式规范使用。

2. 信息系统

如果对信息不进行加工和分析处理，即使占有海量信息也是难以奏效的，反而可能出现“信息陷阱”。西方商业银行注重建立数据仓库(DW)、决策支持(DB)、办公自动化(OA)等涵盖商业银行主要业务经营和管理环节的专业化信息系统来加工处理信息。

3. 信息交流和反馈机制

有效的内部控制系统还需要建立有效的信息交流、反馈机制和沟通渠道，确保所有的员工充分理解现有的政策和程序，明确各自的职责，确保相关信息及时传达到应该被传达到的人员。

(五)监督评价与纠正

银行董事会、监事会、高级管理层和业务部门对内部控制的过程和效果进行监督和评价，并及时发现和改进制约内部控制发挥效用的问题。银行内部稽核和审计部门对内部控制还要进行再监督、再评价并及时纠正偏差。

1. 内部控制评价

评价是指对商业银行内部控制体系建设、实施和运行结果独立开展的调查、评估、测试和分析的系统性活动。它包括过程评价与结果评价。过程评价侧重对内部控制过程的充分性、合规性、有效性、适宜性的评价，结果评价是对内部控制主要目标实现程度的评价。

2. 内部控制纠正

这包括两层含义，一方面是对内部控制措施发现的问题和风险隐患进行纠正，比如越权审批、违规操作、虚假信息等业务环节和管理流程等内部控制对象需要纠正的问题。另一方面是对内部控制本身的纠正，通过暴露出的问题分析诊断内部控制措施是否有效、内部控制评价是否恰当、内部控制环节是否全面，从而纠正内部控制本身存在的问题，以改进提高内部控制的有效性。

三、商业银行内部控制各要素的关系及循环过程

(一)内部控制各要素之间的关系

内部控制的五大要素，其实是一个有机的统一体。我们可以将这五大要素组合成以下的内部控制体系，如图 10－1 所示。

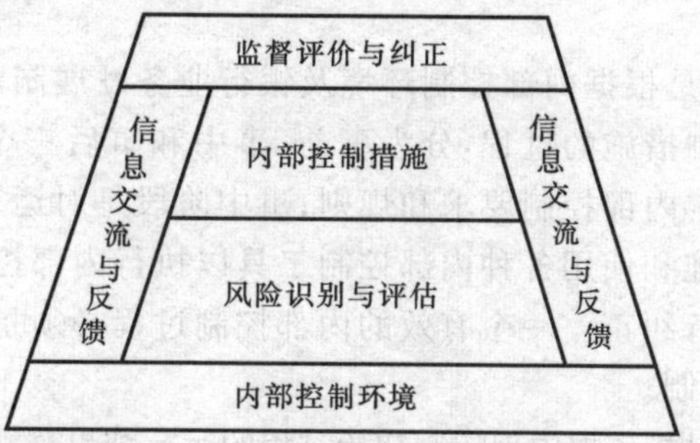

图 10－1 内部控制各要素的关系

从图 10－1 可以看出内部控制各要素的相互关系为：内部控制环境处于最根本的地位，确立了整个内部控制系统的基础；风险识别和评估子系统发现和计量商业银行实现其目标过程中存在的不确定性和风险，为内部控制措施确立活动范围和实施工具；内部控制措施是商业银行内部控制整个系统的核心，它是具体执行内部控制规则和实施控制措施的过程；信息沟通与交流子系统是载体，它沟通各个要素，引导内部控制系统的有序运行；监督评价与纠正子系统处于最后环节，评价监督整个内部控制系统的有效性，并及时纠正存在的偏差。商业银行应当在培育一种积极的内部控制环境的基础上，执行全面有效内部控制制度，准确地识别和评估经营管理活动中所面临的各种风险，然后根据这些风险采取适当的控制措施，并不断地对上述整个过程的适当性和有效性进行监督评价和偏差纠正，确保内部控制过程中的信息沟通渠道流畅，信息交流充分，支持整个内部控制系统正常运转。

(二)内部控制各要素的循环过程

内部控制作为一个完整的系统,它发挥作用的过程是一个动态和循环过程,如图 10-2 所示。按照发挥作用的路径可以分为初始过程和循环过程。

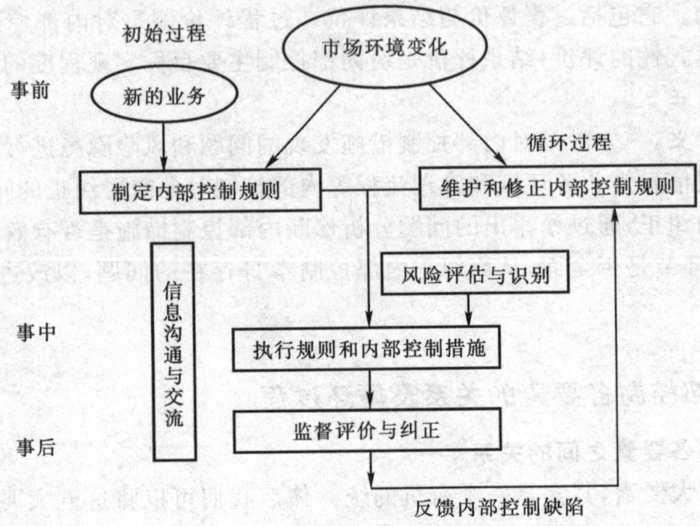

图 10-2 内部控制的动态过程

内部控制的初始过程是根据内部控制环境及银行业务发展制定相应的内部控制规则和执行规则、采用各项内部控制措施的过程,分为事前、事中和事后三个阶段。事前阶段主要是分析内部控制环境变化,制定内部控制要求和规则;事中阶段是对运行的银行业务进行风险识别和评估,采取内部控制措施和使用各种内部控制工具以执行内部控制规则;事后阶段是对执行情况进行监督、评价并进行纠正。一个有效的内部控制过程必须是具有事前预防性、事中检查性和事后纠正性的控制机制。

内部控制的循环过程是指依据内部控制初始过程的运行结果,检讨、维护和修正内部控制规则的动态反馈。内部控制的循环过程重点做好两个测试:符合性测试(是否所有业务和操作都有规定)和实质性测试(规定能否起到有效控制作用)。

第三节 商业银行内部控制活动

控制活动(control activities)是确保内部控制目标得以实现的一系列制度、程序和措施的总称。控制活动子系统是商业银行内部控制系统的核心,贯穿整个内部控制的过程。巴塞尔委员会《银行组织内部控制系统框架》指出,控制活动应成为银行日常营业活动的内在组成部分,有效的内部控制要求建立适当的控制结构并明确每一业务层级的控制活动。本节主要介绍商业银行内部控制活动的主要措施和基本业务的控制要求。

一、商业银行内部控制活动的基本功能和程序

商业银行控制活动的目标与内部控制系统的整体目标是一致的,即确保银行的合法合规

稳健经营，确保自身发展战略和经营目标的全面实现，确保将各种风险控制在规定的范围之内，确保财务和管理信息的可靠与完整。商业银行控制活动的主体是银行全体员工，从高级管理层到业务一线的全体员工都参与银行控制活动，他们是内部控制有效的关键所在；控制活动的客体主要是银行风险，风险控制是商业银行控制活动的重点，而进行风险控制的措施和手段是控制活动内容的主要体现。

(一)商业银行内部控制活动的基本功能

1. 约束功能

商业银行通过实施一系列的控制活动可以约束人们的行为，使银行的全体人员按照一定的控制政策和控制程序来开展业务，保证银行的安全运行和经营目标的实现。

2. 预防功能

通过内部控制活动及时发现潜在的风险隐患，提前“排雷”，起到防范风险的作用。

3. 纠正功能

对商业银行经营活动暴露出的问题通过内部控制活动加以纠正和改进。

(二)商业银行内部控制活动的基本程序

该程序如图 10－3 所示。

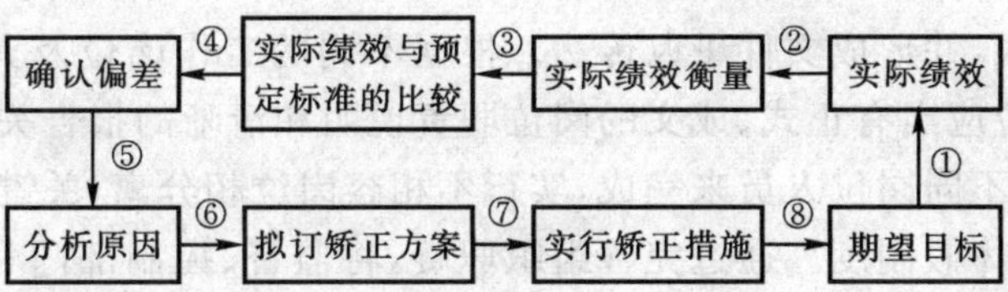

图 10－3　控制程序反馈环流图

1. 设定控制标准

设定控制标准，应以显示预期目标轮廓的标志点为准，并以此作为衡量实际绩效是否符合目标的准则。标准有多种多样形式，不同的业务其标准并不一致，有物量标准、价值标准、功能标准等等。

2. 衡量工作绩效

衡量工作绩效，是指运用标准对银行客观业绩作出公允的评价。对实绩与标准之间的偏差应认真分析其实质性的原因。根据可控与不可控两种情况对偏差进行不同的处理，对不可控因素造成的偏差，银行应调整目标，而对可控因素造成的偏差，应改进工作方式或程序。

3. 纠正偏差

纠正偏差，以可控因素引起的偏差为对象。可从两方面考虑纠正措施，一是改进组织功能，即通过诸如重新委派、撤换、增设机构等完成；二是改进业务功能，即通过改进操作程序，采用新的技术手段等实现。

二、商业银行内部控制的方法

商业银行控制活动通过一系列的控制方法和手段来实现，这些方法包括：组织职责控制、授权审批、程序记录、人员素质、预算控制、稽核审计等，如图 10－4 所示。

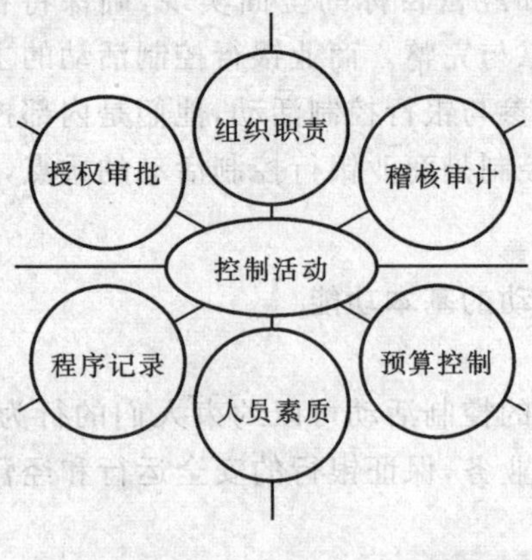

图 10-4 内部控制主要方法

(一)组织职责控制

建立良好的公司治理以及分工合理、职责明确、报告关系清晰的组织结构，是内部控制发挥有效性的必要前提条件。商业银行应明确划分相关部门之间、岗位之间、上下级机构之间的职责，建立职责分离、横向与纵向相互监督制约的机制，明确与风险和内部控制有关的部门、岗位、人员的职责和权限，并形成文件予以传达。根据不同的工作岗位及其性质，赋予其相应的职责和权限，各个岗位应当有正式、成文的岗位职责说明和清晰的报告关系。业务操作的全过程必须由不同部门或不同岗位人员来完成，实行不相容岗位相分离，关键岗位实行定期或不定期的人员轮换和强制休假制度。通过完善组织职责，将监督、控制部门和管理、执行部门适当分开，建立三道监控防线：

建立一线岗位双人、双职、双责为基础的第一道监控防线：直接与客户、电脑、资金、有价证券、重要空白凭证、业务用章等接触的岗位，必须实行双人负责的制度；属于单人单岗处理的业务，必须有相应的后续监督机制。

建立相关部门、相关岗位之间相互监督制衡的第二道监控防线。银行必须在相关部门和相关岗位之间建立重要业务处理凭据顺畅传递的渠道，各部门和岗位分别在自己的授权范围内承担各自职责。

建立以内部稽核部门对各岗位、各部分、各机构、各项业务全面实施监督反馈的第三道监控防线。

(二)授权审批控制

授权审批控制，是指各种业务的办理必须获得批准或授权才能执行。商业银行根据各分支机构和业务部门的经营管理水平、风险管理能力、地区经济环境和业务发展需要，建立相应的授权体系，实行统一法人管理和法人授权。针对部门的工作性质、人员的岗位职责，赋予相应的工作任务和职责权限。授权应适当、明确，并采取书面形式。各级管理操作人员，要在各自岗位上按照授予的权限开展工作，并对职责范围内的工作负责。商业银行应当利用计算机程序监控等现代化手段，锁定分支机构的业务权限，对分支机构实施有效的管理和控制。下级机构应当严格执行上级机构的决策，在自身职责和权限范围内开展工作。

授权审批是一种事前控制方法，授权可分为一般授权和特定授权两种。一般授权为办理正常业务时所授予的权力，具有连续性，时效较长。特定授权是在处理特定业务时的授权，往往是一次性的，一旦业务完成，授权自行撤销。

(三)程序记录

程序记录控制是对业务处理制定规范统一的操作流程和处理次序，并对业务发生、进展和处理结果进行跟踪记录。制定规范的操作流程和处理步骤，有利于业务处理标准化，减少主观随意性，提高工作效率和工作质量。程序控制包括制定银行的规章制度和制定操作规程两个方面，规章制度是有关银行运作过程中的原则意见和一般规定，而操作规程是在规章制度的基础上制定的更加详细的适应银行业务操作的规范和程序。商业银行应建立并保持书面程序，以规定内部控制相关活动中所涉及记录的标识、生成、贮存、保护、检索、保存期限和处置。

业务记录是商业银行内部控制的重要手段，它反映、记载各项业务活动的运动轨迹。健全准确的业务记录不仅是信息披露的凭证，也是检查和监督业务过程的有效依据。在各项业务记录中，会计记录是最重要的业务记录。记录应保持清晰、易于识别和检索，以提供符合要求和内部控制有效运行的证据，并可追溯到相关的活动。

随着计算机的广泛应用，程序控制在软件设计时与操作捆绑在一起，同时业务记录也通过计算机的操作和业务处理来体现，对计算机软件的控制和审计已经成为一个新课题。

(四)人员素质控制

商业银行内部控制的成效很大程度上取决于银行员工素质的高低，人是最根本的因素。全面提高员工素质，是充分发挥内部控制系统功能的最根本办法。人员素质控制主要是建立一种激励和约束机制来全面提高银行员工的政治素质和业务素质，制订并保持培训计划，以确保高级管理层和全体员工能够完成其承担的内部控制方面的任务和职责，并充分考虑人力资源管理过程中不同层次员工的职责、能力和文化程度以及所面临的风险。

人员素质控制具体包括：

(1)严格的招聘程序，保证应聘人员符合银行诚信、守纪、忠诚的员工要求。

(2)制定员工工作规范，引导和考核员工行为。

(3)定期对员工进行针对性培训，以确保高级管理层和全体员工能够完成其承担的内部控制方面的任务和职责。

(4)定期考核，建立竞争淘汰机制。

(5)注重绩效和待遇。

(6)岗位轮换和工作交流。商业银行应确定与风险和内部控制有关人员的必要的能力要求。应根据其教育水平、工作经验、考核和接受过的培训对能力进行鉴定。

(五)预算控制

预算是为达到商业银行既定目标编制的计划和责任分配，分为经营预算、资本预算和财务预算。预算控制实际上是一种目标约束控制措施。它的控制作用体现在：

(1)预算确定了银行的整体目标，制订为达到这一目标所应有的各类经营计划和为配合经营计划而应有的财务收支计划；

(2)通过预算划分权责，使各级人员明确自己的任务和责任，约束行为；

(3)及时和定期作出反映实际和预算的业务报告，公正考核工作成果，及时纠正偏差，起到鞭策和鼓励作用；

(4)通过对各项业务预算执行的状况和例外情况进行经常性检查,及时发现内部控制存在的问题,并迅速予以纠正,确保预定目标的实现。

(六)稽核审计控制

稽核审计既是控制活动的一个组成部分,也是内部控制的一种特殊措施。《商业银行内部控制指引》要求,商业银行应当配备充足的、业务素质高、工作能力强的内部审计人员,并建立专业培训制度,每人每年确保一定的离岗或脱产培训时间。内部审计力量不足的,应当将审计任务委托社会中介机构进行。商业银行的内部审计具有充分的独立性,实行全行系统的垂直管理。下级机构内部审计负责人的聘任和解聘应当经上级机构内部审计部门同意,总行内部审计负责人的聘任和解聘应当经董事会或监事会同意。内部审计部门有权获得商业银行的所有经营信息和管理信息,并对各个部门、岗位和各项业务实施全面的监控和评价。稽核审计部门应根据对辖属机构的风险评级结果确定审计频率,以及对机构和业务的审计覆盖率,定期或不定期对内部控制的健全性和有效性实施检查、评价;应及时向董事会或董事会审计委员会提交审计报告。

稽核审计还有一项主要内容,就是对各项规章制度的执行情况进行检查。银行在经营过程中会制定大量的规章制度,各项规章制度制定出来以后,最主要的是能够遵守执行,如果没有执行,规章制度则形同虚设,等于没有发挥作用。

三、商业银行主要业务的内部控制

商业银行的各类业务是相对独立的循环处理过程,每一循环过程又可以划分为具体业务环节。业务环节是商业银行内部控制措施的对象,主要业务环节包括授信业务、资金业务、存款及柜台业务、会计管理、计算机信息系统等。

(一)授信业务内部控制

商业银行授信内部控制的重点是实行统一授信管理,健全客户信用风险识别与监测体系,完善授信决策与审批机制,防止对单一客户、关联企业客户和集团客户风险的高度集中,防止违反信贷原则发放关系人贷款和人情贷款,防止信贷资金违规投向高风险领域和用于违法活动。

1.组织机构

建立有效的授信决策机制,设立审贷委员会,负责审批权限内的授信,行长不得担任审贷委员会的成员。审贷委员会审议表决应当遵循集体审议、明确发表意见、多数同意通过的原则,全部意见应当记录存档。被审贷委员会两次否决的贷款申请半年内不得提交审贷委员会审议。建立严格的授信风险垂直管理体制和设立独立的授信风险管理部门,授信岗位设置应当做到分工合理、职责明确,岗位之间应当相互配合、相互制约,做到审贷分离、业务经办与会计账务处理分离。

2.统一授信

统一授信是指商业银行对不同币种、不同客户对象、不同种类的授信进行统一控制管理,避免信用失控。为防止授信风险的过度集中,通过实行授信组合管理,制定在不同期限、不同行业、不同地区的授信分散化目标,及时监测和控制授信组合风险,确保总体授信风险控制在合理的范围内。对同一客户的贷款、贸易融资、票据承兑和贴现、透支、保理、担保、贷款承诺、开立信用证等各类表内外授信实行一揽子管理，确定总体授信额度。对集团客户实行统一授信管理，将同一集团内各个企业的授信纳入统一的授信额度内，核定集团总的授信额度，防止借款人通过多头开户、多头贷款、多头互保套取银行资金，防止对关联企业授信的失控。

3. 授权管理

对授信实行统一的法人授权制度，上级机构应当根据下级机构的风险管理水平、资产质量、所处地区经济环境等因素，合理确定授信审批权限。根据风险大小，对不同种类、期限、担保条件的授信确定不同的审批权限，审批权限应当逐步采用量化风险指标。商业银行各级机构应当明确规定授信审查人、审批人之间的权限和工作程序，严格按照权限和程序审查、审批业务，不得故意绕开审查、审批人。

4. 规范程序和明确责任

(1)建立统一的授信操作规范，规定贷前调查、贷时审查、贷后检查各个环节的工作标准和操作要求：①贷前调查应当做到实地查看，如实报告授信调查掌握的情况，不回避风险点，不因任何人的主观意志而改变调查结论；②贷时审查应当做到独立审贷，客观公正，充分、准确地揭示业务风险，提出降低风险的对策；③贷后检查应当做到实地查看，如实记录，及时将检查中发现的问题报告有关人员，不得隐瞒或掩饰问题。

(2)建立授信风险责任制，明确规定各个部门、岗位的风险责任：①调查人员应当承担调查失误和评估失准的责任；②审查和审批人员应当承担审查、审批失误的责任，并对本人签署的意见负责；③贷后管理人员应当承担检查失误、清收不力的责任；④放款操作人员应当对操作性风险负责；⑤高级管理层应当对重大贷款损失承担相应的责任。对违法、违规造成的授信风险和损失逐笔进行责任认定，并按规定对有关责任人进行处理。

(3)根据各类授信品种的管理办法，明确规定各项业务的办理条件，包括选项标准、期限、利率、收费、担保、审批权限、申报资料、贷后管理、内部处理程序等具体内容。在批准各类授信时，应当逐笔载明办理业务的各项条件，经办部门只能在符合条件的前提下办理业务。应当对借款人实施独立的尽职调查，严格执行授信审批程序，防止逆程序操作和放宽授信标准，防止发放任何形式的外部行政干预贷款和人情贷款。严格按照信贷原则审查对关系人的授信，确保对关系人的授信条件不得优于其他借款人同类授信的条件。在对关系人的授信调查和审批过程中，商业银行内部相关人员应当回避。

(4)严格审查和监控借款用途，防止借款人通过贷款、贴现、办理银行承兑汇票等方式套取信贷资金，改变借款用途。严格审查借款人资格合法性、融资背景以及申请材料的真实性和借款合同的完备性，防止借款人通过编造虚假理由、使用虚假经济合同或虚假证明文件等方式，从事金融诈骗活动。

5. 信息沟通与交流

建立完善的授信管理信息系统，对授信全过程进行持续监控，并确保提供真实的授信经营状况和资产质量状况信息，对授信风险与收益情况进行综合评价。建立完善的客户管理信息系统，全面和集中掌握客户的资信水平、经营财务状况、偿债能力等信息，对客户进行分类管理，对已列入“黑名单”、有逃废债等行为的资信不良的借款人实施授信禁入。

目前我国商业银行对授信的风险缺乏严密、科学的控制管理，没有建立和严格实施国际银行业普遍遵循的统一的授权授信制度，各部门、各分支机构对同一客户分头授信，对本外币分割授信，对贷款、贴现、承兑、担保、信用证等分散授信，结果造成银行不能了解和控制单一法人客户的信用风险，风险过度集中，不良资产比例过高，使各商业银行蒙受重大损失。

(二)资金业务内部控制

资金业务是除投资银行业务外盈利率最高的银行业务，但与之相连的固有风险却经常被忽视(如巴林银行倒闭和中航油事件)，目前这一问题在我国的商业银行经营中也逐渐显露出来。由于资金业务具有资金额大、交易迅速、电子传输以及产品(衍生产品)和交易复杂的特点，迫切需要建立和健全其资金业务内部控制制度。资金业务内部控制的重点是：对资金业务对象和产品实行统一授信，实行严格的前后台职责分离，建立中台风险监控和管理制度，防止资金交易员从事越权交易，防止欺诈行为，防止因违规操作和风险识别不足导致的重大损失。

1. 组织职责

商业银行资金业务的组织结构应当体现权限等级和职责分离的原则。岗位职责的相互独立和监督，避免因职责上的交叉和重叠引发内部风险，尤其要做到“三分离”即前台交易和后台结算分离；自营业务与代客业务分离；业务操作与风险监控分离。

建立资金业务的风险责任制，明确规定各个部门、岗位的风险责任：前台资金交易员应当承担越权交易和虚假交易的责任，并对未执行止损规定形成的损失负责；中台监控人员应当承担对资金交易员越权交易报告的责任，并对风险报告失准和监控不力负责；后台结算人员应当对结算的操作性风险负责；高级管理层应当对资金交易出现的重大损失承担相应的责任。

2. 授权控制

商业银行应当巩固统一法人体制下的资金管理授权制度，在充分考虑其经营管理水平、风险控制能力、主要负责人业绩的情况下实行区别授权。

(1)明确权限。根据经营管理业绩、风险状况、授权制度执行情况及主要负责人任职情况的条件及时调整授权，科学核定各个分支机构的资金业务经营权限。未经上级机构批准，下级机构不得开展任何未设权限的资金交易。根据资金交易的风险程度和管理能力，对风险程度较高的资金交易宜谨慎授权。

(2)建立有效预警和处理机制。对分支机构的资金业务应当定期进行检查，对异常资金交易和资金变动应当建立有效的预警和处理机制。对有关交易数据进行定期核对和分析，以及对分支机构工作进行现场检查，对于异常资金交易和资金变动，应当建立有效的预警和处理机制，保证在出现问题之后能够及时获得相关信息并做出迅速反应，尽可能将损失降低到最小。

(3)禁止未设权限的业务。资金运营管理，每一笔资金的调出或调入，都应当建立在真实的业务背景上，并及时登记台账。那些没有真实的交易背景，编造虚假事由从事资金非法运作的行为，属于严重违规。

3. 授信控制和风险评估

对交易对手进行总体的风险控制，在充分考虑对方的财务状况和信用状况的基础上，选择适当的资金交易对手，并根据有关标准和程序确定交易对手、投资对象的授信额度和期限。根据交易产品的特点对授信额度进行动态监控，如果授信客户出现严重违约、重大资产变化或遭遇较大风险，授信单位应当及时向有关领导或上级机构报告，同时根据实际情况的变化及时对授信额度进行调整，确保所有交易都控制在授信额度范围之内。应当充分考虑到极端的市场价格变动、市场流动性降低以及主要交易对手倒闭等问题，确定市场出现大幅异常波动和可能出现最坏情况时的应对措施。

商业银行应当充分了解所从事资金业务的性质、风险、相关的法规和惯例，明确规定允许交易的业务品种，确定资金业务单笔、累计最大交易限额以及相应承担的单笔、累计最大交易损失限额和交易止损点。充分认识金融衍生产品的性质和风险，根据本行的风险承受水平，合理确定金融衍生产品的风险限额和相关交易参数。建立完备的资金交易风险评估和控制系统，对资金交易的收益与风险进行适时、审慎评价，对即将发生的风险采取有针对性的预防措施，确保资金业务各项风险指标控制在规定的范围内。

4. 交易员控制

对交易员进行等级管理，上岗前应当取得相应资格。总行可以设立首席交易员、高级交易员和交易员，根据资金交易的风险程度和管理能力，就交易品种、交易金额和止损点等对资金交易员进行授权。商业银行应当对资金交易员建立适当的约束机制，对资金交易员实施有效管理。资金交易员应当严格遵守交易员行为准则，在职责权限、授信额度、各项交易限额和止损点内以真实的市场价格进行交易，并严守交易信息秘密。

5. 信息沟通和报告

商业银行应对资金交易产品的有关情况保持实时监控，按市场价格计算交易头寸的市值和浮动盈亏情况，以便及时了解和掌握资金交易产品的市场风险和头寸市值变动情况。建立资金交易风险和市值的内部报告制度。资金交易员应当向高级管理层如实汇报金融衍生产品中的或有资产、隐含风险和对冲策略等交易细节。

（三）存款和柜台业务内部控制

商业银行存款和柜台业务内部控制的重点是：对基层营业网点、要害部位和重点岗位实施有效监控，严格执行账户管理、会计核算制度和各项操作规程，防止内部操作风险和违规经营行为，防止内部挪用、贪污以及洗钱、金融诈骗、逃汇、骗汇等非法活动，确保商业银行和客户资金的安全。

1. 账户管理

严格执行账户管理的有关规定，认真审核存款人身份和账户资料的真实性、完整性和合法性，对账户开立、变更和撤销的情况定期进行检查，防止存款人出租、出借账户或利用其存款账户从事违法活动。商业银行应当对存款账户实施有效管理，与除储蓄存款以外的其他存款的所有人定期进行对账，并确保对账的适时有效。

2. 特殊业务事项

柜台业务监控的重点领域主要是特种转账业务，这是一种针对特殊事由而进行的转账方式，如账户出现的异常变动，在短时间内大量支取现金等异常现金存取，以及在可疑交易背景下频繁与其他单位或个人的账户同时进行方向相反的资金收入支付等异常转账等。大额存单签发、大额存款支取实行分级授权和双签制度，按规定对大额款项收付进行登记和报备，确保存款等交易信息的真实、完整。

对于柜台人员的名章、操作密码、身份识别卡等，应当实行个人负责制，由个人负责妥善保管，按章使用。尤其需要防范因为名章或密码保管不善而被他人非法利用的情况发生。严格执行“印、押、证”三分管制度，使用和保管重要业务印章的人员不得同时保管相关的业务单证，使用和管理密押、压数机的人员不得同时使用或保管相关的印章和单证。使用和保管密押的人员应当保持相对稳定，人员变动应当经主管领导批准，并办好交接和登记手续。人员离岗，“印、押、证”应当落锁入柜，妥善保管。

3.程序记录控制

遵循“了解你的客户”的原则，通过调查及书面材料的审查，了解客户的有关背景资料，包括客户身份、资产状况、财务状况、生产经营状况以及信用状况等。柜台业务中，现金、贵金属、重要空白凭证和有价单证是进行风险控制的重要领域。商业银行应当对现金收付、资金划转、账户资料变更、密码变更、挂失、解挂等柜台业务建立复核制度，确保交易的记录完整和可追溯。商业银行应当严格执行营业机构重要岗位的请假、轮岗制度，逐步推行离岗审计制度。对非营业时间进入营业场所、电脑延长开机时间等应当办理审批、登记手续。应当配置专人负责事后监督，保证其具有独立进行监督的职责、任务、权限，建立起岗位责任制以保证监督工作的制度化和经常化。

(四)会计的内部控制

银行会计内部控制的重点是：实行会计工作的统一管理，严格执行会计制度和会计操作规程，运用计算机技术实施会计内部控制，确保会计信息的真实、完整和合法，杜绝设置账外账，杜绝乱用会计科目，杜绝编制和报送虚假会计信息。

1.组织职责控制

商业银行应确保会计工作的独立性，会计部门、会计人员能独立地办理会计业务，任何人不得授意、暗示、指示、强令会计部门、会计人员违法或违规办理会计业务。对违法或违规的会计业务，会计部门、会计人员有权拒绝办理，并向上级机构报告，或者按照职权予以纠正。明确会计部门、会计人员的权限，各级会计部门、会计人员应当在各自的权限内行事，凡超越权限的，须经授权后，方可办理。会计岗位设置应当实行责任分离、相互制约的原则，杜绝一人兼任非相容的岗位或独自完成会计全过程的业务操作。

2.会计监督

对会计账务处理的全过程实行监督，做到账账、账据、账款、账实、账表和内外账六相符。凡账务核对不一致的，应当按照权限进行纠正或报上级机构处理。做到会计记录、账务处理的合法、真实、完整和准确，杜绝伪造、变造会计凭证、会计账簿和其他会计资料，杜绝提供虚假财务会计报告。完善会计档案管理，严格执行会计档案查阅手续，防止会计档案被替换、更改、毁损、散失和泄密。

3.人员管理

对会计主管、会计负责人实行从业资格管理，建立会计人员档案。会计主管、会计负责人和会计人员应当具有与其岗位、职位相适应的专业资格或技能。

商业银行下级机构会计主管的变动应当经上级机构会计部门同意，会计人员调动工作或离职，应当与接管人员办清交接手续，严格执行交接程序。对会计人员实行强制休假制度，联行、同城票据交换、出纳等重要会计岗位人员和会计主管还应当定期轮换，逐步推行离岗(任)审计制度。实行会计差错责任人追究制度，发生重大会计差错、舞弊或案件，除对直接责任人员追究责任外，机构负责人和分管会计的负责人也应当承担相应的责任。

(五)计算机系统内部控制

商业银行计算机信息系统内部控制的重点是：严格划分计算机信息系统开发部门、管理部门与应用部门的职责，建立和健全计算机信息系统风险防范的制度，及时发现计算机系统的漏洞并切实改进，确保计算机信息系统设备、数据、系统运行和系统环境的安全。

计算机替代手工处理银行业务虽然节省了时间和人力，但也衍生出传统内部稽核的不足：①安全防范意识淡薄；②缺乏安全管理；③计算机系统安全技术措施薄弱；④项目决策存在安全漏洞。

第四节　商业银行内部控制评价

中国银行业监督管理委员会于 2004 年 12 月 25 日颁布了《商业银行内部控制评价试行办法》，自 2005 年 2 月 1 日起施行，旨在通过加强对商业银行内部控制的评价，督促商业银行进一步完善内部控制体系，从根本上建立风险管理的长效机制。该办法不仅强调结果评价，更重视内部控制过程评价，体现了预防为主的监管思路。

一、商业银行内部控制评价目标和原则

商业银行内部控制评价是指对商业银行内部控制体系建设、实施和运行结果独立开展的调查、测试、分析和评估等系统性活动。内部控制评价包括过程评价和结果评价。过程评价是对内部控制环境、风险识别与评估、内部控制措施、监督评价与纠正、信息交流与反馈等体系要素的评价。结果评价是对内部控制主要目标实现程度的评价。

（一）内部控制评价目标

根据《商业银行内部控制评价试行办法》，商业银行内部控制评价的目标主要包括：

(1)促进商业银行严格遵守国家法律法规、监管当局的监管要求和商业银行稳健审慎经营原则。

(2)促进商业银行提高风险管理水平，保证其发展战略和经营目标的实现。

(3)促进商业银行增强业务、财务和管理信息的真实性、完整性和及时性。

(4)促进商业银行各级管理者和员工强化内部控制意识，严格贯彻落实各项控制措施，确保内部控制体系得到有效运行。

(5)促进商业银行在出现业务创新、机构重组及新设等重大变化时，及时有效地评估和控制可能出现的风险。

（二）内部控制评价原则

内部控制评价应从充分性（过程和风险是否已被充分识别）、合规性（过程和风险的控制措施是否遵循相关要求、得到明确规定并得以实施和保持）、有效性（控制措施是否有效）和适宜性（控制措施是否适宜）等四个方面进行，应遵循以下原则：

1. 全面性原则

评价范围应覆盖商业银行内部控制活动的全过程及所有的系统、部门和岗位。

2. 统一性原则

评价的准则、范围、程序和方法等应保持一致，以确保评价过程的准确及评价结果的客观和可比。

3. 独立性原则

评价应由银监会或受委托评价机构独立进行。

4. 公正性原则

评价应以事实为基础，以法律法规、监管要求为准则，客观公正，实事求是。

5. 重要性原则

评价应依据风险和控制的重要性确定重点，关注重点区域和重点业务。

6. 及时性原则

评价应按照规定的时间间隔持续进行，当经营管理环境发生重大变化时，应及时重新评价。

二、内部控制评价的基本内容

商业银行内部控制评价主要是针对内部控制环境的适宜性、风险识别与评估的充分性、内部控制措施的有效性、监督评价与纠正的及时性、信息交流与反馈的畅通性等开展评价。

(一)内部控制环境评价

1. 公司治理

商业银行应建立以股东大会、董事会、监事会、高级管理层等为主体的公司治理组织架构，保证各机构规范运作，分权制衡，清晰明确董事会、监事会和高级管理层在内部控制体系的责任。

2. 组织结构

商业银行应建立分工合理、职责明确、报告关系清晰的组织结构，明确所有与风险和内部控制有关的部门、岗位、人员的职责和权限，并形成文件予以传达。商业银行应设立负有内部控制体系建立、实施特殊责任的专门委员会或部门，明确其责任、权限和报告路线，设立全行系统垂直管理、具有充分独立性的内部审计部门。

3. 内部控制政策

商业银行应在各项业务和管理活动中制定明确的内部控制政策，规定内部控制的原则和基本要求，并为制定和评审内部控制目标提供指导，体现持续改进内部控制的要求。

4. 内部控制目标

商业银行应在相关职能和层次上建立并保持内部控制目标。内部控制目标应符合内部控制政策，考虑法律法规、监管要求和其他要求，以及技术、财务、经营和风险相关方面等因素。内部控制目标应可测量。

5. 企业文化

商业银行应培育健康的企业文化，对企业文化的内涵及其策划、渗透、评估与改进做出明确的规定。特别应向员工传达遵守法律法规和实施内部控制的重要性，引导员工树立合规意识和风险意识，提高员工职业道德水准，规范员工职业行为。

6. 人力资源

商业银行应完善人力资源政策和程序，确保与风险和内部控制有关人员具备相应的能力和意识，明确与风险和内部控制有关人员的胜任条件，明确有关教育、工作经历、培训和技能等方面的要求，以确保相关人员的胜任。

(二)风险识别与评估

1. 经营管理活动风险识别与评估

商业银行应建立和保持书面程序，以持续对各类风险进行有效的识别与评估。识别并确定常规和非常规的业务和管理活动，并识别这些活动中的风险(无论是否由内部产生)，考虑其类型、来源及其影响范围，特别应考虑计算机系统的运用可能带来的风险。依据法律法规、监管要求以及内部控制政策确定风险是否可接受，以确定是否进一步采取措施。风险可接受时，应监测并定期评审，以确保其持续可接受；风险不可接受时，应制定控制措施。当环境和条件发生变化时，应及时对风险进行再识别和再评估，以确保任何新的和以前未曾予以控制的风险得到识别和控制。

2. 法律法规与监管要求的识别

商业银行应建立并保持识别和获取适用法律法规、监管要求的程序，作为风险识别与评估、制订控制目标和控制方案的依据，及时更新法律法规、监管要求的信息，并将这些信息传达给相关员工和其他风险相关方。

3. 内部控制方案

对于已识别的不可接受风险，应制订内部控制方案，若涉及组织结构、流程、计算机系统等方面的重大变更，应考虑可能产生的新风险。

(三)内部控制措施

1. 运行控制

商业银行应确定需要采取控制措施的业务和管理活动，依据所策划的控制措施或已有的控制程序对这些活动加以控制。控制措施包括：高层检查、行为控制、实物控制、风险暴露限制的审查、审批与授权、验证与核实、兼容岗位的适当分离等。

2. 计算机系统环境下的控制

商业银行应考虑计算机系统环境下的业务运行特征，建立信息安全管理体系，对硬件、操作系统和应用程序、数据和操作环境，以及设计、采购、安全和使用实施控制，确保信息的完整性、安全性和可用性。

3. 应急准备与处置

商业银行应建立并保持预案和程序，以识别可能发生的意外事件或紧急情况（包括计算机系统）。意外事件和紧急情况发生时，应及时做出应急处置，以预防或减少可能造成的损失，确保业务持续开展。

(四)监督评价与纠正

1. 内部控制绩效监测

商业银行应建立并保持书面程序，通过适宜的监测活动，对内部控制绩效进行持续监测。监测内容包括：内部控制目标实现程度、监管要求的遵循程度和事故、险情和其他不良的内部控制绩效的历史情况。

2. 违规、险情、事故处置和纠正及预防措施

商业银行对违规、险情、事故的发现、报告、处置和纠正及预防措施做出规定，实施并跟踪、验证纠正预防措施。

3. 内部控制体系评价

商业银行对内部控制体系实施评价，确保内部控制体系的充分性、合规性、有效性和适宜性。程序应包括评价的目的、准则、范围、频率、方法以及职责与要求。

4. 管理评审

董事会应采取措施保证定期对内部控制状况进行评审，对内部控制体系及其过程、内部控制政策及目标、内部控制有关资源提出变更和改进要求，确保体系得到持续、有效的改进。

5. 持续改进

商业银行应利用内部控制政策、内部控制目标、评价结果、绩效监测和数据分析、纠正和预防措施以及管理评审等，持续提高内部控制体系有效性。

(五)信息交流与反馈

1. 交流与沟通

商业银行应建立并保持信息交流与沟通的程序，明确对财务、管理、业务、重大事件和市场信息等相关信息识别、收集、处理、交流、沟通、反馈、披露的渠道和方式，识别银行内部和外部的风险相关方，考虑他们的要求和目标，建立与这些相关方进行信息交流的机制。

2. 文件控制

建立和保持文件化体系是实现信息交流与反馈的重要途径。商业银行应建立并保持必要的内部控制体系文件。

3. 记录控制

商业银行应建立并保持书面程序，规定内部控制相关活动中所涉及记录的标识、生成、贮存、保护、检索、保存期限和处置，提供符合要求和内部控制体系有效运行的证据，并可追溯到相关的活动。

三、商业银行内部控制评价程序和方法

商业银行实施内部控制评价需要采取规定的程序，明确评价的途径和步骤，采取可操作性的评价方法和技术。

(一)内部控制评价程序

内部控制评价程序一般包括评价准备、评价实施、评价报告形成和反馈等步骤。

1. 评价准备

评价准备包括构建评价组、制订评价实施方案、准备必要的工作文件。现场评价前还应先与被评价机构建立初步联系，以便确认有关评价事项和安排。

2. 评价实施

评价组应按照既定的评价方案实施评价，在具体实施中应就评价组内部以及评价组与被评价机构之间的沟通做出正式安排，通过适当的方法收集与评价目的、范围和准则有关的信息，了解内部控制体系。根据评价方案对被评价项目实施测试和分析，对有关数据进行确认和分析，并予以记录。

3. 评价报告形成

评价组根据评价实施情况，撰写评价报告，重点分析被评价机构内部控制体系现状、存在问题及趋势分析，提出改进建议。

4. 评价反馈

对被评价机构内部控制体系进行综合评价后，应与被评价机构管理层沟通，以核对数据，确认事实，并就评价中的问题征求意见。

(二)内部控制评价方法

内部控制评价方法是为实现评价目的、对被评价机构内部控制体系进行分析和评价而采取的技术和手段的总称。内部控制评价常用方法有：

1. 询问法

为掌握评价对象的控制环境、控制程序等方面的状况可以对商业银行的内部控制状况进行询问了解，具体包括调查问卷和现场访谈等。

2. 书面文档检查

书面文档检查，即评价人员查阅被评价机构的政策和规章制度，如行为守则、业务政策、业务程序、财务会计制度、组织结构图等，审查执行内部控制体系生成的文件，如账本、报表、凭证、记录、合同、报告等，检查其是否存在控制痕迹，以判断内部控制措施是否得到有效执行。

3. 观察法

观察法，即评价人员在被评价单位的工作现场，或观看操作过程录像，观察有关人员的实际工作情况，以确定其规定的内部控制措施是否得到严格执行，该方法适用于那些不留书面痕迹的内部控制体系，以及测试执行控制的到位程度。

4. 流程图法

流程图法，即利用符号和图形来表示被评价机构组织结构、职责分工、权限、经营业务的性质及种类、各种业务处理规程、各种会计记录等内部控制状况的方法。流程图法可以使评价人员清晰地看出被评价机构内部控制体系如何运行，业务的风险控制点和控制措施，有助于发现各内部控制体系的缺失和审计重点。

5. 抽样方法

抽样方法，是指通过抽取一定有代表性的样本进行调查和测试，根据样本来推断总体状况的一种评价方法。

6. 穿行测试法

穿行测试法，即评价人员在每一类交易循环中选择一笔或若干笔业务，从头到尾检查其实际处理过程，以验证所描述的内部控制的客观性和真实性。

7. 证据检查法

证据检查法，即评价人员抽查一定数量的凭证、账簿、报表、借据、协议合同等有关资料，以验证各项控制措施在实际操作中是否被真正运用。

8. 压力测试法

压力测试法，即测试被评价机构关键业务处理程序和控制措施能够承受的压力程度和在承受相应压力时所发挥的作用。

9. 分析性复核

分析性复核，就是通过对被评价机构内部控制体系中的重要情况和趋势的分析，分析研究被评价机构内部控制体系的异常变动和差异。分析性复核主要包括比较分析、因素分析和趋势分析。

四、商业银行内部控制评分和评级

按照《商业银行内部控制评价试行办法》的规定，内部控制评价采取评分制。对内部控制的过程和结果分别设置一定的标准分值，并根据评价得分确定被评价机构的内部控制等级。

内部控制过程评价的标准分为500分，其中：内部控制环境100分、风险识别与评估100分、内部控制措施100分、监督评价与纠正100分、信息交流与反馈100分。上述五部分评价得分加总除以5，得到过程评价的实际得分，如表10－2所示。

表 10－2 内部控制过程评价分值表

评价对象 / 评价内容	标准分值	业务活动					管理活动			支持保障				备注
		授信业务	资金业务	存款和柜台业务	主要中间业务	……	计划财务	会计管理	……	计算机系统	产品开发	安全保卫	……	
标准分值														
一、内部控制环境	100													
公司治理：三会一层责任	10													
公司治理：高级管理层责任	10													
2. 组织结构	20													
3. 内部控制政策	20													
4. 内部控制目标	20													
5. 企业文化	10													
6. 人力资源	10													
二、风险识别与评估	100													
1. 风险识别与评估	50													
2. 法律法规、监管要求和其他要求	20													
3. 内部控制措施策划	30													
三、内部控制措施	100													
1. 运行控制	60													
2. 计算机系统环境下的控制	20													
3. 应急准备和响应	20													
四、监督评价与纠正	100													
1. 内部控制绩效监测	30													
2. 事故、险情、违规和纠正预防措施	20													
3. 内部控制体系评价	20													
4. 管理评审	20													
5. 持续改进	10													
五、信息交流与沟通	100													
1. 形成文件要求	25													
2. 文件控制	25													
3. 记录控制	25													
4. 信息交流与反馈	25													

资料来源：商业银行内部控制评价试行办法.

内部控制的结果评价主要评价内部控制目标的实现情况，对这些指标的量化评价可以通过非现场的方式进行。结果评价主要包括十项指标：资本利润率、资产利润率、收入成本比、大额风险集中度指标、关联方交易指标、资产质量指标、不良贷款拨备覆盖率、资本充足指标、流动性指标、案件损失指标等。内控结果评价指标的标准分值为500分，转化为百分制后得出实际得分，如表10－3所示。

表10－3　内部控制结果评价指标及分值表

评价指标	控制比例	实际情况（A银行）	标准分值		实际得分	备注
			法人	分支机构		
一、资本利润率	≥13%	8%	50	—	30	
二、资产利润率	≥0.6%	0.4%	50	50	30	
三、收入成本比	≤35%	50%	50	50	20	
四、大额风险集中度指标	—	—	50	—		
(一)单一客户授信余额比例	≤10%	2家	20	—	16	
(二)十大客户授信余额比例	≤30%	35%	10	—	7.5	
(三)集团客户授信余额比例	≤15%	1家	20	—	18	
五、关联方交易指标	—	—	50			
(一)单个关联方授信余额比例	≤10%	1家	20	—	18	
(二)单个关联法人或其他组织所在集团客户的授信余额比例	≤15%	1家	20	—	18	
(三)全部关联方授信余额比例	≤50%	20%	10	—	10	
六、资产质量指标	—	—	50	50		
(一)新发生不良贷款率	≤0.1%	0.2%	20	20	15	
(二)不良贷款衡量指标	—	—	30	30		
1.不良贷款率	≤3%	10%	15	15	8	
2.不良贷款额降低率	≥10%	12%	15	15	15	
七、不良贷款拨备覆盖率	≥80%	70%	50	50	40	
八、资本充足指标	—		50			
(一)资本充足率	≥8%	5%	25	—	10	
(二)核心资本充足率	≥4%	2%	25	—	5	
九、流动性指标	—	—	50	20		
(一)准备金比例	≥10%	12%	20	20	20	

续表 10-3

评价指标	控制比例	实际情况（A银行）	标准分值		实际得分	备注
			法人	分支机构		
(二)存贷比	≤75%	70%	10	—	10	
(三)中长期贷款比例指标	≤120%	90%	10	—	10	
(四)资产流动性指标	≥25%	40%	10	—	10	
十、案件损失指标	—	—	50	50		
(一)案件损失率	≤0.1‰	1‰	25	25	0	
(二)发案率	≤1%	1.5%	25	25	15	
合　计	—	—	500	270	325.5	

资料来源：商业银行内部控制评价试行办法.

根据过程评价和结果评价综合确定内部控制体系的总分。其中，过程评价的权重为70%，结果评价的权重为30%，两项得分加总得出综合评价总分。

根据综合评价总分确定被评价机构的内部控制体系评价等级，应按评分标准对被评价机构内部控制项目逐项计算得分，确定评价等级。定级标准为：

一级：综合评分90分以上（含90分）。被评价机构有健全的内部控制体系，在各个环节均能有效执行内部控制措施，能对所有风险进行有效识别和控制，无任何风险控制盲点，控制措施适宜，经营效果显著。

二级：综合评分80～89分。被评价机构内部控制体系比较健全，在各个环节能够较好执行内部控制措施，能对主要风险进行识别和控制，控制措施基本适宜，经营效果较好。

三级：综合评分70～79分。被评价机构内部控制体系一般，虽建立了大部分内部控制，但缺乏系统性和连续性，在内部控制措施执行方面缺乏一贯的合规性，存在少量重大风险，经营效果一般。

四级：综合评分60～69分。被评价机构内部控制体系较差，内部控制体系不健全或重要的内部控制措施没有贯彻执行或无效，管理方面存在重大问题，业务经营安全性差。

五级：综合评分60分以下（不含60分）。被评价机构内部控制体系很差，内部控制体系存在严重缺失或内部控制措施明显无效，存在明显的管理漏洞，经营业务失控，存在重大金融风险隐患。

上述等级也适用于单项评级，单项评级结果主要用于对比分析。

五、目前实施的《商业银行内部控制指引》

2014年9月2日，《中国银监会关于印发商业银行内部控制指引的通知》要求各银监局，各政策性银行、国有商业银行、股份制商业银行、金融资产管理公司，邮储银行，各省级农村信用联社，银监会直接监管的信托公司、企业集团财务公司、金融租赁公司执行修订后的《商业银行内部控制指引》。新的《商业银行内部控制指引》是对中国银监会2005年颁布实施的《商业银行内部控制评价试行办法》的修改和完善。

(一)商业银行内部控制的目标

(1)保证国家有关法律法规及规章的贯彻执行。

(2)保证商业银行发展战略和经营目标的实现。

(3)保证商业银行风险管理的有效性。

(4)保证商业银行业务记录、会计信息、财务信息和其他管理信息的真实、准确、完整和及时。

(二)商业银行内部控制的基本原则

商业银行内部控制应当遵循以下基本原则:

1. 全覆盖原则

全覆盖原则是指商业银行内部控制应当贯穿决策、执行和监督全过程,覆盖各项业务流程和管理活动,覆盖所有的部门、岗位和人员。

2. 制衡性原则

制衡性原则是指商业银行内部控制应当在治理结构、机构设置及权责分配、业务流程等方面形成相互制约、相互监督的机制。

3. 审慎性原则

审慎性原则是指商业银行内部控制应当坚持风险为本、审慎经营的理念,设立机构或开办业务均应坚持内控优先。

4. 相匹配原则

相匹配原则是指商业银行内部控制应当与管理模式、业务规模、产品复杂程度、风险状况等相适应,并根据情况变化及时进行调整。

(三)内部控制职责

(1)商业银行应当建立由董事会、监事会、高级管理层、内控管理职能部门、内部审计部门、业务部门组成的分工合理、职责明确、报告关系清晰的内部控制治理和组织架构。

(2)董事会负责保证商业银行建立并实施充分有效的内部控制体系,保证商业银行在法律和政策框架内审慎经营;负责明确设定可接受的风险水平,保证高级管理层采取必要的风险控制措施;负责监督高级管理层对内部控制体系的充分性与有效性进行监测和评估。

(3)监事会负责监督董事会、高级管理层完善内部控制体系;负责监督董事会、高级管理层及其成员履行内部控制职责。

(4)高级管理层负责执行董事会决策;负责根据董事会确定的可接受的风险水平,制定系统化的制度、流程和方法,采取相应的风险控制措施;负责建立和完善内部组织机构,保证内部控制的各项职责得到有效履行;负责组织对内部控制体系的充分性与有效性进行监测和评估。

(5)商业银行应当指定专门部门作为内控管理职能部门,牵头内部控制体系的统筹规划、组织落实和检查评估。

(6)商业银行内部审计部门履行内部控制的监督职能,负责对商业银行内部控制的充分性和有效性进行审计,及时报告审计发现的问题,并监督整改。

(7)商业银行的业务部门负责参与制定与自身职责相关的业务制度和操作流程;负责严格执行相关制度规定;负责组织开展监督检查;负责按照规定时限和路径报告内部控制存在的缺

陷，并组织落实整改。这里所称商业银行业务部门是指除内部审计部门和内控管理职能部门外的其他部门。

(四)内部控制措施

(1)商业银行应当建立健全内部控制制度体系，对各项业务活动和管理活动制定全面、系统、规范的业务制度和管理制度，并定期进行评估。

(2)商业银行应当合理确定各项业务活动和管理活动的风险控制点，采取适当的控制措施，执行标准统一的业务流程和管理流程，确保规范运作。商业银行应当采用科学的风险管理技术和方法，充分识别和评估经营中面临的风险，对各类主要风险进行持续监控。

(3)商业银行应当建立健全信息系统控制，通过内部控制流程与业务操作系统和管理信息系统的有效结合，加强对业务和管理活动的系统自动控制。

(4)商业银行应当根据经营管理需要，合理确定部门、岗位的职责及权限，形成规范的部门、岗位职责说明，明确相应的报告路线。

(5)商业银行应当全面系统地分析、梳理业务流程和管理活动中所涉及的不相容岗位，实施相应的分离措施，形成相互制约的岗位安排。

(6)商业银行应当明确重要岗位，并制定重要岗位的内部控制要求，对重要岗位人员实行轮岗或强制休假制度，原则上不相容岗位人员之间不得轮岗。

(7)商业银行应当制定规范员工行为的相关制度，明确对员工的禁止性规定，加强对员工行为的监督和排查，建立员工异常行为举报、查处机制。

(8)商业银行应当根据各分支机构和各部门的经营能力、管理水平、风险状况和业务发展需要，建立相应的授权体系，明确各级机构、部门、岗位、人员办理业务和事项的权限，并实施动态调整。

(9)商业银行应当严格执行会计准则与制度，及时准确地反映各项业务交易，确保财务会计信息真实、可靠、完整。

(10)商业银行应当建立有效的核对、监控制度，对各种账证、报表定期进行核对，对现金、有价证券等有形资产和重要凭证及时进行盘点。

(11)商业银行设立新机构、开办新业务、提供新产品和服务，应当对潜在的风险进行评估，并制定相应的管理制度和业务流程。

(12)商业银行应当建立健全外包管理制度，明确外包管理组织架构和管理职责，并至少每年开展一次全面的外包业务风险评估。涉及战略管理、风险管理、内部审计及其他有关核心竞争力的职能不得外包。

(13)商业银行应当建立健全客户投诉处理机制，制定投诉处理工作流程，定期汇总分析投诉反映事项，查找问题，有效改进服务和管理。

本章小结

内部控制系统是商业银行为实现经营管理目标，通过制定并实施系统化的政策、程序和方案，对风险进行有效识别、评估、控制、监测和改进的动态过程和机制的活动集，它是一个开放系统和动态系统，包括内部控制环境、风险识别与评估、内部控制措施、信息交流与反馈、监督评价与纠正等五大要素。商业银行采取有效的内部控制措施和方法，防范化解经营风险，促进银行稳健经营。通过本章的学习，要求了解商业银行内部控制的意义；理解商业银行内部控制的内涵、内部控制的环境及要素；掌握商业银行基本业务环节的内部控制要点和内部控制评价方法。

关键术语

内部控制　商业银行公司治理结构　商业银行产权制度　控制活动　授权审批控制　程序记录控制　统一授信

思考与练习

1. 如何正确理解商业银行的内部控制？
2. 试述商业银行内部控制的要素及其相互联系。
3. 简述商业银行内部控制评价的主要内容和常用方法。
4. 开放环境下我国商业银行如何加强内部控制建设？

第十一章　商业银行风险管理

本章要点

1. 商业银行风险的类型
2. 信用评级及信用风险管理工具
3. 信用风险及其管理
4. 市场风险及其管理
5. 操作风险及其管理

第一节　商业银行风险管理概述

一、商业银行风险的种类

商业银行经营中面临着各种各样的风险，归纳起来主要有以下类型：

(一)信用风险

信用风险是指借款人或交易对手不能按事先达成的协议履行义务的潜在可能性，源于信用活动和交易对手遭受损失的不确定性，或是由于债务人没有能力，或是由于债务人不愿意履行已签订的合约而给银行造成的损失。在实际经营中，信用风险涉及贷款、交易、投资、结算等多方面，是银行面临的最大风险。

(二)市场风险

市场风险是指由于市场利率、汇率、证券或商品价格的不利波动而导致金融工具价值下跌给银行带来损益的可能性。它可分为利率风险、汇率风险和市场价格风险。

(三)操作风险

操作风险是指因交易或管理系统操作不当引致损失的风险，包括由于信息、通信、交易程序、业务系统的中断，内部职员或外部人员的欺诈、组织汇报系统以及内部措施失效而产生的风险。当经营分散、金融商品复杂度增加以及对科技依赖性提高时，此种风险格外显著。

(四)流动性风险

流动性风险是指银行的现金供应在某一时点无法满足支取的需求而引起挤兑的风险。一家银行的流动性短缺会导致一种系统性的冲击。

(五)跨国风险

跨国风险是指银行在海外市场经营时遭受损失的可能性。它可能源自银行在海外市场上政治或经济事件而使贷款损失或者投资失败导致的连锁反应。跨国风险是国际活跃银行经营的中心风险，具体可细分为政治风险、支付风险和主权风险。

（六）法律风险

法律风险是因为国家立法机关和司法机关修改法律或变通执行法律，或客户利用法律漏洞而对银行经营产生的影响。

银行要想赚钱就必须承担风险。麦肯锡公司通过研究表明，以银行实际的风险资本配置为参考，信用风险占银行总体暴露风险的60%，而市场风险和操作风险则仅各占20%。

二、商业银行风险管理的要素

一个有效的风险管理体系，应当具备以下要素：

（一）健全清晰的风险管理组织架构

董事会和高级管理层能进行有效监控，并通过有效的沟通机制来加强各部门在加强风险管理中的责任。

（二）明晰的政策和规范标准的程序

商业银行要建立完善的风险识别、计量、监测和控制程序，并通过强化培训和责任管理得到有效执行。

（三）先进实用的风险管理方法和风险量化工具

国内商业银行要借鉴国际先进银行的经验不断完善发展，引进成熟的风险量化技术和管理工具，来促进国内风险管理水平的提升。

（四）高效而全面的风险报告系统

对风险状况和监控指标体系的变动情况进行动态持续监督和报告，防微杜渐，确保及时发现和解决潜在的风险隐患和风险管理问题。

（五）完善的内部控制和独立的外部审计

商业银行应当指定专门的部门负责风险管理工作，并通过内部控制措施和外部审计对风险管理的水平、效果进行评价，并监督进行改进。

三、商业银行风险管理的原则及方法

从发达国家银行的实践来看，风险管理贯穿于银行经营管理工作的全过程，所有工作以防范风险为核心。国外银行风险管理几十年的发展历程和实践，积累和总结了许多风险管理的先进理念和方法。掌握和吸取这些方法和理念，对于提高我国银行风险管理水平具有重要的意义。

（一）风险管理的原则

1. 全面风险管理

商业银行风险管理不仅对信用风险的管理要有效，而且随着业务的复杂应更加重视市场、操作性、法律等各类风险，信用风险与市场、操作性等风险并重。

2. 定性与定量分析相结合

风险管理技术以定量、定性分析相结合，逐步强化定量分析的技术，提高定性分析的准确性，通过对市场、行业变化趋势的分析，凭借与客户的接触对风险因素进行及时的发现和甄别。

3. 全球范围内的风险管理

商业银行的国际化发展趋势要求风险管理体系必须是全球化的，应该根据业务中心和利润中心建立相适应的区域风险管理中心，与国内的风险管理体系相互衔接和配合，在全球范围内对所承担的各种风险进行统一的衡量，对各国、各地区的风险进行甄别，对风险在国别、地域之间的转化和转移进行评估和风险预警。

4. 全程风险管理

目前风险管理对象由单笔贷款向企业整体风险转变，由单一行业向资产组合管理转变，以审核企业的资产负债表为主要内容的信用风险管理方法已经不能适应防范风险的要求，风险管理要由对单笔贷款的管理向对企业的整体风险转变，不仅要对财务情况进行审查，还要关注企业的经营管理、股权结构、对外投资以及全部现金流等整个过程。

5. 全员风险管理

风险存在于每一个业务和环节，商业银行的这种内在风险特性决定了风险管理必须体现为每一个员工的行为，所有银行工作人员都应该具有风险管理的意识和自觉性。国际先进银行一般都设有专门的风险管理部门，专司风险控制之职。但是，风险控制又绝不仅是风险管理部门的事情，无论是董事会还是管理层，无论是风险管理部门还是业务拓展部门，每个岗位、每个人在做每项业务时都要考虑风险因素。

(二)风险管理的主要方法

1. VAR 方法

它把银行的全部资产组合风险概括为一定时间内一定概率下交易资产的损失额，根据输入模型的历史数据，银行可以计算出在给定概率下的最大损失值，即 VAR。目前已有超过1 000家的银行、保险公司、投资基金、养老金基金及非金融公司采用 VAR 方法作为金融衍生工具风险管理的手段。利用 VAR 方法进行风险控制，可以使每个交易员或交易单位都能确切地明了他们在进行有多大风险的金融交易，并可以为每个交易员或交易单位设置 VAR 限额，以防止过度投机行为的出现。VAR 方法衡量的主要是市场风险。

2. 风险调整的资本收益法(Raroc)

风险调整的资本收益是收益与潜在亏损或 VAR 值的比值。使用这种方法的银行在对其资金使用进行决策的时候，不是以盈利的绝对水平作为评判基础，而是以该资金投资风险基础上的盈利贴现值作为依据。银行应在风险与收益之间寻找一个恰当的平衡点。决定 Raroc 的关键是潜在亏损即风险值的大小，该风险值或潜在亏损越大，投资报酬贴现就越多。

3. 信贷矩阵(credit metrics)

1997 年 4 月初，以美国 J. P 摩根财团为主的几个国际银行共同研究，推出了世界上第一个评估银行信贷风险的证券组合模型。该模型以信用评级为基础，计算某项贷款或某组贷款违约的概率，然后计算上述贷款同时转变为坏账的概率。该模型通过 VAR 数值的计算力图反映出：银行某个或整个信贷组合一旦面临信用级别变化或拖欠风险时所应准备的资本金数值。该方法是基于借款人的信用评级、次年评级发生变化的概率(评级转移矩阵)、违约贷款的回收率、债券市场上的信用风险价差计算出贷款的市场价值及其波动性，进而得出个别贷款和贷款组合的 VAR 值。在假定各类资产相互独立的情况下，每类资产信用风险组合的风险值等于该类资产的敞口分布与其信用等级变动或拖欠的变动率。即等于信用等级变动或拖欠变动率乘以贷款额。

4.资产组合调整

该方法是指银行吸取证券投资组合经验而发展出的一系列方法，对一个已经形成资产组合进行有益的调整，同时又不提高成本，以达到利润最大的风险管理方法。具体包括：

(1)贷款证券化。证券化比较通行的做法是由商业银行将所持有的各种流动性较差的同类或类似的贷款组合成若干个资产库，出售给专业的融资公司，再由融资公司以这些资产为抵押，发行资产抵押债券。

(2)收购与兼并。购并其他银行已经掌握或运用成熟的业务，可以大大降低银行涉足新领域的风险。

(3)信用衍生工具。信用衍生工具产生的宗旨是对付信用风险，指参与双方之间签订一项金融性合同，该合同允许信用风险从其他风险中隔离出来，并可以从一方转到另一方。为此，信用衍生工具可以在不改变与客户关系的前提下运作。

四、商业银行风险管理的程序

(一)风险识别

风险识别是指从商业银行外部纷杂的风险环境和内部经营环境中识别出可能对银行经营带来意外损失的风险因素，它是商业银行风险管理的第一步，也是最重要的一步。因为风险识别为风险度量、风险分析、风险评价及风险控制等确定了方向与范围，如不能正确地识别风险因素，就根本谈不上有效的管理。风险识别所要解决的主要问题是：风险因素、风险的性质以及后果，识别的方法及其效果。有效的风险识别措施，实际上是基于不同的维度，或者不同的侧面来寻找和发现潜在风险。

1.风险识别方法

通过风险的识别，不仅要确定银行经营管理中存在哪些风险，还要找出引起这些风险的原因。一般说来，正确地识别了存在什么风险，也就意味着找到了引起这些风险的主要原因。但由于银行业务本身的多样化和引起这些风险原因的复杂性，而且各种风险可能是交织在一起的，更增加了辨别风险的难度，因此，识别银行风险时必须采用科学的方法，避免简单化与主观武断。常用的风险识别方法有以下几种：

(1)财务数据分析法。在商业银行的经营管理中，最直接最方便的风险识别工具就是银行的财务报表，如资产负债表、损益表、财务状况变动表等。对银行自身的财务报表进行分析是商业银行实行风险管理的重要内容。

首先，通过财务报表可以获得各种风险指标，如流动性风险比率、利率风险比率、信用风险比率以及资本风险比率等。

其次，通过对财务报表的静态分析(如比率分析、比例分析等)和动态分析(如时期比较分析、趋势分析等)，可以估计银行过去的绩效，衡量银行目前的财务和经营状况，预测银行未来的发展趋势，找出可能影响银行未来经营的风险因素。

(2)专家打分法。这种方法又有三种方式：①召集有关专家开会，听取专家对风险状况的意见。②采用问卷式调查，对专家发表的意见要由风险管理人员加以归纳分类、整理分析，有时可能要排除个别专家的个别意见。③召集专家对客户的风险因素进行打分，通过打分卡快速考察借款人在所属行业中的信用状况，即通过将客户的一系列财务指标、非财务指标与预先设定的客户所属行业的标准值进行比较，得到相应的分数和权重，然后再通过映射方法识别客户的风险。

(3)风险调查法。风险调查应当从分析具体信贷风险项目和客户的特点入手，一方面对通过其他方法已识别出的风险(如通过财务分析发现借款人的偿还能力出现问题)进行鉴别和确认；另一方面，通过风险调查有可能发现此前尚未识别出的重要潜在风险。通常，风险调查可以从宏观政策、供求状况、技术、市场前景等方面分析信贷项目的特点以及相应的潜在风险。风险调查并不是一次性的。由于风险管理是一个系统的、完整的循环过程，因而风险调查也应该不断地进行，这样才能了解不断变化的环境条件对风险状况的影响。当然，随着风险调查的深入，不确定性因素越来越少，风险调查的内容亦将相应减少，风险调查的重点有可能不同。

(4)风险树分解法。风险树分解法是将商业银行的风险以剖析的形式逐层分解，以便顺藤摸瓜，找出银行所承受风险的具体形态。由于风险分解后的图形呈树枝状，故称风险树。这种方法可以使银行清晰、准确地判明所承受风险的具体形态和性质，迅速地认清所处的风险环境并做出科学的决策。通过定期对每项业务和产品中的风险因素进行分解和分析，及时、准确地识别所有业务中风险的类别和性质。

2. 风险识别的基本要求

风险识别这一环节的工作，要求对各种可能出现的风险进行系统的、连续的识别与分类。风险是多种多样的、错综复杂的，无论是潜在的还是实际存在的，静态的还是动态的，内部相关的还是外部相关的，都要做系统的分析与归类。

(1)合理进行风险分类。风险分类应覆盖银行所有机构、所有经营管理活动、所有产品可能涉及的风险。商业银行在开发新产品和开展新业务之前应当充分识别和评估其中包含的各种风险，合理加以分类。目前贷款的风险分类方法主要有：根据贷款归还的可能性、划分强弱程度等级的贷款风险等级分类方法和根据贷款预期损失、计算风险价值大小的风险价值分类方法。

(2)准确披露风险信息。有效的信息披露可以使银行的经营管理者和股东及时全面地了解银行的风险状况，通过更多的利益相关者有效参与银行管理，帮助银行有效识别潜在的风险。巴塞尔委员会特别强调银行公开披露应在参与者掌握银行风险状况的需要和保护银行专用信息之间保持平衡，不要过分披露，也不要披露不足。新协议要求在新协议的适用范围、公司治理、资本充足状况、信用风险、市场风险、操作风险、银行账簿的股权投资等方面进行更详细的披露。《商业银行信息披露办法》也要求披露各类风险管理状况，包括信用风险状况、流动性风险状况、市场风险状况、操作风险状况及其他风险状况。

(3)全面了解风险。有效进行风险识别的前提是对风险有一个清楚深刻的认识。首先，要感知风险，即通过调查、了解，识别风险的存在。如信贷质量和收益的情况，包括产生风险的业务活动和风险暴露程度。其次，对所掌握的风险进行系统性分析，通过归类与比较，调查风险产生的原因和条件，分析风险具有的性质和风险程度大小。了解风险的存在是风险识别的基础，而分析风险产生的原因则是关键。

(二)风险评估

风险评估是指银行合理分析和估计可能发生的预期损失。《巴塞尔新资本协议》为银行有效地识别、计量、评估风险提供了具有可操作性的指导框架。风险评估的核心是对风险进行量化。一笔贷款的预期损失等于这笔贷款的违约概率乘上它的风险敞口和违约损失率，所以风险评估的关键在于量化这三个风险要素。新协议提出了风险评估两种方法：标准法和内部评级法。对业务相对简单和尚未建立内部风险模型的银行可以使用经过改革的标准化方法。在标准法中，采用西方公认的外部评级公司的评级结果确定商业银行各项资产的风险权重。在相对复杂的内部评级法中，允许管理水平较高的商业银行采用银行内部对客户和贷款的评级结果来确定风险权重，计提资本。内部评级法又分为初级法和高级法，二者的差异是有关参数的选择。

1. 标准法

标准法的基本思想是需要借助外部评级机构确定资产风险权重，计算最低资本要求。标准法规定借款对象的信用状况由外部信用评估机构决定，但哪家外部信用评估机构有资格进行评估由各国监管部门认可，同时引入了出口信贷机构作为外部评级机构的补充。目前国际上公认的最具权威性的信用评级机构主要有美国标准普尔公司和穆迪投资服务公司。根据标准普尔的评级结构，评级的序列为AAA，AA＋，AA，AA－，A＋，A，A－，BBB＋，BBB，BBB－，BB＋，BB，BB－，B＋，B，B－等。外部评级必须达到一定的资格标准才能被监管部门认可，除了考虑评级的客观性、独立性、国际通用性和透明度、信息披露、评级资源和可信度外，还要考虑评级方法的合理性。

2. 内部评级法

与标准法相对应，内部评级法建立在银行自身内部评级结果基础之上。内部评级法的基本思想是由于借款人可能出现违约，银行必须根据已经掌握的定性和定量信息对损失进行评估，并将这种风险评估与资本充足率挂钩。根据内部评级法要求，银行在符合一定条件并明确得到监管当局批准的前提下，可以使用本行对信用风险关键要素的内部估计值作为资本充足率计算的主要依据。根据实施的难度，新资本协议将内部评级法分为初级法和高级法两个阶段。

(三)风险监测

风险监测是指在采集、分析、跟踪风险相关信息的基础上，监测、评估银行风险状况，并进行异动预警和预防以减少风险损失的过程。银行业务风险监测包括系统性异动监测和个体性异动监测，分为指标分析、异动预警、异常原因分析等阶段。

1. 系统性异动监测

系统性异动监测是将各监测指标的整个银行业当期算术平均值与其历年平均值进行对比，进而找出当期值与历年平均值偏离程度较大的监测指标以及对异动产生重要影响的因素，并进行异动预警的过程。银行根据异动预警指标进一步收集信息，判断异动的原因以及对整个银行业异动产生重要影响的事件或因素。系统性异动指标主要是检测整个银行业的风险状况及变动趋势。如当前信贷增长过快，信贷过度集中于房地产业意味着信贷集中风险。

2. 个体性异动监测

个体性异动监测是对各银行相关风险监测指标分别进行横向行业数据比较分析和纵向历史数据比较分析，进而找出该银行当期值与行业均值及历年平均值偏离程度较大的监测指标，并进行异动预警的过程。个体性异动指标主要检测由于银行自身的原因而造成的风险状况。

(四)风险控制

风险控制是指银行采取各种措施和方法，最大减少风险事件发生的各种可能性，或者减少风险事件发生时造成的损失。银行通过风险识别手段发现风险，通过风险评估措施估量风险，然后通过风险监测手段观测风险的动态趋势，但最终目的都要落脚于控制风险。因此，如何选择适当的风险控制方法，对银行在经营管理过程中面临的各项风险进行有效的化解和防范，是银行风险管理的最核心工作。

1. 信贷流程控制

目前，国内商业银行风险控制尤其是信贷风险控制措施主要依赖于贷款流程来控制，包括贷前审查防范、贷中监控管理、贷后催收补救等环节。

(1)贷前风险防范与识别。贷前审查主要目的是甄别借款人的经营风险和道德风险，规避风险过高的贷款发放。首先加强贷前调查，全面细致地了解借款人的各方面情况，重视实地调查和研究。其次建立独立的信贷评审制度，实行审贷分离，为控制贷款风险设置第一道防火墙。

(2)贷中监控与管理。银行应定期、不定期对借款人进行访问和检查，重点监控借款人的贷款投向、贷款使用、项目进展及收益、产品和市场动态，及时发现问题，及时采取措施控制风险。通过建立有效的风险预警机制，对借款人贷款后的经营情况动态监控，对于发现的风险隐患，视风险大小采取相应的处理方法，如警告、冻结银行账户、强制还贷、中止合约等措施保证银行资产安全。

(3)贷后控制与补救。贷款到期前，银行应及时通知借款人还款。如果借款人违约，及时申请法院进行资产保全，防止资产转移，同时做好催收、诉讼工作，通过补救措施尽可能减少损失。

2. 风险补偿

银行可以通过风险定价、风险对冲等方式获得风险损失补偿，从而减少潜在的风险损失。

(1)资金转移定价。通过开发和使用内部模型计量风险价值，对所承担的风险水平进行量化估计，在产品定价时考虑到管理风险所付出的成本来确定吸收资金或借出资金的价格，从而将产品包含的风险溢价进行合理补偿，使总体风险控制在一个可接受的水平。

(2)风险对冲。银行通过信用衍生工具以及资产证券化的方式将自己承担的风险打包卖出，从而使借款人以及市场转移来的风险得到对冲，从而减少了风险损失。

(3)风险拨备。贷款损失准备和各项风险拨备是银行补偿风险损失的事后措施，充足的风险拨备一方面可以为核销呆坏账作准备，另一方面，也增强了银行风险防范能力。

3. 风险缓释

风险缓释技术是指银行采取如抵押、担保、信用衍生工具等风险缓释工具，或者采取保险等手段所实施的风险分散措施。《巴塞尔新资本协议》确定的风险缓释工具包括抵押、表内净扣、担保和信用衍生工具四种方式。

(1)抵押。抵押一般是指借款人用自己持有的资产担保债务合约的履行。抵押品应具有法律权利明确、能客观估值、良好的流动性、价值波动性较低和交易对象的信用相关性较低等特征，其中现金类、黄金、债券类、股票类、证券和基金类等变现能力强的金融资产优先抵押。

(2)表内净扣。《巴塞尔新资本协议》规定符合条件的银行可以对同一交易对象的贷款和存款进行表内净扣，这样减少了交易对手无力偿还债务或破产后的风险暴露。

(3)担保和反担保。担保是对银行的一种重要的保证措施，一旦借款人违约，担保人承担付款责任或抵押物处置后可以弥补银行的损失。被担保方一旦丧失履约能力，担保方就成为法律上和事实上的债务人，必须承担履约责任。为了提高担保方的履约能力担保方还有它的担保方，这就是再担保或反担保。

(4)信用衍生工具。通过信用衍生工具，使银行在风险发生的时候转移出去，起到风险缓释作用。

在风险控制的实践中，要根据银行的具体情况，通过定期或不定期的检查，对自身风险控制方法进行调整。一方面，市场的客观环境在不断变化，风险的种类和情况也会随之变化，特定条件下选定的风险控制方法，如不及时加以修订和调整，就达不到预期的风险控制目标和效果。另一方面，银行自身也在不断发展中，各种条件和因素也会随之变化，只有通过定期或不定期的检查，才能寻找到最适合自身特点的风险控制方法。

第二节 商业银行信用风险管理

一、信用风险管理概述

(一)信用风险的影响因素

信用风险的影响因素主要有：

1. 道德水平

在有履约能力的情况下是否履约，就取决于交易方的道德水平。道德水平低下，即使有能力履约，也未必履约；道德水平高，即使客观上无法履约，主观上也会尽最大努力减少对方损失。

2. 经营能力

经营能力是履约能力的基础。一般来讲，经营能力高，就会取得较好的收益，为履约奠定了良好的基础；经营能力差，投入大，产出小，造成经营亏损，也就失去了履约的基础。

3. 资本规模

资本是企业债务合约的"保护伞"。企业受各种因素的影响，可能出现亏损，但亏损首先亏的是资本部分；资本亏损完之后，才会危及到债务合约的履行。因此，资本是企业保证债务合约履行的第一道防线。

4. 担保因素

担保是指在交易一方丧失履约能力的情况下，由第三方(担保方)代为履约，以保证信用的完整性。担保方是第二履约人，借助于担保方，就可以提高交易者的信用等级。

5. 经营环境

经营环境是影响经营效果的外部因素，在其他条件不变的情况下，经营环境越好，经营效果就越好，履约能力也就越强；经营环境越差，经营效果就越差，履约能力也就越弱。

6. 经营的连续性

企业经营的连续性强，有利于形成稳定的信用关系；而稳定的信用关系又进一步增强了履约的可能性。

(二)信用风险管理组织及流程

1. 信用风险管理组织

信用风险管理是由银行风险管理委员会下设的信用风险管理部门全面负责。信用风险管理部门通过专业化的评估、限额审批、监督等在全球范围内实施信贷调节和管理。信用风险管理的流程由董事会下的风险管理委员会制定管理,具体由风险管理部门执行,风险管理委员会通常由公司信贷部门、个人消费部门、财务计划部门、资产风险部门、审计部门和其他业务部门构成,分别担当授信业务的发起、信用评级、贷款定价、风险转移、经济资本配置和审核等角色。

2. 信用风险管理流程

(1)信用风险识别、量化。银行信贷价格要反映各类成本,包括资金成本、风险成本和业务处理成本等。信用风险成本是产品定价和评估利润的重要组成部分。每一类行业、每一类信用级别客户的风险损失概率是不一样的。信贷产品定价要反映出这方面的差异。信用风险定价既要考虑行业性、地区性集中度风险,也要考虑客户的综合获益。银行风险定价体系在清晰地鉴定了银行各类资产风险状况的基础上,决定了银行整体获益水平。因此,风险定价体系是银行风险、收益管理体系的重要环节,它对银行提高贷款管理效率非常关键。

(2)信用风险控制。通过对风险、收益的权衡,实现经济资本的配置以制约风险的无限度膨胀。国际银行业对风险、收益的比较主要是通过计算加权的资本收益率来实现的。银行首先要根据每种业务或产品实际风险的大小确定相应的资本基础,然后再根据各种业务和产品定价,计算业务或产品的风险收益,每单位经济资本风险收益的均衡化是银行整体资本收益率达到最大化的要求。因此,资本的有效管理成为各银行提高风险、收益管理水平的重要手段。

(3)信用风险转移。信用风险转移是对信用业务发生后的风险管理,一般包括提取呆账准备金、实施组合管理以及运用信用衍生工具。银行根据贷款损失提取拨备是银行事后应对信用风险的措施,充足的贷款损失拨备一方面可以为核销呆坏账作准备,另一方面,通过提取拨备真正反映行业等因素在内的实际风险量,能够比较科学地反映出整体贷款业务的经营收益和成本。银行贷款的组合管理是信用风险管理的重要技术,是银行全面地进行风险、收益权衡的有效工具。信贷资产组合包括行业、地区、期限等方面的组合,也包括不同信用等级的信用风险组合,合理的资产组合通过利用不同类资产收益的不同变动趋势,可以降低银行经营的非系统性风险,达到较优的风险、收益匹配状态,信用衍生工具可以在不改变信用等级的情况下转移风险,包括诸如期权、违约互换等,新协议明确指出“降低信用风险的技术如信用衍生工具的近期发展使银行风险管理的水平大幅度提高”。

(三)信用风险管理策略

1. 筛选

银行收集并有效评估从借款人或交易对手获得的大量信息,比如进行财务分析,首先将风险较大的借款人排除在候选名单外。

2. 监控

为了减少借款者在获取贷款后从事风险行为的可能性(道德风险),银行通常在贷款协议中写入约束借款人行为的条款,如限制贷款的用途、挪用惩罚等。

3. 长期客户关系

这是国外银行常用的一个策略,有助于银行降低信息收集成本,约束借款人的行为。借款人为了不破坏与银行建立的关系,会倾向于谨慎从事高风险行为。

4. 担保

担保是对银行的一种重要的保证措施,一旦借款人违约担保人承担付款责任或抵押物处置后可以弥补银行的损失。担保分为保证、抵押和质押三种形式。

5. 资产保全

如果借款人无法偿还银行的贷款，银行及时采取资产保全措施如诉讼、冻结账户、抵债协议等减少损失。

二、内部评级法在信用风险管理中的作用

内部评级法作为新资本协议的核心内容，正在成为全球银行业开展风险管理的主流模式。在银行信用风险管理过程中，内部评级结果的应用不仅在授信审批、贷款定价、限额管理、风险预警等基础信贷管理中发挥决策支持作用，而且也是制定信贷政策、计提准备金、分配经济资本以及 RAROC 考核等组合管理的重要基础。

(一)作为信贷审批的重要依据

内部评级可以在信贷审批环节直接发挥作用，对信贷决策提供技术支持。通常，银行的客户风险等级分为 10～20 级信贷审批标准与内部评级紧密挂钩，当评级低于某一级别(如 CCC 级)时，该客户被列入非投资级别，其授信申请将遭到拒绝。准确、及时的内部评级对合理制定信贷策略至关重要。

(二)作为贷款定价的计算基础

贷款定价涉及信贷业务的经营成本、负债资金成本、税负成本、风险成本和资本成本等多种要素，还要充分考虑市场竞争情况以及与客户谈判地位等因素，才能最终确定贷款利率。贷款定价的基本公式为：

贷款目标利率＝资金成本率＋经营成本率＋税负成本率＋预期损失率＋经济资本目标利润率＋/－竞争性浮动

其中，预期损失和经济资本是贷款定价中的关键和难点，需要在内部评级系统中计算生成，这就要求银行对所有客户进行内部评级，并计算每笔贷款的预期损失率，再结合预期收益率、资金成本和经营费用等因素，综合确定信贷产品的基准价格，从而保证每个客户都能对银行实际收益有所贡献。在日趋集约化经营的市场条件下，优质银行和劣质银行在风险管理水平上的差异，就会通过贷款定价水平，最终反映到实际收益能力上。

(三)为 RAROC 管理奠定基础

RAROC 方法是由信孚银行在 1970 年最先提出，它强调了风险度量在银行这一特殊行业的重要性。一般而言：

RAROC＝(总收入－资金轧差－成本支出－预期损失)/经济资本

其中，总收入包括利差收益和非利息收益；成本支出是银行经营管理费用；

预期损失＝风险敞口(EAD)×违约概率(PD)×违约损失率(LGD)

其计算基础是对客户和债项的内部评级。银行风险管理的最高目标是以 RAROC 为基础构建高效的、自动运转的风险管理与内控机制。在评价盈利情况时，必须充分考虑盈利是在承担风险基础上获得的。通过 RAROC 方法，银行可以选取一个适当的风险与收益水平，以便实现股东价值的最大化。

(四)为风险限额管理提供技术支持

风险限额是在内部评级基础上，根据风险调整后资本收益率的最大化原则，通过资产组合

分析模型确定的风险敞口上限。风险限额管理是一种先进的风险控制技术，近年来在西方银行业得到广泛应用。限额管理是建立在风险计量分析基础上的动态化、系统化的风险管理工具，不仅能够包含银行的各种政策导向，还可根据风险的最新变化及时做出调整。

(五)增强风险预警和预控能力

国际先进银行风险管理的重心都放在风险的前期控制上，通过组建和启用风险预警机制，最大限度地减少资产损失。近 20 年，随着管理技术的日益发展，风险预警已经逐步发展为内部评级的一项基本功能。作为评级关键指标的违约概率就是对未来一段时期客户违约可能性的预测值，这就是说内部评级是对未来风险的前瞻性判断，而不是对客户资信情况的事后评价。银行可运用评级系统，定期监测所有客户的风险状况，以提前发现其异常变化，为风险预控提供技术支持。

(六)促进信贷政策体系的建立和发展

内部评级在建立信贷政策体系中所发挥的作用十分显著。首先，银行的内部评级系统能够对全部信用风险进行多维度计量分析，再应用线性最优化模型，制定出完整的信贷政策组合，确定一段时期内重点支持和退出的业务领域。1997 年亚洲金融危机后，许多国际化银行在内部评级系统中引入了基于运筹学的模型分析技术，通过对国家、区域、行业、产品、客户和债项等方面的自由组合与交叉分析，使风险计算精度达到了一个崭新水平。

(七)用于计提损失准备金

银行所承担的全部风险损失可分为预期损失(EL)和非预期损失(UL)，它们都需要被补偿或消化，以维持银行的稳健运营。预期损失需要以损失准备金的形式加以计入，成为银行管理成本的一部分，并在金融产品价格或贷款定价中得到补偿；而非预期损失需要由银行资本金加以消化和抵御。以内部评级提供的预期损失率为基础提取准备金，能够达到在防范风险的条件下，实现银行最大化经济增加值的目的。

(八)作为经济资本分配的重要基础

《巴塞尔新资本协议》指出，经济资本是银行用来应对信用风险、市场风险和操作风险而估计的资本。银行之所以配置经济资本就是要使未预期损失耗尽经济资本的概率(破产概率)低于事先设定的水平。分配给一笔贷款的经济资本应该是考虑这笔贷款和银行其他贷款分散化效应后，这笔贷款占整个贷款组合经济资本要求的比例。从技术流程看，内部评级是经济资本的计算、分配与管理的重要基础。可以说，作为内部评级的一种延伸和高端应用，经济资本分配正在风险管理中扮演越来越重要的角色。

三、信用风险管理新工具

随着金融市场的发展，银团贷款、资产证券化、信用衍生品等新型金融工具的出现，国际先进银行的信用风险管理出现了新的趋势。尤其是近年来，信用衍生工具交易规模成爆炸式增长，信用衍生工具的发展虽然使银行信用风险管理面临新问题，但同时也为银行风险管理提供了更多可使用的创新性工具和手段。商业银行可以利用信用衍生工具采取资产组合和风险对冲等方式主动调节所承担的信用风险，也可以通过主动承担风险来获取收益。

(一)资产证券化在信用风险管理中的应用

1. 资产证券化的原理

资产证券化是指将已经存在的资产集中起来并重新分割为证券进而转卖给市场上的投资者,从而使此项资产在原持有者的资产负债表上消失的过程。资产证券化的设计原理是把资产的信用(质量)从企业总体的信用等级中分离出来,单独以资产的信用等级为担保进行融资。一般说来,企业总体的资信能力是由作为流量的企业未来收益能力及各种资产的质量组成的;企业总体的收入流是由企业的各个项目(或产品)的收入流加总而成的。通过分离高质量的资产和收入流稳定的项目(或产品),就可以形成高于企业总体信用等级的高信用资产,以此为担保进行融资,就可以大幅度降低企业的融资成本。

2. 资产证券化的具体操作

资产证券化在把高质量的资产从企业总体的信用等级中分离出来时采用的是破产隔离技术。具体的操作方法是:由拟进行资产证券化融资的企业发起设立一家特设机构(special purpose vehicle,以下简称 SPV),并把待证券化的资产出售给 SPV。SPV 经过信用增级,通过投资银行向投资者发行以该笔资产担保的证券,用所筹资金偿还企业转卖资产的代价。通过这种方法,就把资产从原企业中实实在在地分离出来,即使原企业经营困难、出现破产,也不能拿已经出售的资产做破产清算。资产证券化通过对可证券化资产的严格限定和对证券化资产进行信用增级两个环节来缓解资产本身的信用风险。

(二)信用衍生工具的应用

1. 信用衍生工具的作用

信用衍生工具是用来分离和转移信用风险的各种工具和技术的统称,其最大特点是能将信用风险从市场风险中分离出来并提供风险转移机制。其主要作用有:

(1)对冲信用风险。银行可以使用信用衍生工具为贷款信用风险套期保值,并且可以利用信用衍生工具对信贷风险状况进行再设计,为其持有的信贷资金量身定做信用衍生合约以调整风险敞口,还可以虚拟地卖空与自身风险敞口类似的信用衍生工具实现风险对冲。

(2)分散信用风险。银行利用信用衍生工具进行表外交易,保留贷款而出售其信用风险,既可以分散过度集中的风险,又不影响银行与客户的业务关系。银行还可以购买与自身风险敞口相匹配的信用衍生合约,达到分散风险的目的。

(3)降低交易成本。银行可以无需直接面对衍生交易的另一方,这种保密性使得银行可以在不影响银企关系的前提下管理贷款信用风险。这不同于贷款证券化和贷款销售,它们都需要银行提供与贷款相关企业的财务状况和信用记录。

2. 信用衍生工具的种类

(1)信用违约互换。信用违约互换是一种双边金融合同,其中希望规避信用风险的一方向愿意承担风险的另一方在合同期限内定期支付费用,另一方则承诺在合同期限内对对应的信用违约发生时支付对方因违约造成的损失。在违约互换合约中,银行互换的买方周期性地支付一定的费用给其他银行或投资者——互换的卖方。当银行特定的借款人——互换的参照信用方,发生信用事件时,比如违约、降级、破产、重组等,违约互换的卖方将承担还款责任。

(2)总收益掉期。在总收益掉期中,交易一方在合同期限内向承担违约风险的交易对手支付对应信用的全部收益,作为交换,交易对手将按浮动利率支付利息给总收益支付者。该掉期合同定期按对应资产的市价结算。任何正向价值变动都由总收益支付者支付给违约风险承担者;任何负向价值变动均由违约风险承担者支付给总收益支付者。

(3)信用联系票据。信用联系票据是针对贷款组合而发行,贷款有关的信用风险由银行转移到票据的投资者。在这种情况下,银行将票据合约中约定的信用风险转移出去而又不会影响与客户的合作关系,因为它不要求将同类资产汇合成为资产池而可以按照贷款的不同性质将其划分为不同的部分并作出相应的信用联系票据而发行。

3.信用衍生工具的两重性

许多银行逐渐开始采用信用衍生工具来保护自己,信用衍生交易在某种程度上使银行信用风险管理发生了革命,因为银行可以将原始贷款重新包装后在二级市场上向投资者出售,将资产负债表上的信用风险转移到资本市场。银行转移和规避风险更加容易,也使得经济体中的信用风险可以更有效地分散和配置。正是在这一背景下,全球信用衍生工具市场呈跳跃性发展。

但是信用衍生交易具有复杂的两重性,它在给银行带来避险选择的同时,也给银行带来了新的风险。一方面,由于衍生工具信息披露的复杂性,使投资者怀疑银行资产负债表上披露信息的真实性,难以真正理解银行的风险敞口,从而直接降低了投资者对银行的评估和信心;另一方面,银行也更难把握借款人的交易信息和信用风险,这是因为公司采用衍生交易会掩盖其真实风险。例如安然公司倒闭、中航油亏损事件,以及2008—2010年美国次贷危机引发全球金融危机,导致华尔街许多投资银行破产。

第三节 商业银行市场风险管理

一、市场风险管理概述

市场风险是指由于市场利率、汇率、证券或商品价格的不利波动而导致金融工具价值的下跌给银行带来损益的可能性。这种风险的产生是由于相关的市场环境变化而引起价格的波动,它存在于银行的交易和非交易业务中。

(一)市场风险的特点

相对于信用风险,市场风险受到的影响因素更多而且更复杂。市场的瞬息万变决定了市场风险的变化多端,如果不能准确识别和度量市场波动的因素,市场风险管理无从谈起。

1.风险度量难

引发市场风险的因素包括利率、汇率、股票价格、指数行情的变动等,这些因素都与市场密切相关,而且这些因素之间相互联系、相互影响,各种因素复杂交织在一起,进行准确度量非常困难。

2.风险程度高

信用风险中贷款的最大损失就是全部本金收不回来,危害后果容易估量。但市场风险常具有放大性,甚至在特定条件下会造成连锁反应,造成难以估量的损失。特别是金融衍生工具,一笔失败交易就可能将一家实力雄厚的银行予以葬送。

3.隐蔽性强

市场其特有的复杂环境使市场风险带有突发性、潜在性的特征。在市场行情好的情况下,风险可能潜伏几年甚至更长时间不显露，但一旦形势逆转，可能几分钟就会从繁荣走向崩溃。

（二）市场风险的类型

按照引发市场风险的因素可将市场风险划分为利率风险、汇率风险、股票价格风险、商品价格风险等。对于我国商业银行来说，市场风险主要是指利率风险和汇率风险。

利率风险是指由于利率的变化使商业银行资产负债组合的净利息收入或长期市场价值受到削减的风险。利率风险主要针对利率敏感性资产和利率敏感性负债而言的，它直接影响利差进而影响收益。另外利率风险的来源是对银行产品的选择权，利率变化后客户可能提前偿付贷款或提前支取存款。

汇率风险是指由于汇率的变化导致银行净收益出现下降和影响银行经营活动的风险。汇率风险产生的原因是资产负债的币种结构和期限结构存在不匹配，汇率风险的基本要素为本币、外币和时间。

（三）市场风险管理的基本要素

市场风险管理是识别、计量、监测和控制市场风险的全过程。市场风险管理的目标是通过将市场风险控制在商业银行可以承受的合理范围内，实现经风险调整的收益率的最大化。商业银行应当充分识别、准确计量、持续监测和适当控制所有交易和非交易业务中的市场风险，确保在合理的市场风险水平之下安全、稳健经营。商业银行所承担的市场风险水平应当与其市场风险管理能力和资本实力相匹配，将市场风险的识别、计量、监测和控制与全行的战略规划、业务决策和财务预算等经营管理活动进行有机结合。市场风险管理体系包括如下基本要素：一是董事会和高级管理层的有效监控；二是完善的市场风险管理政策和程序；三是完善的市场风险识别、计量、监测和控制程序；四是完善的内部控制和独立的外部审计；五是适当的市场风险资本分配机制。

（四）市场风险管理的基本步骤

商业银行实施市场风险管理，要适当考虑市场风险与其他风险类别，如信用风险、流动性风险、操作风险、法律风险、声誉风险等风险的相关性，并协调市场风险管理与其他类别风险管理的政策和程序。一般来说，市场风险管理采用“还原—模拟”方式来估算市场风险的损失，即把真实的交易还原到模拟类似的市场环境中来估算收益的变化，它包括五个基本步骤：一是收集全部的交易数据记录，掌握交易的基本情况；二是汇总交易记录把它还原成一个与原交易类似的组合；三是把决定组合价值的因素分解成一些基本潜在的风险因素；四是用相关风险因素的现行价格和利率为分解后的资产组合定价，并测算出收益；五是通过运用一套模拟的市场价格和利率对资产组合进行重新定价。

二、利率风险管理

（一）利率风险的类型

1. 重新定价风险（repricing risk）

重新定价风险也称为期限错配风险，是最主要和最常见的利率风险形式，来源于银行资产、负债和表外业务到期期限（就固定利率而言）或重新定价期限（就浮动利率而言）所存在的差异。这种重新定价的不对称性使银行的收益或内在经济价值会随着利率的变动而变化。例如,如果银行以短期存款作为长期固定利率贷款的融资来源,当利率上升时,贷款的利息收入是固定的,但存款的利息支出却会随着利率的上升而增加,从而使银行的未来收益减少和经济价值降低。

2. 收益率曲线风险(yield curve risk)

重新定价的不对称性也会使收益率曲线斜率、形态发生变化,即收益率曲线的非平行移动,对银行的收益或内在经济价值产生不利影响,从而形成收益率曲线风险,也称为利率期限结构变化风险。例如,若以五年期政府债券的空头资金为10年期政府债券的多头资金进行保值,当收益率曲线变陡的时候,虽然上述安排已经对收益率曲线的平行移动进行了保值,但该10年期债券多头资金的经济价值还是会下降。

3. 基准风险(basis risk)

基准风险也称为利率定价基础风险,是另一种重要的利率风险来源。在利息收入和利息支出所依据的基准利率变动不一致的情况下,虽然银行的资产、负债和表外业务的重新定价特征相似,但因其现金流和收益的利差发生了变化,也会对银行的收益或内在经济价值产生不利影响。例如,一家银行可能用一年期存款作为一年期贷款的融资来源,贷款按照美国国库券利率每月重新定价一次,而存款则按照伦敦同业拆借市场利率每月重新定价一次。虽然用一年期的存款为来源发放一年期的贷款,由于利率敏感性负债与利率敏感性资产的重新定价期限完全相同而不存在重新定价风险,但因为其基准利率的变化可能不完全相关,变化不同步,仍然会使该银行面临着因基准利率的利差发生变化而带来的基准风险。

4. 期权性风险(optionality risk)

期权性风险是一种越来越重要的利率风险,来源于银行资产、负债和表外业务中所隐含的期权。一般而言,期权赋予其持有者买入、卖出或以某种方式改变某一金融工具或金融合同的现金流量的权利,而非义务。期权可以是单独的金融工具,如场内(交易所)交易期权和场外期权合同,也可以隐含于其他的标准化金融工具之中,如债券或存款的提前兑付、贷款的提前偿还等选择性条款。一般而言,期权和期权性条款都是在对买方有利而对卖方不利时执行,因此,此类期权性工具因具有不对称的支付特征而会给卖方带来风险。比如,若利率变动对存款人或借款人有利,存款人就可能选择重新安排存款,借款人可能选择重新安排贷款,从而对银行产生不利影响。如今,越来越多的期权品种因具有较高的杠杆效应增大期权资金,进而可能会对银行财务状况产生的不利影响。

(二)利率风险管理方法

1. 利率敏感性管理(interest sensitive gap management)

当市场利率发生变化时,并非所有的资产和负债都受到影响,比如固定利率或不计息的资产负债不受利率变动影响。通常,把直接受到利率变化影响的资产与负债称为利率敏感性资产(IRSA)和利率敏感性负债(IRSL),即在一定时期内到期的或需要重新确定利率的资产和负债。这类资产和负债的差额定义为利率敏感性缺口。利率敏感性还可以用利率敏感性资产与利率敏感性负债之比来衡量,该比值称为利率敏感性缺口率。

商业银行可以利用敏感性缺口进行利率风险管理,实现净利息收入增加。根据预测利率的变动趋势,通过主动调整资产负债的结构、数量和期限,保持一定的利率敏感性正缺口或负缺口。预测利率上升时,银行应设法维持利率敏感性正缺口;预测利率下降时,银行应维持利率敏感性负缺口。这样,可在承担一定风险的条件下为银行创造利润。

但是,利率敏感性缺口管理仅是一种静态的分析方法,它没有考虑外部利率变化的条件和内部资产负债结构连续变动的情况,也没有考虑资金的时间价值,在实际应用中受到限制。

2. 久期管理(duration management)

久期也称为持续期或有效持续期,最早的概念是由麦考利(Macaulay)在1938年提出的,它是衡量利率变动对银行经济价值影响的一种方法。久期最早用于衡量债券的平均有效期限,后来这一概念扩展到所有资产和负债项目。在持有期间不支付利息的金融工具,其久期等于到期期限或偿还期限,而对那些分期付息的金融工具,其久期总是短于偿还期限,它衡量了一系列固定的现金流量的平均期限。资产或负债的久期越长,对利率的变动越敏感,即利率风险越大。关于久期的计算和详细论述参见第九章第二节。

久期用来分析银行的总体利率风险,其步骤是先算出每笔资产和每笔负债的久期,再根据每笔资产或负债在总资产或负债中的权重,计算出总资产或总负债的加权平均久期。当市场利率变动时,如果资产和负债的价值都上升,而且资产的升值比负债的升值大,则银行的市场净值就增加,反之将减少。

与利率敏感性管理相比较,久期管理是一种更为先进的利率风险管理方法。缺口分析侧重于计量利率变动对银行短期收益的影响,而久期分析则能计量利率风险对银行经济价值的影响,即估算利率变动对所有资金的未来现金流现值的潜在影响,从而能够对利率变动的长期影响进行评估,更为准确地估算利率风险对银行的影响。但是,久期分析仍然存在一定的局限性。第一,如果在计算敏感性权重时对每一时段使用平均久期,即采用标准久期分析法,久期分析仍然只能反映重新定价风险,不能反映基准风险,以及因利率和支付时间的不同而导致的资金的实际利率敏感性差异,也不能很好地反映期权性风险。第二,对于利率的大幅变动(大于1%),由于资金价格的变化与利率的变动无法近似为线性关系,因此,久期分析的结果就不再准确。

3. 套期保值管理(hedging management)

利率市场化已成为普遍趋势,特别是金融管制的放松,市场利率出现频繁的大幅度波动已经司空见惯。商业银行对长期利率变动难以预测,一些新的减少和消除利率风险的金融工具应运而生。商业银行通常借助金融工具进行套期保值,防范利率波动带来的损失,最常用的金融工具有:利率期货、利率期权、利率互换、利率上下限等。

(1)利率期货。利率期货的价格与利率变动的方向相反,考虑到期货利率与现货利率的变动方向一致,期货恰好与现货之间形成对冲机制。如果利率下降,银行未来的现金流进行再投资的收益就会减少,但是利率下降期货的价格上升,那么银行未来现货的亏损就可以通过期货市场上的获利而得到弥补,利率下降的风险转移到期货市场上的投资者。利率期货的实质就是将利率变动的不确定性锁定为基本价差(期货利率与现货利率之差),使不确定变为确定,同时也固定住风险。

(2)利率期权。利率期权按其性质分为买入期权(看涨期权)和卖出期权(看跌期权)。利率期权为商业银行提供了另一种套期保值的金融工具,它的优点在于,如果商业银行作为期权所有人认为执行该项交易对它不利,则可以放弃履行合约,但必须支付期权费而不必承担利率变动所带来的损失,起到“四两拨千斤”之妙。

(3)利率互换。利率互换最早是从事国际货币业务的金融机构用来减少利率变动带来的风险,现在已经成为商业银行管理利率风险的主要工具之一。最常见的利率互换是由固定利率换为浮动利率或由浮动利率换为固定利率，由于互换的本金只是名义上的，互换银行各自的资产和负债并不改变，通过利率敏感性资产和利率敏感性负债以及利率结构的表外重组，互换银行都能达到避免风险的目的。具体操作方法可参见第七章和第九章的内容。

(4)利率上下限。利率上下限的作用类似期权，分为利率上限(cap)、利率下限(floor)和利率双限(collar)。商业银行购买了利率上限后，虽然利率是波动的，但银行最高的利率负担不会超过上限；商业银行购买下限是为了在利率下降时，保证一定的资产收益率，借款人必须以"下限"来支付利息；购买利率双限就相当于购买了利率的上限和出售了利率的下限。

三、汇率风险管理

金融开放使银行发展成为跨国银行，存在跨国货币交易行为，且由于核算货币和交易货币不相同，存在汇率波动风险。另外，外汇业务是商业银行的主要业务，在进行外汇交易时外汇汇率的波动也对银行的资产、负债和损益带来影响。只要存在外汇业务和跨币种核算，银行就要防范外汇风险。

(一)外汇风险的类型

外汇风险离不开本币、外币和时间三个最基本的要素。按照风险产生的根源不同，通常分为交易风险、折算风险和经济风险，三者之间的关系如图 11-1 所示。

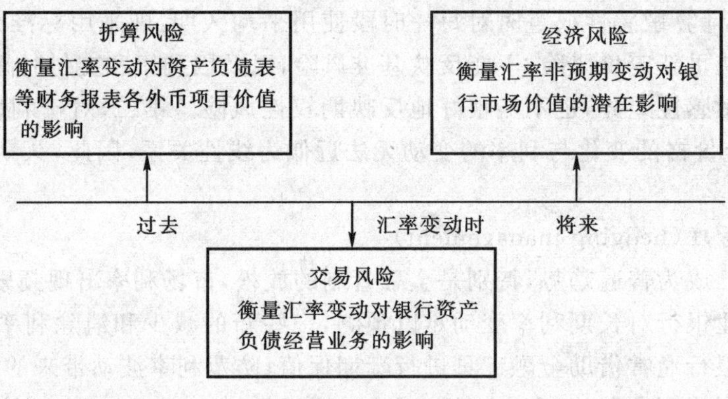

图 11-1　三种汇率风险比较

1. 交易风险

交易风险指银行在进行外汇买卖、外币兑换或外币借贷、投资等交易相关活动中，因汇率变动所遭受损失的可能性。比如，与客户进行外汇买卖后银行要在国际上进行外汇交易，存在少收或多付的风险。

2. 折算风险

折算风险指由于汇率变动而引起商业银行资产负债表中外币计价的项目折算成本币时所产生的损益变化。在我国，人民币是记账本位币，外币资产或负债进行会计处理时要折合成人民币反映在财务报表上，因为交易时和核算时存在时间差，汇率存在差异就会影响损益。

3. 经济风险

经济风险指汇率的非预期变动影响银行的竞争力和经营活动而造成潜在损失的可能性，它直接影响到银行整体价值的变动。

(二)汇率风险管理的主要方法

1.外汇敞口管理

外汇敞口是衡量汇率变动对银行当期收益的影响并进行汇率风险管理的一种方法。外汇敞口主要来源于银行表内外业务中的货币不相匹配。当在某一时段内,银行某一币种的多头头寸与空头头寸不一致时,所产生的差额就形成了外汇敞口。在存在外汇敞口的情况下,汇率变动可能会给银行的当期收益或经济价值带来损失,从而形成汇率风险。在进行敞口管理时,银行应当分析单一币种的外汇敞口,以及各币种敞口折成本币并加总轧差后形成的外汇总敞口,并根据敞口情况调节币种结构和期限相互匹配。对单一币种的外汇敞口,银行应当分析即期外汇敞口、远期外汇敞口和即期、远期加总轧差后的外汇敞口。银行还应当对交易业务和非交易业务形成的外汇敞口加以区分。外汇敞口管理是银行业较早采用的汇率风险计量方法,具有计算简便、清晰易懂的优点。但是,外汇敞口分析也存在一定的局限性,主要是忽略了各币种汇率变动的相关性,难以揭示由于各币种汇率变动的相关性所带来的汇率风险。

2.限额管理

商业银行实施市场风险管理,应当确保将所承担的市场风险控制在可以承受的合理范围内,使市场风险水平与其风险管理能力和资本实力相匹配,限额管理正是对市场风险进行控制的一项重要手段。对因存在外汇敞口而产生的汇率风险,银行通常采用限额管理等方式进行控制。外汇敞口限额包括对单一币种的外汇敞口限额和外汇总敞口限额。

为控制外汇交易风险,银行将限额分配到不同的分行、业务种类和交易员,还可以按资产组合、金融工具和风险类别进行分解。常用的市场风险限额包括交易限额、风险限额和止损限额等。

交易限额是指对总交易头寸或净交易头寸设定的限额。总头寸限额对特定交易工具的多头头寸或空头头寸给予限制,净头寸限额对多头头寸和空头头寸相抵后的净额加以限制。在实践中,银行通常将这两种交易限额结合使用。

风险限额是指对按照一定的计量方法所计量的外汇风险设定的限额,达到风险限额后,必须停止交易或重新调整风险结构。

止损限额即允许的最大损失额。通常,当某项头寸的累计损失达到或接近止损限额时,就必须对该头寸进行对冲交易或将其变现,以防止进一步扩大损失。

3.外汇交易工具

通过使用外汇交易工具,利用外汇市场主动化解汇率风险是商业银行最常用的风险管理方法。通常使用的外汇交易工具有:外汇期货、远期、期权、掉期、互换以及结构性衍生工具等。选择汇率风险管理工具是一个十分复杂的过程,其中风险暴露的部位、期限、数额、时间是重点考虑的因素。

第四节　商业银行操作风险管理

一、操作风险的含义和类型

(一)操作风险的含义

按照新资本协议的定义,操作风险是指由不适当或失败的内部程序、人员及系统或外部事件所造成损失的风险。也就是说，操作风险可以分为四类：人员因素引起的操作风险、流程因素引起的操作风险、系统因素引起的操作风险和外部事件引起的操作风险。人员因素引起的操作风险包括操作失误、违法行为(员工内部欺诈/内外勾结)、违反用工法、关键人员流失等情况。流程因素引起的操作风险又分为流程设计不合理和流程执行不严格两种情况。而系统因素引起的操作风险包括系统失灵和系统漏洞两种情况。外部事件引起的操作风险主要是指外部欺诈、突发事件以及银行经营环境的不利变化等情况。

尽管新协议对操作风险予以明确定义，但大部分人头脑中习惯从字面上去理解就是操作性风险或操作中的风险。这是一种认识上的误区，操作风险英文为“operational risk”，虽然将“operational”翻译为“操作”，但该英文本身含义为经营，所以称之为经营风险也许更恰当。从巴塞尔协议的定义看，操作风险的内涵远远宽于操作性风险，其中四大类风险中，属于操作性风险的仅包括人员因素引起的操作风险中的操作失误、违法行为、越权行为和流程因素引起的操作风险中的流程执行不严格的情况。显然，操作性风险不能等同于操作风险。

(二)操作风险的类型

操作风险存在于银行业务的方方面面，涵盖的领域非常广泛。区别于信用风险和市场风险，操作风险是由各式各样业务事件组成的。操作风险管理主要是分析风险事件形成的原因和可能造成的损失，并对不同类型的事件实行差别化管理措施。巴塞尔委员会经过大量调查，对操作风险所发生的事件类型进行了详细的定义和划分，如表 11-1 所示。它基本涵盖了银行所面临的大部分操作性风险，而且具有较强的实用性和可操作性，值得我国商业银行借鉴。

表 11-1 《巴塞尔新资本协议》关于操作风险的分类和对应的业务举例

事件类型	事件类型细分	业务举例
内部欺诈	未经授权的活动	交易隐瞒或不报告
	盗窃或欺诈	勾结信贷欺诈/挪用公款/盗窃尾箱
外部欺诈	系统安全性	黑客攻击/盗窃密码/破坏网络
	盗窃和欺诈	伪造/抢劫
人员政策和工作场所的安全性	劳资关系	罢工/薪酬福利纠纷
	安全性规定	违反工人健康/客户摔倒在营业场所
	性别和种族歧视事件	所有涉及歧视的事件
客户、产品及业务操作	适当性/披露/信托责任	违规泄露客户信息/违背合同条款
	不当的业务或市场行为	内部交易/洗钱
	产品瑕疵	产品缺陷
	客户选择/风险暴露	未按规定审查客户资料/超过限额
	咨询业务	因提供建议咨询而引起的纠纷
实体资产损坏	灾害和其他事件	自然灾害/火灾、恐怖袭击
业务中断/系统失败	系统故障	软件/硬件/电力、电信传输问题

续表 11－1

事件类型	事件类型细分	业务举例
执行、交易和内部流程管理	交易认定，执行	交易失败/抵押品失败
	监控和报告	履行强制报告，遭到监管指责
	文件记录	法律文件缺失/客户资料缺失
	客户账户管理	未经批准登陆/客户记录错误
	交易对手	非客户对手的失误/纠纷
	外部销售和供应商	与外部供应商产生纠纷

资料来源：Third Consultative Paper on the New Basel Accord.

(三)操作风险的特点

2002 年，巴塞尔委员会对全球 89 家银行的操作风险进行了一次全面调查，如表 11－2 所示，我们从中可以了解操作风险的主要特点。

表 11－2　巴塞尔委员会统计的各类操作风险发生次数和损失金额　(单位：百万欧元)

业务线 \ 风险类型		外部欺诈	实体资产损坏	执行、交割和内部流程管理	总计
交易和销售	发生次数	95	33	4 603	5 132
	损失金额	40.4	87.9	698.4	1 163.1
零售银行业务	发生次数	17 107	520	5 289	28 882
	损失金额	787.1	87.5	424.5	2 289.0
批发银行业务	发生次数	1 799	50	1 012	3 414
	损失金额	324.9	1 072.9	619.4	2 256.8
支付结算业务	发生次数	322	9	1 334	1 852
	损失金额	21.0	15.0	93.5	253.4
总　计	发生次数	20 039	662	16 758	47 269
	损失金额	1 211.3	1 893.4	2 292.6	7 795.5

资料来源：The 2002 Loss Data Collection Exercise for Operational Risk.

1. 多面性

操作风险覆盖了几乎银行经营管理的所有方面，既包括发生频率高、损失可能较小的小操作差错，也包括发生频率高、损失相对高的外部欺诈和舞弊或外部事件灾害等。

2. 内生性

操作风险的原因也比较多样，既有业务交易的失误，也有流程和制度的漏洞，但交易风险总是与银行内部管理或经营上的缺陷相关联的。

3. 差别性

从业务线条分析，交易和销售、零售银行业务、批发银行业务是造成操作风险损失的主要业务线；其中零售银行发生操作风险事件最多，而批发银行业务则单笔损失最大。从风险类型来分析，外部欺诈是发生数目最多的操作风险类型，而内部流程管理不严密而导致的损失是最大的。

4. 隐蔽性

相对于信用风险和市场风险的“大手笔”，操作风险则显得比较琐碎，而且它隐藏在正常业务各个环节中，也没有先兆信号，所以经常被人所忽视。细节有黄金，很多操作风险案例表明损失的源头就是日常不被关注的“蚁穴”。

二、操作风险的管理原则和方法

（一）操作风险管理的基本原则

1. 制度有效性

银行董事会应制定统一的操作风险管理战略和政策，并根据银行的业务实际查找风险点和薄弱环节，制定相应的操作风险管理流程和框架，包括操作风险的识别、评估、缓释、化解、监控、报告、纠正等环节。

2. 管理广泛性

操作风险的来源非常分散，所有的业务部门和监督稽核部门都应承担相应的职责，密切配合，共同防范。

3. 培养风险意识

除了规范的制度和流程外，银行应加强对风险文化和风险意识的灌输，让每一个员工都清楚所面临的操作风险关键所在，因为操作风险的防范更加依赖于每一行为主体的自律和控制。

4. 强化激励约束机制

因为操作风险的多面性和隐蔽性，如果没有有效的激励和约束机制，即使再多的规章制度也难束缚住各个环节的操作风险隐患，甚至防不胜防。操作风险最重要的防线是对行为主体的激励和约束。

（二）操作风险管理的主要方法

1. 基本指标法

指标法的前提是操作风险的大小与银行的业务活动规模成正比，以前三年总收入（净利息收入＋净非利息收入）的年平均值乘以15％，得出操作风险最低资本金数额。因为基本指标法采用“一刀切”，适用于规模比较小且业务相对简单的银行。

2. 标准法

标准法的基本含义是对不同业务线的操作风险分类监控，分别以其前三年总收入平均值乘以不同的系数，然后加总得出最低资本金要求。

业务类别是：公司金融业务，系数为18％；交易与销售业务，系数为18％；零售银行业务，系数为12％；商业银行业务，系数为15％；支付与清算业务，系数为18％；代理业务，系数为15％；资产管理业务，系数为12％；零售中介业务，系数为12％。

标准法基本反映了银行的不同业务线之间操作风险大小的区别，但这样业务类别划分并不能简单地适用于所有银行的具体情况。

3. 高级计量法（AMA）

银行可以依靠自己内部的操作风险计量评估系统决定操作风险的资本要求。新协议规定采用此方法需得到监管当局的核准，并且符合一系列定量的和定性的标准，这些标准涉及操作风险管理的方方面面。高级计量法比较复杂，适用于业务多元化、操作风险复杂和风险管理水平较高的大银行。

三、我国商业银行操作风险管理体系的构建

（一）树立全面风险管理理念

银行管理层要全面认识操作风险的内涵，纠正把操作风险理解为操作性风险的不准确认识，牢固树立国际先进操作风险管理理念，真正把操作风险纳入风险管理的框架。防范操作风险最有效的办法就是制定尽可能详尽的业务规章制度和操作手册。在这方面，外资银行的做法显然值得国内银行学习，他们对每种业务都会制定详尽的操作手册，并列示所有潜在风险点。这在很大程度上减少了操作人员因操作不当引发操作风险的可能。

（二）完善风险管理组织结构

根据巴塞尔委员会的定义，操作风险由人员、系统、流程和外部事件等四类因素引起，几乎涉及银行的各个方面。人员因素涉及人力资源部，系统因素涉及科技部，流程因素涉及公司金融、个人金融等业务部门及内部审计等后台部门，而外部事件会涉及安全保卫、后勤事务等部门。因此，国外银行在操作风险管理框架上一般设置一个委员会，由各相关部门参加，而操作风险管理政策的执行和协调由风险管理部来负责，如图 11－2 所示，值得我国商业银行学习借鉴。

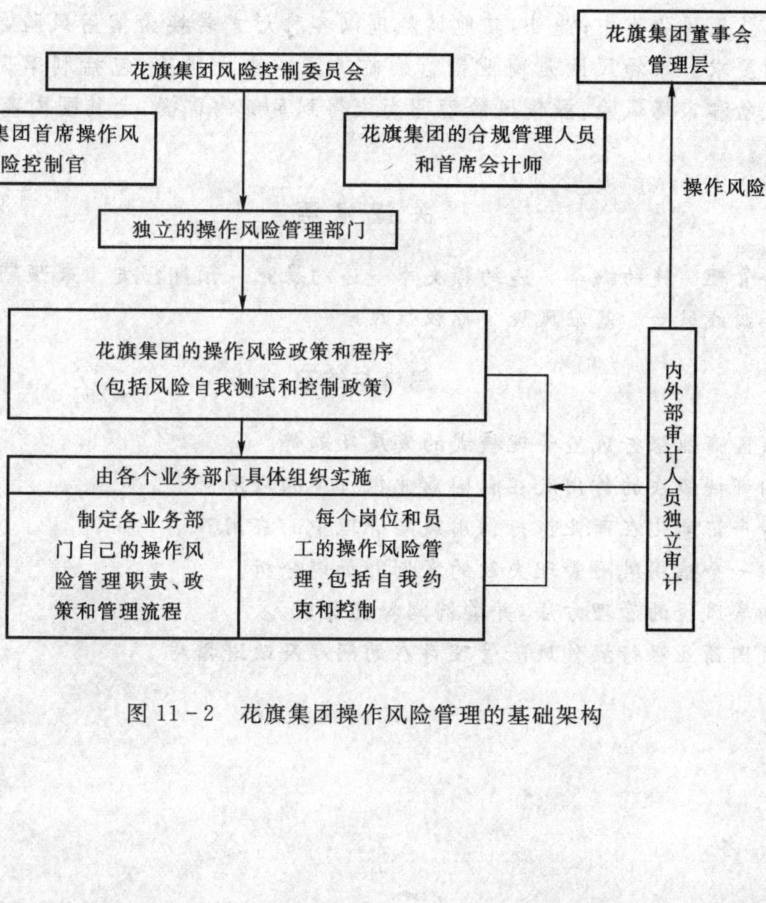

图 11－2　花旗集团操作风险管理的基础架构

(三)建立操作风险识别和评估系统

应考虑建立操作风险识别和评估的系统，以鉴别操作风险出在什么环节，在现有的市场环境下风险会有多大，将来的潜在风险会有多大，是否在可接受的范围之内等。目前国际上识别和评估操作风险的主要方法：一是监测主要指标，如成本、收益、资产和交易量等。二是通过采集内部的历史损失数据建立统计模型，找出操作风险发生的可能性，进行定量分析。许多金融机构和咨询公司采用这种方法。三是打分卡方法，即包括多项前瞻性的关于操作风险的指标。

(四)加强监督和约束

商业银行结合操作风险事件暴露出的问题，优化业务流程和风险管理模式，加强内部审计，实现前后台的分离制约，发挥内部控制的监督和约束作用。推行风险责任追究和问责制度，既要加大对基层分支行的控制，也要加强对高管的监督约束，防范人员的道德风险。

本章小结

风险管理是商业银行的职责，商业银行在风险管理过程中追求股东价值最大化。从我国的实际出发，信用风险目前仍被认为是最主要的风险之一，因而信用风险管理仍然是银行界最关注的问题。概括地说，信用风险管理流程基本上是遵循风险的识别、衡量、监测、控制和调整等过程。新巴塞尔协议推荐的内部评级法为信用评级提供了一套完整的体系标准，为今后的商业银行信用管理方向指明了方向。而伴随金融工具的不断创新，对信用风险的管理也不断引入各种创新信用工具，包括资产证券化、信用衍生工具。但是，伴随经济的发展，各种经济、金融活动的复杂性也日益提高，信用风险的衡量不再单纯局限于一笔授信或单一借款人，而是更多地体现了信用风险集中；此外，其他风险也以各种形式转换为信用风险，对信用风险管理提出了更高的要求。市场风险是商业银行面临的又一重大风险，包括利率风险和汇率风险。相对于信用风险和市场风险，操作风险管理尚未得到足够的重视，尤其国内商业银行需要进一步改进和完善。

关键术语

银行风险管理　违约概率　违约损失率　违约暴露　预期损失　未预期损失　重新定价风险　收益率曲线风险　基准风险　期权性风险

思考与练习

1. 简述我国商业银行风险管理模式的发展及趋势。
2. 分析内部评级法的作用及在我国商业银行中的应用前景。
3. 简述资产证券化在商业银行信用风险管理中的应用。
4. 请举出一个信用风险管理失败的案例并加以分析。
5. 简述利率风险的管理方法，并举例阐释其原理。
6. 分析我国商业银行操作风险管理存在的问题及改进措施。

第十二章　商业银行市场营销

本章要点

1. 商业银行市场营销的特征及主要任务
2. 商业银行客户行为分析
3. 商业银行市场调研的功能及基本方法
4. 商业银行市场细分的原则和标准
5. 商业银行目标市场选择及市场定位
6. 商业银行市场营销组合策略

第一节　商业银行市场营销概述

一、银行营销的产生和发展

商业银行营销的概念最早是在1958年召开的全美银行协会会议上公开提出的，但在当时，人们仅仅将其视为“广告和公共关系”。银行营销在银行经营管理中所发挥的作用并没有被广泛意识到，直至20世纪70年代，以银行营销为中心的经营管理才被业界普遍重视。一些银行高级分析师认为：营销是银行所有业务中不可分割的要素之一。因为单靠数字标准来分析、判断银行的经营状况、利润率和风险水平远不如未来与对手的竞争获胜重要。

至今为止，营销的概念被引入银行业已有半个世纪的历史，在这段发展历程中，银行业为适应整个经济的发展，也经历了自身经营管理上的转变，即向全员营销的转变。我们可以把商业银行市场营销定义为：商业银行以市场为导向，利用自己的资源优势，通过运用各种营销手段，把可赢利的金融产品和金融服务引导并销售给经选择的客户群体，在满足客户的需要和欲望的过程中实现商业银行的利益目标的社会行为过程。它通过研究确定客户的金融需要，规划新的服务或改善原有服务，来满足不同客户的需求。

纵观西方各国银行营销的发展历程，大致可以划分为五个阶段：银行营销观念的萌芽阶段—银行业“友好服务”阶段—金融创新阶段—服务定位阶段—现代银行营销阶段。

二、银行营销的特征

在市场经济中，金融机构是一组专门为客户提供金融性服务以满足客户对金融产品消费需要的服务性机构，虽然说商业银行营销是一般营销学原理和方法在商业银行经营管理领域中的具体应用和推广，但由于银行特有的性质，导致银行营销不可能与工商企业完全相同。

(一)整体营销比单项营销更重要

商业银行营销不同于销售,它是一个不断循环上升的整体过程,而且在其营销过程中出售的是以服务为主的银行产品,因此,商业银行较一般企业更加注重自身的整体营销。对于社会公众或者说准顾客而言,他们是从产品广告来了解和熟悉该产品的企业的,产品的知名度往往代表企业的知名度。然而,他们对于银行产品和服务的了解则是从知晓该商业银行开始的。商业银行通过自身形象,例如营业网点的外观形象,服务网络的完善,服务设施的先进,服务质量的优异,实力及信誉等的塑造,以合适的方式将自身的产品推销给顾客,使顾客易于接受,便于认同和信任,在此基础上,才能逐渐培养起对该银行的忠诚度,接受该银行所提供的金融服务。

(二)品牌营销比产品功能营销更重要

随着银行新产品和服务的不断开发,品牌营销在商业银行营销中就显得比银行产品的功能营销更加重要。在竞争激烈的银行市场中,各个商业银行所提供的产品和服务,其功能大致相同。因此,银行产品和服务的品牌更为顾客所关注。顾客在接受银行产品和服务时,首先往往不是被服务的功能或产品所能带来的赢利或便利所吸引,而是被熟知的银行品牌所吸引。譬如说,商业银行推出的信用卡业务中,就有较知名的"长城卡"、"牡丹卡"、"金穗卡"等,顾客在需要信用卡服务时,就会受品牌的暗示,在选择银行购买时,便有所指向和选择。

(三)直面营销比广告营销更重要

由于各种银行产品和服务广告的泛滥以及广告词的雷同和缺乏创意,其营销效果往往不尽如人意。因此,商业银行营销更普遍、效果更好的形式便是商业银行各分支机构、各经营场所的人员在与顾客接触、为顾客提供银行服务的过程中,因地制宜、因时制宜、因顾客制宜,自然而巧妙地向顾客介绍新的银行产品和服务。因为顾客在接受原有服务的过程中,已经形成了对该商业银行形象、经营网点、银行产品及提供服务的临柜人员等方面的认同和信任,新的营销就是在此基础上的延伸和扩展。这种面对面的营销,更加具有指向性和针对性,同时也更加具有渗透性,使营销获得更好的效果。正是从这个意义上说,商业银行市场营销要注重所有人员利用各种方式对顾客的直面宣传。

(四)全员营销是其他一般性生产企业所不能比拟的

我们知道,商业银行是经营货币、提供银行服务的企业,而银行服务又具有无形性的特点。无形性产品较有形产品而言,缺乏直观的形象和可反复感知、触摸的形体。其内在品质和潜在服务,一般难以被顾客了解和把握,这就要求在一线工作的人员,在与顾客接触、沟通,为顾客办理业务,向顾客提供服务的过程中,借助于一定的营销方式,运用一定的营销手段,在顾客和银行之间建立起--座桥梁,把银行产品推销出去。这一优势,是其他一般性生产企业所不能比拟的。

三、银行开展市场营销的必然性

伴随着我国加入 WTO 和金融体制改革的深化,商业银行在激烈的同业竞争中,借鉴国际经验,开展市场营销,已经成为必然的选择。

(一)金融体制改革是促使商业银行开展市场营销的主要原因

金融体制改革使政策性金融与商业性金融相分离,商业银行已成为"自主经营、自负盈亏、自担风险”的金融企业。因此,商业银行就必然要面向市场,按照市场规律办事,从市场需要出发,树立现代市场营销观念,为顾客提供适销对路的银行产品和服务,在满足客户需求的基础上,获得最大限度的利润。

(二)金融业竞争加剧是迫使商业银行开展营销活动的外在动力

随着国有银行的转轨,非国有银行、非银行金融机构的发展壮大,以及外资银行的介入,我国商业银行的竞争日益激烈,银行服务正在由“卖方市场”向“买方市场”转变,这无疑唤起了商业银行经营者的营销意识。商业银行必须运用多种营销手段,积极地去发现顾客,并采取有效的策略争取客户、占领市场,否则将在竞争中处于不利地位。

(三)科学技术的应用为商业银行营销活动提供了物质条件

现代科学技术,特别是网络、通信、信息技术的广泛应用,为商业银行开发、研制银行产品,推出各种深层、高质的服务项目提供了物质保证。同时,电子技术的应用也改变了商业银行传统的业务范围,使商业银行更加具有条件参与市场竞争,积极开拓目标市场。

(四)市场需求多样化是推动商业银行市场营销活动的催化剂

伴随着市场经济的发展,银行客户对银行产品和服务的需求呈现出多样化的趋势。他们越来越不能满足于存款等传统的银行业务方式,而是希望商业银行能够提供兼具安全性、流动性和盈利性的银行产品和形式多样的优质服务。为了适应客户需求的多样化,商业银行不得不以“金融百货公司”、“金融超市”的身份出现,积极展开同业竞争,推行以满足客户需求为中心的市场营销活动。

四、银行市场营销的基本内容

商业银行市场营销的基本思想和营销手段与一般工商企业是相同的,按照世界著名市场营销学家菲利普·科特勒教授的分析,大致可将商业银行市场营销的基本内容归纳为 10 个“P”,即:属于市场营销战略的 4 个“P”,属于市场营销战术及其扩展的 6 个“P”。

(一)市场营销战略的 4 个“P”

1. 探查(probing)

“探查”即市场营销的调查和研究。商业银行首先要了解市场由哪些人组成,哪些是现实的客户,哪些是潜在的客户。不仅要了解客户的需要,而且还要了解其购买动机和行为。商业银行客户的需要实质上包含了三种形态:已经实现的需要、待实现的需要、潜在待开发的需要。而商业银行就应该研究和把握客户的这三个层次的需要。

银行在了解客户的同时,还要更深入地了解自己服务的市场和经营环境。这一环境包括宏观环境和微观环境。前者包括人口因素、经济因素、技术因素、社会文化因素及宏观经济政策等;后者包括供应商,即那些为银行提供设备、技术、资金的公司企业的状况,营销中介机构,即各种为银行提供服务的机构、金融评价机构、各种经纪机构,金融主管部门,社会公众等。

市场“探查”,离不开金融市场的调查和预测。市场调查包括市场需求的调查与市场营销组合的调查。前者主要是指客户需求情况,什么时间需要以及客户愿意以何种条件、方式接受金融服务;后者则是指对竞争对手的金融产品、定价、分销渠道和促销状况的调查研究。市场预测是对金融市场的未来变化作出预测。

2. 分割(portioning)

“分割”即市场细分。每个市场都是由各种不同生活方式、不同需求偏好和不同购买行为的消费者组成。市场细分就是要区分不同类型的客户,对市场进行分割。银行服务市场也客观存在着需求不同的市场,如批发市场、零售市场。商业银行要为金融市场上所有的客户提供所需的金融服务,往往是不可能的。因此,商业银行应该把整个金融市场的客户,按照一种或几种因素加以区别,使区分后的客户需求在一个或若干方面具有相同或相似的特征,以便于商业银行采取相应的营销战略和策略来满足这些客户群的需要。即把市场细分为许多不同的需求层面,从而针对不同的市场来选择自己的目标市场。

3. 优先(prioritizing)

商业银行在对细分市场进行评估的基础上,结合考虑本行的经营实力和特点,选择哪些客户群使本行能够在最大限度上满足其需要,选定哪些客户群对本行最为重要,成为推销银行产品和服务的目标。这就是选择目标市场。目标市场决策是最基础的决策之一,它将决定和影响后续阶段的各类决策和行为,一旦它错了,也就是方向性的错误。

4. 定位(positioning)

“定位”是指一个企业必须在客户心目中树立某种形象,使大家都知道这家企业的特点和声誉。每个企业在细分市场的基础上选定目标市场后,就必须在客户心目中为自己的产品树立某一种特定的形象。企业在决定了市场定位后,便可以推出营销组合的4Ps,即产品、定价、分销渠道和促销。如一些瑞士银行把富翁作为目标市场,将银行定位为“资信最佳、服务最好、大胆创新的跨国金融服务企业”,据此,它们为适应主要客户的需要,重视投资管理、税收咨询、保险、信用卡等金融业务,加强广告和公关活动,以树立银行形象,提高知名度和美誉感。

(二)市场营销战术的6个“P”

商业银行市场营销不仅要确定达到营销目的的一般战略,还要综合配套地运用各个可以控制的变量,即营销策略。麦卡锡曾把营销过程中的可控因素概括为“4Ps”,即产品、价格、渠道和促销。然而在20世纪90年代,随着生存环境的转变,人们逐步认识到了传统的“4Ps”的局限性,将其扩展为“6Ps”,即增加政治权力和公共关系两个“P”。

1. 产品(product)

银行产品本质上是一种服务,它是一系列服务的总和。作为服务业,银行的产品有的是有形的,大多数是无形的,但无形可以转变为有形;由于银行产品同质性强,技术难度相对较小,同业之间很容易模仿,因此依靠单纯的产品开发确保市场定位难度较大;同时,商业银行面向社会广大公众和各种需求,具有广泛的市场选择余地和产品开发余地。由于银行产品同其他任何产品一样,也有其生命周期,所以为满足客户不断发展变化的需求,银行产品的开发创新就成为商业银行营销的重要内容。

2. 价格(price)

价格是影响消费者购买行为和市场需求的关键因素之一。产品定价既要考虑到银行自身的因素,如成本、利润等;又要考虑到消费者对价格的接受能力。由于银行业对一国国民经济的宏观影响和作用,与一般工商企业产品的定价相比具有其特殊性:受政府金融政策、法规的管制较严;价格的需求弹性较小;金融产品及服务的无形性和较快的开发速度,使银行难以制定规范的定价策略。但商业银行在考虑定价时,可以利用各种适当的变通方式,以达到拓宽业务、增加盈利、规避风险的目的。定价是商业银行营销过程中一个重要而又复杂的问题。

3. 渠道(place)

工业产品只有实现销售才能达到生产的目的。银行产品也是如此。商业银行经营业务的拓展与营销渠道有着密切的联系,渠道设计得是否合理和通畅对银行营销结果会产生重要影响。银行分支机构是银行主要的分销渠道。从营销角度看,商业银行只有在适当的时间、适当的地点、为适当的人提供适当的产品,才能满足客户的需要,从而占领市场。因此,银行分销渠道的选择和多种形式的渠道组合,显得尤为重要。面向客户的直接销售,是银行利润实现的一条途径。开辟面向客户的直接销售渠道,利用现代信息技术,如ATM、POS、自助银行、网上银行等电子化渠道,鼓励客户更多地利用自助渠道购买或享受银行服务,并通过这些渠道,影响和改变客户的金融交易行为,创造金融服务新价值。

4. 促销(promotion)

促销是指银行把产品和服务向顾客宣传,促进和影响人们的购买行为和消费方式,它是鼓励顾客购买的刺激手段,虽然对商业银行而言,促销不像它在工商企业那么重要,但随着金融市场竞争的加剧,商业银行也越来越把促销列为推行市场营销、拓展业务的手段之一。商业银行促销,也和一般工商企业一样,包括人员推销、广告、公关、销售促进等方式。恰当地运用促销组合策略,即综合利用上述促销方式,以说服、影响现有的和潜在的银行客户,在社会公众中树立良好的商业银行形象。

5. 政治权力(political power)

现代商业银行开拓国际市场,进行跨国经营,还必须运用政治权力策略。政治权力就是银行营销人员必须了解东道国的政治、法律环境,与东道国政府打交道。商业银行要到国外设立分支机构,开拓业务,若进入的目标市场是封闭型市场时,就必须找到东道国金融、工商主管部门有权打开大门或掌握"钥匙"的人,并确定向守门人提供哪些刺激因素才合适,才能得到进入目标市场的默许,才能有效地在东道国站稳脚跟,发展金融业务。

6. 公共关系(public relations)

一般而言,公共关系是指社会公众之间、社会公众与社会组织机构之间以及社会组织机构相互之间的思想、语言文字和行为等方面的相互关系。从商业银行营销管理的角度说,公共关系是通过协调商业银行和相关公众之间的关系,以争取公众对银行的理解和合作,从而扩大金融产品销售的一种促销方式。作为经营货币信用业务的商业银行,其必须与各方面发生关系,如商业银行与工商企业的关系,商业银行与政府的关系及商业银行同业之间的关系等。如何面对这些错综复杂的关系以及科学地处理好这些关系,为商业银行营销创造良好的社会环境、广阔的经营前景等,都是公共关系要解决的问题。

五、银行市场营销的主要任务

从营销循环过程来看,市场营销的根本任务就是实现科学、合理、经济地满足消费者的需要。商业银行的市场营销活动也不例外。总体来讲,商业银行市场营销的任务包括以下几个方面:

(一)银行信息管理

这是商业银行的一项基础工作。信息管理应围绕银行市场营销活动提供各种所需的信息,包括客户信息、宏观经济信息、经济政策信息、法律信息、消费信息、产业发展信息、竞争者信息、国际金融市场信息、内部监管信息和其他各种信息等。商业银行作为提供公众服务的组织,应该特别重视信息的收集和管理,并不断采用科学的手段,为市场营销活动提供快捷、便利的服务。

(二)客户需求分析

要不断研究各类客户的金融服务需要及其动态变化过程,并从中把握商机,寻求盈利和发展的机会。商业银行不仅要掌握老客户的需要,而且要善于掌握大量潜在客户的金融运作欲望。为了及时地把握商机,必须随时了解不同客户群的收入状况、可随意支配资金的数量、闲置资金状况、消费特征、投资倾向、风险意识,并结合宏观经济状况的变化,分析其服务需求的动态变化过程。同时,也可以随时关注同业竞争者的经营行为,了解它们的目标市场定位信息。

(三)银行产品开发

这是在客户分析的基础上,针对不同目标市场的客户需求特征,开发相应的银行产品满足其需要的行为。商业银行的产品可以是多种多样的,有些产品是长期一贯提供的,也有许多产品是相继开发的。商业银行不仅要不断提高服务质量,扩大那些一贯产品的使用深度,也要根据市场需求的变化,及时地开发满足新需求的新产品,发现新的市场,拓展新的业务。

(四)制定营销战略

为了确保银行营销的成功,商业银行必须根据自身的业务许可范围、资源状况和面临的经营环境,系统地制定经营战略,以达到扬长避短、趋利避害的目的。总体来讲,商业银行的营销战略包括服务定位战略、市场开拓战略、形象战略、竞争战略、产品组合策略、价格策略、促销策略、渠道策略等,但对于不同类型的商业银行,可以根据其业务的性质和特征,制定相应的营销战略。

(五)提高服务质量

原则上讲,商业银行是服务性的机构,即使某些有形的银行产品,也以大量的服务保证为前提,所以,不断提高服务质量是银行市场营销的根本任务,也是维护商业银行信誉的基本方式。银行服务大多具有无差异性,在客户认可某家商业银行的决定过程中,信誉往往发挥着主导作用。所以,商业银行要像人类爱护眼睛一样,维护自身的形象和信誉。

(六)防范金融风险

金融市场的不确定性使商业银行所经营的任何产品都存在不同程度的风险,所以,商业银行应将风险防范作为市场营销活动的一项重要任务。不仅要将自身经营的风险控制在最低限度,以确保经营的安全性;同时,也要使客户所承担的风险与获得的收益相对称,减少客户不应有的损失。它要求商业银行在产品开发环节就明确产品可能存在的风险,合理地安排收益与风险的匹配关系,制定必要的风险防范预案,并在营销全过程的各个环节加强风险的防范和管理。

第二节 商业银行客户行为与营销预测

一、商业银行客户类型

(一)商业银行客户的概念

商业银行客户是指使用商业银行所提供的产品与服务的个人或组织,即商业银行为之服务的对象。无论是在货币市场或是在资本市场，参与各种金融交易的主体或中介，都有可能会成为银行客户。

(二)商业银行客户的分类

商业银行客户可以分为两大类，即个人客户和公司客户。商业银行在进行客户开发与管理时，还需要将个人客户和公司客户进一步细分，将有大致相同需求的客户归并为一类，从中选择目标客户，并采用不同的营销手段满足这些目标客户的需求。

1. 个人客户

个人客户是指与商业银行发生业务关系的个人或家庭。商业银行对个人客户的业务主要是以合理安排客户的个人财物为手段，为之提供存取款、小额贷款、代客投资理财、信息咨询及其他各类中介服务，由此为客户取得收益并帮助其防范风险，同时提高商业银行自身效益。通常，银行将个人客户或潜在的个人客户划分为具体的群体，每一群体内部的成员在使用银行产品或服务时，可能得到相同的利益，也可能得到不同的利益。每一群体的需求总有一部分是该群体的基本需求，即该群体与其他群体区分的标志。

2. 公司客户

公司客户主要是指与商业银行发生业务关系的各企事业单位及政府机关，其中以企业单位为主体。公司客户的业务对于商业银行的成功至关重要，尽管这部分客户相比银行个人客户要少得多，但是却能够为银行带来大量的存款、贷款和收费业务，是银行利润的重要来源。

二、商业银行客户行为分析

客户是一个企业的生存和发展之本，商业银行自然也不例外。银行要生存，要发展，就需要有客户，但由于客户拥有自由的选择权，可以从众多竞争者中选择任何一家银行，因此，有必要对客户行为进行分析。

(一)商业银行客户的需求特点

商业银行的客户需求是指银行客户由于缺乏某种银行产品而产生的一种主观状态，是客户需要的反映，通常以愿望、意向的形式反映出来。银行客户的需求是其做出购买某种银行产品决定的原动力，除了具有需求的一般特性外，还具有自身的特点。

1. 复杂性

银行客户的任何需求总是指向和要求获得某种具体的银行产品，这就决定了银行客户需求的复杂性和多样性。由于银行客户的理念、实力、发展模式等不尽相同，其购买要求也就有所不同。

2. 可变性

银行客户的产生与发展，与客观现象的产生有着很大的关系。外界环境的变化和刺激使得银行客户的需求也会随之发生变化，包括需求的转移、加强或取消。

3. 发展性

银行客户的需求总是由低到高，由简单到复杂不断向前推进。银行客户的需求都不会因为获得一次满足而终止，它总是在获得满足的基础上继续发展，从而派生出新的需求，同时，由于需求对象本身的不断发展变化，银行客户需求的内容也会不断发生变化。

(二)商业银行客户行为过程分析

客户购买商业银行产品的过程可划分为五个阶段:认识需要、信息收集、评价选择、购买决策、购后行为。

1.认识需要

认识需要是指客户确认自己的需要是什么。需要是购买行为的起点,升高到一定程度时就变成一种驱动力,驱使人们采取行动去予以满足。这种需要由内在刺激和外在刺激引起并产生购买动机。营销人员在这一阶段的任务是了解与本行产品有关的现实和潜在的需要和客户需要随时间的推移以及外界刺激强弱而波动的规律性,才能有效地拟定和实施引起客户兴趣的各种营销策略。

2.信息收集

当客户的需求被唤起后,他就会通过各种各样的渠道收集有关的详细信息,包括商业银行的有关资料,提供的产品和服务的性能、特征、规格、品牌及价格等,在这一阶段,营销人员的任务是了解客户的信息来源,了解不同信息来源对客户的影响程度,设计信息传播策略。

3.评价选择

在广泛收集各方面信息资料的基础上,客户按照一定的评价方法对同类产品的不同品牌和服务开始比较,并作出有关选择。客户这一过程的主要任务是对商业银行及其产品和服务的属性、品牌理念、效用要求等进行全面了解和评价,根据各方面的条件,对购买方案作出选择。营销人员可以利用多种途径影响客户对产品的评价和偏好的形式。

4.购买决策

商业银行客户对可供选择的产品进行评价后,决定是否购买。购买决策可以分为立即购买、暂缓购买和不购买三种。购买决策受到多种因素的制约,包括偏好、预期环境因素、非预期环境因素、他人态度等。

5.购后行为

商业银行客户购买产品后,会检验自己购买决策的正确性,确认满意程度,作为以后类似购买活动的参考。购后行为是购买决策的反馈阶段,是本次购买行为的结果,又是下一次购买行为的开始。因此,购后反应对商业银行的声誉、形象、产品、服务以及销售都有很大影响。营销人员应该关注客户购买后的满意程度,采取措施尽量减少客户购买后的不满意程度,以影响他们以后的购买行为。

(三)影响商业银行客户行为的因素

1.影响个人客户行为的因素

个人客户生活在纷繁复杂的社会之中,其行为受到诸多因素的影响。要制定合理的营销策略,必须要考虑以下一些因素:

(1)文化因素。文化不同,人们的价值观念、审美观念、生活方式等都不相同,从而影响了人们的购买行为。

(2)社会因素。商业银行客户的购买行为也受到一系列社会因素的影响,如相关群体、家庭、身份与地位等的影响。

(3)个人因素。包括客户的经济条件、生理、个性、生活方式等。

(4)心理因素。包括动机、知觉、学习、信念和态度等方面。

2.影响公司客户行为的因素

影响公司客户购买行为的因素主要有环境因素、组织因素、人际因素、个人因素等4个方面。环境因素是指公司客户所处的外部环境因素,如国家的宏观经济前景、市场的需求水平、技术发展变化等。组织因素是指公司客户本身存在的各种组织因素,包括经营目标、战略、组织结构、政策、决策程序等。人际因素是指公司客户内部参与购买过程的各种角色的职务、地位、态度和相互关系对购买行为的影响。个人因素是指银行客户参与购买过程中每个人都会带有个人动机、直觉和偏好,这些都受到个人的年龄、收入、经验、教育、个性等因素的影响。

三、商业银行市场调研

(一)商业银行市场调研的含义

商业银行市场调研是指商业银行有目的、系统地设计、收集、分析和提供与银行经营活动相关的信息资料,并运用科学方法对其进行分析研究以及做出有效结论的一种营销活动。换句话说,是掌握和理解商业银行所面临的特定营销状况,为经营管理和市场决策提供依据的一种活动。通过银行市场调研,可以在市场和银行之间建立一个沟通渠道,这一沟通渠道能够使有用的数据及时反馈给银行,银行据此进行决策。

(二)商业银行市场调研的功能

任何企业要想在某地开展业务,都必须了解当地的市场情况,因此都十分有必要进行市场调研。商业银行作为一类金融企业,自然也不例外。其营销调研不仅有助于建立并规范银行与市场之间的沟通渠道,而且有助于策划、解决问题。具体来说,其功能主要有以下几个方面:

1.了解并掌握营销环境

市场调研的主要内容是经济政策走向、国内生产总值、消费者情况、竞争环境等,银行的市场营销环境是银行制定营销战略的外部影响因素,是商业银行无法控制的因素,银行必须去努力地适应这种环境,从而进行科学的决策。

2.有利于市场细分

市场调研对于市场细分的标准和各细分市场的特征有很重要的意义,银行可以通过营销调研确立市场细分的标准,获悉各个细分市场的规模及特征,从而选用相适宜的营销策略。

3.评估营销计划

营销调研可以为营销计划的制订提供依据,并对营销计划的实施效果进行检验,美国银行营销学界的调查显示,大多数银行的营销计划都不够理想,其中主要原因就是调研不当。

4.测定营销成果

营销调研可以通过统计分析的方法对营销活动的结果进行测定,以衡量营销策划的成果,这项功能主要包括三个方面:①追踪各种内部数据的账目,用以分析现有产品和服务的效果。②收集和分析外部因素,从而制定最佳的营销组合。③定期研究和分析市场结构和市场份额,确保营销策划的实施不脱离正确轨道。

5.提出指导性建议

通过对调研得出的信息进行科学分析和利用,商业银行能够对预期出现的问题提出解决的建议,为以后的经营决策提供指导。

(三)商业银行市场调研的基本方法

在具体的营销调研中,根据不同的目的,可以分别采用不同的调研方法。

1.观察调查法

观察调查法主要是指调查人员在调查现场对调查对象的有关情况进行直接的观察,并客观地作出记录与分析,从而获得较为真实的第一手信息资料的调查方法。采用这种调查方法时,调查人员可以不必直接地向被调查对象提出问题或要求回答,而是凭借调查人员的自身感受,或者利用随身携带的现代化仪器和设备,收集调查现场的声像资料等。

2.询问调查法

询问调查法也称为直接调查法,是调查人员通过书面或口头的形式向调查对象提出若干问题,并从其回答中直接获取信息资料的一种方法。这种方法是营销调研经常采用的方法之一。在实际应用过程中,询问调查法按其传递询问内容的方式以及调查人员与调查对象接触的方式不同,还可以分为面谈、邮寄、电话等形式。

3.实验调查法

实验调查法是指在给定的实验条件下,在特定的范围内观察调查对象的经济现象及其各种变量之间的变动关系,并作出相应的分析判断,提出较为详细的调查结果报告,这种调查方法是一种实证方法。

(四)商业银行市场调研的程序

1.确定问题和调研目标

营销调研的第一步要求营销人员认真地确定问题和调研目标。如若不然,调研就会没有范围,没有方向,没有针对性。在这个过程中,需要注意的是,调研目标的确定要把握一个度,对问题的定义既不能太宽,也不能太窄,否则,不是目标无法实现,就是调研得到的数据不能解决实际问题。

2.制订调研计划

在将目标确定后,营销调研的第二步是制订一个收集所需信息的最有效的计划,也就是调研计划。它是在进行正式的调研之前,根据初步确定的调研目标主题制订出的一系列调研方案,形成具体的调研进程。

3.收集信息资料

营销调研的数据收集阶段是一个成本最高,出错率也最高的阶段。收集资料可分为收集一手资料和收集二手资料。但大多数调研计划中都包含一些收集一手资料的内容,由此导致成本不能大幅节约。在收集资料的过程中,最为重要的是选择调查方法、设计调查问卷以及实地调查。

4.分析资料并作出调研结论

在收集各种相关资料的基础上,还需要从所收集到的信息中提炼出合理的调查结果,在这一步骤中,调研人员可以运用统计技术和决策模型,对之前的数据信息进行整理、加工、计算和分析,并将本次调研得出的结果和往年的同类调研结果相比较,从而得出正确的结论和建议,写出调研报告。

四、商业银行营销预测

(一)商业银行营销预测的准则

商业银行营销预测是指银行运用科学的方法和手段,根据市场调查提供的数据和资料,对影响银行市场中资金供求变化的各种因素进行调查、研究、分析和测算,从而对银行营销的未来及其变化趋势做出判断。其根本要求是预测的准确性,准确性的高低决定了预测的有效性,为了提高预测的准确度,应该尽可能使预测的误差减少。在长期实践中,人们总结出银行营销预测的三条基本准则:

1. 连贯性

连贯性指在预测过程中,需要将未来的发展同过去和现在联系起来,因为未来的市场是由过去和现在的市场演变而来,是一种延续。因此,银行在进行营销预测时,必须在收集过去和现在的资料基础上,推测未来变化。

2. 相关性

金融市场需求量的变化,存在着各种相关因素,银行可根据与需求量相关的某些因素的变化,预测需求量的增减。

3. 类推性

和其他任何市场一样,银行业务的发展存在着相似性与雷同性。因此,银行可以通过行业发展变化的规律,推测业务的发展变化规律。

(二)商业银行营销预测的内容

1. 市场的测定

根据客户的不同特点,分别测定潜在市场和有效市场。

2. 市场资金供求预测

主要对金融产品的市场供求量作出预测,判断金融产品的供求平衡状况。

3. 市场价格变化预测

根据资金供求关系和通货膨胀预期作出估计,判断利率的走势。

4. 产品销售预测

根据产品的市场占有率、竞争力及产品生命周期对银行产品的销售状况作出预测。

(三)商业银行营销预测的方法

银行营销预测方法通常分为定性预测法和定量预测法。

1. 定性预测法

(1)客户意见调查法。这种方法通过电话、网络、信件或直接访问,征询有代表性的潜在客户对银行产品和服务的意见,以及短期内的消费倾向和偏好,进而推算需求总量的一种预测方法。

(2)营销人员意见综合法。这种方法利用营销人员比较了解市场发展趋势的优势,集中营销人员对市场情况及其变化作出估计和判断,经过分析,再由主管人员综合得出预测结论。

(3)德尔菲法。该法是指银行向有关专家提供相关材料,专家先对可能出现的各种趋势各自作出独立的分析预测,然后将这些意见集中起来加以归纳整理后,再返还给各位专家征求意见,使得专家们在参考他人意见的基础上不断修正自己的预测,如此反复,直到多数专家得出较一致的意见为止。

(4)人员判断法。这是由银行高级管理人员召集销售、市场研发及财务等部门经理进行讨论、交换意见,对产品的销售状况、市场动态、产销未来发展趋势等提出意见,对未来发展前景进行判断预测的方法。

2. 定量预测法

(1)时间序列法。该方法是将其过去的数据按照年或月顺序加以排列,构成一个统计数列,并建立该经济变量与时间的函数关系,描述其发展趋势,然后求得未来预测值。

(2)回归分析法,也可称为因果分析法。该方法是在收集和利用大量相关数据的基础上,对市场各种变化因素进行预测的方法。即通过设定变量与预测对象之间的数量关系,然后代入实际数据求出回归系数,从而确定数学模型,再利用该模型求出预测值。

第三节 商业银行市场细分与目标市场选择

一、商业银行市场细分的含义与作用

(一)商业银行市场细分的含义

商业银行市场细分是伴随着市场营销理论的发展而兴起的。20 世纪 50 年代中期,美国市场学家温德尔·史密斯(Wendell R. Smith)提出了市场细分的概念,并迅速被美国银行业运用于营销活动中。

商业银行市场细分是指商业银行按照客户的需要、偏好及对银行产品的购买动机、购买行为、购买能力等方面的差异性和相似性,运用系统方法将整个市场划分为若干个子市场,即子市场群。其目的是使商业银行有针对性地采取一定的营销策略以满足不同客户群的需要。很明显,商业银行市场细分的核心是使不同客户群的需求差异得以体现。

需要注意的是,市场细分是从消费者的角度进行区分,而不是从产品的品种、产品的系列角度进行区分。它受到一定客观条件的约束,其中包括以下两个方面:第一,差异性的客户需求,无论是零售业务市场还是批发业务市场,客户对商业银行产品和提供的服务需求始终存在着差异性,这种差异性的存在也构成了市场细分的基础。第二,相似性的客户需求。以个人客户为例,居住环境、文化背景、年龄、收入基本相同的客户,对于银行提供的产品和服务必然存在着一致或相似的需求,正是这种相似性的存在,才导致了市场的出现。

(二)商业银行市场细分的作用

市场细分是商业银行一项十分重要的市场营销策略,是商业银行实行目标市场策略的首要任务,也是银行业不断发展与客户对银行产品需求多样化的客观要求。只有完成了这一步骤,才能为进一步选择目标市场和自我定位打好基础。其作用主要表现在以下几个方面:

1. 有利于发现市场机会

市场机会往往是已经出现于市场,但尚未被满足的需求,这种需求往往是潜在的,一般不易发现。通过市场细分,就能够更有效地发现这类需求,并从中寻找适合银行开发的需求,从而能够抓住稍纵即逝的市场机会,使银行赢得市场的主动权。对于商业银行而言,只有进行市场细分,不断地寻找、分析和评价新的市场机会,才能保证其长久生存和发展。

2. 有利于选择目标市场

前面提到过,市场细分是商业银行实行目标市场策略的首要任务。市场经过细分之后,就

为商业银行选择目标市场创造了前提条件。因为经过市场细分后的子市场比较具体,商业银行可以比较深刻地认识那些被细分的市场上客户的特点、需求、满足程度等,这样结合自身的经营思想、实际规模、资本实力和营销力量,选择、确定自己的服务对象,即目标市场。

3.有利于制定更为有效的营销策略

银行市场细分是商业银行营销组合策略运用的前提。商业银行要想实施市场营销组合策略,首先必须对市场进行细分,确定其目标市场。这是因为任何一个优化的市场营销组合策略的制定,都需要针对所要进入的目标市场,没有针对性就谈不上优化的营销组合。离开了目标市场所制定出的市场营销组合策略就是无的放矢,显然是行不通的。同时,在细分的市场上,一旦客户需求发生改变,信息很容易被银行了解,银行可迅速改变营销策略,以适应市场需求的变化。

4.有利于提高银行的经济效益

在竞争日益激烈的情况下,通过市场细分,商业银行可以有针对性地选取较小的子市场开展营销活动。因为任何一个企业的人力、物力、资金都是有限的,这种建立在市场细分基础上的营销,不仅易于及时把握客户需求的特点和变化,而且可以集中有限的人力、物力、财力对重要的子市场进行投入,形成局部优势并进而带动全局发展,全面提高银行的经济效益,从而增强市场竞争能力,有效地与竞争对手相抗衡。

二、商业银行市场细分的原则和标准

(一)商业银行市场细分的原则

1.可衡量性原则

商业银行细分市场所选择的标准是能够用一定的指标或方法去度量,即各考核指标可以量化。

2.可进入性原则

即市场细分后,能通过合理的市场营销组合战略打入细分市场。否则,不论细分的市场具备多强的吸引力,商业银行也只能够“临渊羡鱼”,从而失去细分的意义。

3.差异性原则

即每个细分市场的差别是明显的,每个细分市场应对不同的营销活动有不同的反应。

4.经济性原则

即所选定的细分市场和营销成本是合理的,市场规模是合适的,有充足的需求量,能足以使商业银行在这一市场中有利可图,实现利润目标。

(二)商业银行市场细分的标准

商业银行市场细分的标准是指影响客户需求差异性的诸因素,包括客户、环境、时间、区域等因素。对商业银行而言,根据不同类型客户的需求差异对市场进行细分是基本的选择,对于商业银行的个人客户市场,其细分的标准和普通消费品类似,通常是以心理、行为、人口和地理因素作为细分标准,只是在具体的侧重点上有所不同。而对于机构客户市场而言,业界通常是从该机构所处的行业及规模等方面来进行细分,因为这些因素与其开展业务息息相关。

1.个人客户市场细分

与普通消费品类似,商业银行为个人客户所提供的服务是一种金融商品,只是具体的外在形态有所区别。因此，细分个人客户市场所依据的标准，主要有地理因素、人口因素、心理因素、行为因素等。

上述标准，要根据个人客户的需求差异综合运用。其中，地理因素是指个人客户市场所处的地理位置和环境，处于不同地理条件的客户，对银行的服务有着不同的需求。地理因素是细分市场的一个最常用的标准，也是最明显、最易衡量和运用的标准。人口因素包括年龄、职业、收入、教育、家庭人口、文化程度等，由于个人客户的欲望和需要与人口变化有较强的因果关系，因此，它一直是市场细分的重要依据。心理因素是指客户的生活方式、个性、偏好等，客户不同的个性对银行产品的需求有很大差异，主要体现在风险选择方面。例如：保守型客户选择银行产品时，总是以安全、可靠、风险小的品种为主；反之，冒险型客户往往更加注重投资收益，甘冒风险，追求较大利益，该因素是银行市场细分中较为复杂的一个标准，具有较强的动态性。行为因素是指银行按照客户购买和使用银行产品的时机，客户所追求的利益，客户对某种产品的使用情况，客户对银行品牌的忠诚度，客户需求阶段等，将客户细分为不同的群体。如表 12－1 所示。

表 12－1 个人客户市场细分

细分标准	特点	具体因素
地理因素	相对静态	区域、气候、人口密度、城市规模、城市农村比例
人口因素	相对稳定	年龄、性别、家庭人口、职业、收入、受教育程度、宗教信仰
心理因素	相对动态	外向与内向、独立与依赖、乐观与悲观、保守与冒险
行为因素	复杂多变	对金融产品的认知程度，有不同利益追求； 对金融机构品牌的忠诚度，有坚定、不坚定、常变化； 对金融产品的使用频率，有少量、中量、大量； 对价格的态度，有高度重视、一般重视、不重视； 对服务质量的敏感度，有高度重视、一般重视、无所谓。

2. 机构客户市场细分

机构客户市场不仅是商业银行存款的重要来源，也是其资产业务的主要消费者，是商业银行利润的重要来源之一，因此，对机构客户市场的细分是十分必要的。一般而言，机构客户市场细分的标准主要是企业所处的行业因素、企业规模因素、企业性质因素和企业信用等级因素。

行业因素是指根据不同行业的特点来细分市场，即使规模相差不大的企业，由于不同行业的发展前景不同，其需求差异性可能很大；企业规模因素主要是指企业的年营业额、职工人数、资产规模等方面的因素；企业性质因素是指根据企业的属性及组织形式的不同来细分市场，如国有控股企业、民营企业、外商独资企业就是三种不同性质的机构客户；企业信用等级因素是指按照不同的信用等级来划分客户，它是商业银行判别客户质量的重要标准之一。

三、商业银行目标市场选择

(一)目标市场的概念

目标市场是指商业银行在市场细分基础上确定的作为自己经营对象的具有某些特定金融需求的客户,也可以说是商业银行市场营销活动中所要满足需求的特定市场。选择和确定目标市场,明确具体客户群,是商业银行制定和实施营销组合策略的基本出发点,同时,也为银行营销创造了一个良好的环境。

商业银行能否有效地选择目标市场,直接关系到营销的成败以及市场占有率,究竟采用哪一种目标市场选择策略,银行应该从自身特点和条件出发,综合考虑银行实力、银行产品和服务的特点及竞争对手的状况等因素。

(二)目标市场选择的操作程序

为了提高市场细分和选择目标市场的质量,应该设计一个严格的操作程序,并进行严格的控制,这一操作程序包括:确定细分的市场及其依据;明确市场细分过程并给予市场命名;分析银行自身实力及所处的外部环境状况;选择目标市场;设计市场营销组合。

(三)目标市场战略选择

商业银行在市场细分的基础上,根据主客观条件选择目标市场,目的在于不断地拓展市场份额。其常用的目标市场战略有三种,即:无差异性目标市场战略、差异性目标市场战略、集中性目标市场战略。

1. 无差异性目标市场战略

所谓无差异性目标市场战略,是指将整个市场视为一个大目标市场,认为所有客户对某种产品或服务有着共同的需要,而忽视它们之间实际存在的差异性。商业银行只推出一种产品,运用一种市场营销组合来开拓市场,满足市场上所有客户的需求。这一战略的优点是能降低费用,增加产品的价格竞争力。缺点是不利于发挥竞争优势,容易失去一些有利可图的细小市场机会。相对而言,该战略主要适用于小型银行,如城市商业银行、农村商业银行等。当然,同时也需具备一个不激烈的竞争环境。

2. 差异性目标市场战略

所谓差异性目标市场战略,是指商业银行将整个市场划分为若干细分市场作为其目标市场,并针对不同的目标市场制定和实施不同的营销组合策略,多方位或全方位地开展有针对性的营销活动,满足不同顾客的需要,不断扩大银行产品的销售。该战略的优势是更有效地满足不同客户的不同需求,增加银行产品的竞争力,扩大其影响面,提高其声誉,从而扩大银行产品的市场占有率。但这一战略会造成银行成本和费用的增加。同时,会使经营过程复杂化,因此,该战略要求商业银行具有雄厚的实力。

3. 集中性目标市场战略

所谓集中性目标市场战略,是指商业银行既不面向整个市场,也不把力量分散到若干细分市场,而是集中力量进入一个或几个细分市场,进行高度专业化的服务,它追求的并不是在整个市场上占有较大份额,而是在细分市场上占有较大份额,这一战略一般适合于资源力量有限的中小银行。商业银行集中优势力量,投入到一个或几个细分市场中,通过产品和服务的专业化来降低成本,并在目标市场中获得绝对优势的市场占有率。但是应该看到,由于所选目标市场较为狭窄,一旦外部经济环境恶化,便会出现风险相对集中等问题,容易导致在竞争中失败。

四、商业银行市场定位

(一)商业银行市场定位的含义

目标市场选定后,商业银行就要根据所选定的目标市场的竞争状况和企业内部条件,确定自身在目标市场上的竞争地位。市场定位是通过为自己的产品创立鲜明的特色和个性,从而塑造出独特的市场形象。商业银行市场定位是指银行根据自身资本实力和服务的特征,针对当前客户群体对其金融服务的重视程度,强有力地塑造出与众不同的个性和形象,并把这种形象生动地传递给客户群体,从而使商业银行或其金融产品在潜在客户的心目中确定一个合适的位置。其实质是使本银行及其产品与其他银行及产品严格区分开来,使客户明显感觉和认识到这种差别,从而在客户心目中占有特殊的位置。

商业银行在目标市场中恰当的定位,不仅能够使自己和产品为更多的客户所接受和认同,还可以使银行充分利用和发挥自己的优势和资源,扬长避短,在市场上保持竞争优势。

(二)商业银行市场定位的步骤

与目标市场的选择类似,商业银行市场定位战略同样建立在对竞争对手和客户需求分析的基础上,其关键是要设法在自己的产品上找出比竞争对手更具有竞争优势的特性。具体地说,商业银行市场定位的过程包括以下几个步骤:确认自己潜在的竞争优势;准确地选择相对竞争优势;沟通及传达选好的定位。

第四节　商业银行市场营销组合

市场营销组合就是银行为了满足其目标顾客群的需要,结合自身经营实力对产品组合的广度、深度和关联程度加以合理选择。选择的基本变量包括产品、价格、分销和促销,而每一种变量又分别由许多因素组成。银行要取得营销成功,必须根据外部环境的变化,对市场营销各因素进行多种组合,并从中选择最优的组合,才能达到营销的目的。

一、产品策略

商业银行营销是为了满足客户需要并从中获利,这一目标是通过向客户提供满意的产品来实现的。因此,产品是银行市场营销组合中的一个重要因素,它直接影响着其他市场营销组合因素的决策制定。

(一)产品扩张策略

商业银行确立了自己的主要产品与服务项目,并在现有市场具有一定地位的基础上根据自身的资源能力,积极主动地去寻找客户,开拓市场,这便是产品扩张策略。商业银行采取产品扩张策略的要点在于不断扩大银行的产品组合,而产品组合的扩大包括两方面的策略。一是拓宽金融产品组合的广度,充分发挥银行的优势,利用技术、人才、资源等实现多元化经营,不断扩大市场,吸引更多的客户。同时,通过业务多元化来分散经营风险,降低成本,提高效益,增强竞争力。二是增加金融产品组合的深度,即在银行原有的产品线内增设新的产品项目,以丰富金融产品种类,实现多样化经营。

(二)产品集中策略

与产品扩张策略相反,产品集中策略通过减少产品线或产品项目来缩小银行的经营范围,实现产品的专业化，将有限的资源集中于一些能给它们带来较大盈利的产品组合上。产品集中策略是以市场细分为基础的。商业银行通过对市场的调查与分割，选择产品需求量特别大的市场，集中精力在这些市场上开展业务。它可以使银行发挥业务专长，提高服务质量，集中资源优势占领某一市场，并可大大降低经营成本，获得更多的盈利。

（三）产品差异策略

金融产品具有同质性特征，客户选择哪家银行办理业务在本质上区别并不大。但它同时也具有异质性特点。为了能在激烈的市场竞争中占据优势，吸引客户使用本行的产品，商业银行必须通过各种方式对它的产品进行设计与包装，更好地体现产品的个性特征，让客户感到使用该产品要比别的银行的产品更加方便，也能得到更多的利益，从而树立产品在客户中的特殊形象，扩大产品销售，这便是产品差异策略。

（四）产品追随策略

由于金融产品具有易模仿性的特征，一家银行开发出的产品，别的银行也可经营，而不像其他产品需取得专利权持有人的同意。因此，商业银行可以充分利用金融产品的这一特点，采用产品追随策略，一旦市场上出现某种具有竞争力或刚上市且受客户欢迎的产品与服务，便紧随其后，不失时机地进行仿制并投入市场，以吸引客户。

（五）产品重新定位策略

由于市场是瞬息万变的，所以产品定位也不能一成不变。商业银行应随时对本行产品的销售情况及客户的需求进行紧密的跟踪，对于那些不能在市场上站稳脚跟，市场反应不良，销路不好的产品应该进行重新定位，以便使它找到适当的位置，摆脱原来的困境，实现银行的营销目标。

二、定价策略

银行产品的价格包括各种利率、费率等。银行产品价格的高低既是影响银行销售量与利润的因素，更是重要的营销手段。商业银行应从实现其战略目标出发，全面考虑成本、需求、竞争和金融政策等影响因素，运用科学的方法、灵活的策略，制定各种利率、费率，并确定相应的收取方式。

（一）定价目标

定价目标由银行的市场营销目标所决定，定价目标确定后，又由此确定定价的方法和策略。因此，认真确定定价目标是银行合理定价的关键。可供银行选择的定价目标主要有：

1. 利润最大化

利润最大化是指银行以一定时期所能获得的最高盈利总额作为营销活动中对金融产品定价的战略性目标。利润最大化又包括长期利润最大化与短期利润最大化。有的银行以短期利润或当期利润作为主要利润目标，强调本期财务绩效，故而制定较高的价格。但是短期最大利润往往是暂时的，随着市场供求状况的不断变化，竞争日益激烈，任何银行都不可能长期地保持高价。因此，有远见的银行应该以长期利润最大化作为最终目标。

2. 争取市场份额

市场份额是衡量银行经营状况与竞争能力的重要指标之一。较大的市场份额意味着银行产品有较高的销售数量，可观的利润。因此，为了占据一定的市场份额，银行在为金融产品尤其是一些新的金融产品定价时，往往以市场份额作为其定价目标，适当压低价格以占领市场。

3. 应付市场竞争

中小银行为了自身的生存与发展，往往会以市场主导价格为基础制定本行的价格，以应付市场竞争。

4. 树立银行形象

良好的形象是银行借以拓展业务的重要财富。为更好地树立银行的整体形象，在定价时，银行必须考虑各项金融产品的价格水平是否适应客户的需求，是否有利于其营销战略的顺利实施，绝不能因贪图厚利而损害客户的利益。同时，银行定价也要严格遵守社会公德与银行职业道德规范，要顾及其他合作者的经济利益，而不能唯我独尊。

(二)银行产品定价程序

1. 选择定价目标

银行应根据本身的发展方向、经营实力、资源潜力等内部条件及市场供求、竞争者状况等外部环境选择具体的定价目标。

2. 测定需求的价格弹性

不同价格弹性的金融产品要运用不同的定价方法及策略。银行应尽量收集与该产品有关的信息，调查其市场潜力、占有率、价格水平及其变动可能对市场造成的影响等，以便正确测定产品需求的价格弹性。

3. 测算产品成本

银行通过调查金融产品的营销状况，投入的人力、财力、物力及营销过程中的费用开支等全面地掌握产品的成本水平。

4. 确定盈亏平衡点

通过估算与不同价格水平对应的客户量及市场上竞争对手对于价格的反应等来预计银行可能实现的产品销售量，确定其保本点。

5. 选择定价的方法与策略

银行在综合定价目标、成本费用及市场需求等因素的基础上，选择合适的定价方法。同时，针对不同的银行产品与金融服务的特征制定相应的定价策略，使其价格体现合理性与灵活性的统一。

6. 确定产品的最终价格

银行运用恰当的定价方法与定价策略并考虑客户与竞争对手对价格的反应之后，即可确定金融产品的最终价格。当然，为了与不断变化的市场相适应，银行还应根据实际情况及时调整价格。

(三)银行定价策略

金融产品种类繁多，定价策略也形式各异，不同的策略又有不同的适用条件。在此，我们仅就几种常用的定价策略进行介绍。

1. 撇脂定价策略

撇脂定价也称取脂定价，指新产品一投入市场就以高于预期价格的价格销售，迅速赚取利润收回投资，再逐步降价。这种策略如同从鲜奶中撇取奶油一样，因此得名。当金融产品刚进入市场,竞争者尚未做出反应时,银行利用较高的价格尽可能多地获取更高的收益率,当竞争变得激烈时则可适当降价以扩大销售数量。

该策略的优点是可使银行在较短时间内实现预期的盈利目标,提早收回投资,减少经营风险。但是它必须满足以下几个条件:①金融市场上有相当多客户对这种产品需求的价格弹性较低,较高的定价也可以吸引较多的客户,从而实现较高的利润;②银行要有一个较好的营销系统与较强的广告宣传能力,从而激发出人们购买本行产品的欲望;③产品最初的高价不会立即招来众多的竞争者。

撇脂定价策略尤其适用于银行新产品的销售。这是因为:①新产品受价格的影响要比以后市场竞争激烈时产品受价格的影响要小;②该策略可以使银行营销人员在低价吸引价格弹性大的客户之前先吸引住大量对价格不敏感的客户;③高价可以使银行新产品获得较好的市场形象,因为在大多数人看来,高价总是伴随着高质量;④这种策略便于银行调整价格,一旦银行发现市场需求下降,难以维持已有的销售时,便可以适当地降低价格,从而保持较强的竞争力;⑤从银行产品特点来看,由于银行产品不像其他企业的产品,可以通过申请专利实施保护,金融工具复制的现象十分普遍,故而银行对一些创新工具可采取撇脂定价策略。

2. 渗透定价策略

这种定价策略是一种先低后高的策略。起初,新产品一投入市场就以低于预期价格的价格销售,力争获得最高的销售量和最大的市场占有率,以尽快地占领市场,然后相应地提高产品价格,从而保持一定的盈利性。

该策略的优点是:①有利于银行缩短金融产品投入市场的时间,尽快打开市场,争取到更多客户;②低价也可有效地排斥竞争者加入市场,从而使银行较长时间地占领市场;③容易形成规模经营,有利于降低成本,获得大量利润;④有利于银行获得较高的长期利润。这种策略的缺点是回收期较长,价格变动的余地也较小,一旦发现金融产品的销路较好时也不太容易提高价格。

这种策略的实施应注意以下几个条件:①银行要有一定实力,可以承受以较低价格投入市场的风险,而不至于出现巨大亏损;②银行要有足够的销售资源、分销渠道与推销能力,可以保持较高的服务质量;③随着销售数量的扩大,银行产品可以取得规模经济效益;④金融产品需求的价格弹性较大,即在产品的导入阶段,如果采用高价策略便不易打开销路;⑤市场上不存在一批愿意支付较高费用以首先获得产品使用权的客户;⑥在产品打入市场后很快就会形成较强的竞争威胁,使竞争者失去信心。

3. 市场细分定价策略

根据市场细分与目标市场选择原理,可选择三种策略进行市场定位。①无差异性目标市场策略,也叫低成本目标市场策略,是商业银行基于某种认识,即整个市场上的客户对某种银行产品和服务的需求偏好无差异或差异不大,只向市场推出一种产品和服务,运用一种营销组合的策略。②差异性目标市场策略,也叫产品多样化目标市场策略,是指商业银行以两个或两个以上的细分市场为目标市场,根据客户需求偏好的差异,分别设计推出不同的产品和服务,采取不同的营销策略,以满足不同的目标市场需求的一种策略。③集中性目标市场策略,也叫重点目标市场策略,是指商业银行既不面向整个金融市场,也不把力量分散到若干细分市场,而是针对一部分特定的目标客户的需求,集中营销力量,实行专业化经营和服务的一种策略。

4.关系产品定价策略

关系产品定价策略,是指银行将一系列产品或服务综合起来考虑,根据几种金融产品的总成本制定一个总的目标价格,对单项服务或单个产品的价格不太关注,有些产品价格甚至可以低于成本,而用那些成本低、收益高的产品或服务的收入来补偿其亏损,从而实现一组产品在总体上的获利。

采用这种策略,银行可以利用那些价格低廉的服务吸引客户,与他们建立良好的关系,向他们推销边际收益较高的产品与服务。有利于提高银行的信誉,扩大银行在客户中的影响,增强银行的竞争力。

三、银行分销渠道策略

银行营销业务的拓展与分销渠道有密切的关系。分销渠道是金融产品从银行流转到客户手中所经过的流通途经。分销渠道的选择关系到银行能否及时地将资金筹集进来并快速地运用出去,直接关系到资金成本和盈利水平。因此,银行在确定分销渠道策略时要采取多种形式的渠道组合,通过银行分支机构的设置以及电子化分销渠道,把金融产品在适当的时间、地点,方便而快捷地送到客户手中。

(一)银行营业网点

1.设立新的营业网点

银行产品的分销通常与银行无法截然分开,直接设立的分支机构、营业网点是银行传统的分销渠道,也是最主要的分销渠道。分支营业网点的数量规模及其位置选择是银行业竞争战略的一个重要方面,拥有较多的营业网点才能保证银行的整体经营规模,占据有利的地理位置才能求得服务优势。在银行业的早期发展阶段,拉存款的主要手段是增设网点,在竞争激烈的情况下,分支机构的地点选择则十分重要。

银行新分支机构设立数目的确定要从分销渠道的策略来考虑,对分支机构布局的整体设计要兼顾眼前利益和今后的发展,注重布局的整体设计及各种方案的具体实施和变更。银行设立分支机构应符合以下原则:①符合经济发展需要;②符合经济效益原则;③符合机构布局合理原则;④配备有合格的金融业务管理人员;⑤拥有最低限额以上的实收资本金;⑥有完善的组织章程和固定的营业场所。

对于设立目的主要是吸收存款的网点来说,选址主要考虑社区的个人收入和家庭收入水平较高、零售店和商业中心集中、居民年龄平均偏高、自己拥有住房的人比例较高等因素。对于设立目的主要是开发消费信贷业务的网点来说,年轻家庭比例大、拥有大量新建住宅、商业中心和零售店集中以及交通繁忙的地区则是理想的选择地点。

2.整合传统营业网点

20世纪90年代以来,随着个人金融服务需求的多样化,银行信息技术的不断普及,传统营业网点功能落后、运营费用高的弱点充分暴露出来。因而,对传统营业网点进行整合,就成为银行业发展中面临的一个重要问题。

西方银行业对传统营业网点的整合,表现在削减传统营业网点的数量上。同时,注重发展更加贴近人们生活、使人们享受更多方便的超市内银行营业网点、ATM、电话银行、PC银行和网上银行等新型服务渠道,并对传统店铺型营业网点功能再认识、再定义。传统店铺型营业网点，注重顾客来到店铺进行事务处理的功能，而为了适应经济发展的需要，适应顾客对金融服务的需求，店铺型营业网点必须发挥积极的金融产品销售的功能和投资理财的服务作用，要把店铺由以前的事务处理场所变成金融产品及服务的销售场所，实现店铺“由以企业服务为中心向以个人顾客服务为中心”转变。为此，银行要增加分支机构的业务范围，扩大服务品种与功能。在竞争日趋激烈的情况下，分支机构、营业网点的业务范围、服务内容和产品品种是决定客户选择网点的重要因素。由于广大客户金融服务需求的日益多样性以及对便利的追求，银行营业网点必须能提供多种产品和多样化服务，使客户进入网点能办理个人储蓄、企业存款、结算和贷款业务等各种业务。这样既能充分利用现有资源，降低营销成本，提高分销渠道效率；又能满足客户需求，不断吸引新的客户。同时，要在延长银行店铺的营业时间的基础上，强化员工的综合职务职能，实行综合柜员制和客户经理制。

(二)超市内银行网点

20 世纪 90 年代以后，在购物中心、超级市场、地铁站等设立银行营业网点成为银行分销渠道发展的一个重要内容。超市内银行网点能够对客户提供全套金融服务，从存款账户的开设、存款的存取、支票兑现到个人贷款等业务无所不包。在超市内设置银行网点，一方面可以节约银行网点的建设费用和经营成本；另一方面可以更加贴近顾客，使顾客在去商场或超级市场的同时就可以办理银行业务。由于超市内银行网点与商场或超市在营业时间上保持一致，大大提高了为顾客服务的方便性，超市内银行网点一般都与银行本部保持业务联网，可以通过银行业务本部进行各项业务处理，节约顾客的时间。

(三)自助银行与销售终端

ATM 是一种可以安装在银行营业网点以及其他公共场所的专用终端设备，它可以为拥有银行卡的客户办理存取款、查询余额、转账、申请贷款等业务。与设置分支机构相比，ATM 具有提供服务不受时空限制、服务速度快、成本低等特点。ATM 当初为缓解银行柜台拥挤和提高工作效率而多安装在银行的营业厅内及银行门墙边，以后为了进一步方便顾客则更多地安装在银行以外的商业网点、汽车加油站等处。销售终端(POS)是使客户能在销售点通过电子转账交易直接扣账消费的设备，是 ATM 的延续和发展。

ATM 的发展使自助银行应运而生。自助银行依靠自动取款机(CD)、自动存款机(AD)、自动柜员机(ATM)、现金存取款机(CRS)，可以办理存贷款业务、转账业务、提现业务及信用卡业务等。

(四)电话银行

所谓电话银行是指一种与电话网络联网的电脑系统，顾客可以使用音频电话拨通该系统，并根据系统提示和电话数字键盘，对系统提供的各种服务进行选择，从而完成顾客所制定的金融业务。目前西方国家的电话银行已经全面采用计算机电话集成技术，在程控交换计算机、银行数据库之间形成智能链接，构成可以互相转换的“神经”网络，设置有自动语音应答系统，可以承担相当多的银行业务，其主要服务内容有：①流动性存款余额确认；②普通账户与结算账户之间的资金转移；③确认或停止已支付支票的转账；④账户进款确认；⑤在与银行确定的信用额度内指示向自己的存款账户进款；⑥询问存贷款利率；⑦确认信用卡余额；⑧信用卡授权与挂失；⑨定期按时转账服务；⑩各种贷款的申请。

电话银行的发展体现了银行主动贴近顾客的形象，能够更加有针对性地销售适合顾客需要的金融商品与服务。电话银行使职员从前台转向幕后，为银行延长营业时间，提供全天候服务创造了条件；电话银行改变了客户经常去银行分支机构办理业务的做法，减轻了柜面交易的压力；同时，电话银行还可以大大减少银行的人力劳动，进而减少营业职员的数量，降低银行成本，提高工作效率。

（五）PC银行

PC银行又称家庭银行或企业银行，是指银行的客户利用家庭或企业的微型计算机、数据处理终端等设备，通过网络直接连通银行的计算机设备，由客户发出指令来办理资金转账、资金支付等金融活动的银行经营服务方式。PC银行大大缩短了家庭、企业与银行之间的距离，将银行提供业务的终端界面搬到家庭及企业内，由客户自行处理，实现时间上不间断的服务，既提高银行服务的方便性，又使银行节约了经营成本。

PC银行的服务内容有：存款账户交易、支票业务、证券业务、保险销售、贷款业务、信用卡业务、定期转存以及股市行情、目录购物等。通过向客户提供相应的专用软件，PC银行可以直接向客户提供家庭理财服务。

（六）网上银行

网上银行是指银行在互联网上建立站点，通过互联网向客户提供账户查询（或其他信息服务）、网上支付和资金转账等金融服务。

网上银行的主要功能有：①发布信息及信息查询。包括银行业务介绍、服务内容、各种金融市场行情（利率、汇率）等，客户可以通过电子邮件等服务方式进行相关信息的查询。②提供在线交易。通过因特网向个人提供转账、汇款、代缴费用、按揭贷款、证券买卖和外汇买卖等，向公司提供结算、信贷、国际业务和投资银行业务等在线金融服务。

网上银行是一种全新的银行服务形式，顾客只要有一部与因特网连接的电脑，就可以在任何时间、任何地点办理银行业务。这一特点使网上银行具有相当多的优势。第一，银行通过网上银行可以更广泛更便捷地接触客户，其所联系的客户数量是其他服务渠道无法比拟的。第二，银行通过网上银行为客户提供的服务是一种直接接触式的服务，可以方便地获得大量的客户信息。第三，银行通过网上银行可以很好地宣传自身形象，强化其“品牌”标识。第四，银行通过网上银行服务可以更多地吸引高价值客户。第五，网上银行的客户不受家庭搬迁的影响，往往能成为银行永远的客户。最后，网上银行服务方式的成本较其他服务方式要低很多。

四、银行促销策略

促销是指商业银行将其金融产品与服务向客户进行报道、宣传，以说服、促进和影响他们使用金融产品与服务的一种活动。其手段主要有广告、人员推销、公共关系和宣传报道、销售促进等，每一种手段又有多种方式、方法。

（一）广告

广告是指商业银行支付一定的费用，通过各种媒介把金融产品信息传递给广大目标顾客，以促进金融产品销售的一种方式。商业银行的广告可分为两种类型，即“形象广告”和“产品广告”。形象广告的目的是为了扩大商业银行的知名度，给客户留下值得信赖并能提供最佳服务的形象，以便客户成为回头客。产品广告是对商业银行提供的金融产品服务进行宣传。从金融业的竞争态势和业务发展看，形象广告应成为商业银行广告的重点，形象的塑造是一种更高层次的竞争，良好的企业形象能获得客户的信任，从而吸引更多的客户。

(二)人员推销

1. 柜台人员营销

人员推销，指客户来银行后，由各营业柜台人员提供营销服务。

2. 客户经理营销

客户经理营销，指银行专职营销人员为客户提供营销服务。它要求每一位客户经理负责一定数量客户的拓展和联系，采用为客户量体裁衣、度身定做式的财务顾问服务手段，为客户的业务需要提供一体化管理和全方位服务。

3. 全员营销

全员营销，指每个员工都要承担银行产品和服务的营销任务。按照职能和所处区域的不同，分配一定的客户开发和营销任务，并与工资奖金挂钩。

(三)关系营销

关系营销，也可称为公共关系，指商业银行运用信息传播手段，在平等互利的条件下，分析、处理和协调商业银行的内外关系，以树立良好的商业银行形象，增强其竞争力的一种现代交往艺术和管理科学。商业银行公共关系的主要职能是通过向客户传递理念性和情感性的银行形象，以及金融产品和服务的信息，争取客户对商业银行的好评，引导企业与银行的业务往来关系，激发公众的金融消费欲望。

1. 关系营销的对象

商业银行关系营销的对象是公众。对公众进行科学分类，是制订银行关系营销计划、实现关系营销目标的必要前提，便于银行对不同的公众采取不同的策略。对银行公众分类的方法很多，主要有：①横向分类法。将银行公众关系分为内部公众关系和外部公众关系。内部公众关系指企业内部员工之间的关系。外部公众关系主要有客户关系、政府关系、中央银行关系、同业关系、新闻媒介关系等。②纵向分类法。根据客户与银行发生关系的密切程度，可分为潜在客户和现实客户。③按照公众对银行的重要程度，分为首要公众和一般公众。④根据公众对银行的态度分为顺意公众、逆意公众和独立公众。

2. 关系营销的手段和方法

(1)公关广告营销。它是指通过宣传媒体直接向客户介绍、营销银行产品和服务，树立银行形象的活动。银行广告可分为两类：一是银行形象广告，把银行作为一个整体进行宣传，旨在提高银行声誉，增强客户对银行的了解和信任感，赢得客户在众多银行间对该银行的选择。二是银行产品和服务广告，是银行对所提供的产品和服务所作的宣传。通过对产品的特点、作用、收益的介绍、告知，让客户了解该产品和服务，激发客户的购买欲望。银行广告创意要尽量做到调动公众信任感，以诚取胜；围绕公众关心点，以奇制胜；吸引公众关注点，以新赢人；点燃公众兴奋点，以巧动人。

(2)公关会议营销。公关会议营销是银行为了实现营销目标、提高知名度、树立良好形象所召开的各种会议，如公关联谊会、新闻座谈会、展览会等。

(3)公关专题活动营销。公共关系专题活动是一种专门用于市场营销的活动，如社会赞助活动、典礼、参观、演讲等各种人际传播活动。

(四)销售促进

销售促进是除了人员推销、广告、公共关系和宣传报道以外刺激客户购买银行产品和服务的营销活动。其方式繁多，灵活多样，具有非规则性和非周期性，往往用于短期的和额外的促销工作，效果比较明显。其作用主要体现在两个方面：①通过向客户提供某些额外利益（如赠品），吸引新客户和报答忠于本银行的老客户；②可以补充和配合其他促销活动和手段，加强沟通。

商业银行可以用于销售促进的手段、工具很多，主要包括：①广告赠品，即印有银行名称的作为礼物送给客户的有用物品，如日历、笔、钥匙圈、购物袋、T恤、雨伞等。②免费服务，在某类金融业务项目竞争加剧时，为大力推广、招揽客户，可采用免收部分手续费的办法促销。③销售点宣传，如银行网点门前的招牌、海报、置于柜台上的宣传册等。④研讨会，以特定目标客户为市场，向特定客户传授专业知识。⑤比赛、抽奖、游戏等。商业银行开展销售促进时，应综合考虑市场类型、销售促进目标、竞争条件与环境、促销预算分配、每一种销售促进手段的费用与效率等，在众多的手段中加以选择。

（五）促销组合

上述四种促销手段和方式都各有其适用性，如公共关系和宣传报道，其费用开支少，且有利于提高商业银行知名度；销售促进是一种隐蔽的价格竞争手段，可以逃避金融管制（如利率管制）；人员推销适用于非标准化金融产品的促销；广告对树立商业银行良好形象，争揽大众客户有积极作用。商业银行要取得金融产品促销效果的最优化，就必须综合考虑自身财力大小、市场的性质、金融产品品种的特性、促销目标和促销策略等因素对这些促销手段进行选择和搭配，安排和决定适当的促销组合。

本章小结

商业银行市场营销自20世纪50年代在美国兴起以来，已越来越受到各国金融界的重视，并已逐步发展成为当今商业银行发展战略与经营方法不可分割的组成部分。随着我国市场经济体制与金融体制改革的发展与深化以及加入WTO，银行业务范围不断扩大，机构数量大大增加，中外商业银行之间的竞争骤然加剧，市场营销在商业银行经营活动中的作用日益重要。本章主要介绍了银行市场营销概论、银行客户行为与营销预测、银行市场细分与目标市场选择、银行市场营销组合等内容。

关键术语

市场细分　目标市场　市场定位　撇脂定价策略　渗透定价策略　关系定价策略　分销渠道　市场营销组合

思考与练习

1. 银行市场营销有哪些特点？
2. 银行市场营销的基本内容有哪些？
3. 银行客户的需求特点是什么？
4. 银行市场调研的功能有哪些？
5. 简述银行市场调研的程序。
6. 简述银行市场细分的作用。
7. 银行市场营销组合策略有哪些？

第十三章　商业银行人力资源管理

本章要点

1. 商业银行人力资源管理的含义
2. 商业银行人力资源管理的理论依据
3. 商业银行人力资源的选择、利用和开发
4. 商业银行人力资源风险的类型
5. 商业银行人力资源风险的管理

第一节　商业银行人力资源管理概述

人力资源管理是商业银行管理的一个重要组成部分。它不仅注重业务人员的调配和组织的协调，而且强调员工业务能力的充分发挥和运用。它特别强调业务人员的培训和激励，即通过培训的方法提高人的能力，通过各种激励措施充分发挥人的能力，以提高商业银行经营管理水平和效率。

一、商业银行人力资源管理的含义

（一）人力资源管理的概念界定

“人是最基本、最活跃、最重要的劳动力要素，一切价值都是人创造的，工具只是给人们创造价值提供了方便，并且工具也是人创造的。”人力资源的概念就是充分肯定了人创造价值的能力和潜力，把人创造价值的能力当成一种可以挖掘和再生的资源来看待，不再是从前那样把人简单地当成劳动力管理，认可了人是有情绪、有思想、有感受的高级生命体。

所谓商业银行人力资源管理，是指商业银行运用现代管理方法，对人力资源的获取、开发、保持和利用等方面所进行的一系列活动。人力资源管理的最终目标是通过合理配置人力资源，促进商业银行目标的实现。而商业银行的目标最终将通过其最有价值的资源——它的员工——来实现。

为了适应商业银行业务经营和发展的需要，必需培养和造就大批外向型、市场型、开拓型人才。人是劳动力中最活跃的、起决定作用的因素，商业银行之间的竞争实质是人才与技术的竞争。因此，商业银行的人力资源管理同企业是一致的，完善这一机制的关键是做好职位分析、评估和科学地建立职位规范。职位是职务、职权和职责的集合，职位以事（工作）为中心，具有有限性、层次性和相对稳定性的特点。因此，科学的用人制度要求，不但要在有限的、分层次的职务中选用优秀人才，不断培养和造就人才，而且要赋予其相应的权力，还要确定其承担的

责任，即要以一定的利益激励来承认职位。

(二)人力资源管理的内容

商业银行人力资源管理的内容是围绕其人力资源管理的核心思想来设置的。商业银行人力资源管理的核心思想主要体现在以下三个方面：首先是"企业即人"，商业银行是企业，是人的组合体，无人即止。因此管理应以人为中心，时刻把调动人的积极性放在主导地位，努力开发人的智力，挖掘人的潜力，提高人的素质，从而使商业银行永葆活力。其次是"企业为人"，企业是为了满足人，商业银行不单是为了最大限度地获取利润，也是为了满足社会公众的需要。银行应该发挥员工的聪明才智，注重全面发展，而并非把员工当成赚钱机器，从而使"企业为人"和"企业追求利润最大化"有效协调。再次是"企业靠人"，企业的经营管理主体是企业的全体员工。作为知识密集型与人才密集型的现代商业银行，其生存与发展当然要靠德才兼备的员工的智慧与力量。因此，商业银行实施人力资源管理具体包括人员配置需求的确定、人员的配备、管理人才及能力开发、工作绩效的评价、奖励、提高和退出等内容。这个过程由一系列活动组成，通过这些活动，管理人员合理有效地确定并解决人力资源的各类具体问题，使人力资源达到合理配置。例如，应了解：工作人员有必需的技术和才能吗？经理是否拥有主动性和企业家精神以支持使命？银行是否利用招聘和培训为未来储备人才？士气高还是低？跳槽率高吗？

商业银行制定与实施人力资源管理战略的过程是一个复杂而系统的管理过程。人力资源战略是管理战略，是由管理人员用与其他职能战略相同的方式制定与实施的。

二、商业银行人力资源管理的理论依据

(一)激励理论

激励是通过科学方法激发人的内在潜力，开发人的智力，充分发挥人的积极性和创造性，使每个人都感到力有所用，才有所展，劳有所得，功有所奖，自觉认真地做好工作。

1. 需要层次论

美国管理学家马斯洛(A. B. Maslow)在他著名的动机论中阐述了需要层次论。他把人类多种多样的需要，按照它们上下间的关联程度，分为五个层次，如图 13－1 所示：

(1)生理需要。生理需要是人类最原始，也是最基本的需要，任何人对此都无例外。它包括人的衣、食、住、行，婚姻，疾病治疗等等。

(2)安全需要。人的生理需要得到满足之后，安全需要就会相继出现。它包括身体、财产

图 13－1　马斯洛需要层次示意图

不受侵害，意外事件的防止，工作的保障等等。

(3)社会交往需要。社会交往需要已超越生理需要范围，进入精神需要领域。它包括人际关系的融洽，友谊、关心、忠诚以及爱人与被爱等等。

(4)尊重需要。这是更高一层的精神方面的需要。它包括自我尊重及社会尊重(受人尊重)两种。自我尊重有工作的胜利、未来的信心、独立自主的渴望等等；社会尊重有荣誉、地位、被人尊敬、受人注意以及重要感等方面的追求。这些需要的满足可以增加自信心与自我观点，反之则会产生自卑感。

(5)自我实现需要。以上四种需要获得某种程度的满足之后，人们便会追求最高层次的自我理想的实现，即通过自己才能的发挥，最后取得事业上的成就。

马斯洛认为，上述需要的5个层次是逐级上升的，当下一级需要得到满足以后，则追求上一级需要就成为推动行为的动力。这种逐级的追求，使人的每一阶段都存在着一种高强度的需要，如图13-2所示。

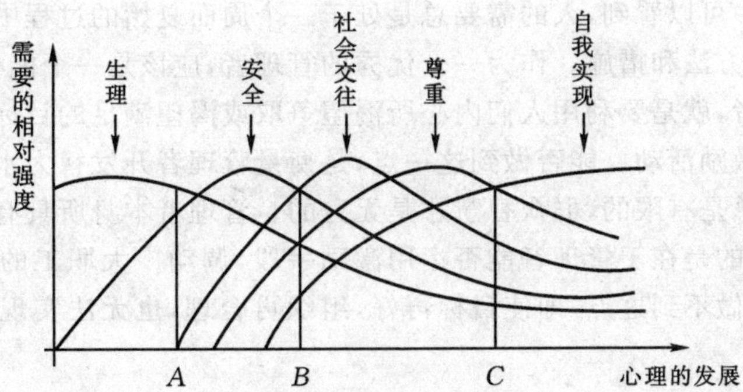

图13-2　需要强度图

在图13-2中：

A点：生理的需要最为迫切，其次是安全需要。

B点：社会交往需求影响最大，其次是安全和尊重的需要。

C点：主要由尊重的需要所决定，其次是自我实现和社会交往。

人的心理发展状况与人的年龄相关。例如婴儿时期，生理需要比其他任何需要都重要。

我们可以从马斯洛的需要层次论中得到一些有益的启示。

一是他把人类需要划为五个层次，具有一定的科学性。虽然在不同的社会制度下人们的需要有不同的阶级内容和不同的衡量标准，但从需要的类型来说，同样都是存在的。

二是五种需要层次的划分，对于我们在提倡人的革命理想过程中，也应该尽量照顾到个人的物质和精神的需要，对于我们在加强思想政治工作的同时，也要考虑职工的物质利益等问题，是有所启示的。

2. 需要、动机、行为和激励

人的行为是由动机支配，而动机又是由人的需要引起的。因此，研究激励原理，必须把需要、动机和行为结合起来考察。

按照管理心理学所揭示的规律，当人们产生某种需要时，心理上就会产生不安与紧张的情绪，成为一种内在的驱动力，这时就产生了动机。有了动机就要选择或寻找目标(即目标的导向），当目标找到以后，就进行满足需要的活动（即目标行为）。当行为进行时，动机在需要不断得到满足的过程中逐渐削弱，行为结束，人的心理紧张消除，然后更高层次的需要发生，从而又引起第二次的行为。这样周而复始，直到人的生命终结，如图 13－3 所示。

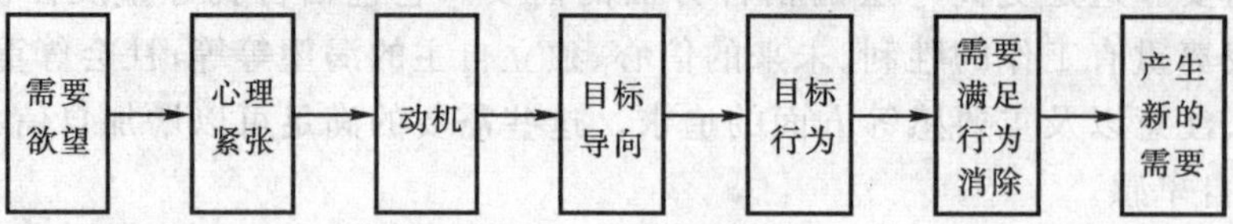

图 13－3　行为过程图

行为就是满足需要的活动。一种行为的发生必然受着动机的支配，动机又与个人需要相联系。由于需要的存在，所以才表现出各种各样的活动以满足需要。从需要的发生到需要的满足，就是一个行为过程。这种行为过程，就为激励工作造就出必要条件。

从行为过程图中可以看到，人的需要总是处于一个周而复始的过程中，因而没有一个永恒的，一劳永逸的管理方法和措施。作为一个优秀的管理者，应该是一个能根据职工心理状态变化进行有效的激励者，就是要利用人们内心所渴望争取或渴望满足的目标，运用需要、动机、行为的内在联系进行激励活动。能否做到这一点，是衡量管理者开发智力水平的一个重要标志。

一个人的能力总是有限的，群众智慧才是无穷的。管理者本身所具有的智力和知识，虽然是重要的，但更重要的是在于管理者能否运用激励手段，调动广大职工的积极性，做到人尽其才，才尽其用。如果做不到这点，即使目标再好，组织再合理，也无法实现管理目标，完成工作任务。

（二）竞争理论

在市场经济条件下，竞争成为推动经济发展和社会进步的必然规律，辩证唯物主义告诉我们，任何事物都相互对立而存在，经过比较才能鉴别，这就是人才竞争存在的客观环境和理论依据。所谓人才，是相对于非人才而言的，"拔尖"是从群体中选拔出来的，没有一般群体，就没有拔尖人才。在拔尖过程中必然存在着竞争。通过竞争，才能把尖子鉴别出来，使之脱颖而出。这是不以人们的意志为转移的。所以人才竞争是人力资源开发的一个基本理论。

人才竞争也是上述激励理论的一个直接推理。在需要、动机、行为的往复循环过程中，每个人在获得满足需要过程中拥有同等的权利和机会。通过行为的实现，满足需要的多或少、早或晚，都决定于和他人的竞争。事实正是如此，在我们的周围，人才竞争到处可见。学习中的考试，工作中的劳动竞赛和评奖活动，都是竞争的各种有形表现。即使不进行这些有形的竞争活动，竞争仍然在无形地进行着。谁服务态度最好，谁在工作中有开创精神，谁释放出的能量就越大，贡献就越大。

所以，竞争是使人才辈出的一个基本动力，它是造就人才，发现人才，择优使用人才的重要途径。

（三）动力分解理论

银行经营管理目标的实现，各项任务的完成，主要靠广大职工工作中的动力，没有动力，就不会产生积极性。人的动力主要来自三个方面：

一是内在动力。内在动力的产生，来自人们的正确人生观。正确的人生观是在长期社会实践和学习马列主义政治、经济理论中逐步形成的。一旦形成，它就会持久地影响和支配着人的思想意识、思想方法和具体行动，因而它是一个人的智力能否得到开发的内在因素，是一个固有的基本动力。这个动力表现在人的理想、抱负、价值观等等很多方面。长期有效的思想政治工作，可以促使正确人生观的确立与形成。

二是外在拉力。利用激励动机原理，掌握职工的思想动态，从各个方面尽可能考虑和满足他们的正常需要，就是外在拉力的基本形态。

三是外在压力。主要利用竞争、惩罚、考核、评价等方式来促进、趋使和鞭策人的动力的形成和积极性的发挥。

内在的动力是人发挥积极性的基础，它起着主导作用。而外在的拉力和压力又是必要条件，没有这些条件，就会抑制、影响内在动力的发挥。

以上三种人力资源管理的基本理论，是相互交错、紧密结合的统一体，其目的都是为了更好地开发人力资源，调动广大职工的积极性。在运用过程中既要注意相互补充综合运用，又应根据不同的具体情况有所侧重。

三、商业银行人力资源管理的基本原则

人力资源管理的基本原则是绩效和能力原则，即银行必须依据每个人的贡献来给予员工回报，银行必须依据每个人的能力来量才使用，银行必须提拔使用和奖励有能力、贡献大的员工，一个银行的人力资源管理如果不能体现这个原则就需要改革。成功的人力资源管理应该是一种人性化的管理，即把员工看做银行最宝贵的财富，看做是银行得以生存发展的动力源泉——而不是把他们当做一群没有思想的雇佣者，这将有利于最大程度提高员工的工作积极性，这种积极性不是金钱刺激所能比拟的。

除此而外，还应该遵循权、责、利对称统一原则。责任、权力、利益是商业银行控制和激励员工的三大法宝。商业银行可以通过责任来约束员工行为，也可以通过权力、利益来激励员工。其中：责任是一种职责。责任既包括商业银行每个员工的不同职责，又包括员工失职时所应承担的惩罚性责任。责任对人们对权力、利益的追求具有一定的约束作用。任何一个经济主体只有承担什么样的责任，才能拥有什么样的权力和利益。所以责任是约束人们权力和利益的最主要标准。没有了责任的约束，人们对权力和利益的追求就会是无限的，管理就会失控。因此，责任是权责利对称性管理的基础，商业银行进行权责利对称性管理的时候，要以责任为中心来设计权力和利益。商业银行人也应该用责任来约束规范自己的行为，减少职务行为的盲目性与冲动性。权力是实现责任的保障，是商业银行赋予每个员工的一种基本要求权和在银行中的工作权。商业银行只有充分尊重每个员工的基本权利(如人格、工资福利、保险、工作环境等)，才能形成强大的凝聚力，最大限度地发挥每个员工的作用。与此同时，商业银行在赋予员工职权时，要给予相应的责任约束。要使权力、利益、责任相挂钩，防止滥用职权，谋一己之私。对于拥有较大权力的人，银行要允许他们有较高的收益并予以兑现，从而消除员工因心理失衡而以权谋私的动机；同样，权力较大的人也要承担较大的责任，一旦滥用了权力，就要受到严厉的惩罚。利益是一种激励，是商业银行员工通过自己的努力所得到的回报。这种回报既有物质上的，也有精神上的，是一个综合概念。商业银行在设计利益机制时，也要考虑权责利的对称，做到权重者责重，责重者利高。遵循权、责、利对称统一原则，能够体现机会公平，有利于形成银行内部利益共享、风险共担的合理机制，从而激发员工的责任感及由此派生

的创新意识、风险意识及团队精神。

第二节 商业银行人力资源规划

现代社会生产力的发展主要依靠科技进步和劳动者素质的提高，商业银行之间的竞争，说到底就是技术和人才的竞争。因此，商业银行需制定长远的人才培养规划和人才开发战略。人力资源规划就是要根据银行的战略发展目标，确定人力资源等方面的发展规划，其目的是分析商业银行在不同情况下的人力需求，使各部门有充足的人力资源去实现银行的长期或短期目标。

一、人力资源规划的目标

人力资源规划的目标之一是确保有适当数量的合适人员，于某一段时间内担任适当的职务。除了保证有适量的人手外，它必须达到以下目标：①帮助获得并保留银行所需要的适当及适量的人才；②预测人力过剩或不足的情况，因应问题的先后缓急而设法避免或纠正；③预先做好人力替换的安排，以避免因管理者退休或发生意外而引起的经营或继承问题；④帮助员工改进个人的工作技巧，把其能力和潜能尽量发挥，满足个人的成就感；⑤配合银行的其他政策及营运计划，提高员工长期的工作效率和生产力。

二、人力资源需求与供给预测

(一)人力资源需求预测

商业银行人才需求量预测是估算可能出现的人才供求情况的过程，其通常以组织中每个岗位所提供的全面需求信息为依据，对未来各类人员需求状况进行数量判断。

在需求变化缓慢的组织中，未来人员配置需求容易确定，因此可以合理地根据以往的人员模式和趋势来进行精确的预测。当情况变化很快的时候，确定人员配置计划需求就比较困难，但也正是在这种情况下计划对管理人员来说最有价值。在劳动力紧缺的地方，人员配置计划很重要，因为银行需要有针对性地开展人员招募活动。

当然，银行对人力资源的需求受许多因素影响。内在因素包括业务政策、结构改组、员工离职、业务扩充或收缩等。外在的、非关乎银行内部关系的因素包括社会的整体政治、经济及科技发展等情况。银行必须将这些因素预计到人力资源规划内，制订适当的计划，避免人力资源供求失衡而导致损失。

预测人力资源需求的方法主要有下列几种：①趋势预测法，即从以往的人力资源需求数据做出预测；②工作负荷预测法，即透过日常工作观察及问卷，估计每个岗位的工作所需的标准时间，再预测某一时期计划工作的工作量，推算出所需的工时，从而推测人力资源需求；③数量分析法，使用经济计量模型，将生产、技术、经济状况等因素并入一组方程式中，详尽地预测人力需求。

(二)人力资源的供给

人力资源的一般来源主要是本地的劳动力市场，而所需的不同专业人员则从不同的渠道聘任。以香港银行界为例，每年均从本地的大专院校吸纳大量毕业生充实专业督导层。在本地劳动力市场满足不了人力资源需求时，就需往外地劳动力市场寻找人才。接班人的安排是人事管理中的另一个重要问题。很多商业银行都会为一些较重要的职位培养接班人，以防这些职位的员工一旦离职或发生意外时，出现职位真空，影响整个机构的运作。

(三)人力资源需求与供给的协调

为了预测银行人才需求并将这种需求与供给相匹配，我们需要：

(1)了解我们未来的目标，了解未来的各项指标(收入、利润、营业额等)。

(2)组织平面图。

(3)有关工作活动和工作要求的知识。

(4)对技术及生产率变化的正确评价。

因为我们不能准确地知道未来银行需求、经营变化、经济环境、生产率及技术变化会是什么样的，所以，预测往往不是精确的，不像人们预期的那样。相比之下，我们不太在意预测的准确度，而更在意将预测作为进行人员配置活动规划的基础以启迪我们思考。

预测的主要作用是提供管理者能理解的、对管理者有用的信息。这个单一的预期结果就是一张未来人员需求预测表。预计的需求与供给从来不能完全相符。通过这个预测过程，必须对需求进行调整(例如，需要更少一些的雇员)或者对供给进行调整(例如，确定加速转换或增加人员招募)，直到使预计的人员供求达成平衡。

所以，管理者除了要分析银行内部人力资源的供应情况外，还要了解并检查现职员工的能力是否已得到充分利用及是否已妥善运用。管理者可就雇员的年龄、出勤和发展三方面进行检查：①雇员的平均年龄偏高，公司的薪酬及福利支出都会相应提高，人力资源的生产力就必须相应提高才算充分利用资源。同时，银行亦需着重培养接班人，让接班人学习将要接任职位的工作。②员工出勤率低自然令人力资源运用较差。③若能辅助员工订立个人事业发展目标，提供发挥潜能的机会，将有助于提高员工的工作效率。

三、人力资源规划的时间安排

商业银行人力资源规划分为三个时间段的安排。

长期规划一般是指时间在 8 年或 8 年以上的规划。长期规划的目的主要是保持商业银行业务经营的稳定性和业务发展的长期活力。人力资源的长期规划应当为商业银行在将来一个较长时间内开展的业务活动准备和培养人才，尤其是对商业银行的中高级专家型管理人才，做好适当的规划、吸收、培训和储备等各项人力资源管理工作。

中期规划，是指 4 年左右的规划。中期规划主要是适应银行在较短时间内业务发展和调整的需要，对一般管理人才做好规划、招聘、选拔和培养工作。

短期规划，主要是 1 年或 1 年以下的业务人力资源规划，规划的目的是要解决当前商业银行业务发展对人员的需要。短期规划要根据当前的业务需要合理地调配人员，并对银行业务人员进行短期培训，采取各种具体的激励措施和奖惩机制，在短期内提高业务运作效率。

第三节 商业银行人力资源的选择及开发

一、征聘

征聘制度的优劣直接影响到银行对未来人才的储备，是银行能否持续发展的重要一环，许多银行都建立一套完整的考核筛选体系作为征聘新员工的依据。

征聘是指寻找、筛选及聘请适当人选出任银行职位空缺的过程。目的是招聘合适的人选，并能对银行的运作作出最大的贡献。商业银行的征聘工作一般都由人事部负责。

(一)征聘的考虑因素

征聘时，考虑的因素包括：①银行的发展计划。②内部是否有适合人选可作调升，以填补职位空缺。③空缺职位的条件要求。④空缺职位的重要性及迫切性。较重要或较迫切需要填补的职位，倘若悬空会造成较大的损失，因而可动用较大的成本进行征聘，以期职位空缺尽快填补。⑤沿用的征聘方式是否已过时，不能再配合市场环境；是否需要采用其他的征聘方式。

(二)征聘方式

征聘的方式有很多，而采用哪一种方式主要视成本和效益状况而定。以香港的商业银行为例，一般会采取下列招聘方式：①学校招聘。经由大学及大专院校的就业辅导处招请员工，主要为聘请专业或见习管理人员采用的方式。②员工介绍。部分商业银行会依靠现职员工或朋友介绍人选，填补职位空缺。③刊登广告。在报纸、杂志和专业刊物上刊登招聘广告。近年，更出现专门刊登招聘广告的报纸，颇受雇主及求职者欢迎。

事实上，招聘不同类别的雇员，方法可以不同。

二、甄选

(一)甄选员工的准则

甄选应征者的准则，一般应包括学识、经验、工作能力及兴趣。不过，最关键的是不能忽略职位的确实需要。

(二)甄选员工的程序

银行收到应征者的求职信后，下一步就是要甄选最适当的人选去填补职位空缺。甄选程序一般包括：

(1)接见申请人。初步礼貌式接见，符合基本资格的便给予申请表格。

(2)填写申请表格。进一步了解申请人的资历是否符合资格。

(3)初步面谈。问题只环绕个人资料，并观察应征者的仪表、谈吐、教育水平及兴趣等。

(4)测验，如口试、笔试或小组讨论。可进行智力、性格及写作测验，从中了解申请人的应变能力、智力水平、合群个性及语言表达水平。

(5)深入面谈。安排考试合格的应征者参加。进一步了解申请人的抱负、专长及兴趣等。

(6)核实履历资料。透过书面或电话，向应征者的现任或前任雇主查询。确定申请人是否具备所填报的资历及从旧雇主或咨询人口中进一步了解申请人的工作能力和性格。

(7)安排有关主管会面。部门主管始终最清楚职位空缺的要求，所以由空缺所属部门主管会见及决定聘请哪个申请人是最合适的做法。

(8)体格检查。应征者到指定医疗机构进行常规体格检查,确定健康状况是否符合工作要求。

(9)录用。体格检查合格后,便予录用,并约定上班日期。

三、员工的培训与教育

(一)培训与教育计划的制订

商业银行应当根据银行业务发展近、中、远期目标及国内外经济金融形势变化情况,制订出不变教育计划与可变教育计划。不变教育计划在时间、人员及基本内容上保持相对稳定;可变教育计划则依据实践需要确定。培训与教育计划的制订采取自下而上和自上而下相结合。

1. 商业银行确定培训与教育计划的依据

培训与开发需求基于一种持续的个人开发计划。管理者每年评审其员工的需求,确定为在岗培训和教育计划提供所必需的支持。

(1)任务分析是确定培训需求的必要方法。可以采用各种方法来进行任务分析,包括进行详细的任务盘点、面谈或直接观察等。

(2)需求分析调查。无论是通过管理者面谈还是采用调查问卷,需求分析研究都能够确定组织中必须注意的主题。这种调查是开端调查,它要求被调查者提供相关培训与开发的观点和建议;这种调查也可以是结构化的,要求将调查的问题按相关需求进行分类。调查结果可以说明一般需求,也可以说明特殊的职能、产品或与工作相关的需求。

基于以上分析,银行职员的培训,按照培训的对象不同可以分为三类:第一类是对新招聘的一般职员的培训。即对银行新招聘的一般职员的适应性教育和上岗培训。这种培训包括两个方面,一方面是职工的适应性教育,另一方面是职工的上岗培训。第二类是对已在职的一般职员的培训。这是指对在银行的某个岗位上工作过一段时间,已经结束实习期的职工进行的培训。第三类是对银行中高层领导的培训。银行人力资源管理的一个重要方面是要提高现有职工的工作能力和适应能力,从而使一个人、一个工作小组或部门甚至整个银行拥有和释放出更大的能量来。而要达到这一点,就需要对银行现有的各类职工进行培训。并且,根据不同的需求确定不同的计划。

2. 员工自我培训计划

认真制订和执行培训计划是完成培训任务的关键。银行应要求全体员工每年要搞一个自我培训计划,并做到切实可行。如大通曼哈顿银行某员工在自我培训计划中这样写道:1—2月,对银行内部的基本环境和结构做一次调查。2—3月,对自身不足之处和对银行的不满之处做一个系统的总结。3—7月,主要对自己不足之处加以改善。7—12月,对银行的不足之处提出更好的建议。大通曼哈顿银行的培训计划,是在员工提出的新一年培训计划基础上,由总行制订,再由员工选择,如微机、写作、银行新业务等。然后,交员工所在部门审核并报上级部门。最后,由培训主管部门汇总、实施。

(二)培训与教育计划的实施

1. 设置专门培训机构和专职人员

设置专门培训机构和专职人员,在人事管理部门下属可设置1～5个培训处,并配备培训人员。

2.建立激励与约束机制

银行可将培训与晋级、提升、奖金紧密结合。使用这种办法可极大地调动员工主动参加培训的积极性。在大通曼哈顿银行搞了一个员工鉴定表，每人每年都要填写一次，其中是否参加培训是重要一栏，这栏的好坏关系到将来提资晋职的机会，在这方面大通曼哈顿银行的员工深有体会。

另外，商业银行还把培训与奖惩政策相结合。在银行规定表上加进这么一条："凡无正当理由且多次拒绝参加培训者，银行予以解雇。"以此来调动全体员工参加培训的积极性。

3.领导身先士卒

培训工作需领导身体力行，在大通曼哈顿银行，培训对每位领导来说已经是极为普通的事情。大通曼哈顿银行员工培训的成效与其领导带头参加培训是分不开的。在大通曼哈顿银行为了使高级主管了解新的信息，经常对他们进行快速培训；有时还要送到有关大学专门培训。大通曼哈顿银行每年也要抽出一部分时间培训银行领导等各级官员，该行教育工作主管曾把培训工作的主攻方向放在银行领导上。

4.全力支持学历培训

在银行，应要求技术性较强的工作岗位人员必须具备大学以上学历。为此，激励员工积极申请参加学历或学位培训。银行负责支付全部费用，学习人员的工资照发。但规定，只能业余时间学习。建立这种"资助自我开发"制度，企业自然增加了部分开支，但从长远看至少有两大好处：一是银行规模扩大时职工可以内部流动，尽快投入较大的工作空间；二是在银行进行技术调整时下岗职工可以增加谋职机会。

5.企业文化培育

企业文化是20世纪80年代发展起来的管理理论，是文化、经济和管理相结合的产物。企业文化基本的定义就是指一个企业的价值观、道德规范、行为准则、规章制度等内容。企业文化决定着为了企业的长远发展员工应当遵循什么样的原则、什么事必须要做、什么事一定不能做、必须以什么样的方式做事等等。

企业文化塑造最根本的作用就是升华企业员工的思想境界，使企业的管理层次得以升级。没有企业文化塑造的企业管理主要依靠各级领导的检查、监督、督促、内部冲突处理等，使企业的领导者陷身于繁忙的琐事当中。而企业文化塑造优异的企业实现了各级员工发展目标和价值取向的一致，内部冲突会大大减少，其管理更多的是依靠员工的自我管理，领导者可以集中精力于企业的长远发展。

企业文化是一贴看不到的粘合剂，它把企业的员工紧密地凝聚在一起，为了共同的发展目标和价值取向共同奋斗。

企业文化是公司能否拥有核心竞争力的根源，企业文化又分为三个层面上的文化：产品文化、制度文化及价值文化。

如果说人力资源管理是公司发展的动力源泉，那么企业文化则是公司发展的润滑剂。优秀的企业文化能让公司效率大幅度提高。

一个优秀的企业背后都有一种优秀的企业文化在支撑。海尔"真诚到永远"的负责精神，微软的"让全世界每一台桌子都有一台运行着微软软件的电脑"远大理想，TCL的"为顾客创造价值"等口号或方针都是一种强大企业文化的体现。强大的企业文化对员工是一种强大的精神支持与鼓励，从某种意义上讲，它是激励员工为企业为自身创造价值的最深层次的动力。如果一个公司发展非常稳健良好，其背后必定有一套完善合理的企业文化为后盾。反之，如果一个公司发展出现了问题，首先我们必须检查的是其企业文化是否出现了问题——有什么样的企业文化就有什么样的员工与产品，有什么样的企业文化就有什么样的市场策略与发展方向。

强调银行文化培育的根本目的在于造就高素质的"银行文化人"。因此，我国商业银行文化建设的基础是银行人全方位的素质教育；核心是培育正确的银行人的价值观(义利观)。由此产生的带有公德特征的职业道德、责任感与使命感及其派生的创新意识、风险意识、忧患意识、凝聚力、团队精神等，构成了我国商业银行文化建设的主要内容。它对于增强银行自律、防范和控制风险具有极其重要的意义。要真正营造出我国商业银行文化氛围，除在观念、意识、精神上启发、诱导、滋养之外，尚需建立健全素质教育制度、用人制度以及人力资源开发制度等作为必要的保障。

6. 重视知识结构

"未来企业的竞争优势之一就是公司内部员工的知识结构有一种互补的优势。"任何一个行业的发展都需要多种知识结构的人才，如果内部人才的知识结构能够互补，这将会给公司构建一个强有力的交流平台，各种发展的问题、竞争的问题、产品的研发问题都可以在这个平台上得到很好的解决，而不需借助外力。最明显的互补性知识结构的企业是麦肯锡公司，其之所以能成为世界最著名的战略咨询公司，为各个行业的公司作管理咨询，靠的就是麦肯锡内部拥有各种知识结构的优秀人才。

(三)合理的用人制度

科学合理的用人制度不仅是商业银行人力资源管理中不可缺少的重要制度，而且是商业银行稳健发展的根本性制度。摩根银行董事长刘易斯·普莱斯顿说过："使摩根银行与众不同之处开始于人员招收阶段。"曾任花旗银行董事长的沃尔特·里顿也有过类似的说法："年复一年，我们招收、培训和激励我们能在世界上找到的最出色的男男女女。"两位银行家讲的都是关于用人制度问题。商业银行用人制度的建设主要包括：一般员工的录用制度和银行家制度两个方面。

1. 一般员工录用制度要点

(1)学历要求。不可否认，一般情况下，学历状况代表着知识水平。商业银行是知识密集型部门，银行各级机构在录用员工时应根据需要与可能制定出学历要求。对于大专院校毕业生，则不仅要考核其学校成绩，还要考察其思想品行。

(2)资格证。商业银行经营管理对知识技能专业化程度要求较高。因此应建立规范的银行业进入资格证制度。国家或银行同业协会应制定类似目前"注册会计师资格考试"的银行资格考试内容与规则，通过资格考试，是进入商业银行的基本条件，杜绝银行用人制度中以权谋私、行政干预、优亲厚友、"鱼龙"混入的现象，改善职工业务素质参差不齐的状况。

(3)试用制度。学历及资格证并不意味着实际能力。因此，商业银行有必要建立为期一年至少半年的试用制度。在试用期内，对其知识水平、业务能力及品行表现进行跟踪记录，最后根据综合评价结果确定是否正式录用。

(4)品行模拟实验。银行是经营货币的机构，货币是人类赖以生存的物质财富的一般价值形式，特别是在人们物质生活尚未丰富的条件下，它对于现实世界的人们来说，是一种"敏感"

或具有一定诱惑力的东西。这样,银行从业人员对待物质利益的观念、道德及其支配下的行为就显得格外重要。模拟实验就是通过人为设计特定的事件及环境,来考察测试包括试用期及非试用期银行从业人员职业品行的一种方式,借以进行人员淘汰,净化员工道德素质。

2.银行家制度要点

(1)对银行家的素质要求。银行家是银行人群体的核心,商业银行价值观、道德观、责任感等思想意识与精神将在银行家身上集中体现,造就银行家便是造就"银行文化之魂"、"银行之魂"。因此,对银行家应有高于一般银行员工素质的要求。如果将商业银行作为一个企业,则银行家亦即企业家。早在1800年一位法国经济学家创造了"企业家"一词。他说:"企业家把经济资源从生产率和产出较低的地方转移到较高的地方。企业家运用新的形式创造最大限度的生产率和实效,企业家不去追求风险,他们追求机会。"美国管理学家斯蒂芬·P·罗宾斯博士在《管理学》中写道:"研究结果使我们得出对企业家的一般性认识,他们趋向于独立担当解决问题、设定目标和依靠自己的努力实现目标的责任;他们崇尚独立和特别不喜欢被别人控制;虽然他们不怕承担风险,但他们决不盲目地冒险,他们更愿意冒那些他们认为能够控制结局的风险。"处在商业银行这个特殊行业、最精巧复杂机构的银行家,除应具备企业家的一般素质外,还应具备具有行业特性的素质。具体包括:①广博的知识水平;②高尚的价值观、道德情操;③强烈的责任感、事业心、风险意识;④敏锐的洞察力与创造力;⑤较强的人才观念及对群体活动的协调、组织才能;⑥良好的自律能力。尤其是风险意识及其抗御风险的实际能力,应予以特别的重视。

(2)银行家的产生与淘汰。银行家应产生于"银行人"群体中,产生于银行经营管理实践中,只有银行家驾驭的商业银行才有可能在竞争激烈、复杂多变的市场中发展壮大。因此,随着我国银行制度总体改革的进行,应改变银行尤其是国有控股商业银行"官本位"的体制,不比照国家机关设定行政级别和官职,由德才兼备的专家充任各级行长(经理)。银行家群体也应该吐故纳新,根据其业绩状况优存劣汰,保留或取消市场准入资格,不实行"异地为官"制度。

3.创造人才脱颖而出的环境

(1)对人才的考察、选拔和使用既要着眼于工作能力与工作业绩,也要综合分析发展潜力;

(2)领导干部提拔人才必须任人唯贤,而不能任人唯亲;

(3)全行上下要造成尊重人才的良好风气,领导要对人才政治上关心、工作上支持、生活上照顾;

(4)改善工作条件,包括提供满意的工作环境,解决各项困难,如工作、住房等方面的困难。

第四节 商业银行人力资源的激励约束及绩效评估

商业银行人力资源风险管理是商业银行优化人力资源配置的关键所在。通过此项管理可以防范"内部人"控制风险、人才流失风险、人才闲置风险以及内外串谋和个人道德风险等,使人力资源管理成本降到最低点。商业银行人力资源管理的实现,就是要按照现代金融企业人力资源管理的要求,坚持员工能上能下、能进能出,分配与绩效挂钩的原则,实行严格的考核制度和淘汰制度,建立市场化人力资源管理体制和有效的激励约束机制。

一、商业银行人力资源的约束

约束机制大体可分为内部约束和外部约束。

(一)内部约束

内部约束即企业和人力资本之间的约束,主要有四个方面的约束措施。

1.公司的章程约束

人力资本在某个企业中,第一道约束就是公司章程的约束,也就是任何人力资本在本公司工作就业,就必须效忠本公司章程。企业中的所有人都必须服务和服从于公司章程,因为公司章程是企业的宪法。这就叫公司章程的约束。

2.合同约束

任何人力资本进入到某个企业就业,都必须要签订非常详尽的合同。这种合同对企业商业机密的保护、技术专利的保护、竞争力的保护都要体现出来。一旦违反合同规定,就要受到有关法规的制裁。

3.激励中体现约束

也就是说,在实行各种激励机制的本身,就体现了约束。因此,国际上对人力资本的激励往往是实行期权,期权一般5年才能行权。很简单,只有在5年连续达到要求才能行权,这种激励本身就代表约束。而且,国际上给人力资本的岗位工资、期权、福利补贴、年终奖励等等的经济利益虽然很高,但是钱是不能都马上拿走的,例如年终奖当年只能动用30%左右,统统都在每个人在企业中的自己的账号上留着。一般规定年终奖都是3年以后才能全部用,这本身就带着约束。

4.机构约束

所谓机构约束,就是指非常注重完善企业的最高决策机构。把人力资本和企业之间的摩擦与矛盾,演化成人与机构之间的矛盾。不能把企业与人力资本之间的矛盾变成人与人之间的矛盾。就是说,不要演化成人和人之间的矛盾而是应表现为人和机构之间的摩擦。这样一来,对整个人力资本的约束就会产生有效的约束。如果总是人与人之间的摩擦,这时候摩擦就很难使人力资本受到正常的约束,因为人与人之间的约束会加进个人的好恶,所以往往要把人与人之间的摩擦转化成人与机构之间的摩擦,这就要非常重视企业决策机构的完善。

(二)外部约束

外部约束即社会对人力资本形成的一种约束,大致有以下几方面内容。

1.法律约束

法律约束就是从法律方面对人力资本要形成约束,这是强制性的约束。这就需要有一个体现人力资本约束机制的有关法律体系。比如说人力资本构成中有一个很重要的组成部分叫职业经理人,但我们现在还没有职业经理人法。按照立法的原则与程序来讲,当社会上形成了一个阶层的时候,就应该对这个阶层立法,比如说教师就有教师法。

2.道德约束

道德规范的约束,虽然是无形的,但它却有着强大的震慑力。所以人力资本作为重要的社会阶层,应该有自己本身的职业道德,这是必须要建立起来的。

3.市场约束

市场约束就是人力资本作为一种资本的流动要通过人力资本市场,这种市场对人力资本应该起到一个很重要的约束作用。在西方国家，人力资本市场上每个人力资本的整个档案记录都很齐备，流动规则也很明确，入市有标准。比如说对某些职业经理人或者技术创新者，要求学历必须是达到什么程度以上，如果符合这个标准，才能进入人力资本市场。

4.媒体约束

媒体约束实际上是很重要的约束，这是应该承认的。但是要强调的是，媒体约束必须遵守一个准则，就是对这种新闻的炒作，应该有利于企业的发展。不要为了炒新闻而炒新闻，而是要有利于企业的发展。

二、商业银行人力资源的激励

人力资源的核心问题就是激励机制的问题，一套健全有效的激励机制对吸引优秀人才的加盟及留住骨干员工有着非常重要的作用。

(一)双阶梯激励机制

双阶梯激励机制(dual ladders)也叫双重职业生涯路径(dual career paths)，于20世纪50年代中期首先在美国一些企业实施。它是为了给组织中的专业技术人员提供与管理人员平等的地位、报酬和更多的职业发展机会而设计的一种职业生涯路径系统和激励机制。即对于专业技术人员来说，职业生涯可以有两条平行的路径：一条是管理职业生涯路径，即管理阶梯(managerial ladder)，一条是技术阶梯(technical ladder)。在两条路径的平行层级结构中，相同级别的人员具有同样的地位、报酬和奖励。使走技术阶梯的人员能与管理人员享有平等的发展机会和发展层级。同时，这种双阶梯机制允许技术人员自行决定其职业发展方向。但是，对于沿管理阶梯发展的人员而言，却应避免横向转移到技术阶梯，以免使技术阶梯成为收容管理人员的“垃圾场”(dumping ground)。

双阶梯激励机制坚持的基本原则是：①双阶梯的平行平等原则。即对于技术人员在资质、技能、责权、绩效、利益等方面构建起梯度结构，为技术人员提供与管理人员平行平等的技术发展之路和晋升之梯。②双阶梯的明确细分原则。因为管理阶梯基本上与组织结构一一对应，比较容易细分。但技术阶梯要明确细分却有相当的难度，需要明确细分技术阶梯的种类和台阶高度，为每个人才拾级而上，营造充满发展期望的职业空间。

(二)情感管理的激励机制

商业银行在人力资源管理中，不仅要注重规则的运行，而且要在情感管理上下工夫，以此来增强企业的凝聚力，推动企业的科技进步和生产经营更好地适应市场需要。情感管理是通过情感的双向交流和沟通实现有效的管理，进而激励员工。情感管理注重人的内心世界，根据情感的可塑性、倾向性和稳定性等特征进行管理，其核心是激发员工的积极性，消除员工的消极情绪。情感是影响人们行为最直接的因素之一，任何人都有渴求各种情绪的需求。按照心理学的解释，人的情感可分为利他主义情感、好胜情感、享乐主义情感等类型，这就需要我们的领导干部不断地关心群众的生活，敢于说真话、动真情、办实事，满足人们物质需要，关心群众的精神生活和心理健康，提高一般员工和各类人才的情绪控制力和心理调节力。对于他们事业上的挫折、感情上的波折、家庭上的裂痕等各种“疑难病症”，要给予及时“治疗”疏导、绕弯子、解扣子，要大力开展社会公德、职业道德和家庭美德教育，以建立起正常、良好、健康的人际关系、个人与群众的关系；要营造出一种互相信任、互相关心、互相体谅、互相支持、互敬互爱、团结融洽的同志氛围、朋友氛围、家庭氛围；要切实培养人们的生活能力和合作精神，增强对本单位的归属感。例如“走动式管理”就是鼓励企业主管走出办公室，深入现场，与各层次各类型人员接触、交谈，加强感情沟通，建立融洽关系，了解问题，征求意见，贯彻实施企业的战略意图。开放的沟通政策为促进员工的关系，鼓励和增强员工参与意识提供了双向沟通渠道策略。

(三)民主管理的激励机制

民主管理是让员工共同参与决策，强调企业发展与员工的关系，以命运共同体的形式调动员工参加管理的积极性，使员工产生主人翁责任感，激励员工充分发挥积极性。让员工经常参与企业重大事情的决策与管理，鼓励员工多提出合理化建议，并对企业的各项活动进行监督，那么，员工就会亲身感受到自己是企业的主人，企业的前途和命运就是个人的前途和命运，个人只有依附或归属于企业才能发展自我，这样就会激励员工全身心地投入到企业的事业中来。此外，民主管理不是挂在口头上的辞令，而是确确实实体现在日常工作之中的。

(四)自主管理的激励机制

自主管理是现代企业的新型管理方式，是民主管理的进一步发展，它主要是员工根据企业的发展战略和目标，自主制订计划、实施控制、实现目标，即“自己管理自己”，它把个人意志与企业的意志统一起来，使每个人心情舒畅地为企业作贡献。因此，企业家要充分信任员工，承认其自主性，实行弹性工作时间制。一个社会的运行必须以人与人的基本信任做润滑剂，不然，社会就无法正常有序地运转。信任是加速人体自信力爆发的催化剂，自信比努力对于成才来讲更为重要。信任激励是一种基本激励方式。干群之间、上下级之间的相互理解和信任是一种强大的精神力量，它有助于单位人与人之间的和谐共振，有助于单位团队精神和凝聚力的形成。领导干部对群众的信任体现在相信群众、依靠群众、发扬群众的主人翁精神上；对下属的信任则体现在平等待人，尊重下属的劳动、职权和意见上，其表现为“用人不疑，疑人不用”和放手使用。刘备“三顾茅庐”力请诸葛亮显出一个“诚”字；魏征从谏如流，得益于唐太宗的一个“信”字。这都充分体现在对人才的充分信任上。只有在信任基础之上的放手使用，才能最大限度地发挥人才的主观能动性和创造性。

(五)文化管理的激励机制

从情感管理到文化管理，人本管理层次向纵深方向推进。文化管理是人本管理的最高层次，其核心是精神管理，通过企业文化的培育、管理文化模式的推进，使员工形成共同的价值观和共同的行为规范。实行文化管理的全部着眼点在于“人”，在于人的灵魂、情感、需求、态度、潜能和人与人、人与组织之间的和谐协调。优秀的企业文化会产生一种尊重人、关心人、培养人的良好氛围，产生一种精神振奋、朝气蓬勃、开拓进取的良好风气，激发组织成员的创造热情，从而形成一种激励环境和激励机制。这种环境和机制胜过任何行政指挥和命令，它可以使组织行政指挥及命令成为一个组织过程，从而将被动行为转化为自觉行为，化外部压力为内部动力。

三、商业银行人力资源绩效评估

商业银行人力资源的绩效评估为商业银行提供了一个阐明绩效目标与标准以及提高员工工作绩效的重要手段。它提供了影响薪酬、晋升、停职、培训、调动及其他行动的决定依据。绩效评价被用于激励和指导员工进行目的性更强的个人技能和能力开发活动。在某种程度上，这是绩效管理的一个最为重要的目的和实施有效管理的一个十分重要的手段。

(一)人力资源绩效评估的功能

1. 训练与发展

评估结果可以显示员工的优点、缺点,银行据此便可因各自需要,给予适当的训练,以改正员工的缺点,发挥其优点。

2. 升迁的标准

银行对表现佳、潜力高的员工可加以栽培,适当时候予以提升。反之,对表现欠佳的员工,银行便要探求问题所在,尝试帮助其改善;如果仍没有改善,则可考虑将其解雇。

3. 薪酬管理

根据员工的工作表现,制定合理的薪酬水平,务求工作表现与薪金能互相配合,以激发员工的积极性。

4. 沟通工具

上级可以利用工作评估的数据作为基础,与员工讨论工作中存在的问题,商讨改善或解决的方法。

(二)人力资源绩效评估系统的设计

完善的评估系统应具有下面五种特性:①贴切。用来评估员工的指标必须能切实反映其工作绩效。②敏感。评估准则一定要能正确分辨出有效和缺乏效率的员工。③可靠。利用评估系统,由不同的主管或评估员对同一员工所作的评估结果应该相差不远。④为人接受。评估系统必须得到评估员和被评估者接受。⑤可行。评估系统不能太复杂,使用者易于明白,用得其法。

(三)人力资源绩效评估系统

1. 评估目标和范围

根据每一工作岗位的特殊性质,抽取其中最重要的成分或项目,然后依据这些成分或项目对员工做出评估。

2. 评分标准

评分标准可以根据银行目标、业务标准、时间工序分析等资料来确定。

3. 评估人员

评估工作可以由不同职级的人员进行,最常见的是由上级评估下属,其次是自我评估及同事互评。由于评估者必须充分了解被评估者的工作表现,并且要没有偏见,所以,商业银行一般多采用上级评估下属的方式。

4. 评估时间

每次评估跟上一次相距的时间要视情况而定,一般是每年进行一次。为较快回应员工的工作表现,以帮助其改善工作,比较好的方法是半年评估一次,然后以平均积分作为该年度员工的业绩表现。

5. 评估方法

主要采取行为评估(将被评估者的成绩与其他人的成绩或一些标准作比较)和成效评估(着重评估是否达到了绩效目标)的方法。

6.评估结果反馈

评估人员在做出评估后,应该向有关员工解释评估的标准及自己评分的依据,并向员工提出改进的方法。另一方面,亦应该让员工提出不同的意见,以防评估者有偏差错漏。

(四)人力资源绩效评估的方法

1.叙述性评价

叙述性评价描述员工绩效行为的长处和不足。在使用该方法时,需要用确定的绩效期望值帮助管理者做出判断。如果没有有效的绩效评价标准,叙述性评价通常会非常主观,针对被评价人的素质而非实际绩效。而且叙述性评价是最费时间准备的和最难以分析和解释的。然而,它是一种普遍应用的方法,使评价人在考虑个人全面绩效时能有最大的灵活性。

2.指标考核法

(1)银行员工的道德素质考核。①历史对比分析法,是将商业银行人员过去的表现与现在各方面的表现进行对比,根据人员道德品质的继承性与革新性特点,做出综合判断的办法。这种方法的优点是可以结合有关人员的发展过程,从时间上对有关人员做出较为全面的分析;其缺点是容易导致简单地以过去推现在、以偏概全等弊端。②环境实验考核法,则是设计一些实验环境,如在有关人员的工作环境中,故意设计一些环境方面的缺陷,给被考核人员造成一种监管不严或无人监管的假象,给被考核人以可以出错且不会被发现的错觉,并注意在这一环境下观察被考核人员的所作所为,根据其行为对其做出评价。这种方法的优点是准确、客观、真实;缺点是成本高,有时还存在持续阶段过长等问题。③调查分析法,是通过对与被考核人员有关的不同人的调查,综合相关人员对被考核人员的评价,做出结论的一种方法。这一方法的好处是对被调查人员有较为充分的了解,能较为客观、公正地做出评判,且成本较低、时间较短;但也存在面对差异较大的意见如何进行综合、不同意见如何进行取舍的难处,也可能因此导致评判有失偏颇或以偏概全的问题。

(2)银行员工的智力素质考核。对智力素质的考核主要可以通过临场问答、工作评价、人际调查、理论研讨等形式加以考察。临场问答,即临时性、带一定突然性地对被考察对象提出智力性问题,根据回答的正确性、准确性、迅速性等做出评判的方法。这一方法对考察员工的应变能力、反应能力、临机决断能力等较为有效,存在的主要问题是难以将应变能力与"慢工出细活"的工作方式相区别。工作评价是通过被考核人员所完成的有关工作的质量、水平、完善程度等对其智力素质做出的评价。人际调查是通过对与被考核人员相关的其他人对其智力水平的评价来完成对被考核人员的考核的一种方法。

(3)银行员工的业务素质考核。对经办不同业务的员工,虽然业务素质要求各不相同,但其考核办法具有以下共同点:一是熟练程度,二是对相关业务的了解和认识程度、对业务经营过程中可能遇到的相关问题的处理水平等。熟练程度一般可以通过被考核人员在完成业务过程中的成功率、准确率、平均耗用时间、对相关设备使用的熟练性等方面加以评定;而对相关业务的了解和认识,则可以通过设计其他业务环境、询问相关业务与自身业务的联系等进行评判。对业务骨干或业务主管人员的考核,还必须注重对业务过程中可能遇到的相关问题的处理水平的考核,因为商业银行业务不可能都是完全相同的,客户的要求也可能各不相同,既有按部就班的内容,也有随机应变的业务,而且可能会遇到多种多样的情况,能否灵活处理相关问题是业务人员的一个基本素质,必须注意考核。

3. 目标评价法

在企业注重“人们所完成的事情”(what people achieve)的时候，需要用以目标为基础的评价。在注重“人们所做的事情”(what people do)的时候，需要用以行为为基础的评价(例如根据行为设定的等级)。在注重“人们是什么”(what people are)的时候，需要用以能力为基础的评价，注重个人开发。一个特别工作组开发了一种比较灵活的绩效评价方法，叫做绩效反馈与开发(performance feedback and development)。目标由雇员及其管理者在年初确定，并写入文件和得到上一级管理者的批准。6个月后进行中期评价，这种评价可以是口头的但要有书面认可。最后根据目标进行的评价在年底形成书面评价并与雇员一起进行讨论。重点强调绩效反馈与改进。因此，绩效增长讨论会在评价之后一到两个月里进行，它说明如何确定绩效提高。

4. 自我评价法

自我评价可使员工知道企业披露有关绩效评价信息时承诺的用意，同时明白不必苛求管理者评价的客观性。经验表明，员工对自己绩效的评价比管理者所做的评价更重要。

四、商业银行人力资源的退出机制

商业银行员工的退出，可分为直接退出与间接退出、退职与退位、降职与换位等方式。所谓直接退出，就是原银行员工直接完全退出银行，成为与银行不相关的人员。如对违背商业银行法规定向关系客户发放贷款而屡教不改的信贷人员，对其直接辞退、开除。间接退出，常用于银行里资格较老、贡献较大或职位较高的员工或管理人员。在我国由于当前社会保障体制还不完善，完全采用直接退出方式不可行的情况下，可以通过将有关人员从银行主要业务部门转到次要部门、从核心部门转到外围部门、从待遇较高的部门转到待遇较差的部门甚至将其转到银行附属的其他企业或机构中，这也是一种让不合格人员退出银行的方式。退职是指从原任职务退出，如对某些严重违规的人员开除公职、留行察看。降职则是指从原任较高职务改任较低职务的一种方式，如由原任经理改任主管。降位是从原任较高职位改任较低职位，指将不合格现任职级但还可以使用的某些人员降级。如对一些原高级信贷员，由于其知识更新跟不上银行发展的需要、工作效率降低时，可以将其降为中级信贷员。退位指某些员工从原任经理级高级主管退出，成为一般员工。换位则是指将员工从原任职位上换到其他职位的一种方法，这主要用于员工不能胜任现任职位或更适合于其他职位的情况。当前我国商业银行也逐步建立了一些退出机制如招商银行的待岗培训制度、华夏银行的人才库制度等，对不称职、不合格、不能胜任当前工作的人员进行分流和培训，并进一步加以筛选、使用，这种办法值得推广。

由于员工的退出方式多种多样，给银行人事部门处理具体问题带来了较大的灵活性，同时也容易导致员工对人事部门的处理产生误解，即对考核结果相似的员工，在处理方式差异较大时，容易使员工错误地认为人事部门不公正，并可能因此导致人事部门的管理低效率。对此，人事部门必须耐心做出解释，并尽可能地对有关人事调动的原因公开化、制度化。

本章小结

商业银行人力资源管理是商业银行管理的一个重要组成部分，为商业银行完善管理内容、提高管理水平提供了新的视角。本章主要介绍商业银行人力资源管理概述、商业银行人力资源管理规划、商业银行人力资源的开发、商业银行人力资源风险管理等内容。通过本章的学习，要求了解商业银行人力资源管理的整体思路；理解商业银行人力资源管理的重要意义；掌握人力资源管理的技巧。

关键术语

人才需求量预测 人力资源需求与供给 双阶梯激励机制 人力资源绩效评估

思考与练习

1. 简述商业银行人力资源管理的含义。
2. 商业银行人力资源管理的原则是什么？
3. 如何协调商业银行人力资源的需求与供给？
4. 简述商业银行人力资源的选拔与开发。
5. 试述商业银行人力资源的约束与激励。
6. 如何理解商业银行人力资源的退出机制？

第十四章　商业银行经营绩效评价

本章要点

1. 商业银行绩效评价的含义
2. 商业银行绩效评价的方法
3. 商业银行绩效评价的指标体系
4. 商业银行绩效评价的基础
5. EVA 绩效评价方法在商业银行的应用

第一节　商业银行绩效评价概述

一、商业银行绩效评价的含义

对于绩效内涵的理解存在着三种基本观点，即“绩效为结果”、“绩效为行为”、“绩效为能力”。伯纳丁(Bernardin)等人将绩效定义为“在特定的时间内，由特定的工作职能或活动产生的产出纪录，工作绩效的总和相当于关键和必要工作职能中绩效的总和(或平均值)”。这种观点是“绩效为结果”的典型观点，基于这种理解，研究者认为注重目标与结果的差异是绩效管理的一个好办法。墨菲(Murphy)等人将绩效定义为“一套与组织或个体所工作的组织单位的目标相关的行为”。坎贝尔(Campell)等人针对超职责行为的讨论已经说明了绩效作为行为的观点存在许多困难。随着人们对前两种观点缺陷的认识，以能力作为绩效的观点得到了广泛的使用。

由于上述观点只涵盖绩效的某个方面或立足于某个角度，因此都是不完整的。对于绩效最合理、全面的认识应该是：绩效既是结果，也是过程。它不仅包含了产出，也包括了经营管理过程的各种行为因素。

现代的银行绩效评价正是在以上综合性观点的影响下诞生和发展的。它是商业银行从自身的企业性质出发，结合经营的结果和过程，运用一系列财务、非财务指标和一定的评估方法，对商业银行经营目标实现程度进行考核、评价的过程。具体讲，就是采用一系列财务指标和一定的评估方法，对银行经营目标实现程度进行考核、评价。主要涉及以下三方面内容：首先是认识银行的经营活动和结果；其次是设计一套指标体系将报表信息结合起来，以便从多个角度全面考察银行经营业绩；最后应用一定分析方法对指标数据进行分析处理，从而对该银行的绩效进行评估。并在此基础上将信息反馈，为各信息使用者服务。

二、商业银行绩效评价的利益相关者

现代商业银行是按照现代公司制组织模式成立的金融企业，是通过契约关系结成的通过金融服务来创造资金的团队，投资者、银行家、职员、存款人和其他债权人等构成银行的相关利益关系人，协调各方利益的一系列制度形成银行的治理结构而商业银行的治理结构直接影响到各方利益关系和最终的绩效。因此，绩效评价主体包括银行的各利益相关主体。

目前，我国四大国有控股商业银行已股改上市，有效推动了商业银行现代化管理制度的建立。在这一现代化的管理制度中，绩效评价关系重大，它代表着不同的利益主体对绩效评价信息的不同要求。商业银行股东关注银行的经营绩效是因为银行绩效的好坏直接影响到银行股票的价格，能否实现银行股东利益最大化，银行的经营绩效是一个起决定性作用的因素；投资者关心银行绩效是因为只有好的经营绩效才是投资者安全地获得较高投资回报的基本前提；存款人关心银行的经营绩效是出于保证自己存款安全的目的；监管机构关注银行的经营业绩是出于保证银行经营安全、维护社会稳定和保持公众对银行充满信心；商业银行的高层管理者关注银行的经营绩效一方面是对自己管理银行工作的肯定，另一方面是对银行雇员进行奖惩的重要依据。

综上所述，各利益相关者出于利益分享的不同，会有不同的信息要求。但是其总体目标应该是一致的。即商业银行应该具有最大化的股东价值和良好的发展前景。这一愿望将各个利益相关者牢牢地拴在了一起。

三、商业银行绩效评价的方法

（一）比率分析评价法

比率分析法是指对同一会计期间的相关数据互相比较，求出它们之间的比率，用以分析财务报表上所列的项目与项目之间的相互关系，从而对银行财务状况和经营成果作出概括性判断的一种方法。为了切实加强银行业的监管，督促商业银行稳健经营，根据我国商业银行的实际情况和现行的财务会计制度，股份制商业银行风险评级指标体系主要包括：资本充足比率、资产安全状况比率、管理状况比率、盈利状况比率、流动性比率和市场风险敏感性比率等。

（二）比较分析评价法

比较分析，就是对同一银行的两期或两期以上的资产负债表、损益表等报表中的期间项目数据进行比较分析，从而得出有关银行财务状况变动和经营管理水平信息的一种分析方法。比较分析法主要有两种。

1. 绝对数字增减变动分析

绝对数字增减变动分析，就是观察财务报表中本期与前期或其他会计时期同一项目绝对数的增减额，从中判断银行经营活动的大致变化。

2. 百分比增减分析

将增减变动数字与选定的基准年度相同项目的绝对数字相比，确定一比例数字，以显示不同年度增减变动的相关性，使分析结果一目了然。

（三）结构分析评价法

结构分析，就是把资产负债表的资产及负债、所有者权益总额，分别作为100%，然后求出各科目占总额的百分比，再编制出百分比资产负债表（或利润表等），用以反映其内容的方法。

(四)时间序列分析评价法

时间序列分析(时间数列或动态数列),是将某种现象的一组观察值,按时间先后顺序排列所形成的数列。例如,贷款余额按年次排列,形成一个时间序列,存款发生额按月次顺序排列,也形成一个时间序列。时间序列一般表示为 $y_1, y_2, y_3, \cdots, y_t$;$t$ 为时间。

时间序列由两种因素组成:一种是观察数据所属的时间,另一种是序列水平的观察数据。时间和水平这两个因素统称为时间序列的构成因素。

时间序列预测法是通过编制和分析时间序列,根据时间序列所反映出来的发展过程、方向和趋势,进行类推或延伸,借以预测下一时期或以后若干时期可能达到水平的方法。

(五)杜邦分析法

银行的经营业绩是一个包括多个因素的完整系统,其内部因素相互依存、相互影响,比率分析方法人为地将银行业绩分为4个方面,割裂了相互间联系。综合分析法弥补了这种不足,将银行盈利能力和风险状况结合起来对银行业绩做出评价。杜邦分析法是一种典型的综合分析法,其核心是净值收益率,该指标有极强的综合性。杜邦分析法透过综合性极强的净值收益率指标,间接体现了银行经营中各方面情况及它们之间的制约关系,可以以此对银行业绩进行全面的分析评价。

综上所述,商业银行绩效评价方法主要有比率分析法和综合分析法。比率分析法以指标体系为核心,结合比较分析法和结构分析法,从不同角度对商业银行绩效进行评价。综合分析是将商业银行的经营业绩看成一个系统,从系统内盈利能力和多风险因素的相互制约关系入手进行分析。但是,以上分析方法中前四种的片面性是不言而喻的,而第五种评价方法虽然比较全面,但其缺陷也是非常明显的。如:不完全符合商业银行追求股东财富最大化的要求;没有反映商业银行的现金流量;分析方法上也有局限性。该方法局限于事后财务分析,事前预测、事中控制的作用较弱,不利于计划、控制和决策;其资料来源于财务报表,未能充分利用管理会计的数据,不利于加强内部控制;没有按照成本性态反映成本信息,不利于成本控制。所以,本章将选用更为科学的EVA方法进行绩效评价。

第二节　商业银行绩效评价的基础

一、商业银行的收入分析

(一)收入的概念及特征

收入,是指企业在销售商品、提供劳务及让渡资产使用权等日常活动中形成的经济利益的总流入。收入不包括为第三方或者客户代收的款项。

收入具有以下几个方面的特征:

(1)收入从商业银行日常活动中产生,而不是从偶发的交易或事项中产生。

(2)收入可能表现为商业银行资产的增加,也可能表现为负债的减少,或者两者兼而有之。

(3)收入能导致商业银行所有者权益的增加。收入能增加资产、减少负债或者两者兼而有之。故根据“资产=负债+所有者权益”,商业银行取得收入一定能增加所有者权益。这里仅指收入本身导致的所有者权益的增加。

(4)收入只包括商业银行自身经济利益的流入,不包括为第三方或者客户代收的款项。

(5)收入必须是能以货币计量的。收入作为会计要素之一，必须同其他要素一样能以货币来衡量其价值，从而为收入的确认、计量、记录和报告提供准确的依据，亦便于与其相关的费用配比，体现一定期间的经营成果。

(6)收入必须要与其相关的费用配比。

(二)收入的分类

1.按收入的来源分类

按收入的来源分类，收入可分为主营业务收入和其他业务收入。

(1)主营业务收入是商业银行为实现其经营目标而从经营活动中产生的经济利益的流入。如商业银行贷款和办理结算业务的收入。

(2)其他业务收入是主营业务以外的其他日常活动产生的经济利益的流入。

2.按所反映的经济内容分类

按所反映的经济内容分类，收入可分为利息收入、中间业务收入、金融企业往来收入、其他营业收入、汇兑收益、投资收益、营业外收入等。

(1)利息收入是指银行向客户发放贷款按国家规定的利率计算的利息收入，包括贷款利息收入和贴现利息收入。利息收入是银行主要的收入来源，有些国家的银行其利息收入占总收入的90%以上。但从趋势上讲，银行中间业务和衍生金融交易的收入所占比重越来越高。银行利息收入受多种因素制约，既取决于市场需求、法定准备金率、利率政策等外部因素，也受到银行自身经营策略影响。总的说来，利率越高，生息资产比重越大，所获利息收入也就越多。

(2)中间业务收入是指银行办理结算业务、咨询业务、担保、代保管等代理业务以及办理委托贷款及投资业务等取得的手续费等中间业务的收入，如结算手续费收入、业务代办手续费收入、基金托管收入、咨询收入、担保收入、委托贷款手续费收入、代保管收入、保管箱租金收入等。银行的手续费等中间业务收入应当在向客户提供相关服务时予以确认。

(3)金融企业往来收入是指银行与其他金融机构(包括联行、中央银行、同业)之间发生资金往来业务所取得的利息收入，包括存放中央银行款项利息收入、存放中央银行特定存款利息收入、存放银行同业款项利息收入、存放境外同业款项利息收入、存放联行款项利息收入、拆放同业款项利息收入、系统内借出款项利息收入、银行间债券回购业务差价收入、再贴现、转贴现利息收入等。银行的金融企业往来收入应按让渡资金使用权的时间和适用利率计算确认。

(4)其他营业收入是指银行除存款、贷款、投资、证券买卖和代理业务以及金融机构往来之外的其他业务的营业收入，包括租赁收入、补贴收入、中途转让投资收入、追偿款收入、房地产开发收入、金银买卖收入、无形资产转让净收入、抵押物质物的拍卖、变卖净收入(在取得抵押物、质物次日起一年内处分)等。银行的其他营业收入在实际收到款项时予以确认。

(5)汇兑损益是指银行经营外汇业务过程中因外币兑换、汇率变动等原因实现的汇兑收益及损失。汇兑损益应根据买入、卖出价差和汇率变动的净收益确认。

(6)投资收益指的是银行在规定的范围内，通过对外进行短期或长期的投资时，按照合同或协议的规定，从受资方分回利润、股利和利息等投资收入。

(7)营业外收入是指银行发生的与其经营业务无直接因果关系但又有一定联系的各项收入，包括固定资产盘盈、处理固定资产净收益、教育费附加返还款、罚款收入(不含加息)、罚没收入、出纳长款及结算长款收入等。

(三)收入的确认

1.收入确认的标准

(1)可定义性,指应予确认的项目必须符合收入的定义。

(2)可计量性,指应予确认的项目必须能以货币来计量。

(3)相关性,指应予确认的项目所提供的会计信息必须是有用的。

(4)可靠性,指应予确认的项目所反映的信息必须真实可靠。

2.收入确认的条件

(1)一般情况下,商业银行的利息收入、金融企业往来收入、中间业务收入、担保收入等只有在同时符合以下两个条件时,才能予以确认:①与交易相关的经济利益能够流入企业;②收入的金额能够可靠地计量。

(2)银行发放的贷款,应按期计提利息并确认收入。发放贷款到期(含展期)90 天后没有收回的,其应计利息停止计入当期利息收入,纳入表外核算;已计提的贷款应收利息,在贷款到期 90 天后仍未收回,或在应收利息逾期 90 天仍未收回的,冲减原已计入损益的利息收入,转作表外核算。上述停止计提或冲减的应计利息,应在实际收到款项时确认为当期的利息收入。

二、商业银行的成本和费用分析

(一)成本和费用的概念

费用作为会计要素和会计报表要素的构成内容之一,是与收入相对应而存在的。费用是指企业为销售商品、提供劳务等日常活动所发生的经济利益的流出。成本是指企业为提供劳务而发生的各种耗费,不包括为第三方或客户垫付的款项。

费用和成本是两个并行使用的概念,两者之间既有联系又有区别。成本是按特定业务归集的费用,是对象化了的费用。也就是说,成本是相对于一定的业务而言的,是按照企业所发生的业务为计算对象对当期发生的费用进行归集而形成的。而费用是资产的耗费,它与一定的会计期间相联系,与发生哪种业务无关;成本与发生的一定种类和数量的业务相联系,而不论发生在哪一个会计期间。

商业银行在从事业务活动的过程中,不仅大量吸收资金相应地支付利息,而且还支付业务经营和管理人员的工资等项费用,同时耗费一定的物品,所有这些耗费以货币价值形式表现出来,就构成了成本和费用。只有与业务经营活动有关的各项支出才能计入成本,与业务经营活动无关的支出不能计入成本。

(二)费用的特征

(1)费用是企业日常活动中产生的,而不是偶发交易或事项中产生的。

费用定义中的“日常活动”,与收入定义中的“日常活动”相同,都是指银行为完成其经营目标而从事的所有活动,以及与之相关的其他活动。如银行的存款业务就属于日常活动。但是,有些交易或事项虽然也能使企业发生支出,但由于不是在企业的日常活动中发生的,就不能作为企业的费用,而作为营业外支出。

(2)费用表现为企业资产的减少、负债的增加,或二者兼而有之。

(3)费用是因经营活动引起的企业所有者权益的减少。

一般情况下,银行的资金流入(收入)会增加银行的所有者权益;相反,银行的资金流出会减少银行的所有者权益。但是在银行经营活动过程中，并不是所有的支出都归入费用，如银行以货币资产偿付债务时，引起一项资产的减少和一项负债的减少，对所有者权益没有影响，因此不构成银行的费用。再如银行向投资者分派股利或利润，其资金流出虽然减少了所有者权益，但其属于最终的利润分配，不是经营活动的结果，也不应作为费用。

(三)商业银行营业成本与费用的构成

1. 商业银行营业成本的构成

银行的营业成本是指在业务经营活动过程中发生的与业务经营有关的支出，包括利息支出、金融企业往来支出、手续费支出、汇兑损失等。

(1)利息支出，指商业银行向单位、个人等以负债形式筹集资金所支付给债权人的报酬，包括存款利息支出和借款利息支出。

(2)金融企业往来支出，指银行与其他金融机构(包括联行、中央银行、同业)之间发生资金往来业务时所发生的利息支出，包括向中央银行借款利息支出、银行同业存款利息支出、非银行同业存款利息支出、境外同业存款利息支出、系统内存放款项利息支出、系统内借入款项利息支出以及再贴现、转贴现利息支出等。

(3)手续费支出，指银行委托其他单位办理有关业务而支付的工本费，如代办储蓄手续费、其他银行代办业务手续费等。

2. 商业银行费用的构成

商业银行费用，指银行在业务经营及管理工作中发生的各项费用，是银行间接费用的主要部分。

(1)薪金与福利支出，包括支付经营管理人员和职工的工资、奖金、养老金、福利费用，还包括银行缴纳的失业保险费、社会保险费等。

(2)各种资产使用费用，包括银行房产、设备的维修费用、折旧费用、设备房屋的租赁费用及相应税款开支。

(3)其他费用，包括业务费用、广告费用等。

3. 其他营业支出的构成

其他营业支出是除利息支出、金融企业往来支出、手续费支出、损失准备金、业务及管理费、折旧费外的营业支出。

4. 营业税金及附加的构成

营业税金及附加是指银行根据国家税法的规定，按适用税率或费率交纳的各种税收或附加费，包括营业税、城市维护建设税、教育费附加等。

营业税是国家对以营利为目的的企业单位或个人就其营业收入和提供劳务收入而征收的一种税收。它是按照营业额和规定的税率计算应纳税额。根据税法规定，银行作为经营货币信用业务的特殊企业，也应向国家税务机关缴纳营业税款和其他税款，依法纳税是银行的义务。目前国家对银行营业收入中的金融企业往来收入暂不征收营业税金和各种附加，因此，银行应以其营业收入扣除金融企业往来收入为缴纳营业税的计税依据。其计算公式如下：

$$应纳营业税=(营业收入-金融企业往来收入)\times 营业税率(5\%)$$

城市维护建设税是国家为加强城市维护建设，扩大和稳定城市维护建设资金的来源而征收的一个税种，其性质属于附加税。银行应以缴纳的营业税为课税对象，缴纳城市维护建设税。城市维护建设税的税率按银行所在地确定：银行分支机构在市区的按7%的税率缴纳；在县城或建制镇的税率为5%；不在县城、建制镇的税率为1%。其计算公式如下：

城市维护建设税＝应纳营业税额×适用税率

教育费附加是为了加快发展地方教育事业，扩大地方教育的来源而征收的一个税种。教育费附加是以银行实际缴纳营业税额的2%计交的用于地方教育事业的费用附加。其计算公式如下：

教育费附加＝应纳营业税额×2%

从2016年5月1日起，金融业将纳入营改增试点范围，现行营业税纳税人全部改征增值税，金融业适用于6%的增值税税率。

5.营业外支出的构成

营业外支出是指银行发生的与经营无直接关系的各项支出，包括资产一般损失、资产非常损失、出纳短款、罚没支出、赔偿金、违约金、固定资产盘亏、固定资产清理损失、公益救济性捐赠支出、职工子弟学校经费支出，以及技校、干部培训中心经费支出等。

6.资产损失的构成

资产损失是指银行按规定提取的各项准备金，包括贷款损失准备、坏账准备、短期投资跌价准备、长期投资减值准备、固定资产减值准备、无形资产减值准备、在建工程减值准备、抵债资产减值准备等。由于提取贷款损失准备被计入税前支出，该科目具有抵税作用，因而商业银行在经营中倾向于多提准备，该科目也受到银行监管部门、税收部门的重视。

（四）费用的确认和计量

1.费用确认的原则

费用就其实质来说就是资产的耗费，但并不是所有的耗费都是费用。一般来说，费用的确认应遵循划分收益性支出与资本性支出原则、权责发生制原则、配比原则。

另外，银行确认费用时，还应当注重重要性原则和谨慎性原则的运用。

2.费用确认的标准

(1)按费用与收入的直接联系（或称因果关系）加以确认。凡是与本期收入有直接因果关系的耗费，就应当确认为该期间的费用。这种因果关系具体体现在以下两个方面：一是经济性质上的因果性，即应予以确认的费用与期间收入项目具有必然的因果关系，也就是有所得必有所费，不同收入的取得是由于发生了不同的费用；二是时间上的一致性，即应予以确认的费用与某项收入同时或结合起来加以确认，这一过程也就是收入与费用配比的过程。例如，如果从事证券业务的金融企业代理客户买卖证券是直接与所产生的手续费收入相联系的，那么，该项代理业务的成本就可以随同本期实现的手续费收入实现而作为该期的费用。

(2)直接作为当期费用确认。在企业中，有些支出不能提供明确的未来经济利益，并且，如果对这些支出加以分摊也没有意义，这时，这些费用就应采用这一标准，直接作为当期费用予以确认，例如，固定资产日常修理费等。这些费用虽然与跨期收入有联系，但由于不确定因素，往往不能肯定地预计其收益所涉及的期间，因而就直接列作当期的费用。

(3)按系统合理的分摊方式确认。如果费用的经济效益有望在若干个会计期间发生，并且只能大致和间接地确定其与收益的联系，该项费用就应当按照合理的分配程序，在利润表中确认为一项费用。如固定资产的折旧和无形资产的摊销都属于这一情况。一般地，我们将这类费用称为折旧或摊销。

3. 费用的计量

费用是通过所使用或所耗费的资产或发生的业务所耗用的劳动的价值来计量的，通常的费用计量标准是实际成本。

三、商业银行的利润分析

（一）利润的概念

利润是指银行在一定会计期间的经营成果，它是银行在一定会计期间内实现的收入减去费用后的净额。对利润进行核算，可以及时反映银行在一定会计期间的经营业绩和获利能力，反映银行的投入产出效率和经济效益，有助于银行投资者和债权人据此进行盈利预测，评价银行经营绩效，作出正确的决策。

（二）利润的构成

银行的利润包括营业利润、利润总额和净利润。

1. 营业利润

营业利润是银行营业收入减去营业成本加上投资净收益后的净额。

2. 利润总额

利润总额是银行营业利润减去营业税金及附加，加上营业外收入，减去营业外支出后的金额。

营业外收入和营业外支出是指银行发生的与其经营活动无直接关系的各项收入和各项支出。其中，营业外收入包括固定资产盘盈、处置固定资产净收益、处置无形资产净收益、罚金净收入等。营业外支出包括固定资产盘亏、处置固定资产净损失、处置无形资产净损失、债务重组损失、罚款支出、捐赠支出、非常损失等。

营业外收入和营业外支出应分别核算，并在利润表中分列项目反映。

3. 资产损失

资产损失是银行按规定提取（或转回）的贷款损失和其他各项资产损失。

4. 扣除资产损失后的利润总额

扣除资产损失后的利润总额是指利润总额减去（或加上）提取（或转回）的资产损失后的金额。

5. 所得税

所得税是指银行应计入当期损益的所得税费用。

6. 净利润

净利润指银行扣除资产损失后的利润总额减去所得税后的金额。

综合起来，计算银行当期实收的净利润分为三个步骤：

第一步：计算营业利润。

营业利润＝营业收入－营业成本和营业费用＋投资净收益

第二步：计算利润总额。

利润总额＝营业利润－营业税金及附加＋营业外收入－营业外支出

第三步：计算净利润。

净利润＝利润总额－资产损失－所得税

第三节 商业银行绩效评价的指标体系

一、设定绩效评价指标的一般原则

任何绩效评价指标的最热心的支持者，都毫无疑问地承认，没有一个绩效评价指标在任何情况下都适用。而现实中，各个管理咨询公司为推广本公司创立或支持的绩效评价指标，以及各个企业内部不同部门和层面基于不同的认识和不同的利益，往往容易对绩效评价指标的优劣产生争执，乃至发生“评价指标的战争”。其实，不同的绩效评价指标能提供不同的好处和服务于不同的目标。设定有效绩效评价指标的原则包括两个方面：一是绩效评价指标必须和企业目标相一致或正相关，企业目标一般就是通常所说的企业价值最大化。绩效评价指标本质上是企业内部的一种制度安排，因此必须考虑它是否能导致评价客体作出与企业目标相符的决策，从而有利于企业的资源配置。二是在财务指标与非财务指标间达成平衡。财务指标往往都是一种结果指标，并不能评价达到这项指标的过程中各项行为的业绩，因此必须要辅之以过程指标（往往是一些非财务指标）才能全面地评价客体的行为。

二、绩效评价指标的分类

对绩效评价指标可以根据其在以下方面的特征进行区分：第一，是绝对量指标还是相对量指标；第二，是否包括债务成本；第三，是否包括权益成本；第四，是否可成为部门层次的评价指标；第五，是否易于计算；第六，是否包括未来的投资价值。

（一）盈利性评价指标体系

1. 盈利性指标构成

（1）资本收益率（ROE）＝税后利润/总资本×100％。

（2）资产收益率（ROA）＝税后利润/总资产×100％。

（3）净营业收益率＝（营业总收入－营业总支出）/总资产×100％。

（4）净利息收益率＝（利息收入－利息支出）/总资产×100％。

或 ＝（利息收入－利息支出）/盈利性资产×100％。

（5）净非利息收益率＝（非利息收入－非利息支出）/总资产×100％。

（6）特殊项目净收益率＝特殊项目净收入/总资产×100％。

（7）银行利润率（PM）＝净利润/总收入×100％。

（8）每股收益（EPS）＝税后利润/普通股数。

2. 盈利性指标的解释

（1）资本收益率，是一个特别重要的指标。它是银行资金运用效率与财务管理能力的综合体现，同股东财富直接相关，反映银行对股东投资的回报。

（2）资产收益率，是管理效率指标。它用来衡量一家银行管理和使用实物和金融资源创造收益的能力。资产收益率一般用来评价银行的管理水平。采用总资产期初和期末平均余额更好。

（3）净营业收益率、净利息收益率、净非利息收益率既是盈利性指标，又是效率指标。

净营业收益率排除了特殊项目的影响，如不受调整会计政策、设备盘盈盘亏等的影响，反映了银行真实、稳定的获利能力。

净利息收益率可以有效反映银行在筹资放款这一主要业务中的获利能力。

净非利息收益率不只是银行获利能力的标志，还反映出银行经营管理效率。银行非利息收入来源：手续费、佣金收入，获得这类收入不需要相应增加资产规模，并能明显提高银行资产收益率。非利息支出包括贷款损失准备、员工薪酬、设备维修成本、折旧等间接费用，同银行管理效率直接相关。因而，较高的净非利息收益率则意味着相对较低的各类间接费用支出和较高的银行管理效率。但净非利息收益率的提高有时也意味着经营中潜在风险的提高。主要是因为非利息收入中较大部分通过表外业务取得，伴随着一定的或有负债及其他风险，且没有在财务报表中明确表示。因而在运用该指标时应多注意相关信息，了解相应风险水平。

尽管近年来银行服务费收入占全部银行收入的比重不断提高，但非利息成本却通常高于非利息收入，对多数银行来说，净非利息收益率常为负。所以，在西方被称为“负担”。

(4)特殊项目净收益率。它是衡量银行经营性收入对于总资产的比率。银行经营性收入来源包括贷款、投资、其他金融服务等；异常的或不经常发生的特殊项目，如出售银行房产和设备的收入、出售证券的收入或损失等，常被排除在盈利性分析之外。

(二)风险性评价指标体系

商业银行面临的风险是指对预期收入的不确定性，这种预期的不确定性会提高银行股票价值计算公式中的贴现因子，从而降低银行价值。银行面临的经营环境复杂多变，银行承担的风险主要分为以下五类：信用风险、流动性风险、利率风险、清偿力风险、盈利性风险。对这几类风险，银行分别设计了衡量的指标。

1.信用风险评价指标

信用风险是指由于债务人违约而导致贷款或投资等银行持有的资产不能收回本息，而给银行造成损失的可能性。衡量信用风险的指标有：

(1)低质量贷款/贷款总额。低质量贷款有三部分：不良贷款、可疑贷款、重组贷款，相应地也有三种低质量资产对贷款总额的比率。不良资产指逾期90天以上的贷款；可疑贷款是指债务人未能按约支付利息而引起银行对其偿债能力产生怀疑的贷款，未按约支付利息往往是债务人财务状况恶化，最终无力偿还本息的先兆；重组贷款是当债务人财务状况恶化，银行为避免贷款债权最终无法收回，有时会以延期、降息等方式同债务人进行债务重组的这部分贷款。低质量贷款的信用风险很高，是产生未来贷款损失的主要来源。

(2)贷款净冲销额/贷款余额。贷款净冲销额是已经被银行确认为坏账并冲销的贷款损失与扣除后又收回部分的差额，反映由信用风险带来的贷款真实损失情况。

上述两个比率指标衡量了银行贷款资产的质量状况，比值增大，银行的信用风险增加，贷款质量变得更差，银行越有可能处于破产边缘。

(3)每年提留的贷款损失准备/贷款总额。银行每年从年度费用中提取贷款损失准备，以弥补未来贷款可能发生的损失，是对未来可能出现的贷款损失的估计和预防。

(4)累计贷款损失准备/贷款总额。该指标与上一指标比值越高，表明银行抗风险能力越强。

2.流动性风险评价指标

流动性风险是指银行缺乏足够的现金与借款来满足提存、净贷款需求以及其他现金需求的风险。银行由于自身特殊的资产负债结构，更容易遭受流动性风险的威胁。流动性风险对银行经营的影响非常大，我国1986年和1987年，由于出现高度通货膨胀，货币大幅贬值，储户纷纷去银行提取存款，部分地区一度出现支付危机，许多银行营业部的库存现金被一取而光，因无法应付更汹涌的提兑要求而不得不宣布暂停营业。衡量流动性风险的指标有：

(1)现金资产及国库券/总资产。现金资产具有完全的流动性，可随时应付各种流动性需求。国库券是银行二级储备资产的重要组成部分，对银行流动性的供给有较大的作用。一方面国库券自身有很强的变现能力，银行出售国库券可直接获得流动性供给；另一方面，国库券是一种被普遍接受的抵押品，银行可以用其进行质押贷款，即持有国库券可方便地获得流动性供给。该比率越高反映银行流动性状况越好，抗流动性风险能力越强。然而，现金资产一般没有利息收入，国库券的利息收入也较低，持有过多的一二级储备，银行的盈利资产会下降，影响银行收益。

(2)净贷款/总资产。贷款是银行主要盈利性资产，流动性较差，该比值越高，说明银行资产中流动性较差部分所占比例较大，流动性相对不足。另一方面，不同期限的贷款又具有不同的流动性。其中一年内到期的贷款在一个营业年度内就能清偿，可以带来相应的现金流入，提供一定的流动性，因而可以把一年内到期贷款与净贷款的比例作为一个补充指标。其比值越高，说明银行贷款中流动性较强部分所占比例越大，银行流动性状况越好。

(3)证券资产/总资产。商业银行所持有的证券资产可以在二级市场上变现，为银行带来一定的流动性供给。然而单纯使用这一指标判断流动性有一定局限。因为证券的变现能力同其市场价值密切相关，市场利率上升时，证券市价下跌。在市价较低时变现会给银行造成较大损失。特别是一些长期证券很少按购入成本和账面价值转让，因此分析银行持有的证券资产所提供的流动性时，应结合市值比面值指标来评判。一般市值比面值的比例较低，说明银行所持证券的变现力越差，可提供的流动性供给较小。

(4)易变负债/负债总额。易变负债易受市场经营环境、资金供求关系、市场利率、银行信用等各种因素影响，银行难以控制其融资的规模成本，是银行最大的稳定资金来源，对流动性风险的影响较大。易变负债主要有银行吸收的经纪人存款、大额存单、欧洲美元商业票据及各类其他借入的短期资金。银行频繁使用易变负债购入资金会增加流动性风险，尤其是在提款增加或贷款质量下降时。该指标较好地反映了银行负债方面的流动性风险情况，比值越高说明银行面临着较大且不稳定的潜在流动性需求。

(5)短期资产/易变负债。易变负债是银行最不稳定的流动需求来源，而短期资产则是银行最可靠的流动性供给，可以较好地应付各类流动性的需求。银行短期资产主要有同业拆出、存放同业、回购协议下的证券持有、交易账户证券资产、1年内到期的贷款等。该指标衡量了银行最可靠的流动性供给与最不稳定的流动性需求之间的对比关系，该比值越高，说明银行流动性风险越低。

(6)预期现金流量比。该指标的设计考虑了银行一些表外业务的影响，可以弥补上述指标的一些不足。银行预期的现金流入即流动性供给包括预期客户存款流入、客户偿还贷款、证券出售、大额存单发行、同业拆借、银行资产销售及其他各类借款的增加等；预期的现金流出即流动性需求包括预期的客户提存、合格客户贷款需求、到期大额存单的支付、偿还同业拆借等，还包括预计贷款承诺需实际满足的部分及预计的其他或有负债一旦发生需要支付的部分。预期现金流量比大于1，反映银行未来流动性可能有所增强的程度。

运用以上流动性指标分析商业银行业绩时必须注意银行的规模，不同规模的银行获取流动性的能力有所不同。一些大银行由于自身信誉高，很容易从市场上筹集资金，在经营中则更多地采用增加短期负债来获得流动性；而一些小银行受规模、市场地位影响，从市场中迅速筹资能力较弱，一般依靠提高资产的流动性来应付各种流动性风险。因此对不同规模的银行，即使相同的指标数值反映的流动性状况也可能有较大的差异。

3.利率风险评价指标

尽管当前商业银行积极从事多种业务，成为“金融百货公司”，使收益利率敏感性多元化，但是各种生息资产作为银行主要收入来源的地位仍没有发生变化，银行仍是以赚取利差为主的商业经营机构。因此，市场利率对银行收入和营业成本的差额产生重大影响，这就是利率风险。衡量利率风险的主要指标有：

(1)利率敏感比例＝利率敏感性资产/利率敏感性负债。

(2)利率敏感性缺口＝利率敏感性资产－利率敏感性负债。

利率敏感性资产指收益率随市场利率波动而重新调整的资产，如浮动利率贷款；利率敏感性负债则指成本支出随市场利率波动重新调整的负债。当一定期限内利率敏感性资产大于利率敏感性负债，利率下降会导致银行损失，利率上升会导致银行收益上升；当一定期限内利率敏感性资产小于利率敏感性负债，则反之。

这两个指标的含义是一致的，当缺口为0或比例为1时，银行无利率风险暴露，利差收益不受利率变动影响，其他指标均存在利率风险暴露。

(3)未保险存款/总存款。在美国，政府和公司存款保险最高金额为10万美元，超过保险金额的政府或公司存款为未保险存款，它们通常对利率十分敏感，当竞争对手提供的收益率稍微提高一点，它们就会被提走。

(4)银行账面资产/该资产估计的市场价值。

(5)固定利率贷款和证券/浮动利率贷款和证券。

(6)固定利率负债/浮动利率负债。

(7)股本资本的账面价值/股本资本的市场价值。

市场利率的复杂多变给银行固定收益的证券和固定利率贷款的管理带来很大困难，如果利率上升，固定收益证券和固定利率贷款的市场价值就会下降，需要在利率上涨时出售这些资产的银行会遭受损失；相反利率下跌，会使固定收益证券和固定利率贷款价值上升，出售时就可获得较高的资本利得。

4.清偿力风险评价指标

商业银行运用其全部资产偿付债务的能力为银行的清偿力，商业银行的清偿力反映了债权人所受保障的程度，清偿力是否充足会极大影响银行信誉。如果商业银行坏账数目过大或其有价证券的市场价值大幅下跌，出售时造成严重的资本损失，就会超过用来弥补这些损失的资本账户。储户发现商业银行经营出现巨额损失便会纷纷提取现金，商业银行清偿力就会不足而不得不宣告破产。商业银行破产造成的影响巨大，不但股东血本无归，而且未投保的储户也面临损失资金的极大风险。由此可见，商业银行清偿力不足的直接原因是资产损失过大，致使净值小于零，负债不能得到完全保障，但根本原因却在于资本金不足，未能与资产规模相匹配。其衡量指标主要包括：

(1)资本/银行总资产。商业银行所有者投资的股本资本，具有在商业银行发生资产损失时，保护债权人权益的功能。该比率将资本量与资产总量结合起来，可以简单地反映出商业银行在不损害债权人利益的前提下动用自有资金应付资产损失的能力。其比值越低，清偿力风险越大。该指标是一个传统的指标，优点是计算简便，但是它假设商业银行资产规模与可能发生的损失之间存在简单的比例关系。随着商业银行业务不断发展，其资产和负债结构有了很大改变，不同资产所面临的风险有较大差异，资产规模和资产可能遭受的损失之间不再保持简单的比例关系，该指标的有效性有所下降。

(2)资本/风险资产。随着经营环境变化，商业银行资产组合越来越复杂，并且各种资产的风险程度迥然不同，简单运用股本资本对总资产比率已无法真实反映银行清偿力状况，于是人们把对清偿力的考核重点转向了股本资本对风险资产的比率。风险资产是扣除了无风险的现金资产、政府债券和对其他银行的债权后的资产。排除了无风险资产后，该指标更多地体现资本弥补风险资产损失的保护性功能，能够较准确地反映银行的清偿力。

以上是两个着眼于资本充足情况的传统清偿力指标。

(3)《巴塞尔协议》中的资本充足率指标。《巴塞尔协议》是当今国际银行业的最重要公约之一，其中的规定虽不具强制性，但它作为一种国际公约，对从事国际业务的商业银行来说具有一定的约束力。《巴塞尔协议》规定银行资本对加权风险资产的目标比率为8%，其中核心资本成分至少为4%。与上述两指标相比，该指标能够更加科学、确切地反映银行的清偿力。

(4)资产增长率与核心资本增长率。该指标反映银行清偿力变化的情况。一般银行资产增长率较快即资产规模扩张较快，则往往意味着商业银行承担了较大的潜在风险，资产增长的基础不是很牢固，商业银行的清偿力下降。相反，银行资产扩张较慢，往往意味着商业银行相对较稳定。如果银行资产增长率不变而核心资本增长率加快或核心资本的增长大于资产增长速度时，商业银行的清偿力提高。通过与同业该两个指标的比较，往往能更好地说明商业银行清偿力的状况。

(5)留存盈利比率。留存盈利是指净利润减去全部股利的余额。留存盈利与净利润的比率，称为留存盈利比率。留存盈利是商业银行净值中比重最大的一部分，又称为未分配利润项目，该项目是决定商业银行资本充足与否及清偿力高低的重要因素。未分配利润项目来自于银行历年累积的留存盈利，现金股利是银行利润的净流出。较高的现金股利分配率，降低了银行内部积累资本的能力；而较高的留存盈利比率则提高银行内部积累资本的能力。另一方面，分配现金股利导致银行现金资产减少，风险资产比重相对加大。因而，留存盈利比率太低，意味着银行清偿力没有达到标准。

5.盈利性风险评价指标

商业银行获取的扣除全部费用和税收后的净利润的不确定性，称为盈利性风险。由于商业银行内部或外部不利因素的作用，如经济环境恶化、法律法规变化等，商业银行的盈利性会下降。近年来激烈的市场竞争也使银行经营收益与经营成本的差额减小。商业银行股票每股收益率的下降会使银行股票价值下降，未来融资能力受影响。衡量商业银行盈利性风险的指标一般是：

(1)商业银行股本收益率和资产收益率的标准差或方差。

(2)税后利润的标准差或方差。

标准差或方差越高，意味收益率或税后利润偏离期望值的程度越高，银行收入的波动越大，因而银行盈利性风险越高。

三、绩效评价指标的比较

综上所述，我们可以将广泛使用的绩效评价指标分为五个类别：一是剩余收益衡量指标；二是剩余收益组成指标；三是以市场为基础的衡量指标；四是现金流量衡量指标；五是传统的收益衡量指标。且各类绩效评价指标的主要特征可以从表 14－1 得以反映：

表 14－1 绩效评价指标的主要特征汇总表

	指标类型	\$或%	包括债务成本	包括权益成本	可进行部门评价	计算的容易性	包括未来投资价值
经济增加值(EVA)	RI	\$	是	是	是	中	否
经济利润(EP)	RI	\$	是	是	是	高	否
现金增加值(CVA)	RI/CF	\$	是	是	是	中	否
息税前利润(EBIT)	RIC/TI	\$	否	否	是	高	否
EBITDA(＝EBIT＋折旧和摊销)	RIC/CF	\$	否	否	是	高	否
税后净经营利润(NOPAT)	RIC	\$	否	否	是	高	否
净资产收益率(RONA)	RIC	%	否	否	是	高	否
全部股东回报率(TSR)	MB	%	—	—	否	高	是
市场增加值(MVA)	MB	\$	是	是	否	高	是
经营现金流量(CFO)	CF	\$	否	否	是	高	否
现金流回报率(CFROI)	CF	%	否	否	是	低	否
净利润(NP)	TI	\$	是	否	是	高	否
每股收益(EPS)	TI	\$	是	否	否	高	否

注：RI 指剩余收益；RIC 指剩余收益组成；MB 指基于市场的；CF 指现金流量；TI 指传统收益。

(1)剩余收益指标包括 EVA、经济利润和 CVA。此类指标的优势在于：一是绝对量指标，数量越大越好；二是完整计算了负债和权益成本，真实反映价值创造；三是可以在部门层次上进行评价，便于建立管理评价体系。其劣势在于它们是相对短期的指标，不能把市场判断的企业未来增长机会的价值予以反映。需要说明的是，EVA 与经济利润相比增加了会计调整，在更大程度上增强了其反映的真实性和运用的实效性。EVA 与 CVA 相比，具有较强的计算简便性，这一点对银行类企业尤为明显。此外，滚动的 EVA 衡量与 MVA 具有本质一致性，一方面可以反映企业长期价值增长的能力，另一方面又可以对企业内部各阶层进行阶段性的绩效考核，是相对更为实用的管理工具。

(2)剩余收益组成指标是剩余收益的要素，但通常不包括资本成本。此类指标一般包括息税前利润(EBIT)、EBITDA(EBIT 加上折旧和摊销)、税后净经营利润(NOPAT)、净资产收益率(RONA)。此类指标是比剩余收益更加详细的或者说分解了的衡量指标，并可能与中层管理人员更多地联系在一起，因此，此类指标最吸引人的优势在于，当它们与剩余收益(或 EVA)

的联系不出现错误时，它们很容易在分公司或部门层次上进行计算和观察。在低层次的管理人员对资源安排的决断力受到较大制约的情况下，运用此类指标较为合适。但是此类指标最要害的缺点在于其未能包括资本成本，使价值创造的计量被扭曲，而且使创造价值的项目容易被否决；低层次的管理人员较少从公司层面来关注经营决策问题。

(3)以市场为基础的衡量指标取自于资本市场，包括全部股东回报率(TSR)、市场增加值(MVA)。此类指标的最重要的优势是其综合考虑了未来增长的市场预期，并且相对容易计算。其最主要的缺点是，由于此类指标需要可靠地对权益价值进行估测，因而只适用于评价上市公司，不能在分公司和部门层次上运用，作为管理工具的应用范围和能力相对有限。

(4)现金流量衡量指标包括经营现金流量(CFO)、现金流回报率(CFROI)。此类指标的主要优势在于能够较好地避免应计会计的影响，被认为可以把企业从通用会计准则(GAAP)中解放出来，而且能够为把绩效衡量与资本市场紧密相连而提供附加的优势。但此类指标对银行业等现金流性质难以区分的企业，在计量和应用方面存在较大困难。

(5)传统收益衡量指标包括企业决策者和外部分析师用了几十年的评价指标，如净收益和每股收益(EPS)。此类指标的重要优势在于它们可以从通常的财务报告中取得，其缺点是它们没有直接考虑权益成本，并且相对来说比较容易被人操纵，有时会导致在此类指标基础上进行评估的经理们作出毁灭价值的决策。

第四节 EVA 绩效评价方法

一、*EVA 绩效评价方法的含义*

EVA 是在扣除产生利润而投资的资本的成本后所剩下的利润。EVA 由传统的绩效衡量指标剩余收益(RI)演进而来，在经济学上长期被称为经济利润。EVA 从概念意义上，有其长远的历史渊源和深刻的理论基础，并非是近期的概念创新。然而，在对传统指标进行调整完善的基础上，逐步建立以 EVA 为核心的战略管理体系，成为企业管理中的现实有效工具，确实是近期企业管理领域的创新和突破。

EVA 的主要特征表现在：一是在计量上完整覆盖了包括资本成本在内的各项成本要素，这是它与传统的利润、资产收益率、现金流等评价指标的本质区别，从根本上体现了股东利益，诠释了企业创造财富的真正内涵。二是剔除了公认会计准则(GAAP)功能性的、偏离股东利益因素的影响，从内部管理角度对财务收支和资本项目进行合理调整，设计出符合实现股东利益最大化的绩效评价和激励机制。三是为企业经营管理确立了长远、清晰、唯一的目标，而且是反映绝对数额越大越好的指标。尽管 EVA 本身是期间的流量指标，但长期滚动的 EVA 则反映了企业长期价值的增长，企业价值的增长——市场增加值(MVA)，在数量上等于企业未来年度 EVA 的折现值的总和，EVA 和 MVA 具有本质的一致性和对企业市场表现同样的解释力。

从 EVA 的定义可以看到，EVA 概念本身并不复杂，但其一旦运用到实际的经营管理，却具有十分丰富的内涵。对于 EVA 企业，在一定意义上，EVA 塑造了企业的整体战略架构，并渗透到企业各个经营管理领域、各个业务运作环节，成为企业进行理念体系树立、评价指标确立、激励制度设计、管理体系构建的核心，进而使企业围绕 EVA 创造目标制定战略、设计组织结构、挖掘和培育价值创造要素。

EVA 首先是一个绩效评价指标，但如果仅仅把它作为一个绩效评价指标，则在理解和运用方面偏于狭义。EVA 在管理实践中可以成为一个良好的战略管理架构，它的功能在以下四个方面（4M）得以体现：评价指标（measurement）、激励制度（motivation）、管理体系（manangement）和理念体系（mindset），绩效评价是基础，激励制度是核心，管理体系是手段，理念体系是先导。

二、*EVA* 绩效评价方法简介

（一）基本公式

EVA 的基本计算公式可以表达为：

$$EVA = NOPAT - C\% \times TC$$

其中，*NOPAT* 是税后净经营利润，由企业的损益表计算产生；*TC* 是企业的全部资本，包括债务资本和权益资本；*C*%是资本成本系数，对于债务资本来说是利率，对于权益资本来说是股东所要求的资本回报率，企业的加权平均资本成本率（*C*%）＝权益资本比例×权益资本成本率＋债务资本比例×债务资本成本率×（1－所得税率）。

EVA 是由剩余收益指标 RI 延伸得出的，而剩余收益指标又是由传统会计指标衍生得出的，因此，EVA 实际是由反映企业不同方面的会计数据计算得出的，它源于会计数据，又高于会计数据。从以下公式可以看出 EVA 计量的递进关系：

$$EVA = CFO + Accrual + ATINT - CapChg + Adj$$

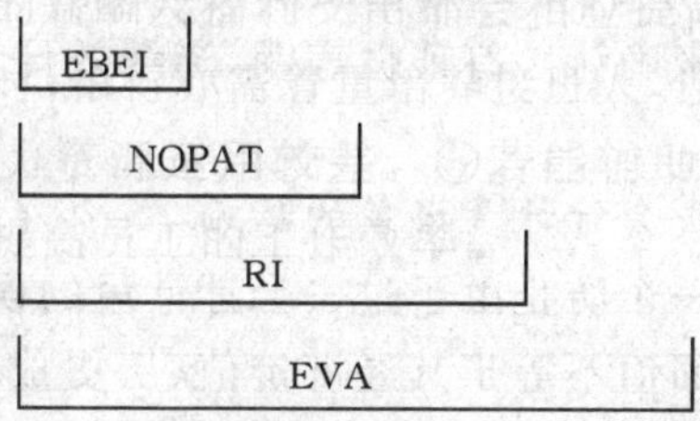

其中，CFO 是经营性净现金流量，Accrual 是不涉及现金的净损益，EBEI 是税后利润，ATINT 是企业发生的税后利息费用，NOPAT 是税后净经营利润，CapChg 是资本成本，Adj 是会计调整项目。

由上式可以清晰地看出 EVA 由 CFO，EBEI，NOPAT 和 RI 等指标逐步推出，同时又对它们进行了适当的调整，从而具有其他会计基础指标无法比拟的丰富信息含量，比这些指标更准确全面地反映了管理者的经营业绩。

尽管 EVA 的定义比较简单，但实际计算则相对较为复杂。对不同的企业，需要确定恰当度量经营利润、度量所使用的资本、度量资本成本的方法，每个企业都会有富有自己特点的 EVA 计算公式，体现出 EVA 的灵活性和量身定做的主要优点。根据企业的经营特点和实际情况，对有关会计事项作出调整是 EVA 体现灵活性、增强有效性的重要方面。

（二）EVA 会计调整

EVA 作为从内部管理角度衡量企业经营业绩的评价指标，其目的与公认会计准则的设计原则并不完全一致，公认会计准则的审慎原则和权责发生制原则，在一定意义上都容易使会计数据不能准确、真实反映企业的实际经营业绩。因此，在设计 EVA 计量方法时，有必要在会计数据的基础上，从真实反映业绩和鼓励长期价值创造的角度，对有关会计事项和方法作出适当调整，以消除传统会计体系失真的影响，使税后净经营利润的定义建立在正确的基础之上，从而为经济增加值对企业价值创造提供了一套更为准确的度量方法，为其广泛的应用奠定坚实的基础。

对会计利润进行调整的作用可归纳为以下三点：

1. 利于消除稳健会计的影响

公认会计准则的一项基本原则是审慎性原则，当银行经营中资产价值受损或盈利能力存在不确定性时，必须冲销损失或足额计提损失准备。对已经发生的费用或支出，不考虑与未来收益的匹配关系，直接在成本中列支。例如，在计算会计利润时，研发、培训等费用是直接进入当年费用的，因为，从传统会计角度看，研发等活动是完全侵蚀利润的。而在经济增加值计算中，研发等是作为资本性支出来处理的，成本在投资期限内摊销，所占用的资金计入资本成本。经济增加值的这种处理一方面意在鼓励研发、培训等能为企业带来长期效益的行为，另一方面从投资的角度对研发和培训的回报考虑提出了要求。

2. 可以防止人为调节利润的发生

管理实践反映，许多操纵财务利润的力量源于权责发生制，权责发生制虽然在理论上是一种计算企业收入和费用的优越方法，但在实践中这种方法需要做出大量的判断和估计，这给管理者操纵会计利润提供了足够的机会。EVA 的会计调整在于消除管理者平滑会计利润的机会（至少是使其机会最小），涉及的主要对象是坏账准备、担保、存货减损，与这些项目相关的费用调整应该以现金制基础来确认。有证据表明，当绩效计量指标与经营者奖金相关时，经营者常常人为调节利润。

3. 使绩效计量免受过去会计计量误差的影响

思腾思特公司提出了一个防止由于过去会计计量的误差而使投资者做出错误撤资决策的程序。如果一项资产的账面值不等于其经济价值（历史成本会计下该现象是非常普通的），可能影响管理者作出正确的留存或撤资决策。

思腾思特管理咨询公司对会计利润列出了多达 164 项的调整项目，以指导企业准确得出真正的经济增加值。但是，对特定的企业而言，可能只需要进行 10 项左右的调整。确定需要进行会计调整，一般满足下面四个条件：一是可能对 EVA 有实质性的影响；二是管理层能够影响其结果；三是调整所需的信息相对容易得到；四是员工比较容易理解和掌握。其中，第四点非常关键，因为调整如果不被人所理解的话，经理们就可能会怀疑有人操纵经济增加值系统，要剥夺他们辛辛苦苦挣来的红利，因此，会产生抵触或消极情绪，不利于企业的管理。总之，实行经济增加值的企业要在准确性和用户友好性之间做出平衡；调整的项目数量越大，这个系统越复杂，可理解度和操作性越低，该系统的某些方面受企业经理非难的可能性就越大。实践中应当避免过分追求准确性，而忽略管理实用性和管理成本的倾向，而是应当通过多种方式树立方法和数据的权威性，否则准确的数据并不一定能够带来良好的实际效果。

概括来讲，EVA 的会计调整主要类别一般包括以下几个方面：一是资本化费用。此类对企业未来和长期发展有贡献的支出发挥效应的期限并非只是这些支出发生的会计期，全部计入当期损益显然不合理，而且计入当年费用容易打击管理者对此类费用投入的积极性，不利于企业长期发展。二是营业外收支。其主要包括：资产处置带来的收益或损失、重组费用、不可抗拒力带来的损失。此项调整使得 EVA 的结果中只体现营业业绩，从而剔除了非营业活动对业绩评价的影响。三是准备金。应计制会计要求，企业要为未来可能发生的损失提取准备，这基于会计的谨慎性原则。EVA 倡导者认为，准备金的提取扩大了会计利润与现金流的差距，而且，提取准备金往往是管理者操纵会计利润的常用手段之一。四是商誉调整。商誉是公司收购其他企业时，支付的价款高于被收购企业可辨认资产减去负债后的公允价值，一般企业会将其摊销或计入费用。在 EVA 指标体系中，商誉被认为是类似股东权益性质的资本，它发挥效用的时期为未来的所有的会计年度，需要公司未来的盈利与之相匹配，因此不应将其摊销或计入费用。此外，根据企业经营特点和管理需要，还可对经营租赁、递延税款、折旧等项目进行调整。

三、*EVA* 绩效评价方法在商业银行的应用

商业银行在运用 EVA 进行绩效评价时，为了提高商业银行的整体 EVA 水平，管理层必须能够找出影响 EVA 的关键因素，并了解哪些因素是他们可以通过自己的行为直接影响的。对研发部门，该因素可能是能否及时开发适合市场需求的新产品；营业部门是否应重视银行金融产品的质量和营业效率等等。每个部门都有一套指标用以测评、报告并改善本部门的业绩表现，然而所有管理者都必须先明确本部门的业务是否能最终提高银行整体的 EVA。这种将 EVA 与部门业绩指标相挂钩的系统与银行员工培训计划相结合的模式，使得商业银行的治理体系在最小管理层面上有效运行，并使员工成为银行成功经营中不可或缺的力量。这种 EVA 模式的运用旨在推动银行内部管理机制的变革，激发银行的价值创造潜力。商业银行引入 EVA 绩效评价模式应当依次按照以下几个步骤进行。

（一）商业银行最高管理层应形成对 EVA 管理的一致认同

商业银行最高管理层形成对 EVA 管理的一致认同是实现 EVA 管理模式的前提。EVA 指标的独特之处并不在于它是一种区别于其他绩效评估指标的新概念，而在于它包含着一种管理新思想。假如最高层都并不完全认同这个概念，员工们又如何能接受它以及更好地来实施它呢？假如员工看不到最高层的完全认可以及积极推动 EVA 这一观念的推广，就会认为这不过是一种形式的改变而已，并不会去关注并且接受这一概念。因此，银行高层决策者（董事会及高管层）必须首先深刻领会和认同 EVA 价值管理的内涵，EVA 才能化为价值创造的驱动力量。

（二）正确设置 EVA 核算中心

正确设置 EVA 核算中心是实现 EVA 管理模式的组织保障。当员工对于这一陌生概念及其用途理解之后，就要做出关于 EVA 管理方案的关键性战略决策：如何确定 EVA 的指标核算中心。EVA 核算需要进行到系统中的哪个级次为止？理论上 EVA 的指标核算中心可以是总行、分行、支行，又可以继续细分到各个部门、部门中的个人。但实践中，我们需要考虑成本和收益的关系，往往建立一个细分到个人大而全的 EVA 体系需要大量的人力物力，这也会增加成本。

关于 EVA 的核算问题，首先遇到的便是对于调整项目的确定，调整项目的数量不宜过多，一般 5～15 项。信息系统的建设对于 EVA 的计算也非常重要，信息系统的应用可以大大提高 EVA 计算的效率。在我国，信息系统的建设和完善还需要一个过程，据了解，在国外，员

工可以通过信息系统及时地了解 EVA 的状态。

(三)将奖金计划与 EVA 业绩评价指标挂钩

将奖金计划与 EVA 业绩评价指标挂钩是实现 EVA 管理模式的必要手段。Stern Stewart 公司指出,如果不将 EVA 作为业绩评价体系的核心,而只是将其作为财务指标的一项而已,那么它对管理者的作用将是无关痛痒,而且会大大削弱 EVA 的应用效果。只有将 EVA 作为评价体系的核心并以此作为奖金分配的基础,才能够使管理者真正重视 EVA,并调整其经营思路和行为,以取得一个满意的 EVA 指标,这也是在我国银行业推行 EVA 时务必要达到的目标。

EVA 奖金计划通过把 EVA 增长数额的一个固定比例作为奖金支付给管理人员,促使管理人员像所有者那样关心银行业绩的改进。在奖金计划中,管理人员实施不封顶且带有风险的奖金计划,按 EVA 增加值的一定比例来计算奖金,把 EVA 增加值的一部分回报给管理者,上不封顶。同时,为了防止管理者牺牲长远利益而追求短期目标的行为,EVA 奖金计划还要求设立奖金库,即将当年奖金的一部分存入奖金库,在业绩下降导致 EVA 增加值出现负数时,就要用奖金库中的资金弥补损失。奖金库计划还能够限制去职风险,当管理者被更好的工作岗位所吸引而辞职时,奖金库中的奖金就不再兑现。这种动态的、带有风险的奖金计划,使得管理者在追求自身利益的同时实现银行价值最大化。与传统业绩考核方法相比,这种考核机制是对结果的支付,而不是对过程的支付。

(四)制订 EVA 管理实施计划

制订 EVA 管理实施计划是实现 EVA 管理模式的重要途径。银行应当组织一个专门的工作委员会来完成这一工作,制订计划将 EVA 的实施过程进一步细分,制订出计划完成的时间表以及计划执行过程中的一些细节问题,如奖金比例的设定,信息系统的建立等。

(五)进行 EVA 管理模式的培训

进行 EVA 管理模式的培训是实现 EVA 管理模式的关键任务。培训的目的在于使银行内部各部门对价值创造的真正认同。无论实施 EVA 激励机制的部门还是在不实施的部门,均需要分批分期参加培训。只有通过培训才能使员工充分理解 EVA 的概念、EVA 管理思想、EVA 的会计核算和相关的奖金计划等,在最大限度上减少 EVA 实际中可能遇到的阻力。事实上,EVA 是和银行企业文化转变相联系的,这种转变需要一个比较长的过程。

本章小结

商业银行绩效评价是对商业银行经营及管理情况的最终检验,也是对三性原则执行的验证。本章主要介绍商业银行绩效评价概述;绩效评价的基础,即收入、成本费用及利润的形成,商业银行绩效评价的方法比较。尤其是运用比较先进和科学的方法对商业银行绩效进行评价,有一定的参考价值。通过本章的学习,了解商业银行绩效评价体系,理解绩效评价的指标,掌握绩效评价的方法。

关键术语

绩效　商业银行绩效评价　比率分析法　EVA　商业银行收入　费用　利润

思考与练习

1. 简述商业银行的收入、成本、费用和利润。
2. 试述商业银行绩效评价的意义。
3. 简述商业银行绩效评价的方法。
4. 如何运用 EVA 对商业银行绩效进行评价?
5. 商业银行的利润是如何形成的?
6. 如何构建商业银行绩效评价的指标体系?

参考文献

[1] 曾康霖.商业银行经营管理研究[M].成都:西南财经大学出版社,2000.

[2] 江其务,周好文.银行信贷管理[M].北京:高等教育出版社,2004.

[3] 李杨勇,朱雪华.商业银行资产负债管理[M].北京:清华大学出版社,2007.

[4] 戴相龙.商业银行经营管理[M].北京:中国金融出版社,1998.

[5] 陈浪南:商业银行经营管理[M].北京:中国金融出版社,2001.

[6] 戴国强.商业银行经营学[M].北京:高等教育出版社,2011.

[7] 章彰.商业银行信用风险管理[M].北京:中国人民大学出版社,2002.

[8] 庄毓敏.商业银行业务与经营[M].北京:中国人民大学出版社,2014.

[9] 张亦春.金融市场学[M].北京:高等教育出版社,1999.

[10] 任远.商业银行经营管理学[M].北京:科学出版社,2004.

[11] 宋逢明.现代商业银行管理[M].北京:清华大学出版社,1996.

[12] 俞乔,邢晓林,曲和磊.商业银行管理学[M].上海:上海人民出版社,1998.

[13] 陈松男.金融工程学[M].上海:复旦大学出版社,2002.

[14] 刘红忠.投资学[M].北京:高等教育出版社,2003.

[15] 祈群.商业银行经营管理[M].北京:北京大学出版社,2005.

[16] 杨有振.商业银行经营管理[M].北京:中国金融出版社,2003.

[17] 卢鸿.现代商业银行内部控制系统论[M].北京:中国金融出版社,2001.

[18] 谢荣,钟凌.商业银行内部控制系统研究[M].北京:经济科学出版社,2004.

[19] 蒋建华.商业银行内部控制与稽核[M].北京:北京大学出版社,2002.

[20] 田玲.德国商业银行风险管理研究[M].北京:科学出版社,2004.

[21] 邹亚生.银行营销导论[M].北京:对外经济贸易大学出版社,2006.

[22] 许志昂,王思东,赵晋.商业银行营销策略[M].青岛:中国海洋大学出版社,2006.

[23] 郝渊晓.商业银行营销管理学[M].北京:科学出版社,2004.

[24] 万后芬.金融营销学[M].北京:中国金融出版社,2003.

[25] 刘永章.银行营销[M].上海:上海财经大学出版社,2001.

[26] 魏杰.企业前沿问题——现代企业管理方案[M].北京:中国发展出版社,2001.

[27] 李德.经济全球化中的银行监管研究[M].北京:中国金融出版社,2002.

[28] 胡章.欧洲商业银行中间业务的发展变化及其启示[J].国际金融研究,2001(12).

[29] 杨春林.论我国商业银行中间业务的法律规制[J].中山大学学报(社会科学版),2002(5).

[30] 唐双宁.中国商业银行内部控制的建设与监管[EB/OL].www.cbrc.gov.cn.

[31] 吴水澎,等.企业内部控制理论的发展与启示[J].会计研究,2000(5).

[32] 刘崇明.对建立我国金融机构内部控制机制的思考[J].中国金融,1997(8).

[33] 杨经伟.工商银行稽核监管机制研究[J].金融与经济,2003(1).

[34] KPMG.商业银行内部控制理论与实践[Z].中国银监会会议培训资料,2004.

[35] 武剑.内部评级在银行风险管理中的应用[N].金融时报,2004-05-25.

[36] 哈罗德·孔茨,海因茨·韦里克.管理学[M].10版.北京:经济科学出版社,1993.
[37] 罗宾斯.管理学[M].4版.北京:中国人民大学出版社,1997.
[38] 纽曼,萨默.管理过程——概念、行为和实践[M].北京:中国社会科学出版社,1995.
[39] [美]汉普尔,辛曼森.银行管理教程与案例[M].5版.陈雨露,等,译.北京:中国人民大学出版,2002.
[40] [美]罗斯.商业银行管理[M].3版.唐旭,王丹,等,译.北京:经济科学出版社,1999.
[41] [美]格拉迪,斯宾赛尔,布隆逊.商业银行经营管理[M].北京:中国金融出版社,1991.
[42] [美]科克.银行管理[M].北京:中国金融出版社,1991.
[43] [美]Jane Hughes Scott MacDonald.国际银行管理教程与案例[M].刘群艺,李新新,译.北京:清华大学出版社,2003.
[44] [美]米勒.金融资产评估[M].胡静林,陈步林,等,译.北京:经济科学出版社,2001.
[45] John C Hull. Options, Futures and other Derivatives[M].北京:清华大学出版社,2001.
[46] Heather M. Hermanson, An Analysis of the Demand for Reporting on Internal Control [J]. Accounting Horizon, 2000, 14(3).
[47] COSO. Enterprise Risk Management Integrated Framework—Executive Summary [R]. 2004.
[48] COSO. Fraudulent Financial Reporting: 1987 - 1997[R]. 1999.

图书在版编目(CIP)数据

商业银行经营学/任远，窦育民主编. —3 版. —西安：西安交通大学出版社，2016.8

普通高等教育“十三五”金融学专业规划教材

ISBN 978-7-5605-8878-0

Ⅰ.①商… Ⅱ.①任… ②窦… Ⅲ.①商业银行-银行经营-高等学校-教材 Ⅳ.①F830.33

中国版本图书馆 CIP 数据核字(2016)第 186750 号

书　　名 商业银行经营学(第三版)
主　　编 任　远　窦育民
责任编辑 魏照民　于国强

出版发行 西安交通大学出版社
(西安市兴庆南路 10 号　邮政编码 710049)
网　　址 http://www.xjtupress.com
电　　话 (029)82668357　82667874(发行中心)
(029)82668315(总编办)
传　　真 (029)82668280
印　　刷 陕西新世纪印刷厂

开　　本 787mm×1092mm　1/16　**印张** 20.875　**字数** 497 千字
版次印次 2016 年 8 月第 3 版　2016 年 8 月第 3 次印刷
书　　号 ISBN 978-7-5605-8878-0/F·625
定　　价 39.80 元

读者购书、书店添货，如发现印装质量问题，请与本社发行中心联系、调换。
订购热线：(029)82665248　(029)82665249
投稿热线：(029)82668133
读者信箱：xj_rwjg@126.com